KB124497

초등학생 학교생활 가이드북

청주교육대학교 초등상담연구회
이재용 · 배선영 · 송영화 · 김민지
장은영 · 문유리 · 이세중 공저

학지사

머리말

"봄, 여름, 가을, 겨울, 그리고 다시 봄. 계절을 품은 아이들과 만날 시간입니다."

시간의 흐름에 따라 계절은 변화합니다. 한 사람이 살아간다는 건 계절이 바뀌는 것처럼 끊임없는 변화의 순간을 경험하는 것입니다. 사람이 태어나고 살아가면서 보여 주는 변화를 상담심리학에서는 '발달'이라고 부릅니다. 누구나 태어나는 순간부터 발달하는 존재이며, 그 발달은 인생 전체에 걸쳐 다양하게 나타납니다. 계절이 바뀌듯이 사람도 변화하면서 살아가는데, 특히 우리 아이들이 보여 주는 변화의 모습은 매우 소중하고 중요하겠지요. 아이들은 태어나는 순간부터 시시때때로 변화하는 계절을 품은 채 살아가게 됩니다. 처음 세상에 나온 날부터 의젓한 모습으로 초등학교 1학년에 입학하는 날까지, 아이들은 매일매일 놀랍게 성장합니다.

두근두근 1학년, 우당탕탕 2학년, 반짝반짝 3학년,
알록달록 4학년, 알쏭달쏭 5학년, 성큼성큼 6학년

이 책은 초등학교 6년이라는 긴 시간 동안 눈부시게 변화하고 성장하는 우리 아이들의 이야기를 담고 있습니다. 1학년부터 6학년까지 학년별로 변화하는 아이들의 모습을 잘 보여 주는 이름을 붙여 보았습니다. 각 학년별로 달라지는 초등학생들의 발달 특성을 생생하게 다루면서, 아이들의 변화와 성장을 더욱 풍부하고 다채롭게 살펴볼 수 있도록 구성하였습니다. 우리 아이들이 학년별로 변화하며 성장하는 순간을 좀 더 세밀하게 주목할 필요가 있습니다.

각 학년별 내용은 봄, 여름, 가을, 겨울, 그리고 다시 봄이라는 시간적 흐름에 따라 구성하였습니다. 아이들의 발달은 저마다 각자의 속도를 갖고 있는데, 다양한 속도를 지닌 아이들이 같은 학년으로 모여서 한 교실에서 살아가게 됩니다. 이때 각 학년의 보편적인 모습과 한 아이의 특수한 모습을 균형 있게 살피고 바라보는 시선이 매우 중요합니다.

그런데 어른들은 가끔 아이들의 학년별 발달을 단순하게 보기도 합니다. 처음으로 1학년이 되었을 때 신기하고 놀라웠던 아이들의 변화가 점차 한 학년 한 학년 올라갈 때마다 어느덧 익숙해지기도 합니다. 학년이 바뀔 때마다 '뭐 크게 다를 게 있겠어?' 하는 생각이 들기도 하지요. 마치 계절이 바뀌었는지조차 모르는 것처럼 아이들의 변화가 그리 새롭게 보이지 않는 것입니다. 가만히 생각해 보면 지금 내가 마주한 아이의 계절이 바뀌었는지도 모른 채 익숙하게만 바라보고 있는 것은 아닌지 돌아보게 됩니다.

또한 눈부시게 아름다운 변화의 순간이지만 한편으로는 그 변화를 지켜보는 것이 참 힘들기도 합니다. 교사 혹은 부모, 그리고 어른의 시선으로 바라보다 보면 때때로 아이들의 낯선 모습에 당황할 때도 있습니다. 나도 모르게 속이 상하고 화가 나기도 하지요. 분명히 알 것 같은데 돌아서면 잘 모를 아이들을 만나게 됩니다.

모두가 알 것 같지만 누구도 알 수 없는 아이들. 그래서 그 아이들을 매일 만나는 교사이자 부모로 살아가는 어른들이 모여서 이야기를 나누기 시작했습니다. 이 책의 저자는 모두 현직 초등학교 교사이자 부모입니다. 교사이자 부모로서 살아가면서 얻은 경험을 바탕으로, 여러 선생님 및 부모님들과 함께 아이들의 변화와 성장에 대한 이야기를 나누고자 용기를 내었습니다. 특히 초등학생의 학년별 발달 특성에 대해 좀 더 깊이 있게 다루고 싶었습니다. 이 시대를 살아가는 교사이자 부모, 그리고 어른으로서 우리 아이들의 아름다운 사계절을 애정 어린 시선으로 함께 바라볼 수 있기를 기대합니다.

끝으로, 이 책을 출간해 주신 학지사 김진환 사장님, 이 책의 기획부터 출간까지 늘 응원해 주신 한승희 부장님, 정성껏 편집해 주신 박지영 과장님께 감사드립니다. 더불어 이 책이 출간되도록 많은 도움과 응원을 보내 준 청주교육대학교 초등상담연구회(CESCA), 그리고 청주교육대학교 초등상담교육, 상담심리 전공 선생님들께 감사의 마음을 전합니다.

봄, 여름, 가을, 겨울, 그리고 다시 봄. 계절을 품은 아이들과 만날 시간입니다.

2024년 8월

저자 일동 드림

차례

알쏭달쏭
5학년

성큼성큼
6학년

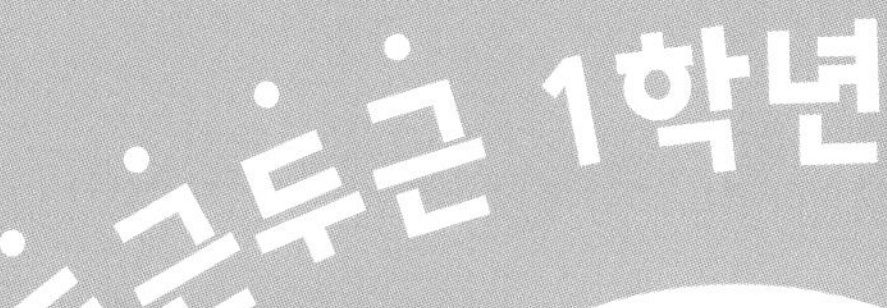

"선생님, 있잖아요.

저 이제 진짜 초등학생이 되었어요."

꼬꼬마 같던 우리 아이가 드디어 진짜 학생이 되는 순간입니다. 벌써 초등학생이라니! 감격스러운 마음도 들지만, 가방은 잘 메고 학교에 갈 수 있을지, 친구들과는 잘 지낼 수 있을지, 선생님의 말씀은 잘 들을지……. 걱정도 앞서지요?

설레는 마음 가득 안고 두근두근 1학년의 이야기를 함께 나눠 볼까요?

I. 두근두근 1학년의 '봄'

"초등학교 1학년이 되었어요."

『비둘기야, 학교에 같이 가자!』(모 윌렘스, 살림어린이, 2020)

새롭고 낯선 환경에 적응하는 것은 어른인 저도 아직 설레면서 두렵습니다. 우리 아이들은 더욱이나 그렇겠지요.

책『비둘기야, 학교에 같이 가자!』에 나오는 엉뚱한 비둘기는 왜 학교에 가야 하는지 모르겠다고 해요. 자기는 학교에서 배워야 하는 것을 이미 다 안다고 으스대기도 하고, 어려서 학교에 가지 못하는 아기 비둘기를 부러워하기도 해요. 선생님이 자기를 싫어하면 어떻게 하냐며 걱정도 하네요. 또 학교에서 너무 많은 것을 배우면 머리가 툭 떨어질까 걱정도 하는 귀여운 비둘기예요. 학교 가는 게 걱정인 비둘기는 학교에 갔을까요? 가지 않았을까요?

초등학교 생활의 첫걸음! 걱정도 되지만 설레는 마음으로 두근두근한 1학년 적응기! 우리 반 교실 모습으로 살펴보겠습니다.

두근두근 1학년 교실 이야기

기대 반 두려움 반으로 입학했던 우리 반 친구들과 행복하게 봄을 보내고 나니, 그 사이 정말 많은 변화가 있었습니다. 마냥 아기 같던 모습에서 제법 초등학생의 모습으로 바뀌었거든요. 아이들은 낯선 학교라는 공간을 익히고 여러 친구들과 함께 생활하기 위해 여러 규칙에 적응해 나갑니다. 처음에는 '잘할 수 있을까?' 하고 걱정했는데 소리 소문 없이 훌쩍 자라 적응을 마친 우리 반 아이들의 모습을 소개합니다.

#1. "이제 저도 어엿한 초등학생이에요."

1학년의 봄은 새 학교에 적응하는 것이 가장 중요하고도 큰일입니다. 초등학생이 되면 일정한 일과표에 따라서 학교생활을 하게 됩니다. 학교마다 다르지만 1학년은 보통 일주일에 5교시인 날이 3~4번, 4교시인 날이 1~2번으로 운영됩니다. 국가 교육과정에 연간 이수해야 하는 법정수업일수 및 시수라는 것이 정해져 있어 평상시에 5교시를 몇 번 운영했느냐에 따라 학기 말에 수업 시간이 조정될 수 있습니다. 학기 중 미리 5교시를 많이 해 두면 학기 말에 4교시 수업이 늘어나겠지요. 우리 학교 1학년은 월~목요일은 5교시, 금요일은 4교시로 운영하고 있습니다.

하루의 일과를 살펴보면, 우선 8시 40분에 등교하여 9시까지 아침 활동 시간을 갖

일과 운영계획(예시)

교시	시간	월~목	금
아침 활동	08:40~9:00		
1교시	9:00~9:40		
2교시	9:50~10:30		
3교시	10:40~11:20		
점심시간	11:20~12:00		
4교시	12:00~12:40		12:40 하교
5교시	12:50~13:30	13:30 하교	
돌봄 및 방과후	13:30~		

습니다. 아침 활동 시간은 본격적인 수업을 시작하기 전에 준비하는 시간입니다. 보통 아침 독서를 하거나, 간단한 학습지를 준비하기도 합니다. 아침 활동 시간 역시 일과에 포함되니 지각하지 않도록 신경을 써 주세요. 9시부터는 본격적인 수업을 시작합니다. 40분 수업 시간에 10분 쉬는 시간입니다. 학교마다 중간놀이 등으로 일부 쉬는 시간을 조금 더 확보하는 경우도 있습니다. 오전 수업이 끝나면 점심을 먹는데, 학교 상황에 따라 3교시나 4교시 이후로 점심시간이 위치합니다. 점심시간이 끝나고 오후 수업을 한 뒤, 일과를 마칩니다. 우리 학교는 5교시일 경우 오후 1시 30분, 4교시일 경우 12시 40분에 하교합니다.

유치원 때와는 달리 초등학교는 수업 시간과 쉬는 시간이 분명하게 분리됩니다. 수업 시간에 해야 하는 일들이 정해져 있고, 유치원 때보다 조금 더 집중력을 요구할 수 있습니다. 그래서 유치원 하원 시간보다 초등학교 하교 시간이 훨씬 빠름에도 아이들이 피곤해할 수 있습니다.

#2. "선생님, 쉬는 시간에 또 해도 돼요?"

초등학교 생활이 수업 시간과 쉬는 시간이 분명히 분리된다고는 했지만, 사실 3월의 1학년 교실은 쉬는 시간과 수업 시간의 구분이 어려울 정도로 정신이 없습니다. 1학년에게만 있는 입학 초기 적응 활동이 얼마나 감사한지 모릅니다. '입학 초기 적응 활동'이란 초등학교에 처음 온 아이들이 학교에 잘 적응할 수 있도록 도와주는 활동으로, 입학 후 34시간 정도 운영됩니다. 주로 6년간 다닐 학교에는 어떤 곳이 있는지, 아플 때는 어디로 가야 하는지, 밥은 또 어디서 먹을 수 있는지 학교의 구석구석 살펴봅니다. 또 다양한 친구들과 어울려 생활하며 지켜야 할 규칙도 함께 정해 보고, 본격적으로 수업에 들어가기 전에 필요한 기본 학습 태도도 익힙니다. 입학 초기 적응 활동 기간 동안 유치원 생활과는 달라진 초등학교 생활에 천천히 익숙해질 수 있는 시간을 가집니다.

초등학교의 수업 시간 40분 동안 활동을 지속하는 것을 처음에는 조금 어려워하지만, 다행히 우리 아이들은 금세 적응하고 의젓해집니다. 수업은 활동 위주로 구성되어 그림 그리기, 만들기, 색종이 접기 등을 주로 많이 합니다. 1학년 아이들에게는 조그만 활동도 인기 폭발입니다. 어른의 시선에서 '좀 심심한 거 같은데?' 하는 단순한 활동을 해도 "지금까지 한 것 중에 제일 재미있었어요. 쉬는 시간에 또 해도 돼요?" 하고 함박웃음을 지어 보입니다.

유치원은 소그룹으로 자유롭게 수업을 했다면 초등학교는 이제 책상과 의자에 앉아 정해진 자리에서 수업 시간을 보내게 됩니다. 그러다 보니 칠판이 안 보인다고 말하는 친구들이 생기기도 합니다. 1학년 대상으로 건강검진이 계획되어 있지만, 혹시 그전에라도 칠판이 안 보인다고 이야기하면 안과에서 검진을 받아 보는 것을 추천해 드립니다.

#3. "선생님, 화장실이 무서워요."

공부 시간을 이렇게 애타게 기다리면 좋으련만, 우리 아이들은 쉬는 시간이 끝나는 것을 너무 아쉬워합니다. 우리 반의 쉬는 시간에는 화장실을 제일 먼저 다녀오는 게 약속입니다. 초등학생이 되면 화장실은 쉬는 시간에 가는 것이 큰 임무 중 하나입니다. 1학년 특성상 수업 시간에 한 명이 화장실 가겠다고 하면 10명 이상이 "저도요." "저도 가고 싶어요." 하고 우르르 화장실에 따라 나갑니다. 수업 진행이 불가능할 정도입니다. 그래서 학년 초에 우리 반은 특별한 연습인, '쉬는 시간에는 무조건 화장실 다녀오기'를 합니다. 별것 아닌 것 같아도 이것만으로 수업 시간에 화장실 가는 행동이 많이 줄어듭니다. 수업 시간에 화장실 가고 싶은 것을 꾹 참았음에도 막상 쉬는 시간이 되면 화장실 다녀오는 것을 잊고 놀아 버리는 1학년입니다. 그래서 저는 "화장실 먼저 다녀오고, 쉬는 시간을 갖습니다."라고 꼭 이야기합니다. 놀고 싶은 욕구는 가끔 배변 욕구도 잊게 하거든요.

화장실은 굉장히 개인적인 공간이기에 아무리 담임교사라고 해도 화장실 지도까지는 어렵습니다. 학교에서는 대소변 후 변기의 물을 안 내리는 아이, 화장지를 너무 많이 사용하고 버려 변기를 막히게 하는 아이, 남자아이 중 공용화장실임에도 소변을 눌 때 바지와 속옷을 발목까지 내리는 아이 등 다양합니다. 공용화장실 사용법은 가정에서 꼭 알려 주셔야 합니다.

특히 공용화장실은 더럽고 찜찜하다는 인식을 심어 주지 않도록 주의하는 것도 필요합니다. 의외로 많은 아이가 학교 화장실을 무서워합니다. 대부분 이유는 공용화장실이 더러울 것 같다는 것이지요. 배가 아파도 일부러 집에 갈 때까지 참거나, 화장실에 가고 싶어서 집에 가고 싶다는 아이도 있습니다. 내가 화장실을 깨끗하게 사용하면 다른 사람들도 깨끗하게 사용한다는 믿음을 주세요. 학교 화장실만 잘 이용해도 아이의 학교생활 적응이 한결 쉬워집니다.

#4. "선생님, 지금 몇 교시예요?"

화장실에 다녀오고 나면 드디어 진짜 쉬는 시간이 됩니다. 책을 읽는 친구도 있고, 그림을 그리거나 색종이를 접는 친구들도 있어요. 친구들과 옹기종기 모여 보드게임을 하기도 하고, 블록을 가지고 놀기도 합니다.

교육과정상 시계 보기 수업은 1학년 2학기부터 배우게 됩니다. 하지만 학교에 다니게 된 이상 시간을 고려하며 생활하는 것은 중요합니다. 가능하다면, 시계 보는 방법을 미리 배워 오면 조금 더 편하겠죠. 시계 보는 법을 모른다면 전자시계만으로도 충분합니다. "선생님, 지금 몇 교시예요?" "언제 밥 먹으러 가요?" "언제 집에 가요?"는 우리 반 단골 질문입니다. 점심시간이 끝나고 다음 수업을 하기 위해서는 도서관 또는 운동장에서 신나게 노는 아이들을 교실로 데리고 와야 합니다. 더 놀고 싶은 마음이 큰 탓도 있겠지만 아직 시간 개념이 없는 아이들이 많아서 그렇습니다. 내가 몇 교시 수업하고 있고, 쉬는 시간은 언제까지이고, 얼마 있으면 점심을 먹고, 한 시간만 더 하면 집에 간다는 것을 아는 것만으로도 아이가 학교생활에 더 안정적으로 적응할 수 있겠지요?

#5. "선생님, 우유갑 열어 주세요."

담임선생님마다 다르지만, 우리 반은 1교시 마치고 쉬는 시간에 우유를 마십니다. 처음에는 스스로 우유 여는 방법을 몰라 "선생님, 우유갑 열어 주세요." 하고 우르르 다 선생님 자리로 나옵니다. 한 명 한 명 우유를 열어 주다 보면 쉬는 시간 10분 가지고는 어림도 없어요. 그래서 우리 반은 우유 급식이 시작된 그날부터 우유 탐정이 됩니다. 우유가 어떻게 생겼는지 관찰합니다. 입구는 어딘지, 어떻게 벌려야 하는지 이야기 나눕니다. 방법을 찾았다면 연습도 해 봅니다. 흘린 우유 냄새는 일 년 동안 우리 반 모두를 괴롭게 만들 수 있으므로 흘리지 않고 우유를 마시기로 다짐도 합니다.

흘리지 않기 위해서는 제자리에 앉아 바른 자세로 우유를 마시고, 다 마시고 나서는 빈 우유갑이 넘어지지 않게 잘 정리하는 것까지 약속합니다. 여기까지 마쳤다면 우리 반은 우유를 마실 수 있는 자격을 획득하게 됩니다. 우유를 마시는 자격을 얻기까지의 여정이 엄청나지요? 1학년이라서 그렇습니다.

보통 학기 초 우유 신청서를 받아 보면 거의 모든 친구가 우유를 신청합니다. 우유를 마셔서 조금이라도 더 건강해지길 바라는 부모님의 마음이겠지요. 그런데 부모님의 마음을 아는지 모르는지 며칠이 지나고 나면 우유 마시는 것을 괴로워하며 몰래 버리는 아이, 먹은 척하며 우유를 남기는 아이, 책상 구석에 숨기는 아이까지 정말 다양합니다. 우유 신청은 부모님 뜻대로 하지 마시고, 꼭 아이와 상의해 주셨으면 합니다. 합의되지 않은 우유 신청은 마시기 싫은 아이에게 우유를 권하는 선생님에게도, 먹기 싫은데 억지로 먹어야 하는 아이에게도 너무나 가혹한 일이랍니다.

#6. "선생님, 배고파요. 언제 밥 먹으러 가요?"

1학년 친구들은 1교시부터 "선생님, 배고파요. 언제 밥 먹으러 가요?" 하고 물어보는 친구들이 많습니다. 학교에 있다 보면 오전에 급식소에서 음식 만드는 냄새도 솔솔 올라오니 아이들은 허기를 참기가 얼마나 어렵겠어요. 그래서 아침에 밥이 아니더라도 요기가 될 수 있는 음식을 꼭 챙겨 먹고 학교에 와야 합니다. 물론 아침을 충분히 먹었다고 하는데도 "배고파요." 하는 친구들도 있긴 합니다. 쑥쑥 자라나는 성장기 아이들이라서 그런가 봅니다.

보통 점심은 급식소에서 먹습니다. 식판과 숟가락, 젓가락을 챙겨 음식을 받고, 정해진 자리에 앉아 음식을 먹습니다. 다 먹고 난 뒤 식판도 스스로 정리합니다. 익숙해지기까지는 조금 시간이 걸리지만(우유 마시기와 같은 일련의 과정을 거치게 됩니다), 또 금세 잘하긴 합니다. 우리 반 친구들의 60%는 젓가락질을 하고, 40%는 익숙하게 사용을 못합니다. 학교에 따로 포크 같은 유아 식기는 준비되어 있지 않아 젓가락질을 못하면 불편할 수 있습니다. 그럼에도 어른들의 우려와는 달리 우리 반 친구들은 젓가락질을 못해도 그에 굴하지 않고 젓가락을 포크 삼아 국수를 두 그릇, 세 그릇 씩씩하게 먹습니다. 대단하지요? 그래도 학교생활의 불편함을 줄이기 위해서라도 가정에서 일반 젓가락 연습을 꾸준히 시켜 주시면 좋겠습니다.

학부모 상담을 해 보면 편식이 너무 심해서 급식 시간에 먹을 것이 없겠다고 걱정하시는 학부모님들이 계십니다. 반 친구들에게는 음식 맛이라도 보라며 한입은 권해 보기까지는 합니다만, 편식 지도를 원하시는 학부모님은 따로 요청하셔야 합니다. 담임교사라고 해도 아이에게 음식을 억지로 먹일 수는 없거든요. 그래도 다행인 건 친구들과 함께 밥을 먹는 것이 급식 지도에 많은 도움이 됩니다. "선생님, 브로콜리가 생각보다 맛있네요?" 하는 친구에게 "우와~ 하양이는 브로콜리도 먹을 줄 알아? 대단하네!" 하고 폭풍 칭찬을 해 주면 주변 친구들도 관심 없던 반찬이었지만 한번 맛보고 "저도 먹을 수 있어요!" 하고 서로 칭찬받으려고 합니다. 김치를 엄청나게 잘 먹는 김치 왕이 "김치 진짜 맛있다." 하며 우걱우걱 먹으니 주변 친구들도 "내가 더 잘 먹거든?" 하고 뽐내며 김치를 먹습니다. 친구들과 함께 먹기에 좀 더 다양한 음식을 잘 먹는 것 같습니다. 저희 아들만 하더라도 매운 걸 싫어하는 녀석인데 학교 친구들이랑 서로 매운 걸 더 잘 먹는다며 우기다 입맛을 바꿔 왔더라고요. 내 아이의 입맛에 맞춘 가정 식단도 좋지만, 급식은 가정에서 맛보지 않는 새로운 음식을 접할 좋은 기회가 될 수 있습니다. 먹을 것이 없다고 안타까워 마시고, 하나라도 맛보고 올 수 있도록 응원해 주세요.

1학년 담임으로서 급식 시간이 제일 괴로운 날은 포장된 후식이 나오는 날입니다. "선생님, 이거 까 주세요." "선생님, 이거 잘라 주세요." "선생님, 이거 열어 주세요." 25명 아이의 후식을 까고 열어 주다 보면 손이 벌겋게 부어 있어요. 음료수 뚜껑 따보기, 과자봉지 찢어 보기, 큰 음식은 이 또는 숟가락으로 잘라 보기, 과일 껍질 까기 등 생활에서 접하는 다양한 문제 상황에서 아이가 스스로 해 볼 수 있도록 기회를 주세요. 생각보다 어려워하는 친구들이 많습니다.

1학년은 아직 학교 지리에 익숙하지 않기 때문에 반 전체가 다 먹고 함께 교실로 돌아옵니다. 그러다 보니 아이마다 먹는 속도가 달라 여간 난감한 것이 아닙니다. 빨리 먹고 치워 버리는 아이도 있고, 다른 친구들은 다 먹었는데 넋 놓고 밥을 쳐다만 보는 아이도 있고, 밥 먹는 것은 뒷전이고 급식소에 들어오는 다른 반 친구들을 하나하나 다 챙겨 가며 인사하는 아이도 있습니다. 다음 수업과 다른 학년의 식사를 위해서 자리를 비워 주어야 하는 급식소 상황을 아이들이 알 리가 없지요. 일찍 먹은 친구는 오래 기다리려니 지겹고, 늦게 먹는 친구는 그저 여유롭습니다. 가정에서부터 돌아다니거나 장난치지 않고 밥 먹는 것에 집중하도록 식사 예절을 꼭 지도해 주세요.

#7. "선생님, 국수가 자꾸 빠져 나와요~"

급식 시간에 꼭 1~2명은 국수를 먹을 때 앞니 사이로 빠져나가는 국수 때문에 곤란해합니다. 지켜보는 저는 참 귀여운 모습이지만, 우리 아이들에게는 꽤 곤혹스러운 일입니다. 이갈이는 친구들의 발달 속도가 다 다르다는 것을 확실히 볼 수 있는 것 같습니다. 우리 반에는 아직 이를 하나도 안 뺀 친구도 있고, 많게는 8개나 이갈이를 한 친구가 있습니다. 이갈이를 많이 했다고 또는 이갈이를 적게 했다고 걱정하실 필요는 없습니다. 아이들은 자신만의 성장 속도를 가지고 성장하는 중이거든요.

2021년 교육부에서 조사하여 발표한 학생 건강 검사 표본통계를 확인해 보니 초등학교 1학년 학생들의 평균 키는 남아 123cm, 여아 121cm이고, 몸무게는 남아 26.2kg, 여아 24.6kg이라고 합니다. 하지만 실제 학급에서는 남녀 구분보다는 개인차가 매우 큽니다. 성장 속도가 모두 다르기 때문이지요. 키 때문에 혹은 몸무게 때문에 놀림 받을까 봐 걱정하시는 가정이 많습니다. 다행인 건 아이들은 아직 다른 친구와 다른 것(키가 작다, 크다)에 대해 이야기하는 것이지, 다른 것에 대해 판단(키가 작아서 혹은 커서 이상해 보여)하지는 않습니다. 사람들은 모두 다르고, 나와 다르다고 해서 이상한 것은 아니라고 우리 아이한테 먼저 알려 주세요. "다른 것은 당연한 거야." 하고 받아들이면 외모로 다른 친구를 놀리는 것은 눈에 띄게 줄어듭니다. 간혹 다른 친구가 외모로 놀리더라도 "그래, 뭐 어때서?" 하고 상처받지 않고 넘길 수 있습니다.

이 시기는 다른 아이들과의 수치적인 비교보다는 신체 발달을 돕는 긍정적인 습관 형성에 집중하면 좋습니다. 일찍 자고 일찍 일어나기, 음식 골고루 먹기, 바른 자세로 앉기 등과 같은 당연하면서도 아주 중요한 습관들을 몸에 익힐 수 있도록 도와주세요. 바른 습관을 몸에 익힌다면 자신의 성장 속도대로 아이들은 건강하게 잘 자랄 수 있습니다.

#8. "선생님, 풀 뚜껑이 사라졌어요."

이제 1학년이 되었으니 자기 일을 스스로 할 수 있도록 도와주셔야 합니다. 우선은 자신의 물건을 스스로 챙기는 것이 필요합니다. 모르셨죠? 아이들 물건에는 발이 달려 있답니다. 금세 풀을 사용하고도 "선생님, 풀 뚜껑이 사라졌어요." 하고 울먹이며 옵니다. 책상 주변을 찾아보라고 해도 내 풀 뚜껑을 찾는 것은 1학년에게는 참 어려운 일인가 봅니다. 겨우 풀 뚜껑 하나를 찾게 되어도 아무래도 내 풀 뚜껑이랑 조금 다른 것 같아요. 풀 뚜껑만이겠어요? 이름 없는 색연필이나 연필은 또 얼마나 많이 나오게요. 이것 말고도 발이 달린 물건은 정말 많답니다. 색연필 하나하나와 같이 학용품은 물론 신발, 점퍼 등등 사소한 것 하나하나에 다 아이와 함께 이름을 적어 보세요. '에이~ 무슨 점퍼와 신발까지…….'라고 생각하실 수 있지만, 또래 친구들의 취향이 비슷합니다. 소지품에 이름이 적혀 있다면 자신의 물건을 챙기는 데 많은 도움이 됩니다.

그리고 스스로 할 수 있는 일은 혼자 해 볼 수 있게 도와주세요. 우유가 쏟아졌으면 "닦아 주세요." 하는 친구가 있기도 하고 스스로 닦는 친구도 있습니다. 물론 깨끗하게 닦지는 못해도 스스로 닦으려는 모습이 너무 예쁘지 않나요? 마무리는 어차피 어른이 할 테니 완벽한 해결을 기대하지 않습니다. 스스로 해 보려는 시도가 무엇보다 중요한 시기입니다. 지금은 서툴러도 능숙해지는 순간이 올 테니까요. 가방 열기, 지우개 줍기, 떨어진 쓰레기 치우기 등 스스로 할 수 있는 것은 시도해 볼 기회를 주세요. 이제 초등학생이잖아요.

원하는 것은 스스로 요청할 수 있게 도와주세요. 부모님은 가능해도 교사와 친구들이 아이의 눈빛만으로 원하는 바를 읽어 내기란 쉽지 않습니다. 1학년 친구들이 의외로 도움을 요청하는 말을 못 합니다. "덮밥은 싫어요. 따로 주세요." "화장실 가고 싶어요." "머리가 아파요."와 같이 필요한 것을 스스로 말할 수 있도록 도와주세요.

그렇다고 무조건 아이에게 믿고 맡기기만 하기에는 아직은 어른의 도움이 많이 필요한 시기입니다. '스스로 하는 시기'가 아니라 '스스로 할 수 있도록 도와주는 시기'입니다. 가방 챙기기, 숙제하기 같은 것도 직접 해 주시는 것보다는 스스로 할 수 있도록 알려 주고, 잘했는지 확인 정도만 해 주셔도 충분합니다.

#9. "있잖아요. 선생님, 이건 비밀인데요……."

"있잖아요~" 하고 시작한 아이들의 말에는 브레이크가 없습니다. '설마 이런 이야기까지 하겠어?' 학교에 와서 집에 있었던 일, 먹었던 음식, 하물며 화장실 간 것까지 시시콜콜 다 이야기하는 아이들입니다. 부모님의 행동을 따라 하는 것은 물론 친구들과의 대화도 부모님 말투로 합니다. 폭력적인 영상들, 거친 언어, 비도덕적인 행동

우리 아빠/날쌔서
나를 지켜 줘요.

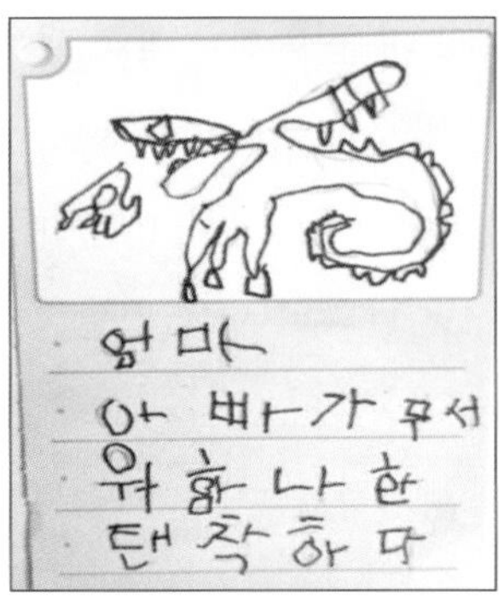

엄마/아빠가 무서워함.
나한텐 착하다.

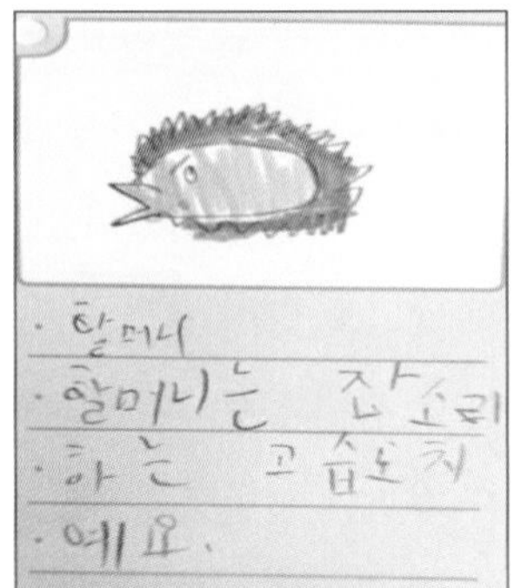

할머니/잔소리하는
고슴도치예요.

우리 엄마/수영도
잘하고 무서워요.

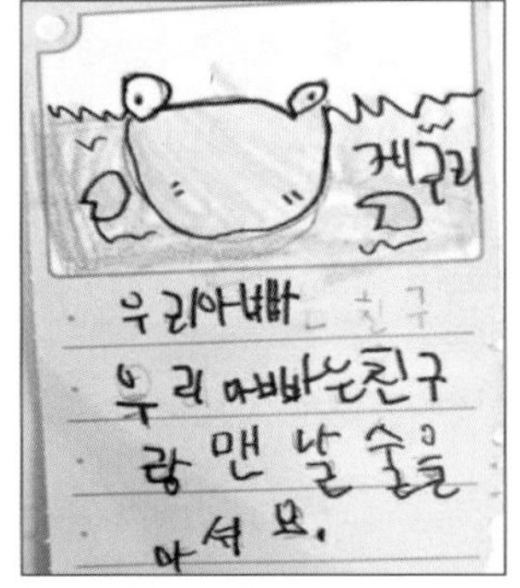

우리 아빠/친구랑
맨날 술을 마셔요.

은 당연히 주의해 주시겠지만, 아이들 앞이라면 한번 더 신경 쓸 필요가 있습니다. 부부싸움 브리핑도 하는 아이들입니다. 아이들이 매의 눈으로 부모님들을 지켜보고 있으니 주의 또 주의해 주세요.

#10. "걱정하지 마, 비둘기야. 학교는 진짜 재밌어."

학교 가는 게 두려운 비둘기에게 1학년의 봄을 보낸 우리 반 친구들이 이야기해 주었습니다. 학교는 재미있는 곳이라고! 어려운 게 있으면 도와줄 수 있는 선생님이 있고, 함께 놀 친구들이 있고, 다양한 활동들을 할 수 있다고요. 우리 반 친구들 많이 자랐지요? 처음은 설렘 반, 두려움 반이었다면 이제 재미있는 1학년 생활을 즐기기만 하면 되겠네요!

아니야, 비둘기야~
학교는 좋은 점이 있어
학교?

아니야, 비둘기야~
학교?

아니야, 비둘기야~
친구
학교?

아니야, 비둘기야~
학교?

아니야, 비둘기야~
학교?

아니야, 비둘기야~ 강당에서
풍선 공연도 하고 재밌어.
학교?

두근두근 1학년 탐구생활(Q&A)

Q1. 아이가 학교에 가기 싫다고 울면 어쩌죠?

1학년 교실에서는 아주 흔하게 일어나는 일입니다. 입학 때부터 우는 아이도 있고, 학교를 잘 다니다가도 돌연 5월에 엄마가 보고 싶어 집에 가고 싶다는 아이도 있고요. 너무 놀라지 마세요. 1학년이기에 그럴 수 있습니다. 대부분 아이들은 어른들이 예상하는 것보다 더 금세 적응하니 너무 걱정하지 않으셔도 됩니다.

입학하기 전부터 학교와 관련된 긍정적인 이야기를 자주 해 주시면 적응에 도움이 될 수 있습니다. "학교에서 선생님, 친구들이랑 즐겁게 지내고 다시 만날 거야." 하고 말이에요. 그런데도 학교에 가는 것을 어려워한다면 아이의 감정에는 공감해 주시되, 단호하게 아이가 교실에 들어가야 하는 이유를 설명해 주세요. 그리고 담임선생님께 도움을 요청해 아이가 교실에 들어가게 해 주세요.

'교실에서도 계속 우는 건 아닐까?' '학교에서 무슨 문제가 있는 것은 아닐까?' 하고 불안해하는 부모님의 마음을 귀신 같이 알아채고 같이 불안해지는 1학년입니다. 유치원 다닐 때 경험하셨겠지만 울면서 교실로 간 아이는 얼마 지나지 않아 언제 울었냐는 듯이 깔깔깔 웃으며 즐겁게 학교생활을 합니다. 우선 부모님께서 교실에 잘 적응할 내 아이로 믿어 주세요.

일반적으로 등교 거부는 일시적으로 생겼다가 사라집니다. 그런데 코로나19 영향 때문일까요? 최근 들어 지속적인 등교 거부 학생이 눈에 띄게 늘어나고 있습니다. 일시적인 것이 아니라 한 학기 혹은 그 이상 등교를 거부한다면 전문기관에 상담받는 것을 추천해 드립니다.

Q2. 맞벌이 부부라 하교 후가 걱정됩니다. 돌봄, 늘봄, 방과후 수업이라는 게 있던데 이건 뭘까요?

돌봄교실은 학교의 정규수업이 끝난 다음 오후 시간에 별도로 마련된 돌봄교실에서 돌봄전담사가 아이들과 함께할 수 있도록 지원해 주는 프로그램입니다. 주로 학교 숙제, 독서 등 학습적인 면을 봐 주기도 하고, 그림과 체육 등 다양한 활동을 합니다. 저학년 학생 중 맞벌이, 저소득층, 한부모 가정 등 돌봄이 꼭 필요한 학생 대상으로 운영하며 운영 시간은 지역 혹은 학교마다 상이합니다.

늘봄학교는 희망하는 모든 초등학교 학생에게 학교생활 적응을 위한 놀이활동 중심의 예체능, 심리 정서 프로그램 등을 1년간 매일 2시간 무상 제공하는 제도로, 초등학교 방과후 학교와 돌봄교실을 통합한 것입니다.

방과후 학교는 학생과 학부모의 요구와 선택을 반영하여 이루어지는 정규수업 이외의 교육 및 돌봄 활동입니다. 방과후에 학교에서 여러 문화, 예술, 체육 등과 관련된 별도의 프로그램을 운영하게 되는데 프로그램은 학교마다 천차만별입니다.

학교 정규수업 이후 학교에서 운영되는 프로그램이 다양합니다. 학교마다 운영 방법이 다양하므로 학교에서 제공되는 안내문을 잘 살펴보시고 활용하시면 좋을 것 같습니다.

Q3. 제가 일찍 출근해야 하는데요, 아이가 좀 일찍 등교해도 될까요?

학교 문이 일찍 개방되어 있을 수는 있으나, 안전상의 문제로 너무 일찍 등교하는 것은 권하지 않습니다. 아이를 보호해 줄 수 있는 어른이 없으므로 오히려 더 위험할 수 있습니다. 그래도 사정상 꼭 일찍 등교해야 한다고 하면 학교도서관 개방 시간을 확인해 보세요. 학교마다 다르지만, 일찍 개방한다면 도서관에서 책을 읽다 등교 시간에 맞추어 교실로 가면 덜 위험할 수는 있겠네요.

Q4. 언제까지 등하교를 시켜 줘야 할까요?

보통 3월까지는 등하교를 위해 학부모님들께서 많이 오시고, 4월부터는 점점 줄어듭니다. 초반에는 아이가 이동 동선을 익힐 수 있도록 충분히 함께 다녀 주시고, 거리를 조금씩 늘려 가면 혼자 다녀 보는 연습을 시켜 주세요. 금세 아이들 스스로 학원버스도 타고, 집까지 걸어가는 것도 잘 하게 됩니다.

다만, 위험한 상황에 부닥쳤을 때 주변 어른에게 도움을 요청하는 방법을 명확히 알려 주어야 합니다. 그리고 등하교 시에 부모님께 허락받지 않고 다른 곳에 가지 않기도 분명하게 약속해야 합니다. 하교 후 계획 없이 놀이터 또는 친구 집에 놀러 가서 실종신고를 고민하게 했던 해프닝이 1년에 1~2번 정도 있거든요.

Q5. 친구들이 핸드폰을 다 가지고 있다고 하던데요. 핸드폰을 꼭 사 주어야 할까요?

1학기 상담주간에 "친구들이 핸드폰을 다 가지고 있다고 하던데요……." 하고 말씀하시는 분들이 많은데, 사실 우리 반 친구들의 30% 정도만 핸드폰을 가지고 있습니다. 저는 핸드폰을 최대한 늦게 사 주고 싶었는데, 맞벌이 부부이기에 어쩔 수 없이 아이와의 연락을 위해 핸드폰을 사 주었습니다. 대부분 저와 비슷한 이유로 핸드폰을 사 주셨겠지요?

핸드폰을 사 주시기로 하셨다면 두 가지는 꼭 기억해 주세요.

첫째, 전화 예절과 문자 예절을 알려 주세요. 핸드폰이 생기면 친구들의 전화번호를 받아 서로 전화하거나 문자하는 것을 즐겨 합니다. 그러다 보면 아침이나 밤늦게 전화하기도 하고, 의미 없는 문자들로 도배하기도 합니다. 심하면 하지 말아야 하는 말도 장난이라고 문자로 남기기도 해서 문제가 되는 경우도 종종 있습니다. 핸드폰 사용 예절을 알려 주세요.

둘째, 아이와 핸드폰 사용 규칙을 정하세요. 정해진 시간 동안만 사용하는 것은 중요합니다. 아이 스스로 조절하는 것이 어렵다면 자녀 핸드폰 관리 앱을 이용하여 조절을 도울 수 있습니다. 또한 부모님께 허락받고 앱 설치하기, 앱 내 결제하지 않기 등과 같은 규칙을 아이와 함께 정하는 것도 필요합니다.

두근두근 1학년 성장노트

'서로 다르지만 모두 소중해요.'

사람이 태어나서 죽을 때까지 전 생애에 걸쳐 나타나는 모든 양상과 과정을 '발달(development)'이라고 해요. 그리고 인간의 모든 발달적 변화를 과학적으로 연구하는 학문이 바로 발달심리학이에요. 발달심리학의 관점에 보면, 초등학교 1학년 봄 시기는 다양한 변화와 성장이 나타나는 매우 중요한 순간이에요.

발달심리학에서는 아이들의 발달을 바라볼 때, '규준 대 개인차'라는 쟁점이 있어요.

'규준'은 아이들의 특정 발달이 이루어지는 평균 연령을 말하며, 이 규준을 근거로 아이들의 발달 상태를 확인하는 것이에요. 영유아 건강검진 결과를 동일 나이 아이 중에 내 아이가 어느 정도 상태인지를 알려 주는 방식이지요.

'개인차'는 개인이 가진 유전적 특성과 환경적 특성이 달라서 발달 상태의 차이가 있다고 보는 것이에요. 아이마다 뒤집기, 걷기, 말하기, 이갈이 등의 발달 시기가 개인차를 두고 다르게 나타나는 것이지요.

아이들의 발달을 이해할 때, '규준'과 '개인차' 중에서 특정 관점에 치우치기보다는 적절하게 균형을 잡는 것이 중요합니다. 우리 아이는 늘 변화하는 존재이고, 그 변화는 규준과 개인차가 적절히 고려되어야 하지요. 아이들의 발달 과정은 서로 다르지만, 변화와 성장의 순간은 모두 소중하니까요.

#1학년 겨울 #지금도 이미 충분히 좋은 부모 #괜찮아요 #토닥토닥

II. 두근두근 1학년의 '여름'

"친구랑 노는 게 제일 좋아요."

『안녕, 루시!』(파토 메나, 북이십일 을파소, 2023)

입학해서 3~4월 적응 기간이 끝나고 나면 이제 아이들의 친구 관계가 슬슬 걱정됩니다. 쉬는 시간에 혼자 있는 것은 아닌지, 친구와 싸우는 것은 아닌지, 뉴스에서 흉흉한 소식이 많이 들리던데 우리 아이는 괜찮은 건지.

다양한 아이들이 한 교실에서 생활합니다. 모두 다르기에 재미있기도 하지만, 갈등이 생길 수도 있어요. 아직 1학년 친구들은 루시네 친구들처럼 아직 모두 다 다르다는 것을 잘 모릅니다. 학교에서 우리는 서로 다르다는 것을 인정하고, 갈등을 해결하며 서로를 존중하는 방법을 하나씩 배워 나갈 거예요. 루시가 교실의 여러 친구와 친구가 될 수 있었듯이 말이죠.

친구들과 함께 어울려 성장하는 1학년, 우리 반 교실 이야기로 1학년들의 친구 관계를 살펴보겠습니다.

두근두근 1학년 교실 이야기

'여러 가지 색으로 만드는 아름다운 교실, 색연필 교실' 저희 교실 이름입니다. 이름에서 느껴지다시피, 우리 아이들은 다양한 색으로 이루어져 있습니다. 그래서 교실이 더 재미있고, 활기찬 것 같아요. 좋아하는 것도 서로 다르고 생각하는 것도 서로 다릅니다. 가정 분위기도 다르고, 그동안 배워 왔던 것도 다릅니다. 이렇게 다양한 친구들이 오랜 시간 한 교실에서 복작복작 생활합니다.

이제 아이들의 공식적인 사회생활이면서 단체생활이 시작되었습니다. 가정에서는 내가 주인공이었다면, 이제 학교에서는 25명 중 1명이 됩니다. 그래서 내 말만 맞는다고 우길 수 없고, 싫어도 다른 친구들과 함께해야만 하는 상황이 생길 수밖에 없습니다. 내 마음대로 할 수 없으니 속상할 수도 화날 수도 있습니다. 이 과정에서 내 뜻을 꺾어 보기도 하고, 양보하기도 하고, 사과하며 이견을 조율해 보겠지요. 그러면서 다른 친구들과 어울리는 방법을 익히고 정말 중요한 '사회성'을 습득할 수 있습니다. 학교에 다양한 친구들이 모이기에 배울 수 있는 것이겠죠.

한 가지 색보다는 여러 가지 색으로 그리는 것이 더 다양한 그림을 그릴 수 있겠지요? 서로 다른 친구들이 한 교실에서 어울려 생활하는 우리 반 교실 이야기를 소개합니다.

#1. "쟤한테 블록 놀이하자고 했는데, 하기 싫대요."

"쟤한테 블록 놀이하자고 했는데, 하기 싫다고 해요." 아직 1학년 친구들은 나와 생각이 다른 친구들을 이해하는 데 조금 어려워합니다. 그래서 다툼이 일어나기도 하고 속상한 일도 생기지요. 이럴 때 어떻게 해야 하는지를 1학년 교실에서 배웁니다. 먼저 친구의 의견이 나와 다를 수 있다는 것을 배웁니다.

교사: 까망아, 지금 블록 놀이하고 싶은데 노랑이가 하지 않는다고 해서 속상했구나. 노랑이는 뭐하고 싶어?

노랑이: 저는 그림 그리고 싶어요.

교사: 까망아, 너는 블록 놀이가 하고 싶지만 노랑이는 지금 그림 그리고 싶다는데?

까망이: 아~! (나랑 놀기 싫은 게 아니라 다른 것은 하고 싶다는 것을 알게 되었습니다.)

우리 반의 다툼은 거의 "친구와 나는 다르다."라고 이야기해 주면 해결이 됩니다. 1학년 친구들은 내 생각과 다른 친구를 이해하는 게 어렵거든요. 그러고 나면 친구의 입장에서 생각해 봅니다.

교사: 까망아, 노랑이는 너와 하고 싶은 게 다른가 봐. 어쩌지?

까망이: 뭐 그렇다면 다음에 놀면 돼요. (엄청 쿨합니다.)

친구가 나와 다른 생각을 한다고 해서 나쁜 것은 아니라는 것도 금세 인정합니다. 예쁜 1학년은 사과도 잘하고 이해도 잘합니다. 아주 쿨한 친구들이지요.

"왜 내가 아니고 재랑 놀고 싶어 하지? 아! 내가 블록 놀이를 하자고 했지만, 친구는 그림을 그리고 싶나 보네." "나는 장난인데 친구가 아프다고 하네? 친구는 장난이라고 안 느꼈나 보네. 미안하다고 사과해야겠다." 이렇게 아이들은 교실에서 나와 다른 친구를 이해하는 방법을 배우고 있습니다. 사회의 한 구성원으로서 여러 사람과 어울려 살아갈 수 있기 위해 교실에서 열심히 사회적 기술을 익히고 있습니다. 아직 잘 못 한다고요? 이제 하나씩 배워 나가면 됩니다. 아직 1학년이잖아요.

#2. "빨강이가 제일 좋아요."

세상에 영원한 것은 없다 했던가요? 1학년 교실에서의 친구 관계는 정말 확확 바뀝니다. 어제 친했던 친구, 오늘 친한 친구 다릅니다. 아마 내일 친할 친구 역시 달라질 겁니다. 성별에 의해 친구들이 구성될 것 같지만, 우리 교실에서는 성별보다는 가지고 노는 놀잇감에 따라 무리가 만들어집니다. 보드게임을 하는 친구들이 있고, 색종이를 접으며 노는 친구들이 있고, 그림을 그리는 친구들도 있고, 호시탐탐 장난치려고 기회를 엿보는 친구들의 무리가 있습니다. 그러다 보니 내가 재미있어하는 것이 바뀌면 친구 구성은 언제든지 바뀔 수 있습니다. 1학년 교실에서의 단짝은 아직 뚜렷하게 드러나지 않는 시기니 단짝 친구가 없다고 걱정하시거나 속상해하지 않으셔도 됩니다. 아직 서로에게 어떤 편견이나 거부감이 없이 어울려 잘 노는 예쁜 아이들이랍니다.

#3. "주황아, 우리 같이 놀래?"

활발하게 누구와도 잘 어울리는 사람은 옳고, 혼자 사색을 즐기는 사람은 틀렸다고 생각하시는 분은 안 계시지요? 그런데도 내 아이가 혼자 놀았다고 하면 걱정이 많아지는 것은 어쩔 수 없나 봅니다. 아이의 기질이나 성격에 따라 친구를 사귀는 데 걸리는 시간이 다를 수 있어요. 그래서 먼저 자발적으로 혼자 노는 것인지, 비자발적으로 혼자 노는 것인지 구분하는 것이 필요합니다.

'자발적으로 혼자 노는' 친구들은 보통 기질이 내성적이거나 신중한 아이들이라 그럴 수 있습니다. 아이는 혼자 있는 상황이 전혀 문제가 되지 않고, 오히려 편할 수도 있습니다. 다만, 그 모습을 바라보는 어른이 애가 탈 뿐이지요. 괜찮아요. 탐색 시간이 오래 걸리는 것일 뿐, 시간이 좀 걸리더라도 자신과 잘 맞는 친구를 스스로 찾아낼 거예요. 부모님이 아이를 믿고 기다려 주시면 시간이 해결해 줄 겁니다.

'비자발적으로 혼자 노는' 친구들은 어른들의 도움이 조금 필요합니다. 이럴 땐 담임선생님과의 상담이 도움이 됩니다. 담임선생님은 아이가 혼자 노는 원인을 좀 더 객관적으로 파악할 수 있고, 직접적인 도움을 주실 수도 있거든요.

여러 원인이 있겠지만 우리 반 아이들 같은 경우는 크게 세 종류의 원인을 꼽을 수 있습니다.

첫째, 수줍음이 많아 친구에게 다가가지 못하는 경우입니다. 이럴 땐 "같이 놀래?"라고 용기 내어 말할 수 있도록 도와주시면 좋습니다. 가정에서 역할을 정해 역할 놀이를 해 보세요. "같이 놀래?"라고 말하려면 많은 용기가 필요하지만, 친구 만들기에는 마법 같은 문장이거든요.

둘째, 안타깝게도 꼭 같이 놀고 싶은 친구가 정해져 있는 경우입니다. 교사가 보기엔 성향이 안 맞아서 친구가 되기 힘들겠다 싶은데 꼭 그 친구를 고집하다 보니 계속 거절을 당하고 상처를 받습니다. 아직 본인과 잘 맞는 친구를 알아차리는 것이 어려워서 그럴 수 있습니다. 우선 같이 놀기 위해 노력해 보고, 상대방의 반응이 별로 탐탁지 않으면 마음을 접고 다른 친구들을 찾아보도록 도와주시는 것이 필요합니다.

마지막으로 속상할 수는 있지만, 아이의 태도가 문제일 수 있습니다. 친구를 소유하려고 한다거나 무시한다거나 때리는 등의 행동은 아이들 세계에서도 인기가 없어요. 아이의 행동이 바뀌지 않으면 중간에서 교사가 아무리 중재를 해 주어도 별 도움이 되지 않거든요. 아이의 잘못된 행동으로 친구가 생기지 않는다면 가정에서도 친구들이 싫어하는 행동을 하지 않도록 강력히 지도해 주어야 합니다. 다행히 아직 편견이 없는 1학년들은 조그만 아이의 태도 변화에도 감동하고 호의적으로 변할 수 있습니다.

#4. "같이 노는 건 재미있지만, 지금은 조금 쉴래요."

쉬는 시간에 아이들은 다 복작복작 놀고 있는데 혼자 책상에 앉아 있는 친구가 있었습니다. 평상시에는 무리를 이루고 놀던 친구가 혼자 있으니 무슨 일이 있나 걱정되더라고요. "친구들한테 같이 놀자고 해 봐~" 했더니 "같이 노는 건 재미있지만, 지금은 조금 쉴래요." 하네요. 멋지죠?

담임으로서 걱정되는 친구들은 교실에 혼자 있는 친구들보다 친구들에게 지나치게 휘둘리는 아이들, 친구 관계에 지나치게 집착하는 친구들입니다. 관계를 유지하기 위한 에너지 소모가 너무 크거든요. '친구가 있으면 좋지만, 없어도 별로 상관없어. 곧 나의 가치를 알아봐 주는 친구가 나타나겠지.' 하는 마인드가 친구 관계에서 꼭 필요합니다. 내 인생의 주인공은 '나'이고 친구는 그저 감초 역할을 해 주는 조연입니다. 친구가 있으면 인생이 더 즐거워질 수는 있지만, 친구가 없다고 해서 내 인생이 끝나지는 않습니다. 기다리다 보면 또 다른 친구가 나타날 거니까요. 교실에는 간혹 친구 관계를 유지하기 위해 자기 자신을 힘들게 하는 아이들이 있습니다. 친구 관계를 유지하기 위해 내가 가장 아끼는 지우개를 친구에게 주기도 하고, 쉬고 싶은데 화장실에 억지로 끌려가거나, 다른 친구랑도 이야기해 보고 싶은데 다른 친구 눈치를 보며 이야기 못 하기도 합니다. 내 인생의 주인공이 '친구'가 되어 버리고, 나는 조연이 된 것이죠. 그러다 친구가 사라지면 내 인생이 무너지는 것처럼 힘들어합니다.

친구에게 끌려 다니지 않고 인생의 주인공이 내가 되기 위해서는 주변 어른들의 역할이 큽니다.

첫째, 아이의 가치는 친구들이 매기는 것이 아니라 스스로 매기는 것임을 알려 주세요. 혹시 지금 당장 친구가 없어도 자신의 가치를 제대로 알아보는 친구가 나타날 것이라는 확신이 들도록 아이의 든든한 버팀목이 되어 주어야 합니다.

둘째, 상처 주는 친구보다는 편안한 친구를 찾는 것이 중요하다고 알려 주세요. 세상에는 많은 사람이 있잖아요. 함께 있어 상처가 된다면 굳이 그 관계를 억지로 유지할 필요는 없는 것 같아요. 주위를 둘러보면 분명히 나의 마음을 편하게 해 주면서도 함께하면 즐거운 친구가 있거든요.

셋째, 단호하게 거절하는 방법을 알려 주세요. 배려는 좋은 마음이지만, 아이의 감정을 희생하면서까지 하는 무조건적인 배려는 좋은 것만은 아닙니다. 필요할 때는 거절의 의사도 분명히 밝힐 수 있어야 합니다.

지금 당장은 힘들어도 가정에서의 견고한 정서적 지지가 있다면 언제든 건강한 친구 관계를 만들 수 있습니다.

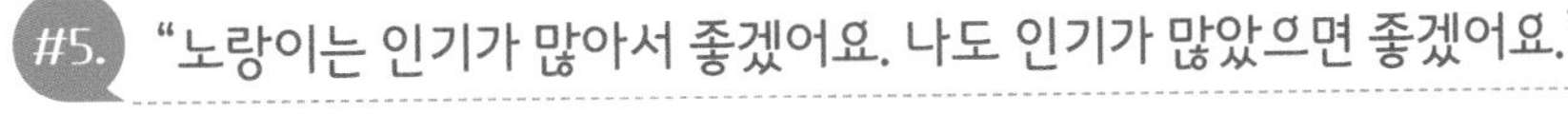

#5. "노랑이는 인기가 많아서 좋겠어요. 나도 인기가 많았으면 좋겠어요."

매년 학기 초에 『친구를 모두 잃어버리는 방법』(낸시 칼슨, 보물창고, 2007) 그림책을 친구들과 읽습니다. 아이들은 각자의 친구들을 떠올리며 재잘재잘 재미있게 읽지요. 나를 속상하게 했던 친구들에 대해 이야기하라고 하면 엄청난 이야기들이 쏟아집니다. 그리고 내가 고마웠던 친구들을 이야기하라고 해도 이야기를 잘합니다. 그런데 재미있는 것은 내가 친구한테 잘 못 했던 일을 이야기해 보자고 하면 모두 조용합니다. 가끔 손드는 친구들이 있어 발표를 시켜 보아도 친구를 속상하게 했던 일이 아닌 친구가 나를 속상하게 했던 일을 또 이야기해요. 아직은 자신의 모습을 되돌아보는 게 어려운 것 같아요.

친구를 많이 만드는 방법이 있을까요? 친구에게 인기 많은 아이의 특징은 분명하게 있긴 합니다. 깔끔한 용모에 말투가 친절하며, 마음이 너그러워서 친구들을 이해하는 폭이 넓고 긍정적입니다. 그러면서 친구 관계에 불필요한 에너지를 과도하게 사용하지 않기에 편안해 보입니다. 간혹 본인이 원하지 않는 일을 요구받을 때는 부드럽고 단호하게 거절하기도 합니다. 여기에 축구나 종이접기 등과 같이 친구들이 좋아하는 특별한 특기가 있다면 더욱 금상첨화겠지요.

친구 관계가 힘들었던 친구들 특징은 반대입니다. 말투나 행동이 거친 친구들은 어린 1학년 친구들 사이에도 인기가 없습니다. 너무 자기중심적이거나 매사에 투덜거리고 누구와도 싸우는 친구들 역시 친구들이 별로 좋아하지 않습니다. 본인이 불리하면 화내거나 울어 버리는 행동도 주변 친구들이 힘들어합니다. 어른들은 '아이가 좀 어려서 그럴 수도 있지.'라고 생각하실 수도 있겠지만, 아이들 세계에서는 이해받기 어렵습니다. 잘못된 행동은 이해받으려 하기 전에 고치려고 노력하는 것이 우선입니다.

친구와 사이좋게 지내고 싶은 마음은 모두 한마음입니다. 1학년 친구들은 알고 있어요. 어떤 행동이 친구들이 좋아하는 행동인지, 싫어하는 행동인지요. 다만, 알고 있는 것을 실천하지 못할 뿐입니다. 어른들도 생각을 행동으로 옮기는 것이 어려운데 우리 아이들은 얼마나 더 어려울까요? "너 왜 때렸어?" 하고 무조건 잘못한 행동을 지적하기보다는 "속상해서 그랬으면 속상했어 하고 말로 하는 건 어땠을까?" 하고 결과가 더 좋아질 수 있는 행동을 알려 주면 좋습니다. 당장은 변하지 않더라도 조금씩 바른 행동을 실천할 수 있을 겁니다.

#6. "선생님, 가만히 있었는데 얘가 때렸어요."

1학년 친구들은 시간만 있으면 까르르까르르 웃을 일도 많고, 장난도 많이 칩니다. 몸 장난하지 말라고 3월 첫날부터 귀에 딱지 앉게끔 잔소리를 함에도 제 눈을 피해 몸 장난할 타이밍을 찾는 하이에나 같은 친구들이지요. 1학년 교실에서 자주 들어오는 민원 중 하나는 "선생님, 가만히 있었는데 얘가 때렸어요."입니다. 해당하는 친구들을 불러 모아 사건의 진상을 파헤쳐 보면 둘이 장난을 치고 있다가 일어난 일입니다. 신고당한 친구는 오히려 억울해합니다. 같이 놀고 있었는데 갑자기 친구가 울고 선생님께 쪼르르 달려가거든요.

교실에서 몸 장난을 금지하는 이유는 딱 하나입니다. 아이들의 싸움은 꼭 장난에서 시작되거든요. 장난이 폭력이 되는 순간은 찰나입니다. 장난으로 끝나려면 함께한 모두가 즐겁고 다음에 또 같이 놀고 싶은 마음이 들어야 하는데, 안타깝게도 장난은 항상 양쪽이 같은 마음으로 아름답게 마무리되지는 않거든요. 상대방이 폭력으로 느끼기 전에 장난을 멈추어야 하는데, 1학년은 이 선을 알아차리는 것도 지키기도 어렵습니다.

이러한 문제가 생겼을 때 아이 스스로 문제를 해결해 볼 수 있는 기회를 갖는 것은 정말 중요합니다. 친구들과 투닥거리는 것은 여덟 살 아이들 사이에서 정말 흔하게 일어나는 일들이거든요. 그러기에 문제 상황을 배움의 기회로 삼아야 합니다. 싫은 행동을 하는 친구에게 싫다고 이야기하고, 친구가 싫어하는 행동을 멈추는 것은 굉장히 중요하기에 1학년 친구들이 꼭 배우고 넘어가야 하는 과제입니다. 싫은 행동을 하는 친구에게 직접 "하지 마!"라고 이야기하는 것이 당연한 일인 것 같아도 "선생님, 쟤

가 놀렸어요."라고 어른이 상황을 종료시켜 주길 원하는 1학년들이 참 많습니다. "친구한테 하지 말라고 이야기해 봤니?" 하며 물어보면 고개를 절레절레 흔들어요. 불편한 마음을 직접적으로 표현하는 것이 필요하지만 아이들이 많이 어려워하는 것 중의 하나입니다.

친구의 행동이 싫으면 "하지 마! 네가 이름으로 놀려서 정말 속상해."라고 단호히 거절 의사를 표현할 수 있어야 합니다. 동시에 "하지 마."라는 이야기를 들은 친구는 행동을 멈추는 것을 배워야 합니다. 나에게는 장난이지만 받아들이는 사람은 속상할 수 있다는 것을 알아야 합니다. 그래서 하던 행동을 멈추고, 잘못된 행동에 대해 진심으로 사과하는 방법을 익혀야 합니다. "내가 자꾸 이름으로 놀려서 속상했지? 정말 미안해. 다음에는 안 그럴게." 하고 말입니다.

갈등이 아예 없으면 좋겠지만, 친구들이 여럿이 생활하다 보면 갈등 상황은 당연히 생길 수밖에 없습니다. 더 성숙했다 생각하는 어른들 세계도 마찬가지잖아요. 다만, 갈등이 생겼을 때 어떻게 해결을 해야 하는지 배우고 익히는 것이 무엇보다 중요합니다. 이러한 과정들을 통해 아이들은 성장하고 있거든요.

#7. "초록이가 내 실내화를 던지고 숨겼어요."

"선생님, 가슴이 떨려서 잠이 안 와서요. 저희 아이가 이상한 말을 하더라고요. 친구가 괴롭힌다고요." 자정에 온 문자입니다. 실제로는 아이들끼리 장난치다 벌어진 사소한 일이었지만, 친구에게 괴롭힘당한다는 아이의 말에 부모님께서 얼마나 가슴이 철렁이셨을까요?

이럴 땐 아이의 이야기를 충분히 들어 주세요. 어른의 기준으로 잘잘못을 판단하며 들어 주지 마시고, 아이의 감정과 마음을 기준으로 들어 주세요. "속상했겠네. 그래서 너는 어떻게 행동했어?" 그러다 보면 아이가 같이 장난을 친 건지, 일방적으로 괴롭힘을 당하는 것인지 어느 정도 알 수 있습니다. 아이들은 자기 기준에서 유리하게 말할 수 있으니 고려하셔서 앞뒤 내용을 잘 살펴야 합니다. 아이가 나빠서가 아니라 본능적으로 내 입장에서 말할 수 있습니다. 어른도 그럴 수 있잖아요.

서로 장난치다가 생긴 일이라면 아이 스스로 해결해 볼 수 있도록 "그럴 땐 네가 어떻게 했으면 좋았을까?" "네가 많이 속상했던 것 같은데 그럼 내일 어떻게 하면 좋을까?" 하고 물어봐 주면 좋습니다. 해결책을 함께 고민해 보되 직접적으로 정답을 알려 주지 마세요. 아이들 스스로 해결 방법을 고민해 찾아보고 직접 해결해 볼 기회를 주세요. 이러한 과정이 아이를 성장시키는 기회가 될 수 있습니다.

아이가 스스로 해결할 수 없는 정도의 문제라고 생각하시면 다음 날 선생님께 연락드려 보세요. 선생님은 사건을 객관적으로 살펴봐 주실 수 있습니다. 정말 문제가 있었다고 하면 해결에 필요한 도움을 주실 수도 있습니다. 다행히 1학년은 담임선생님의 입김이 아직 센 학년이라 "그런 행동은 나쁜 거야. 하면 안 돼."라는 말만 해도 보통은 문제행동이 많이 사그라집니다. 그래도 문제가 지속한다면 학교폭력 사안처리 절차에 따라 도움을 받을 수 있습니다.

#8. "방학 동안에 집에 있어서 조금 심심했어요. 친구가 없잖아요."

방학을 마치고 아이들에게 방학이라 즐거웠냐고 물어봅니다. 그러면 아이들은 "집에 있어서 조금 심심했어요. 친구가 없잖아요. 학교에 오고 싶었어요." 합니다. 여러 친구와 어울려 사는 게 아이들도 즐거운 일인가 봅니다.

서로 다른 친구들이 한 교실에서 생활하고 있습니다. 소소하게 싸우고 화해도 하며 무럭무럭 자라고 있지요. 이 과정 중에 아이가 상처를 받을 수도 있습니다. 그렇다고 해서 무조건 아이를 보호만 할 것이 아니라 아이가 상처를 딛고 일어날 수 있도록 지지하고 응원해 주는 것은 어떨까요? 그래야 아이도 친구들 사이에서 어울려 지낼 수 있답니다.

두근두근 1학년 탐구생활(Q&A)

Q1. 우리 아이가 맞고 오는 것보다 때리고 오는 게 낫다던데요? 그래서 그냥 먼저 때리라고 가르쳤어요. 그러면 안 되는 건가요?

간혹 우리 아이가 맞는 게 속상하다며 먼저 때리라고 지도하시는 부모님들이 계십니다. 사랑하는 내 아이가 괴롭힘을 당하는 게 너무 속상한 그 부모님의 마음은 충분히 이해되지만, 아이를 위해서 절대 좋은 방법은 아닙니다.

교실에서도 싸움이 나면 "제가 먼저 때렸어요." 하는 친구는 드물고, "얘가 먼저 때렸어요." 하는 친구들이 많습니다. 그래서 교실 싸움에서 누가 먼저 때렸느냐는 별로 중요한 쟁점이 아닙니다. 먼저 때린 사람을 찾아내는 것은 거의 불가능한 일이고 에너지도 많이 소모되거든요. 그래서 저는 "그래서 너는 때렸니?" 하고 아이에게 물어봅니다. 열 번 맞고 한 번밖에 안 때렸더라도 억울하게 혼날 수 있습니다. 그러므로 친구에게 "하지 마!"라고 단호하게 이야기해도 계속 같은 행동이 반복된다면 같이 때리는 그것보다는 어른에게 도움을 요청하는 것이 더 현명한 방법입니다.

Q2. 승부욕이 강해서 걱정이에요. 친구들이랑 관계도 나빠지는 것 같고요. 가정에서 어떻게 지도해야 할까요?

수업 시간에 학습 내용의 재미를 더하기 위해 승패가 있는 놀이를 하는 경우가 있습니다. 대부분 친구는 재미있게 참여하는데 이기기 위해 반칙을 하기도 하고, 지기라도 하면 울어 버리는 아이가 매년 한두 명씩은 있는 것 같습니다. 늘 자기만의 우는 이유를 대지만 사실 놀이에서 졌기 때문입니다. 놀이하다가 울어 버리는 친구가 있으면 놀이는 중단될 수 있습니다. 그러면 나머지 친구들은 속상해하지요.

지려고 하지 않는 아이는 타고난 성향이 승부욕이 강해서일 수 있습니다. 승부욕이 지나치면 주변 친구들이 힘들다고 할 수 있으니 주의해야 합니다. 항상 놀이에서 이길 수는 없습니다. 삶을 살아가면서 실패하는 순간은 필연적으로 존재합니다. '졌더라도 즐거웠다면 괜찮다.'라고 생각할 수 있도록 결과가 아닌 과정에 대해 격려해 주세요.

Q3. 자꾸 고자질해서 친구들이 싫어한다고 하는데 어떻게 하죠?

1학년을 가르치기 어려운 이유 중 하나가 고자질이 난무하기 때문입니다. 고자질을 들어 주기 시작하면 쉬는 시간 10분이 훌쩍 지나갑니다. 고자질하는 이유를 생각해 보면 어른의 도움이 필요해서일 수도 있고, "선생님 파랑이가 복도에서 뛰었어요." (교사가 빨간색으로 채점하라고 지시한 경우) "선생님 보라가 주황색 색연필로 채점했어요."와 같이 친구는 잘못된 행동을 하지만 나는 안 했으니 칭찬해 달라는 의미일 수도 있습니다. 또는 습관적으로 "선생님 얘 양말 벗었어요." "지우개 떨어뜨렸어요." 하고 이야기하는 것일 수도 있습니다. 어른의 도움이 필요할 때를 제외하고는 고자질당한 친구가 선생님께 혼날 수 있으니 친구들이 싫어할 수밖에요.

그럴 땐 알리기와 고자질을 구분해서 알려 주세요. 누군가가 다치거나 위험한 행동을 하는 것을 이야기하는 것은 알리기, 나와 상관없는 일인 것들은 나머지는 고자질입니다. 위험한 행동이 아니라면 친구의 잘못을 보더라도 적당히 모르는 척을 해 주라고 아이에게 이야기해 주세요. 아마 선생님도 몰라서 넘어가는 것이 아니라 그냥 큰일이 아니라서 모르는 척 넘어간 것일 테니까요.

Q4. 반 엄마들 모임에 참여하지 못해서 우리 아이가 다른 친구들에게 치이는 것은 아닐까요?

부모님끼리 친하다고 아이들끼리도 꼭 친하다는 보장은 없습니다. 아이들도 본능적으로 자신과 맞는 친구, 아닌 친구를 알아채기도 하거든요. 친구를 사귀는 데 도움이 되긴 하겠지만 친구 관계에 절대적인 영향을 끼치지는 않습니다.

다만, 학교 이외의 장소에서 친구들끼리 놀아 본 경험이 있는 친구들은 좀 더 관계가 끈끈해질 수 있습니다. 아이가 특별히 친해지고 싶어 하는 친구가 있다면 상대방 부모님과 연락을 해서 따로 약속을 잡아 같이 놀 수 있는 기회를 주는 것은 좋습니다. 그리고 아이의 오후 시간 동선을 반 친구들과 비슷하게 만들어 주시는 것도 좋은 방법입니다. 돌봄이나 방과후 또는 학교 근처 학원 등 자주 봐야 정들고 친해지는 것은 아이들도 마찬가지입니다. 부모님의 반 모임 참여가 아니어도 친구와 특별해지는 방법은 다양하게 있으니 너무 걱정하지 마세요.

Q5. 친구에게 괴롭힘당하고 있는 것 같아요. 아이가 학교에서 힘들었다고 하더라고요. 정말 큰일이 있는 것은 아닐까요?

뉴스에서 너무 흉흉한 소식이 많습니다. 그래서인지 1학년 교실을 걱정하시는 부모님들이 많이 계십니다. 실내화를 숨기기, 이름으로 놀리기, 깜짝 놀라게 하기 등과 같은 사소한 장난이 비일비재한 곳이 교실입니다. 우리가 어렸을 때를 떠올리면 이런 장난은 너무 흔한 것 아니었나요? 사소한 장난 한 번으로도 학교폭력이 아닐까 걱정하시는 분이 있습니다. 1학년 아이들은 특히나 아직 많이 어립니다. 해도 되는 행동과 하면 안 되는 행동을 아직 명확하게 몰라서 벌어지는 일들이 많습니다. 1학년 학생들이기에 잘못을 논하기 전에 배우는 과정이 필요합니다. "오늘 선생님이 이건 나쁜 행동이라고 알려 줬으니, 내일 이후로 또 이렇게 행동하면 혼날 거야." 하고 말하면 잘못된 행동이 많이 줄어듭니다. 잘못된 행동임을 알려 주었음에도 지속하는 문제면 학교폭력이 될 수 있지만, 한두 번의 장난에 너무 민감하게 반응하지 않으셨으면 좋겠습니다. 아직 1학년이잖아요.

두근두근 1학년 성장노트

'보이지 않는 것을 볼 수 있어요.'

심리학자 피아제(Piaget)는 아동의 인지 발달을 네 가지 단계(감각운동기, 전조작기, 구체적 조작기, 형식적 조작기)로 나누어 체계적으로 연구를 하였어요. 그중에서 만 2~7세의 시기를 전조작기(preoperational period)라고 보았는데, 초등학교 1학년은 전조작기의 후반부에 해당하기도 해요. 피아제는 전조작기의 특징으로 상징적 표상, 중심화, 물활론적 사고 등을 들고 있어요.

중심화 현상은 뚜렷한 한 가지 측면만을 보고 전부를 이해하려는 것을 말해요. 중심화를 보여 주는 대표적인 실험이 바로 유명한 물컵 실험이에요. 보존 개념은 어떠한 대상의 외양이 바뀌어도 근본적인 속성은 변하지 않는다는 것이에요. 좀 더 자세히 설명해 보면, 아이에게 같은 양의 물이 채워진 2개의 동일한 컵이 제공됩니다. 그런 다음 아이에게 한 컵의 물을 더 크고 좁은 컵에 붓는 것을 보여 주어 컵의 물이 더 높게 보이게 해요. 그리고 아이에게 어떤 컵에 물이 더 많은지 물어보아요. 피아제의 이론에 따르면 전조작기 아동은 컵 높이의 지각적 변화에 초점을 맞추고 높이가 큰 컵의 물이 더 많다고 말할 가능성이 높지요. 물질의 모양이 변해도 양은 동일하게 유지된다는 보존 개념이 아직 발달하지 않은 것일 수 있어요. 점차 시간이 지나면서 아이들은 자연스럽게 보존 개념을 이해하고 용기의 모양이나 크기에 관계없이 물의 양이 일정하다는 것을 인식합니다.

우리 아이가 아직 또래에 비해 인지 발달이 늦은 것 같다고 너무 놀라지 않아도 괜찮습니다. 이 실험을 통해서 알 수 있듯이 아이들의 인지는 멈추지 않고 끊임없이 발달하고 있어요. 초등학교 1학년 아이들의 발달 과정에서 나타나는 작은 차이들은 문제가 아니라 성장을 돕는 기회로 바라보는 것이 중요해요.

#1학년 여름 #피아제 #전조작기 #중심화 현상 #보존개념

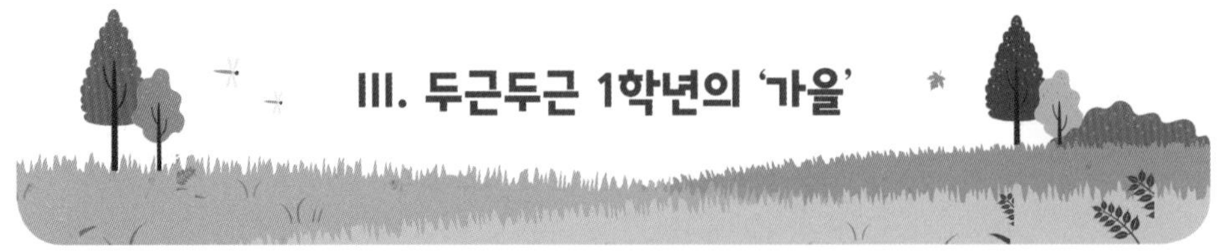

"공부가 재밌어요."

『나는 건 무서워요』(프랑수와 루셀, 그레이트 북스, 2020)

아기 무당벌레가 엄마에게 나는 법을 배우는 날, 무서운 것이 너무 많은 아기 무당벌레는 나는 법을 배우기 싫어합니다. 엄마는 아기 무당벌레에게 준비가 되면 나는 연습을 하자고, 오늘은 마음껏 놀라고 말하죠. 엄마의 대답을 듣고 행복한 아기 무당벌레는 신이 나서 하늘을 팔랑팔랑 날아다닙니다. 그런데 엄마가 내일 다시 나는 법을 배우자고 하니 아기 무당벌레는 나는 건 무섭다고 바닥에서 엉엉 울어요.

어디에서 많이 보던 모습이죠? 아이들에게 "공부해야지!"라는 엄마의 말을 듣는 아이의 마음을 엿볼 수 있는 것 같습니다. 우리 아이들도 공부라고 하면 마냥 딱딱하고 두려운 마음이 앞서지 않나 싶어요. 우리 반 교실 이야기로 1학년은 어떤 것을 어떻게 배우는지 함께 살펴보겠습니다.

두근두근 1학년 교실 이야기

드디어 학령기 학생이 되었습니다. 1학년 친구들은 본격적으로 학습을 시작하는 전준비과정으로 바른 학습 태도를 몸에 익히는 것이 중요합니다. 또한 공부에 대한 긍정적인 마음을 갖고 스스로 잘 해낼 수 있다는 자기효능감을 느끼는 것도 중요하지요. 우리 1학년들은 어떤 공부를 하는지 함께 살펴볼까요?

#1. "선생님 왜 공부 안 해요?"

"선생님, 왜 공부 안 해요?" 1학년 수업 시간에 아이들이 자주 하는 질문입니다. 엄마한테 초등학교에 가면 공부를 엄청 많이 한다고 귀에 딱지 앉도록 들었거든요. 학교에 처음 입학한 아이들의 적응을 위해 입학 후 3월 한 달가량 학교 적응 기간을 가집니다. 앞으로의 학교생활을 위해 여러 가지를 익힙니다. 학교를 살펴보기도 하고, 규칙을 익히기도 하고, 자르고 붙이고 쓰는 등 학습을 위한 기초를 다지기도 하고, 학교생활에 적응하기 위한 다양한 활동들을 합니다. 얼마나 재미있게요?

아이들의 원성이 자자합니다. 왜 1학년 초등학생이 되었는데 제대로 된 공부는 하지 않고 이렇게 놀기만 하냐는 거지요. 우리는 지금 열심히 공부하는 거라고 해도 우리 친구들은 제 말을 믿어 주지 않습니다. 쉽고 재미있는 건 놀이, 어렵고 지겨운 건 공부라고 이미 생각하는 건 아닌가 싶습니다. "선생님 빨리 공부하고 싶어요." 아이들 입에서 나옵니다. 참 아름다운 소리지요?

4월이 되면 드디어 아이들이 기다렸던 수업을 하기 위한 교과서를 나누어 줍니다. 교과서에 자기 이름도 쓰고, 또 어떤 내용을 배우게 되는지 한번 살펴보기도 합니다. 교과서를 받고서야 드디어 진짜 1학년이 된 것처럼 뿌듯합니다. 이제 아이들이 목이 빠지게 기다렸던 그 공부가 시작됩니다.

#2. "우리 뭐 공부해요?"

이제 학교에 적응을 마쳤다면 본격적으로 교과수업에 들어가게 됩니다. 보통 시간표에는 국어, 수학, 통합, 창체로 되어 있을 텐데, 각각 교과에서 어떤 내용을 배우게 되는지 간단하게 살펴보아요.

시간표

	월	화	수	목	금
1교시	국어	국어	국어	국어	국어
2교시	수학	수학	수학	수학	국어
3교시	창체	통합	통합	창체	창체
4교시	통합	통합	통합	통합	통합
점심	점심시간				
5교시	통합	통합	통합	통합	
6교시					

• 국어(국어, 국어 활동)

1학년 교육과정에서 가장 많은 시간을 할애하고 있는 교과는 국어입니다. 모든 과목의 기초이기 때문이겠죠? 교과서는 국어(가), 국어(나), 국어 활동 이렇게 3권을 한 학기에 배웁니다.

국어 활동은 국어 교과서 내용을 보충하는 부교재입니다. 선생님마다 활용하는 방법이 달라 수업 시간에 풀기도 하고, 과제로 내주기도 합니다. 1학년 국어 시간에는 주로 한글 놀이를 시작으로 1학기에는 한글을 읽고 쓰는 것에 중점을 두고 있고, 한글을 익힌 후에는 자기 생각과 느낌을 글로 표현하는 능력, 타인의 기분을 생각하며 말하는 방법, 문학 작품을 읽고 간단한 생각을 나누는 활동 등으로 구성되어 있습니다.

• 수학(수학, 수학 익힘)

수학은 한 학기에 수학, 수학 익힘 이렇게 2권을 배웁니다. 수학 익힘 역시 국어 활동과 마찬가지로 수학 교과서를 보충하는 부교재로 선생님마다 활용하는 방법이 다릅니다.

1학년 수학 시간에는 100까지의 수, 덧셈 · 뺄셈, 규칙에 따라 물체, 무늬, 수 등을 배열, 입체도형, 평명도형, 시각과 시간 등을 익히는 활동으로 구성되어 있습니다.

• 통합교과(학교, 사람들, 우리나라, 탐험)

통합교과는 과거 바른생활, 슬기로운 생활, 즐거운 생활 교과로 배운 내용을 주제 중심으로 모아 놓은 통합교과서입니다. 특히 2022 개정 교육과정 통합교과에서는 지금-여기-우리 삶을 위한 배움을 추구하며 학생들이 자기주도적이고, 창의적이며, 더불어 사는 사람으로 성장할 수 있도록 구성되어 있습니다.

1학기에는 학교, 사람들, 우리나라, 탐험, 2학기에는 하루, 상상, 약속, 이야기로 1년

동안 총 여덟 가지의 주제로 공부하게 됩니다. 활동 중심의 교과이다 보니 실생활과 밀접하게 관련되어 있습니다. 그래서인지 아이들은 공부라는 느낌을 덜 가지고 부담 없이 즐겁게 참여합니다.

• **창체**(창의적 체험활동)

창체라는 말은 익숙하지 않으시죠? 창체는 '창의적 체험활동'의 줄임말로 교과수업 이외의 다양한 체험활동을 뜻합니다. 자율 · 자치활동, 동아리활동, 진로활동 세 가지 영역으로 구성되어 있습니다. 교과서에 나와 있는 내용 말고도 배울 것이 무궁무진하잖아요. 창체 시간을 활용하여 배울 수 있으며, 학교마다 운영방식은 다양할 수 있습니다. 우리 학교는 환경교육과 놀이활동, 독서교육을 강조하여 창체 시간에 여러 활동들을 계획하고 운영합니다.

#3. "선생님, 저는 뭐든 잘해요."

1학년의 공부는 본격적인 학습을 시작하기 전 준비운동 또는 기본동작 익히기를 하는 과정이라고 생각하면 됩니다. 학습 자체보다는 학습을 위한 준비가 중요한 시기입니다.

첫째는 바른 학습 태도를 익히는 것이 중요합니다. 하고 싶지만 조금 참을 수도 있고, 하기 싫지만 해 보는 것과 같은 생활 태도가 중요한 시기입니다. 지루하지만 책상에 바른 자세로 잘 앉아 있고, 블록 놀이를 계속하고 싶지만 치우고 다음 쉬는 시간을 기다리는 것 말입니다.

둘째는 소근육을 발달시키는 것도 중요합니다. "선생님 손이 아파요." 수업 시간

중 가장 큰 아이들의 민원 내용입니다. 글씨를 조금만 쓰려고 하면, 가위질을 조금만 하면, 색칠을 조금만 하면 손이 아프다고 아우성입니다. 아직 손힘이 약하기 때문이지요. 소근육을 사용할 때 손과 눈의 협응력이 길러져 지능도 함께 발달한다는 이야기 들어 보셨나요? 1학년 시기에 손힘을 기를 수 있는 다양한 활동을 지속해서 하는 것은 굉장히 중요합니다. 손힘이 있어야 글씨도 예쁘게 쓸 수 있고, 다양한 활동에 만족스러운 결과물이 나올 수 있거든요. 선 그리기, 선 넘지 않게 색칠하기, 종이접기, 가위질하고 풀칠하기 등 모두 놀이활동인 것처럼 보이지만 1학년 친구들에게는 한글만큼이나 중요한 공부입니다. 소근육이 발달하여야 글씨도 바르게 쓸 수 있습니다. 고학년 아이들이 수학 문제를 열심히 풀어 놓고 자기가 쓴 숫자를 구별하지 못해 틀리는 경우를 종종 봅니다. 1학년 때부터 글씨를 또박또박 쓰는 습관을 갖는 것은 사소하지만 앞으로의 학습에 아주 큰 영향을 미칩니다.

셋째는 아이가 '나는 잘할 수 있는 아이'라고 생각하게끔 하는 것이 중요합니다. 1학년인데도 벌써 "선생님, 저는 이런 거 못 해요." 하고 수업 시간에 아무것도 하지 않으려고 하는 아이가 있습니다. 어려운 과제가 아니라 더 안타까워요.

비고츠키(Vygotsky)의 '근접발달영역'

교육학에 근접발달영역(Zone of Proximal Development)이라는 개념이 있습니다. 근접발달영역이란 아동이 혼자서는 해결할 수 없으나 성인이나 뛰어난 동료와 함께 학습하면 성공할 수 있는 영역을 의미합니다. 아이가 스스로 해결하거나 성취하는 것은 힘들지만 자신보다 인지 수준이 높은 또래나 성인의 도움을 받아 과제를 해결하거나 성취할 수 있는 부분을 말합니다. 아이의 잠재력을 끌어 주고 성취감을 느끼게 해 주기 위해서는 너무 어렵지도, 너무 쉽지도 않은 과제를 제시해 주세요. '처음

엔 몰랐지만, 공부했더니 이제 문제를 풀 수 있네!' 하고 느끼게끔 말이죠. 앞으로 다른 모르는 문제도 도전해 볼 마음이 생길 수 있습니다. 아이 혼자 잘하면 좋겠지만 그렇지 않다면, 발달수준을 확장하기 위해선 주변 어른의 도움이 필요한 시기임은 분명합니다.

#4. "한글 공부는 재미있어요."

'초등학교 입학 전에 한글을 완벽히 떼야 한다!' 초등학교 입학한다고 하면 많은 가정의 발등에 불이 떨어집니다. 급하게 한글을 가르치기 위해 이리저리 큰 노력을 하고도, 부모님은 아이가 유창하게 한글을 읽고 쓰지 못하면 학기 초 상담 시간에 걱정하는 마음으로 오게 됩니다. 결론부터 말씀드리면 입학 전 한글 떼기는 완벽하지 않아도 됩니다. 이미 아시겠지만, 아이들의 수준은 정말 다양합니다. 보통 문자를 인식하고, 방향감각과 소근육이 충분히 발달하기 시작하는 7~8세 어린이들은 한글을 가장 단시간에 효과적으로 학습할 수 있는 적기이기에 한글로 충분히 놀아 본 경험이 있는 친구들은 학교에 와서 금세 배우고 익힙니다. 걱정하지 마세요. 오히려 입학 전, 급하게 한글을 떼겠다고 학습지를 시키고 학원을 보내며 재촉하는 과정에서 아이를 위축되게 만든 경우를 자주 봅니다. 아이를 도와주려고 했던 행동이 오히려 역효과가 난 것이죠.

그러면 학교에서 한글을 다 떼 주니까 가정에서는 아무것도 안 해도 되는 걸까요? 결론부터 말씀드리면 "아니요!"입니다. 공식적인 한글 교육이 시작되기 전에 가정에서 아이와 충분히 한글 공부를 하기 위한 준비는 해 주셔야 합니다.

가장 쉬운 방법은 아이와 함께 책을 많이 읽는 것입니다. 책을 함께 읽으면 자연스럽게 글자에 노출되고 아이의 어휘력이 풍부해지며, 게다가 배경지식도 늘어납니다. 또한 부모님과 아이 간에 엄청난 정서적 유대감까지 형성할 수 있습니다. 덕분에 아이는 한글이 어려운 공부의 대상이 아닌 궁금한 문자 정도로 받아들이게 됩니다. "책만 읽어줬는데 아이가 스스로 한글을 떼더라." 하는 이야기는 그래서 나올 수 있습니다. 혹시 책을 읽으며 한글을 자연스레 못 떼더라도 걱정하지 마세요. 경험상 가정에서 책을 많이 읽고 온 아이는 한글 공부하는 것에 즐겁게 참여하여 한글도 금세 뗍니다.

대부분 아이는 1학년 1학기가 끝나면 간단한 글은 어렵지 않게 읽게 됩니다. 2학기

즐거운 한글 공부 시간

가 되고도 글을 읽는 것을 어려워한다면 집중적인 학습지원 프로그램을 추천해 드립니다. 아마 학교에서 한글 해득을 위한 여러 프로그램이 준비되어 있을 테니 담임선생님과 상의해 보세요. 2학년 올라가기 전까지는 한글을 읽고 어느 정도 쓸 수 있어야 이후의 학습을 따라갈 수 있습니다.

#5. "에이~ 선생님 너무 쉽잖아요."

"에이~ 선생님 너무 쉽잖아요." 어떤 수업 시간일까요? 믿기지 않으시겠지만 수학 수업 시간 우리 반 아이들의 반응입니다. 1학년 수학은 몹시 어렵지 않은 공부를 꽤 오랫동안 익히고 배우기 때문입니다. 1에서 9까지의 수를 읽고 쓰는 공부를 거의 한 달 동안 합니다. 물건이 무겁고 가벼운 것 등 이미 익숙한 내용을 수학 시간에 배우니 내용 자체가 아직 어려운 시기는 아닙니다.

그런데도 수학 시간이 아이들 말처럼 마냥 쉽기만 하진 않습니다. 우리 반 친구들이 힘들다고 할 때는 크게 두 가지 경우입니다.

첫 번째는 더하기 빼기 할 때 손가락을 꺼내지 못해서 힘들어합니다. 가정에서 얼마나 손가락 쓰지 말라고 교육을 받았는지, 제 눈치를 보며 몸 뒤로 숨겨서 혹은 주머니 속에서 손가락을 움직이느라 바쁩니다. 실내화 속에서 발가락을 움직이고 있을지도 모르는 일이지요. 손가락은 최고의 구체물입니다. 언제나 가지고 다니고, 어디서나 꺼낼 수 있는 최고의 교구입니다. 내 손을 충분히 탐색하고 연습이 되면 손가락을 이용하는 것보다 머릿속으로 생각하며 푸는 것이 더 편하게 느끼는 순간이 찾아옵니다. 연산을 잘하기 위해서는 구체물을 많이 조작해 보는 것이 우선입니다. 그러니 손가락을 사용하지 않는 연산을 무리하게 강요하지 마세요. 수학에 대한 부담감만 키울 수 있습니다. 손가락 연산을 충분히 할 수 있도록 허용해 주세요.

두 번째는 서술형 문제를 많이 어려워합니다. 실제로 연산이나 수 개념이 부족해서라기보다는 문제의 의미를 파악하지 못해서 문제를 풀어내지 못하는 경우가 많습니다. 정답은 알고 있지만 어떻게 풀었는지 식으로 표현할 수 없는 때도 있고요. 연산 자체도 중요하지만 더하는 상황, 빼는 상황들을 일상생활에 녹여서 많이 이야기 나누어 주세요. "저기에 자동차가 2대가 있었는데 3대가 더 왔어. 이제 몇 대가 되었을까?" 하고 말입니다. 꾸준한 독서 습관도 서술형 문제를 이해하는 데 많은 도움이 될 수 있습니다.

#6. "앗싸!~ 만 원"

받아쓰기 보는 어느 날이었습니다. 채점된 공책을 반 친구들에게 나누어 주는데 한 녀석이 "앗싸!~ 만 원" 합니다. 받아쓰기에서 100점 받으면 용돈을 만 원씩 받기로 약속이 되어 있었대요. 또 다른 한 녀석은 40점 받고도 함박웃음을 지으며 저한테 자랑합니다. 어제 부모님이랑 연습할 땐 30점이었는데 오늘을 40점이라고요. 전 40점 맞았지만 환하게 웃던 두 번째 친구가 그렇게 예뻤습니다. 몇 년이 지난 지금까지도 그 표정이 기억날 정도이니까요. '내 아들도 이렇게 키워야겠다.' 하고 속으로 다짐했더랬죠. 물론 100점 맞고 환하게 웃었으면 더 좋았을 것 같긴 하네요.

1학년은 학습 내용이 어렵지 않기에 평가 내용도 어렵지 않습니다. 수업 시간에 즐겁게 참여하고 열심히 한다면 보통은 좋은 결과를 얻을 수 있습니다. 중요하게 생각하시는 받아쓰기 시험은 맞춤법을 익히기 위한 하나의 공부 방법입니다. 그러니 100점은 성공, 100점이 아니면 실패와 같이 시험 점수로만 평가하는 것은 지양해 주셨으면 합니다.

1학년 시기는 100점 맞는 경험을 해 보는 것도 좋겠지만, 자기효능감을 높이는 기회로 삼는 것이 훨씬 더 중요합니다. 공부에 대한 긍정적인 마음을 갖고 스스로 잘 해낼 수 있다는 자기효능감은 성공 경험이 쌓이는 것으로 높일 수 있습니다. 무조건 100점을 목표로 삼을 것이 아닌 내 아이가 노력하면 성공할 수 있는 정도의 목표를 설정해 주세요. 30점도, 50점도 괜찮습니다. 목표를 달성했다면 크게 칭찬해 주는 것도 중요합니다. 아이가 공부를 재미있어하려면 딱 하나입니다. "어? 이번에 열심히 했더니 되네!" 목표를 성취해 보는 경험을 아이에게 선물해 주세요.

#7. "새로운 것을 알게 되어 재미있었어요."

길가에 지나가며 꽃의 이름을 물어보고, 동물원의 동물 이름을 알게 되었을 때 즐거워했던 제 아들의 모습이 떠오릅니다. 한글을 읽기 시작했을 때 동네에 있는 간판을 읽으며 눈을 반짝였던 아들의 눈빛도 생생합니다. 새로운 것을 발견한 것에 대한 신기함과 알게 되어 느끼게 되는 성취감을 잊지 않을 수 있게 앞으로도 어른들이 잘 도와주어야 할 것 같습니다.

두근두근 1학년 탐구생활(Q&A)

Q1. 저는 공부에 욕심 없고, 그냥 학교생활이나 즐겁게 했으면 좋겠는데 어떻게 해야 할까요?

모두가 공부를 잘할 수는 없습니다. 행복은 성적순이 아니라는 것도 절대적으로 동의합니다. 하지만 원하든, 원하지 않든, 우리 아이들은 고등학생 때까지는 수업 시간을 견뎌야 합니다. 하기 싫은 것도 해 봐야 하고, 하고 싶은 것을 잠시 참는 법을 배우는 것도 학교입니다.

2학년 교실에만 가 봐도 수업 내용을 전혀 이해하지 못해서 수업 시간을 따분해하는 아이들이 있습니다. 당연하지요. 선생님께서 하시는 말이 외국말 같이 하나도 이해가 되지 않는데 수업 시간이 즐거울 리가요. 수업 시간 40분에 쉬는 시간 10분입니다. 학교만 즐거웠으면 좋겠다는 부모님의 바람과는 달리, 50분 중 40분은 괴롭고, 10분 잠깐 즐거울 수 있습니다.

수업을 따라가기 힘들어한다면 학교에서 따로 마련된 보충 수업에 참여하거나, 가정에서 따로 학습을 도와주는 것이 좋습니다. 아직 1학년 내용은 크게 어렵지 않기에 금세 따라갈 수 있거든요. 학년이 올라갈수록 벌어진 격차는 더 메꾸기 어렵습니다.

1학년 때부터 "나는 이런 거 못 해요." 하는 자신감 없는 아이가 되지 않게 도와주세요. 1학년 마칠 때까지는 최소한 한글은 읽고, 맞춤법이 틀리더라도 간단한 문장을 쓸 수 있어야 하며, 한 자리 수 덧・뺄셈은 편하게 할 수 있어야 합니다.

Q2. 선행학습 얼마나 해야 할까요?

너무 빠른 진도로 공부를 하게 되면 학교 수업 시간에 막상 시시하다고 할 수 있습니다. 이미 학원에서 다 배웠다며 수업 태도가 좋지 않은 학생을 만나는 것은 학교에서 학년 막론하고 굉장히 흔한 일입니다. 그렇다고 수업 내용을 전혀 모르고 오면 새로운 내용에 신기해하기보다는 수업 시간에 따라오지 못해 힘들 수도 있습니다. 적당한 예습, 다음 학기 수학 내용 정도의 선행학습은 수업에 흥미를 잃지 않고 자신감 있게 수업 시간에 참여할 수 있도록 도와줍니다.

다만, 예습보다는 복습이 훨씬 중요합니다. 이전 학기 내용도 잘 이해를 못 하는데 다음 학기 내용을 선행하는 것은 모래 위에 성을 쌓는 것과 같습니다. 예습보다는 복습이 우선이고, 복습을 확실히 했다면 선행은 1학기 정도를 추천해 드립니다.

Q3. 영어 공부는 미리 해야 할까요?

초등 1, 2학년 교육과정은 영어 수업이 따로 없습니다. 다만, 영어는 언어이기 때문에 익히는 데 많은 시간이 필요합니다. 한글을 익히기 위해 오랜 시간 한국말을 접하고 책을 읽어야 하는 것처럼요. 3학년 때 아이가 영어를 친숙하게 받아들이고 영어 수업에 즐겁게 참여할 수 있으려면 어느 정도의 영어 노출은 필요합니다. 공부로 말고 가볍게요. 영어 영상이나 동요, 영어 동화책을 부담 없이 노출시켜 주는 것만으로도 많은 도움이 됩니다.

Q4. 학원은 언제, 어떤 것으로, 얼마나 다녀야 할까요?

저는 맞벌이 부부여서 어쩔 수 없이 퇴근 시간까지 아이를 학원에 보내야 합니다. 가정 사정에 따라 학원 보내는 개수, 종류 모두 달라질 수 있습니다.

우리 반 친구들을 살펴보니 방과후를 제외하고 평균 2~3개 정도 다닙니다. 다니는 학원은 미술, 태권도, 피아노, 독서, 공부방 등 종류는 다양해요. 1학년은 아직 학습 부담이 적으므로 운동이나 예술 등 다양한 영역을 경험해 보는 것도 좋겠지요.

다만, 학원의 종류를 계속 바꾸기보다는 아이에게 정말 필요하다고 생각하는 것을 꾸준히 보내는 것이 더 좋은 것 같습니다.

Q5. 여분의 교과서가 있으면 좋겠어요. 어디에서 구할 수 있을까요?

보통 교과서는 학교에 두고 다니기에 가정에서 교과서를 확인하기가 어렵지요? 특히 1학년 아이들은 교과서를 집에 가지고 가면 다시 가지고 오는 것을 힘들어하여 가정으로 잘 보내지 않습니다. 그래서 여분의 교과서가 필요하다면 인터넷에서 구매하거나 디지털 교과서를 활용하시는 것을 추천해 드립니다.

- 검인정 교과서 구매처: 한국교과서협회 쇼핑몰
- 디지털 교과서: 에듀넷(www.edunet.net)에 회원 가입 후 확인 가능

두근두근 1학년 성장노트

'기초학력을 튼튼하게 다져요.'

초등학교 1학년 아이들은 2학기가 지나면서 학습 발달이 급격하게 일어나기 시작합니다. 특히 초등학교 1학년 2학기는 기초학습역량을 다지는 중요한 시기이기도 해요. 기초학습역량은 크게 언어(문해력), 수리(수해력), 정서행동(사회정서역량)으로 나눠서 살펴볼 수 있어요.

첫째, 문해력 측면에서 1학년 아이들은 음소 인식, 문자 인식, 기본적인 해독 및 독해 능력을 포함해 다양한 역량을 습득해 나갑니다. 단어의 세계를 탐구하고, 어휘를 개발하고, 간단한 쓰기 작업에 참여하기 시작하여 점차 읽기 및 쓰기 능력을 쌓아 가지요. 둘째, 수해력 측면에서 1학년 아이들은 수 감각, 연산 능력 등을 개발함에 따라 수학적 발달이 점차 구체화됩니다. 아이들은 숫자를 이해하고 사용하는 방법을 배우고, 패턴을 인식하고, 간단한 수학 문제를 해결할 수 있게 되지요. 수와 관련된 실습 활동, 조작 및 협동 학습 경험을 통해 수 개념을 차곡차곡 형성해 나갑니다. 셋째, 사회정서역량의 측면에서 1학년 아이들은 주의력과 집중력이 점차 발달하기 시작합니다. 학생들은 주의를 집중하고, 지시를 따르고, 교실 활동에 지속적으로 참여하는 방법을 배워 가지요. 아이들은 흥미를 갖는 활동에 대한 좀 더 주의를 기울이고 집중을 지속하는 시간이 늘어나기 시작합니다. 물론 아직 1학년 시기에는 주의력과 집중력이 지속되는 시간이 길지 않을 때도 많습니다. 또한 같은 반 친구들과 사회적 상호작용의 기회가 많아지게 됩니다. 2학기부터는 혼자 노는 것보다는 친구들과 본격적으로 놀기 시작하는 모습을 보이기도 해요.

1학년의 가을은 아이들에게 보다 익숙하고 안정된 학교생활을 통해 다양한 기초학습역량을 한껏 높여 가는 시기입니다. 학교와 가정에서 보다 구조화된 학습 환경을 제공하고 꾸준한 관심과 지지를 제공하는 것이 좋습니다. 아이의 학습 발달에 대해 유전요인과 환경요인이 각각 미치는 영향에 대해서는 복잡한 쟁점이 있지만, 지금 이 시기를 지나는 아이들에게 충분히 즐겁게 배울 수 있는 안정적인 학습 환경을 제공해 주는 것이 중요합니다.

#1학년 가을 #기초학력 #문해력 #수해력 #사회정서역량 #차근차근

IV. 두근두근 1학년의 '겨울'

"초등학생 학부모는 처음입니다."

『우리는 언제나 다시 만나』(윤여림, 위즈덤하우스, 2021)

"사랑하는 아이야, 세상을 훨훨 날아다니렴.

날다가 힘들어 쉬고 싶을 때 언제든 돌아오렴."

세상 그 무엇보다 소중한 아이의 부모가 된다는 것은 참으로 감사하고 행복한 일입니다. 그러면서도 혹여 다칠까, 부서질까 걱정하는 마음이 앞서기도 합니다. 어떠한 노력을 해서라도 나의 소중한 아이가 상처받을 일이 없었으면 좋겠다는 건 어느 부모나 한마음이겠죠. 그 무엇보다 소중한 내 아이가 잘 자라 원하는 곳으로 훨훨 날아갈 수 있으려면 부모로서 어떤 노력을 해야 할지 함께 고민해 봤으면 좋겠습니다.

두근두근 1학년 교실 이야기

어느덧 1학년의 겨울이 되었습니다. 아들이 초등학교에 입학했을 때 부모로서 부담감이 얼마나 크던지요. 아침부터 오후 늦게까지 아이를 돌봐 주기에 따로 신경 쓸 게 없었던 유치원과는 달리, 초등학교를 보내고 나니 하나하나 챙길 게 많아서 조금 버거웠던 것 같기도 합니다. 등교도 아이 스스로 해야 하고, 학교에 갔으니 공부도 시켜야 할 것 같고, 하교 시간도 빨라서 학원 시간표도 짜야 하고, 학원 동선도 챙겨야 하고, 초등학교 방학은 또 왜 이렇게 긴지……. 학교 시스템을 너무 익숙하게 알고 있는 교사인 저조차도 1년 동안은 마음 졸였던 것 같습니다. 농담으로 1학년 학생의 부모도 1학년이라고 하지요. 입학하는 아이뿐 아니라 학부모도 초등학교 생활이 낯섭니다. 새로운 시작, 1학년 학부모 적응기 함께 살펴볼까요?

#1. "우리 아이가 공식적인 사회생활을 시작했어요."

아이가 온전한 한 사람으로 성장할 수 있도록 도와주기 위해서는 가정교육과 학교교육이 모두 필요합니다.

가정에서는 예의범절, 정서, 도덕성 등 인격 형성을 위해 필요한 것을 익히도록 해주고, 부모님과 건강한 애착 관계를 기반으로 자신의 삶을 책임질 수 있고 마음이 단단한 아이로 자라날 수 있도록 도와주어야 합니다.

학교는 공식적인 사회화 기관입니다. 한 사람이 사회의 구성원으로서 잘 적응하고 살아갈 수 있도록 필요한 지식, 사회적 역할과 규범 등을 받아들이고 익히는 곳입니다. 가정에서는 아이를 개인적인 존재로서 자아 형성과 개성을 살려 주었다면, 학교에서는 사회적 존재로서 해야 할 일과 해서는 안 될 일들, 규칙 등을 배우고 익힙니다. 이를 통해 아이는 다른 사람과 더불어 살아가는 사회적 존재로 성장할 수 있습니다.

학교에서 단순히 지식뿐 아니라, 가정에서는 배우기 힘든, 나와 다른 사람들과 어울려 적응하는 법을 배워야 합니다. 불편한 상황에 맞닥뜨렸을 때 해결도 해 보고 실패나 실수에 대처해 봄으로써 자신만의 노하우를 쌓는 것이 필요합니다. 그래야 아이가 사회에 나가서도 여러 사람과 큰 어려움 없이 어울려 살아갈 수 있습니다. 소중

가정교육

학교교육

한 나의 아이가 1학년이 됨과 동시에, 이제 부모님들도 초등학교 1학년 학부모가 되었습니다. 이제 공식적인 사회생활을 시작한 우리 아이들이 잘 성장할 수 있다는 것을 믿고 지지해 주는 부모님이 되어 주세요.

#2. "학교생활이 궁금해요."

아이를 학교에 보내고 나면 학교생활이 많이 궁금하시지요? 학교생활에 관련된 내용을 3월에 엄청난 양의 가정통신문으로 알려 드리고 있습니다. 양이 많아서 쉽게 넘겨 버리실 수 있을 텐데 1학년 학부모님들은 학교생활이 처음이니 찬찬히 살펴보시는 것을 권해 드립니다. 4월이 되면서 가정통신문의 양도 줄고, 우리 가정에 불필요한 안내를 걸러 내는 눈도 생기실 거예요.

특히 중요한 내용은 보통 학급 알림장으로 안내가 됩니다. 알림장은 정말 중요한 내용을 담임선생님이 추려서 전달하는 것이라 조금 더 신경을 써서 확인해 주세요. 숙제나 준비물 또는 신청서 같은 것들은 확인하시는 다음 날 바로 챙겨서 보내 주시면 업무 처리에 아주 많은 도움이 된답니다.

기타 궁금한 사항들은 담임선생님께 전화나 문자 등을 활용해서 여쭈어 보면 답변을 받을 수 있습니다. 다만, 1학년은 오전 내내 수업 중이기 때문에 정말 급한 일이 아니라면 수업 마치고 연락하는 것이 좋습니다.

#3. "선생님, 우리 아이 잘 지내고 있나요?"

"우리 이제 한 팀이네요." 제가 학부모 상담 때 자주 하는 말입니다. 다양한 방법으로 가정과 교사가 소통하려는 이유는 결국 아이의 올바른 성장과 발전을 위해서입니다. 우리 아이를 위해서 학교와 가정은 한 팀이 되어야 합니다.

학교마다 다를 순 있지만, 공식적인 상담 기간은 두 번 있습니다. 방문 상담도 가능하고 전화 상담도 가능합니다. 1학기 상담은 보통 3월 중순 무렵에 이루어지는데 저는 이때까지 아이들을 파악하는 데 시간이 충분하지는 않더라고요. 그래서 상담 기간에 부모님께서 아이에 대해 이야기해 주시는 게 정말 많은 도움이 됩니다. 아이가 잘하는 것, 어려워하는 것, 아이가 좋아하는 것, 싫어하는 것, 주의해야 할 점, 특별히 알고 있어야 하는 것, 알레르기 등 말씀해 주시는 것들 잘 기록해 두고 아이를 지도할 때 참고합니다.

2학기 상담은 보통 9월쯤에 이루어집니다. 1학기를 함께 생활했기에 학교에서의 아이 모습에 대해 말씀드릴 수 있는 것이 무궁무진합니다. 일반적으로는 아이의 학교생활, 잘하는 것, 이것만 노력하면 좋겠다 싶은 것들을 말씀드립니다. '이것만 노력하면 좋겠다.' 같은 경우는 교사 관점에서 아이의 생활을 떠올려 정말 꼭 말씀드리지 않고는 안 되겠다 싶은 내용을 아주 조심스럽게 말씀드립니다. 상담 중에 부정적인 이야기를 들으셨다고 '선생님이 우리 아이를 미워하나 봐.' 하고 생각하지 마세요. 우리는 아이를 잘 키워야 하는 한 팀이잖아요. 아이에게 꼭 필요한 덕목이기에 가정에서도 함께 지도해 주십사 어렵게 말씀드리는 거랍니다.

이 외에도 공식적인 상담 말고 필요하다면 수시로 상담이 가능합니다. 다만, 미리 약속을 잡아 주시면 좋겠죠? 그래야 원활한 부모님과의 상담을 위해 교사도 충분한 자료를 찾고 준비할 수 있습니다.

#4. "똑! 똑! 수업 중 죄송한데요, 검정이 준비물 좀 전해 주세요."

수업하고 있으면 "똑! 똑!" 하고 문을 두드리는 분들이 간혹 계세요. 아침에 미처 챙겨 주지 못한 준비물이나 실내화 등을 가져다주시는 부모님들입니다. 혹시 챙기지 못한 물건 때문에 선생님께 아이가 혼나는 것은 아닐까 걱정하셔서 회사에서 달려오

시기도 합니다. 그렇게 하지 않으셔도 됩니다.

학교에 가지고 오지 못한 물건에 대한 책임을 아이 스스로 질 기회를 주세요. 학교에는 준비물이 있고, 여분의 물건들이 있기에 학교생활 하는 것이 불가능하지는 않습니다. 다만, 하루 학교생활이 조금 불편할 수 있고, 선생님께 꾸중을 들을 수 있습니다. 하지만 선생님께 한번 혼난다고 해서 큰일이 나지 않습니다. 이런 불편하고 속상한 경험도 겪어 봐야 물건을 스스로 챙겨야 하는 이유를 아이가 찾을 수 있습니다. 이 순간도 배움의 기회가 될 수 있게 해 주세요. 놓고 온 물건을 교실에 가져다주기 시작하시면 1학년 때뿐 아니라 앞으로도 계속 가져다주셔야 할 수도 있습니다.

"엄마가 안 챙겨 줬어요." "엄마가 숙제하라고 안 했어요." "엄마가 하지 말라고 했어요." 아이들의 변명을 듣고 있노라면 엄마인 저는 가끔 억울하기까지 합니다. '내 아들도 내 핑계를 대겠지, 난 그렇게 하라고 가르친 적 없는데…….' 하고 말입니다. 본인의 행동에 스스로 책임지는 연습을 이제 해야 할 때입니다.

#5. "학교 행사가 많던데, 학부모가 참여해야 하는 행사에는 무엇이 있나요?"

학교마다 학년 초에 1년 동안의 학사 일정을 홈페이지에 올려 둡니다. 여름방학, 겨울방학 기간과 주요한 행사 날짜를 확인할 수 있습니다. 이 중 학부모님을 대상으로 하는 학교 행사는 학부모 총회와 공개수업 정도일 것 같습니다. 학부모 총회는 한 학기가 시작될 때 진행되는 학교의 첫 공식적인 행사입니다. 전반적인 학교의 운영 사항에 관해 설명해 드리고, 각 교실에 돌아와 담임선생님의 학급 운영방식에 관한 설명을 들을 기회입니다. 첫 행사이니 시간이 허락한다면 참여를 권장해 드립니다.

1학년 학부모 공개수업은 꼭 참석 부탁드립니다. 공개수업은 좁은 교실에서 이루어지다 보니 가족의 참석 여부가 한눈에 보입니다. 게다가 40분 수업을 마치고 쉬는 시간이 되면 아이들이 참석한 가족을 껴안고 매달립니다. 다음 수업을 시작하기가 어려울 정도로 시끌벅적합니다. 집이 아닌 곳에서 가족을 만나니 더욱더 반가운 탓이겠지요. 매년 한두 가정 정도는 참석을 못 합니다. 가족이 참석 못 한 친구들은 수업이 끝나면 책상 주변을 맴돌아요. "우리 엄마만 안 왔어요." 하고 울어 버리는 아이도 있습니다. 지켜보는 모두가 다 참 안타까운 상황입니다. 다른 행사는 몰라도 1학년 공개수업만큼은 꼭 참석 부탁드립니다. 혹시 부모님께서 안 되시면 다른 가족이라도 참여할 수 있도록 해 주세요.

학부모 공개수업을 통해 아이의 평상시 수업 태도를 짐작할 수는 있지만, 그 한 시간 동안 보이는 모습이 전부는 아닙니다. 교실 뒤편에 어른들이 가득 서 있으므로 아이들은 초긴장 상태거든요. 아이 입장에서 생각해 보면 나를 보러 온 가족이 있으니 더 잘하고 싶긴 하지만 보는 눈이 많으니 손드는 것도 얼마나 힘들고 발표하는 것도 얼마나 떨릴까요? 아이는 수업 시간에 최선을 다하고 있는 것이니 공개수업 마치고 왜 손을 안 드는지, 발표는 왜 이렇게 작게 했는지 나무라지 마세요. 다만, 누구나 긴장감 가득한 이 수업 시간에 혹시 제자리에 앉지 못하고 돌아다니는지, 수업에 집중하지 못하는 모습을 보이는 것은 아닌지 잘 살펴봐야 합니다. 이런 모습은 평상시 수업 때는 더 심할 수 있거든요. 혹시 공개수업 날 이런 행동을 보였다면 담임선생님과의 상담이 필요합니다.

#6. "아이가 밤새 열이 많이 났는데, 그래도 학교에 가야 하겠죠?"

학교생활을 하다 보면 부득이하게 결석해야 할 경우가 생기기 마련입니다. 그럴 땐 담임선생님께 미리 연락해 주세요. 선생님마다 사정이 다르겠지만, 저는 아침에 저희 아이들 챙기느라 정신이 없기에 결석이나 지각 관련 내용은 전화보다는 문자를 선호합니다.

결석에는 크게 출석이 인정되는 결석, 인정되지 않는 결석으로 나뉩니다. 대표적인 출석 인정 결석에는 코로나 19, 독감 등과 같이 법정 감염병으로 인한 결석과 경조사로 인한 결석의 경우, 그리고 교외 체험학습으로 인한 결석이 있습니다. 이 중 교외 체험학습이란 학교 이외의 다른 장소에서 학습하겠다고 계획서를 제출하고, 체험 후 보고서를 제출함으로 학습을 인정하는 제도입니다. 학교는 결석했지만, 학교 외부에서 공부를 했으므로 생활기록부에는 출석으로 처리가 됩니다. 학교마다 교외 체험학습 신청서 양식과 일수가 다르니 꼼꼼히 살펴보시고 적절히 활용하시면 됩니다.

출석이 인정되지 않는 결석 중 주로 사용되는 결석은 질병으로 인해 결석하는 경우입니다. 학교 양식에 맞게 결석신고서를 제출하면 질병 결석 처리됩니다. 질병 외 다른 이유로 결석하는 미인정 결석, 부모의 병간호 같은 특별한 사유가 있어 학교장이 인정하는 기타 결석도 있으나, 흔하게 사용되지는 않습니다.

출석 인정 결석	출석 인정 안 되는 결석
① 법정 감염병 등으로 결석 ② 경조사로 인해 결석하는 경우 ③ 교외 체험학습	① 질병 결석(결석신고서 제출) ② 미인정 결석(질병 외 다른 이유로 결석) ③ 기타 결석(특별한 사유가 있어 결석)

과거에는 개근상을 받는 것을 성실함의 척도라고 여기기도 했지만, 교외 체험학습 제도가 보편화되면서 등교하지 않는 친구들이 종종 있습니다. 그러다 보니 개근의 의미가 많이 퇴색된 느낌입니다. "아이가 밤새 열이 많이 났는데, 그래도 학교에 잠시라도 다녀와야겠지요?" 하고 물어보는 학부모님이 계십니다. 저는 아이 컨디션이 좋지 않으면 가정에서 푹 쉬게 해 주시고, 컨디션 회복 후 학교에 보내 달라고 말씀드려요. 생활기록부에 '개근'이라고 두 글자를 적기 위해 출석하기엔 1학년은 아직 어렵니다. 아플 땐 어른도 힘들잖아요. 컨디션이 안 좋은 친구들은 보건실에 가서 누워 있는데도 많이 힘들어하니 아플 땐 가정에서 푹 쉬는 것을 추천해 드립니다.

#7. "우리 아이가 아직 뒤처리가 미숙해서요. 물티슈로 부탁드릴게요."

초등학교는 유치원 때와 달리 학생들에게 스스로 할 기회를 많이 주는 편입니다. 그래서 유치원 선생님보다 초등학교 선생님들은 덜 친절하다고 느낄 수도 있습니다. 하지만 덜 친절해서가 아닙니다. 1학년 친구들은 방법을 몰라서 서툴 수는 있지만, 방법을 가르쳐 주면 곧잘 따라 하고, 금세 익숙하게 뭐든 할 수 있다는 것을 선생님들은 알고 믿고 있으므로 아이들에게 스스로 할 기회를 줍니다.

학기 초 받게 되는 기초조사표에 보면 매년 한두 분씩은 적는 단골 문구가 있습니다. 화장실 뒤처리와 관련한 내용입니다. "우리 아이가 아직 뒤처리가 미숙해서요. 물티슈로 부탁드릴게요." 이제 뒤처리는 스스로 할 수 있는 나이가 되었습니다. (직접 뒤처리를 도와주기는 어렵습니다.) 하루 이틀만 물티슈를 챙기라고 이야기해 주면 금세 아이 스스로 챙길 수 있습니다. 화장실 뒤처리가 조금 서툴면 어떤가요? '아, 이렇게 닦으면 깨끗하게 닦이지 않는구나! 다음번에는 좀 더 열심히 닦아야겠구나!' 하고 아이 스스로 깨닫고 다음번에 조금 더 신경 쓰면 되지요. 약도 마찬가지입니다. 선생님께 아이 약을 챙겨 달라고 부탁하는 것이 아닌, "약통은 필통(또는 가방 앞)에 넣어 줄게. 점심 먹고 나서 꼭 먹으렴." 하고 아이에게 직접 이야기해 주세요. 보통의 1학년 아이들은 방법을 알려 주면 약도 스스로 잘 챙겨 먹을 수 있습니다. 대신 스스로 뒤처리하게 되고, 약을 챙겨 먹을 수 있게 된 아이를 자랑스러워해 주고 충분히 칭찬해 주세요.

학교에 입학하기 전까지 가위가 위험하다는 이유로 많이 사용해 보지 못한 아이가 있었습니다. 1학년 교실에서는 종이를 자르고 붙이는 활동이 많다 보니, 이 아이는 가위를 사용할 때마다 울상입니다. 친구들은 선에 맞게 잘 자를 수 있는데, 본인이 자른 종이는 자기가 봐도 엉망이거든요. 누가 뭐라고 해서가 아니라 스스로 주눅이 들고 위축됩니다. 이 아이에게 필요한 건 무엇일까요? "가위질 잘할 수 있어!" 하는 응원도 좋지만, 가위로 종이를 많이 잘라 보는 경험이 필요합니다. 1학년 아이들은 아직 어려서 '못 하는 것'이 아니라 아직 많이 경험해 보지 못해서 '서툰 것'일 뿐입니다. 자신감은 경험에서 비롯되므로, 아이가 실수하는 것도 불편해하는 것도 지켜봐 주세요. 당장은 조금 힘들어해도 문제를 해결하는 과정에서 아이들의 자신감이 자라날 수 있습니다. 우리 어른들은 아이의 성장 가능성을 믿고 조금 물러나 아이가 자랄 수 있게 기다려 주는 것은 어떨까요?

#8. "내 아이가 진정한 여덟 살이 되었어요!"

아이가 진정한 여덟 살이 되기 위해 우선해야 하는 것은 아이를 진정한 여덟 살로 봐 주는 부모님의 시선입니다. 우리 반 친구들은 여덟 살이 된 것을 얼마나 자랑스러워하는지 모릅니다. 급식소에 가며 만나는 유치원생들을 보며 "우와~ 귀여워." 하며 이제 제법 초등학생인 양 행동합니다. 아이의 능력을 믿고 스스로 할 수 있는 기회를 주세요. 성공의 경험을 많이 쌓아 가야 하는 시기입니다. 스스로 목표도 정해 보고, 이루기 위해 노력할 수 있는 진정한 여덟 살입니다. 1년 동안 많이 자란 우리 아이들을 응원해 주세요!

진정한 여덟살은
자기가 어지른
것를정리해야해요

진정한 여덟 살은
친구에 약속과 엄마에
약속을 잘지 켜야돼
요.

진정한 여덟살은 혼자 잘수도
혼자다닐수도 혼자공부를할수
있어.
공부
잘수도

진정한 여덟살은 한글를 읽고
크게 쓸수 있어요
오이

진정한 여덟살은 반찬
투정을 하지 않아요

진정한 여덟살은

진정한 여덟살은
공놀이 하지 않아요

진정한여덟살
은 해야할일
을 잘 해요.

두근두근 1학년 탐구생활(Q&A)

Q1. 1년 동안 학교에서 어떤 행사가 있을까요?

학교마다 이루어지는 행사는 종류와 시기가 다양할 수 있습니다. 학년 초에 학사 일정을 학교 홈페이지 또는 가정통신문 등으로 안내되니 참고하세요.

주요 행사 예시

1학기 주요 행사		2학기 주요 행사	
3월	• 입학식 및 시업식 • 학부모 상담주간 • 학교 설명회	9월	• 학부모 상담주간 • 2학기 체험학습
4월	• 1학기 체험학습	10월	• 학습발표회
5월	• 운동회	11월	-
6월	-	12월	-
7월	• 여름 방학식	1월	• 종업식 및 졸업식
8월	• 개학식	2월	-

Q2. 이런 것까지 선생님께 말하면 무례한 것일까요?

담임선생님의 학급 운영에 궁금한 부분이나 이해되지 않는 부분이 생긴다면 선생님과 상담해 보세요. 교실에 많은 아이를 동시에 지도하다 보니 교사도 실수할 수 있기도 하고, 혹은 부모님께서 오해한 것일 수도 있으니 말입니다. 선생님의 부주의였다면 그 부분을 더 신경을 써서 지도할 수 있고, 오해였다면 대화로 풀릴 수 있으니 차분하게 상담을 해 보시면 좋습니다.

다만, 교실에는 하나하나 한 가정의 귀한 자녀들이 있습니다. 누구 하나만 더 귀하고 나머지는 덜 귀할 순 없습니다. '우리 아이만 조금 더 배려해 주세요.'와 같은 요구를 원하신다면 참아 주세요. 예를 들어, 짝이 마음에 들지 않아 자리를 바꾸어 달라거나, 아이들이 싸웠을 때 우리 아이의 편에서 들어 주셨으면 좋겠다는 것 등과 같은 요구 말이지요. 학교는 단체 생활이기 때문에 모든 사람을 만족시키긴 어려울 수 있어요. 우리 반 아이들 모두 따뜻하게 배려해 주시기 바랍니다.

Q3. 선생님께 아이 행동 문제로 계속 연락이 와요. 우리 아이가 선생님께 찍힌 것은 아닐까요?

좋은 일도 아니고 안 좋은 일로 가정에 연락하기 위해서는 교사도 큰 용기가 필요합니다. 그런데도 계속 연락이 올 때는 기분 상해하지 마시고, 친구들과 있는 자녀의 행동을 잘 살펴봐 주시면 좋을 것 같습니다. 또래 아이들을 모아 놓고 관찰하는 교사의 시선이 가정에서 내 아이만 보는 부모님보다는 조금 더 객관적일 수 있거든요. 가정에서와 학교에서의 아이 모습이 다를 수 있기도 하고요. 아이의 올바른 성장과 발전을 위해 교사도 용기 낸 것이니 진지하게 아이의 모습을 되돌아보는 기회로 삼으셨으면 좋겠습니다. 아이의 문제행동은 가정의 협조 없이는 개선되기 어렵습니다.

Q4. 등교 시킬 때 신경을 써야 할 것이 있을까요?

먼저 옷은 편하게 입혀 주세요. 1학년 학생들과 생활해 보면 아직 노는 게 즐거운 아이들입니다. 간혹 예쁘게 입히신다고 값비싼 브랜드의 옷이나 화려한 치마를 입혀 보내시는 경우가 있습니다. 조금만 신나게 뛰어놀면 옷이 지저분해질 수가 있어요. 운동장 놀이 나가자고 해도 "엄마가 옷 지저분해지면 혼난다고 했어요." 하고 운동장 나가는 것을 꺼립니다. 예쁘고 멋있는 것도 좋지만 즐겁게 놀 수 있는 활동복이 더 좋을 것 같습니다.

소중한 장난감은 집에서 가지고 놀 수 있도록 해 주세요. 학교에서는 잃어버리거나 망가질 수 있답니다.

마지막으로, 가정에서도 규칙적인 생활을 할 수 있게 해 주시고 아침은 꼭 먹여서 보내 주세요. 일찍 자고 일찍 일어나는 것은 바른 생활 어린이의 기초이지요. 부모님의 도움이 필요합니다. 그리고 학교에서는 우유 말고는 따로 간식 먹는 시간이 없습니다. 간식을 챙겨 보내 주셔도 몇 명만 따로 먹일 수 없고요. 아침을 거른 친구들은 점심 먹을 때까지 힘들어하니 아침을 꼭 먹여서 보내 주세요.

Q5. 하교 후 가정에서는 어떤 것을 챙겨 주면 될까요?

알림장은 매일 확인하여 아이의 학교생활을 파악해 주세요. 알림장에 제출해야 하는 가정통신문, 해야 하는 숙제, 필요한 준비물에 관한 내용이 적혀 있을 테니까요.

가정으로 보낸 가정통신문 중에 회수가 필요한 것은 확인 후 바로 보내 주시면 좋습니다. 숙제를 많이 내지는 않지만, 가족의 행사, 생일 조사와 같이 학교에서 해결할 수 없는 내용의 것들은 어쩔 수 없이 숙제로 냅니다. 아이 스스로 할 수 있는 수준의 숙제이니 가정에서 확인 정도만 부탁드립니다. 가지고 와야 하는 준비물이 있다면 기한에 맞게 챙겨 주시면 수업이 원활히 진행될 수 있습니다.

부모님의 관심 정도는 신청서를 제때 제출하고 숙제와 준비물을 잘 챙겨 오는 것들로 짐작이 됩니다. 숙제나 준비물을 챙기는 것은 사소하지만, 책임감을 길러 줄 수 있는 생활 태도의 기본입니다. 처음에는 어른의 도움이 필요하니 잘 살펴봐 주세요.

Q6. 맞벌이라 힘든데, 학부모 참여 조직을 해야 할까요?

학부모 참여 활동은 여러 가지가 있습니다. 모두 아이들을 위한 봉사활동이지요. 학부모 참여 활동을 꼭 해야 하는 것은 아닙니다. 바쁜 일상에 시간을 내어 학교에 나오는 것이 쉬운 일은 아니지요. 직장 등의 문제로 학교 활동에 참여하지 않는다고 아이에게 불이익이 간다거나 하는 일은 없습니다. 다만, 하루라도 시간을 내어 학부모 참여 활동에 도움을 주신다면 여러 아이에게 도움이 되리라 생각됩니다.

대표적인 학부모 참여 조직

- 학부모회: 학교 행사나 교육 활동에 도움을 줍니다.
- 녹색어머니회: 등하굣길 교통봉사를 도와줍니다.
- 학교운영위원회: 학교를 운영하는 데 필요한 전반의 일들을 심의 · 자문합니다.
- 도서 도우미: 도서 대출 등을 도와줍니다.
- 급식 모니터링: 급식과 관련된 식자재 반입 및 검수와 위생 상태 또는 조리 과정을 점검합니다.

Q7. 학교에 경제적 지원을 받을 수 있는 제도가 있을까요?

학급 아이들의 가정형편은 담임교사라고 해도 알 수 있는 정보가 없습니다. 경제적 지원을 받기 위해서는 부모님께서 직접 챙겨서 신청해야 합니다.

경제적 지원을 받을 수 있는 제도로는 교육 급여와 교육비 지원, 다자녀 학생 지원 등이 있습니다. 교육 급여는 교육 활동 지원비, 교과서비, 수업료, 입학금 지원을 받을 수 있고, 교육비는 방과후 학교 자유수강권과 교육 정보화 지원(PC 및 통신비)을 받을 수 있습니다. 각 주민센터에서 부모님께서 직접 신청하면 되고, 지원 기준에 따라 심사 후 지원 여부가 결정됩니다. 집중 신청 기간은 매년 3월쯤에 있지만, 이 기간이 아니어도 언제든 신청할 수 있습니다. 지원 자격이 되어 이런 혜택을 보면 좋겠지만, 교육 급여 및 교육비 지원 대상자가 아니면 담임선생님께 도움이 필요함을 살짝 이야기해 두세요. 기회가 있으면 담임 추천으로 도움을 받을 수도 있습니다.

다자녀 학생 지원은 출산 또는 입양으로 셋 이상 자녀를 양육하는 가정의 자녀 중 셋째 이후 학생의 방과후 학교 자유수강권과 졸업앨범비를 지원받을 수 있습니다.

이런 도움을 받으면 우리 아이가 기죽는 것이 아닐까 걱정하시는 부모님도 계실 것 같습니다. 지원 대상자의 개인정보 보호를 위해 학교에서도 매우 신경을 쓰고 있습니다. 주변 친구들은 알 수 없고, 지원을 받는다고 불이익을 받거나 하지 않으니 걱정하지 마시고 필요한 경우 활용하면 좋겠습니다.

- 복지로 홈페이지(www.bokjiro.go.kr)
- 교육비 원클릭 사이트(oneclick.moe.go.kr)

 두근두근 1학년 성장노트

'완벽한 부모가 아니어도 괜찮아요.'

1학년의 겨울, 모두에서 감사한 순간입니다. 초등학교 입학 때 가졌던 걱정과 긴장은 이제 많이 가라앉고, 어느덧 1학년을 마무리하는 겨울이 다가오니 모든 것들이 참 고맙게 느껴집니다. 하루가 다르게 성장하는 1학년 아이들에게 지난 1년의 세월은 너무나도 소중한 변화와 성장의 순간입니다.

우리 아이들의 변화와 성장을 돕기 위해서는 충분한 시간과 꾸준한 노력이 필요합니다. 그래서 아이들을 가르치고 돌보는 보호자들이 지치지 않도록 서로가 서로에게 지지와 응원을 보내는 것이 더욱 중요합니다.

소아청소년과 의사이자 정신분석가인 도널드 위니컷(Donald Winnicott)은 대상관계 이론을 통해 초기 부모와 아이의 양육 관계와 적절한 돌봄의 중요성을 강조하고 있습니다. 위니컷은 "완벽한(perfect) 부모가 아니라, 충분히 좋은(enough) 부모가 되어야 한다."고 말합니다. 완벽한 부모가 되기 위해 애쓰지 않아도 괜찮습니다. 분명 아이에게는 완벽한 부모가 아니라 지금 이 순간에 충분히 좋은 부모로 함께 있어 주는 것이 필요합니다. 그리고 앞으로가 더욱 기대되는 부모로 아이와 함께 성장해 갈 수 있다면 더없이 좋은 일이겠지요. 지금 이 순간에도 아이의 변화와 성장을 함께하면서 충분히 좋은 부모로 살아가고 있는 모두를 응원합니다.

#1학년 겨울 #지금도 이미 충분히 좋은 부모 #괜찮아요 #토닥토닥

V. 다시 봄

초등학교 1학년 아이를 둔 학부모님께

마냥 아기와 같이 사랑스러웠던 우리 아이가 드디어 초등학생이 되었습니다. 그동안 고생 많으셨고, 진심으로 축하드립니다. 이제 우리 아이들은 새로운 친구를 만나고, 새로운 경험을 하며 학교생활을 하게 되겠지요. 물론 새로운 도전과 어려움도 있겠지만, 이를 통해 무럭무럭 자라나 하늘을 훨훨 나는 용맹한 독수리처럼 성장하리라 믿습니다.

독수리는 처음부터 용맹하기만 한 새가 아니었다고 합니다. 어미 새가 새끼를 절벽에서 떨어뜨려 땅에 떨어질 만하면 날개로 걷어 올리고, 추락할 만하면 또 걷어 올리는 과정을 통해 날갯짓을 배우고 마침내 독수리는 우리가 알고 있는 용맹한 새가 된다지요. 어미 새가 새끼를 안쓰러워만 하고 보호하려고만 했다면 저 드넓은 하늘을 독수리가 누비고 다닐 수 있을까요?

우선, 초등학생이 되었으니 아이 스스로 자립할 수 있도록 도와주세요. "아직 저희 아이가 아기예요."라고 말씀하시면 이 아이는 아기 상태로 계속 머물러 더는 자랄 수가 없습니다. 많이 경험하고, 실수도 해서 자신만의 비법을 만들 기회를 주세요.

학교에서 나와 다른 여러 사람과 조화롭게 사는 방법을 가르치겠습니다. 믿고 맡겨 주세요. 학교에서는 하고 싶은 것을 참아야 할 수도 있고, 하기 싫은 것을 억지로라도 해야 하는 곳입니다. 가정에서처럼 아이가 원하는 대로만 맞추어 줄 수는 없어도 사회에 필요한 규칙과 규범을 가르칠 테니, 아이가 충분히 배울 수 있도록 지지해 주세요.

마음을 단단히 먹으세요. 눈에 넣어도 안 아플 수 있을 것 같다는 의미를 아이를 낳고 키우면서 조금은 이해가 되는 것 같아요. 이런 소중한 아이가 아플까, 다칠까, 깨질까, 부서질까 많은 순간 마음 졸이는 것은 당연하겠지요. 그래도 아이들이 우리의 품을 떠나 세상을 훨훨 날아갈 수 있게 아이의 성장 과정을 부모님부터 단단한 마음으로 지켜봐 주고 기다려 주세요.

독수리처럼 절벽에서 떨어뜨리지는 않아도, 떨어지는 새끼 새를 바라보고 스스로 날아오를 수 있는 순간을 지켜보고 응원해 주세요. 물론 바라보는 부모의 마음은 타들어 가도 말이지요. 우리 아이들은 어려움이 닥칠 때, 시간은 조금 걸릴지언정 분명히 해결하는 방법을 깨칠 수 있을 거예요.

우리 어른들은 잠시 물러나 있다가 새끼 독수리가 정말 땅에 떨어질 것 같을 때 날아가 날개로 건어 올려 주어요. 우리가 있으니 네가 저 바닥에 고꾸라지게 놔두지는 않겠다는 신뢰를 주며 아이의 든든한 버팀목이 되어 주었으면 합니다. 아이가 하늘을 훨훨 날다 힘들어할 때는 쉬었다 갈 수 있는 마음의 안식처가 되어 주셨으면 합니다.

용맹한 독수리들을 품은 모든 부모님을 응원합니다.

"선생님, 운동장 나가도 돼요?"

우당탕탕 2학년은 마구 뛰어다니고 다양한 친구들과 어울려 놀고 싶어 합니다. 특히 넓은 운동장을 좋아해요. 1학년에 비해 움직임이 많이 활발해져서 운동장에 나가 자유롭게 뛰어놀고, 이런저런 놀이기구를 타고, 이곳저곳 관찰하고 다니느라 시간 가는 줄도 모릅니다. 밥 먹고 나면 자동으로 "운동장 나가도 돼요?" 하고 물어봅니다. 된다는 말이 떨어지기 무섭게 세상을 얻은 듯 기뻐하며 운동장으로 뛰어나가는 아이들입니다.

1. 우당탕탕 2학년의 '봄'

"2학년이 되었으니 더 잘할 거예요."

『학교 잘 다니는 법』(이기규, 사계절, 2021)

"이제 나도 한 학년 더 올라갔으니 달라져야지!" 지민이가 두 주먹을 불끈 쥐었어요. 작년에 지민이는 학교생활이 너무 힘들었어요. 공부도 재미없고, 아이들과 많이 싸우고, 맨날 선생님께 꾸중을 들었거든요. 학교에 가기 싫어서 꾀병을 부린 적도 있어요. 하지만 새 학년이 됐으니 이제 달라질 거예요. 반 아이들과 잘 지내고, 공부도 할 거라고요. 진짜예요. 지민이는 '지민이의 다짐'을 크게 써서 벽에 붙였어요.

2학년이 되었어요. 1학년 때 학교생활을 잘했던 아이들도, 힘들어했던 아이들도 모두가 멋진 2학년 생활을 하려고 굳게 마음먹지요. 새 학년이 되어 한 살 더 먹은 2학년 아이들의 우당탕탕 교실 속으로 들어가 볼까요?

우당탕탕 2학년 교실 이야기

언제나 새 학년 3월을 맞이하는 부모님의 마음은 기대와 설렘, 그리고 걱정으로 가득합니다. 누구나 우리 아이가 학교와 학급에 잘 적응하고 친구들과 친하게 잘 지내며 선생님께 사랑받기를 기대합니다. 더 나아가 학업도 잘 해내고 자신감 있게 발표하며 더 크게 성장하기를 바랍니다. 그러나 막상 아이를 학교에 보내고 나면 기대와 설렘보다는 불안과 걱정이 더 앞서기 마련입니다. '친구와 못 어울리면 어쩌지? 선생님께 혼나면 어쩌지? 해야 할 공부를 못해 내면 어쩌지?' 이러한 걱정에 아이가 학교에서 돌아오면 "오늘 학교에서 무슨 일 있었어? 친구들이랑은 재미있게 놀았어? 선생님은 어때? 공부는 할 만하니?" 등의 질문을 쏟아 냅니다. 3월이 되면 부모님은 아이보다 신경을 더 곤두세웁니다.

#1. "선생님과 친해지고 싶어요."

2학년이 되면, 아이들은 선생님과 좀 더 편한 관계를 갖습니다. 그리고 계속 자기를 어필합니다. "선생님, 난, 선생님이 좋아요." "나는 좋은 선생님만 계속 만나는 것 같아." "선생님, 선생님은 정말 착한 것 같아요." 선생님이 아침에 교실에 들어오면 아이들은 우르르 앞으로 나와 학교에 오면서 무슨 일이 있었는지, 어제 집, 놀이터, 학원에서 무슨 일이 있었는지, 어디를 어떻게 얼마나 다쳤는지, 모기를 몇 방 물렸는지, 무엇을 새로 샀는지 이야기하느라 정신이 없습니다. 이런저런 이야기를 하고 나면 그제야 자리에 앉아 아침 활동을 이어 갑니다. 아침부터 현관에 내려와 선생님을 기다리는 아이들도 몇몇 있습니다. 선생님이 이름을 불러 주고 웃어 주면 아이들은 마냥 신이 납니다.

사람은 혼자서는 살 수 없습니다. 다른 사람들과 어울려 살아가야 합니다. 학교에서도 선생님과 친구들과 좋은 인간관계를 맺으며 살아가야 합니다. 좋은 인간관계를 맺으며 자기 성장도 잘하려면 어떻게 해야 할까요?

첫째, 성실한 생활입니다. 학교에서는 개인에게 주어지는 과제 및 활동들이 많습니다. 내게 맡겨진 활동들을 성실히 수행해 내는 아이는 일단 선생님과 친구들에게 인정을 받습니다. 예를 들면, 성실한 아이는 수업 시간에 교과서와 공책에 써야 할 내용을 쓰고, 알림장 검사와 상관없이 알림장을 항상 쓰고, 숙제 검사와 상관없이 숙제를 꾸준히 하며, 수업 시간에 선생님이 안내한 활동을 열심히 합니다. 청소 시간에도 성실한 아이들은 선생님이 보든 안 보든 내가 해야 할 내 자리 청소를 해냅니다. 따라서 우리 아이가 성실하게 학교생활을 하고 있는지 확인하려면 교과서, 공책, 알림장을 어떻게 쓰고 있는지 보면 됩니다. 또한 서랍과 사물함을 어떻게 정리하고 관리하고 있는지도 살펴보면 됩니다. 가정에서도 아이들의 정리습관을 길러 주시는 것이 좋겠죠? 작은 습관이라고 넘어가지 마시고 2학년 학생들이 할 수 있는 이런 작고 좋은 습관을 기를 수 있게 해 주시는 것이 좋습니다. 예를 들면, 집에 오면 신발 벗고 정리하고 들어가기, 양말과 입었던 옷을 세탁물을 놓는 곳에 분류해서 넣기, 숙제가 끝나면 책가방에 넣기, 다 쓴 연필 깎거나 지우개 확인하는 등 필통 점검하기, 내가 먹은 그릇 설거지통에 넣기 등이 있습니다.

둘째, 주변 사람들을 배려하는 생활입니다. 한 학급에는 보통 20명이 넘기 때문에 잘하는 친구부터 부족한 친구까지 다양한 친구들이 모여 있습니다. 이들이 같은 과제를 수행하다 보면 이런저런 이유로 과제를 수행하지 못하는 아이들도 있습니다. 이때 부족한 친구들을 도와주는 아이들이 있는데, 이 아이들은 타인을 돕는 기쁨을 느끼는 동시에 자기 능력을 더 성장시킬 수 있고 나아가 리더십도 기를 수 있습니다. 3학년부터는 모둠활동이 더 많아지는데, 이때 배려심이 있는 아이는 타인과의 협력활동에서 뛰어난 모습을 보입니다.

셋째, 예의 바른 생활입니다. 예의는 존경의 뜻을 표하기 위하여 예로써 나타내는 말이나 몸가짐과 마음가짐을 말합니다. 당연하게도 예의 바른 사람은 많은 사람들이 좋아하고 관계를 맺고 싶어 하지만, 무례한 사람은 옆에 있기 싫고 떠나가고 싶습니다. 따라서 학교에서 선생님과 친구들과 친하게 지내려면 예의 바른 생활을 해야 합니다. 2학년 아이가 학교에서 선생님께 할 수 있는 예의 바른 행동으로는 '바르게 인사하기' '어른에게 물건 받을 때 두 손으로 받기' '높임말 사용하기' 등이 있고, 친구에게 할 수 있는 예의 바른 행동으로는 '바르고 고운말 쓰기' '못한다고 놀리지 않기' '인사하기' '화내거나 짜증 내지 않기' 등이 있습니다.

#2. "학교에 가면, 공부도 하고, 놀기도 하고, 밥도 먹고, 방과후도 하고~ "

2학년이 되면 1학년 때보다 학교생활 적응하기가 매우 수월합니다. 교육과정이 1~2학년군으로 묶여 운영되기에 1학년 1년 동안 했던 것과 틀이 같기 때문입니다. 단, 2학년은 법정수업시수가 1학년보다 많습니다. 학교마다 조금씩 다르긴 하지만 대체적으로 2학년은 1학년보다 1주일 중 5교시가 한 번 더 실시됩니다.

하루 일과를 살펴볼까요? 아이들은 학교에 오면 자기 자리에 책가방을 놓고 선생님 오시기 전까지 친구들과 이야기하거나 책을 읽다가 선생님이 정해 준 아침 활동을 합니다. 9시부터 시간표에 맞추어 40분간 자기 책상에 앉아 공부하고, 10분간 화장실 가거나 쉬고, 중간놀이 20분간 친구들과 놉니다. 4교시가 끝나면 손 씻고 복도에서 줄 맞추어 급식소에 가고 밥을 먹습니다. 밥을 먹고 나면 교실이나 운동장, 주변 놀이 공간에서 놀다가 5교시 수업 듣고 알림장 쓰고 집에 갑니다.

정규수업을 마치고 나면, 돌봄교실로 가는 아이들도 있고, 방과후로 가거나 학원으로 가는 아이들도 있습니다. 학교에서 운영되는 방과후 학교 프로그램도 있는데, 방과후를 제일 많이 활용하는 학년이 바로 2학년입니다. 방과후 학교 프로그램은 교과와 관련된 프로그램으로 주산암산, 생명과학, 영어회화, 역사 등이 있고, 특기와 관련된 프로그램으로 바이올린, 컴퓨터 및 코딩, 요리, 바둑, 로봇과학, 캘리그라피, 토탈공예, 방송댄스, 음악줄넘기, 마술, 독서토론, 스피치 등이 있는데 학교마다 상이합니다.

방과후 수업의 좋은 점은, 첫째, 학교에서 친구들과 같이하는 시간이 더 많아지므로 친구들과 어울릴 수 있는 시간도 더 많아집니다. 또한 학교생활에 더 빨리 적응합니다.

둘째, 가성비가 좋습니다. 적은 교육비와 적은 시간 및 노력을 들여 다양한 프로그램을 접할 수 있기에 매우 효과적이고 효율적입니다. 단, 성실하게 방과후 수업을 듣는가, 친구들과 다툼이 없는가 확인해 보아야 합니다. 이를 위해 방과후 수업 강사님과 소통을 하는 것과 방과후 공개수업에 참여하는 것을 권합니다.

셋째, 아이들이 학교를 가고 싶게 만들어 줍니다. 방과후 수업은 공부보다는 특기신장 및 취미활동에 가깝습니다. 공부는 힘들지만 요리, 컴퓨터, 방송댄스는 힘들지 않습니다. 오히려 재미있습니다. 그래서 방과후 프로그램은 아이들 스스로 선택하도록 해 주어야 합니다. 두 가지는 아이가, 한 가지는 부모님이 선택하는 것을 추천해 드립니다.

#3. "선생님, 저 잘했죠?" 칭찬해 주세요.

2학년 아이들은 칭찬에 매우 민감합니다. 칭찬에 빨려 들어오는 정도가 생각보다 매우 큽니다. 수업 시작할 때에도, "돌아다니지 말고 자리에 앉아라."보다는 "어디 누가 바르게 앉았나?"라고 하는 것이 더 효과적입니다. 그래서 학교에서는 칭찬 스티커와 칭찬 쿠폰이나 칭찬 도장과 같은 도구를 많이 사용합니다. 요즘 어떤 이들은 학교에서 칭찬 스티커 주는 것도 정서학대라고 하는데, 이것을 사용하는 목적이 바르냐, 바르지 않느냐를 보아야지 수단만 가지고 판단할 수는 없는 것이라 생각합니다.

그러면 아이들이 칭찬에 민감한 이유는 뭘까요? 이는 학교에서 교육에 대한 권위를 갖고 있는 선생님의 인정을 받고 싶다는 욕구와 연결됩니다. 또래 친구들 사이에서 내가 선생님의 칭찬을 받는다는 것은 선생님의 인정을 받는 것이고 '나는 꽤 괜찮은 아이야.'라는 자존감 향상이라는 커다란 보상을 받는 것입니다. 물론 칭찬을 많이 받으면 과자나 학용품 같은 물질적 보상도 따라옵니다. 아이들은 '선생님한테 칭찬받을 수 있는 행동이 뭘까?'를 고민하며 그런 언행을 하려고 노력합니다. 한 친구가 칭찬을 받으면 '○○이는 좋겠다. 나도 얼른 저렇게 해서 칭찬 받아야지.'라고 생각하며 친구의 행동을 따라 하고 선생님한테 칭찬받기를 바라기도 합니다. 결론적으로, 칭찬은 아이가 바른 행동을 하게 하는 원동력이 되며, 학교 공부를 할 수 있는 동기를 부여하고, 나아가 아이의 자존감 형성에도 큰 영향을 줍니다. '칭찬은 고래도 춤추게 한다.'라는 말이 딱 어울리는 시기이니 가정에서도 칭찬을 잘 활용해 보세요. 물론 아이가 항상 잘 해낼 수는 없습니다. 실수도 하고 실패도 합니다. 이럴 때는 과정을 칭찬하거나 아이의 노력과 태도를 칭찬하면 됩니다. 그리고 다시 용기를 얻어 실패를 딛고 일어날 수 있도록 격려를 해 주면 됩니다.

2학년이 되면, 1학년 때보다 학교 집단 내에서 친구들과 학습 관련 선의의 경쟁을 하며 친구와 비교를 하게 됩니다. 이는 긍정적인 동기유발로 활용되기도 하고, 나를 객관적으로 볼 수 있는 메타인지를 기를 수 있는 기회이기도 합니다. 그러나 너무 과한 경쟁은 자칫 친구를 질투하여 미워하는 마음이 싹틀 수 있고, 친구보다 부족한 나를 마주하며 '난 못해.'라며 자존감을 상실할 수 있습니다. 부모님들은 우리 아이가 다른 친구들보다 잘하나 못하나에 관심이 많아서 자꾸 자녀에게 "○○이 보다 잘했어? 너보다 잘한 친구 몇 명이야?"라고 묻기도 합니다. 이렇게 비교하며 물어보는 것은 궁금하더라도 참아 주셔야 합니다. 충분한 칭찬과 적절한 선의의 경쟁을 통해 자녀의 학업 성취를 높이고 자존감을 높여 나갈 수 있는 2학년이 되었으면 좋겠습니다.

#4. "이가 흔들려요."

아침에 오면, "선생님, 이가 흔들려요."라고 이야기하는 경우가 종종 있는데, 많이 흔들리는 경우에는 급식을 먹다가 빠지기도 합니다. 그래서 "점심 먹을 때, 안 아픈 쪽으로 조심히 먹어. 혹시 이가 빠질 수 있으니, 빠진 이 삼키거나 씹지 않도록 조심해야 해."라고 말해 줍니다. 2학년 아이들의 이갈이를 보면, 앞니가 대부분 빠졌고 빠른 아이는 앞니가 영구치인 경우도 있습니다. 1년 내내 이가 계속 빠지고 새로 나기 때문에 바르게 나고 있는지 항상 체크해 주어야 합니다. 또한 아직 빠지지 않은 유치는 작고 썩기 쉽기 때문에 밥을 먹고 이를 잘 닦는 습관이 필요합니다.

학교에서는 해마다 한 번씩 신체검사를 합니다. 2학년은 키, 몸무게, 시력, 비만도, 구강검사, 소변검사를 실시하는데 22명 정도 되는 한 교실에서 중등도 비만이 2~3명, 고도 비만은 1~2명 정도 나오는 편입니다. 키는 약 119~127cm 정도가 평균이지만, 남녀 구분 없이 개인차가 매우 큽니다. 이 시기 아이들을 보면 1년 동안 많이 자라는 경우는 약 10cm 정도씩 자랍니다. 시력은 좌우가 큰 폭으로 차이가 나는 아이가 1~2명 정도밖에 없고, 다행히 안경을 쓰고 있는 아이들도 2~3명 정도밖에 없습니다. 그런데 3학년이 되면 시력이 매우 떨어지는 학생이 많아지니 안심하지 마시고 항상 시력

을 체크해 주셔야 합니다. 시력과는 별개로 두 눈이 똑바로 정렬되어 있는 않은 사시를 가지고 있는 경우가 가끔 있습니다. 우리나라의 어린이 사시 발생률이 약 3~4%이고, 스마트폰 사용으로 인해 더 증가할 수 있다고 합니다(라포르시안, 2021. 7. 26.). 사시인 눈은 그냥 두면 반드시 시력이 나빠진다고 하고 사시 치료는 빠르면 빠를수록 좋다고 하니 아이의 눈을 꼼꼼하게 살펴보고 조금이라도 의심이 든다면 안과에 꼭 가 보시기 바랍니다.

#5. "여기 좀 보세요. 저 이렇게도 할 수 있어요."

쉬는 시간이 되면 아이들은 앞으로 이것저것 나와 마음껏 뽐냅니다. "선생님, 여기 좀 보세요. 저 이렇게도 할 수 있어요." 태권도 품새나 발차기를 하는 아이, 다리를 일자로 벌리는 아이, 발레를 보여 주는 아이, 줄넘기를 보여 주겠다는 아이, 아이돌 춤을 추는 아이, 컵을 높게 쌓는 아이 등 정말 다양합니다. 스스로도 대단하다고 생각하여 사진을 찍어서 부모님께 보내 달라고 하기도 합니다. 1학년 때를 생각하면 정말 대단한 발전이지요. 2학년 아이들은 어떤 모습으로 자라고 있을까요?

2학년 아이들은 운동기능이 정교하고 유연하여 등산, 수영, 스키 등 대부분의 스포츠활동을 배울 수 있습니다. 보통 2학년 아이들은 대부분 태권도, 합기도, 줄넘기, 발레를 하고 있고, 선택적으로 수영, 승마, 스케이트, 축구를 배우고 있습니다.

이 시기 아이는 몸 움직이는 것을 좋아합니다. 학교에서 친구들과 달리기만 해도 좋아하는데, 실내에서는 안전 문제로 달리지 못하므로 시간을 내서 운동장에 나가 마음껏 달리는 것이 필요합니다. 즉, 몸을 움직이며 몸의 에너지를 분출할 수 있게 하는 기회를 주어야 합니다. 놀이터에서 자유롭게 노는 것도 좋고, 태권도, 검도, 줄넘기와 같은 방과후 체육활동도 좋습니다. 2학년 아이들은 한 다리로 균형 잡기도 잘합니다. 친구들과 모여 누가 더 오래 한 다리로 균형을 잡을 수 있는지도 재미있는 놀이가 되고, 머리 위에 공책을 얹고 균형 잡고 걸어 다니는 것만으로도 즐거운 놀이가 된답니다.

신체동작이 빨라지고 손기술이 늘어납니다. 2~3km는 걸을 수 있고, 줄넘기도 더 잘할 수 있게 됩니다. 단, 개인차가 심하여 간신히 모둠뛰기 10개 넘는 아이부터 엇걸어 풀어뛰기, 2단 뛰기를 여러 번 할 수 있는 아이까지 다양합니다. 줄넘기는 학생의 체력과 성장기 신체발달을 도와주는 매우 좋은 운동으로서 대부분의 초등학교에서 중간놀이와 스포츠클럽 시간을 통해 이루어지고 있습니다. 줄넘기를 하면 키 성장 효과가 있고, 잘하면 친구들에게 관심과 인정을 받아 자신감을 얻을 수 있습니다. 따라서 가정에서 줄넘기를 익힐 수 있게 도와준다면 아이의 자신감을 키우는 데 도움이 될 것입니다.

소근육이 발달합니다. 작은 부분도 색칠할 수 있고, 손놀림이 안정되고 연필로 글씨를 쓰는 속도도 빨라지며 글씨도 더 잘 씁니다. 가위질도 발달하여 어려운 모양도 오릴 수 있게 됩니다. 가정에서도 그림을 그리고 색칠하고 오려서 붙이는 활동을 할 수 있도록 나만의 작은 공작소를 마련해 주시면 좋습니다. 손가락 힘도 세져서 절반 정도의 아이들이 급식 시간에 나오는 뚜껑 달린 제품도 스스로 딸 수 있게 됩니다. 1학년 때는 어림없는 일이지요. 이제는 종이 우유갑 입구도 너무 쉽게 열 수 있답니다.

눈과 손의 협응 능력이 크게 발달합니다. 예를 들어, 실로폰을 칠 때 정확하게 그 음을 확실히 칠 수 있습니다. 이런 까닭에 대부분의 학교에서 2학년 지정 악기로 실로폰을 많이 활용합니다. 따라서 아이의 실로폰 연주 능력을 살펴보시면 아이의 협응 능력을 짐작할 수 있습니다. 2학년 아이의 눈과 손의 협응 능력을 발달시키고 두뇌 발달에도 도움이 되는 또 다른 활동으로 종이접기를 추천합니다. 종이접기는 좌뇌와 우뇌의 균형 잡힌 발달과 집중력, 기억력 등을 끌어올릴 수 있는 좋은 수단입니다. 아이의 단계에 맞는 종이접기 서적과 색종이를 마련해 주시면 좋습니다. 단, 종이접기를 유독 어려워하는 아이들이 있으니 이로 인해 스트레스를 받지 않도록 개인 역량에 맞추어 자연스럽게 키워 나가는 것이 필요합니다.

#6. "왜 때리면 안 되는데요?" 아이의 도덕성은 그냥 생기는 것이 아니다.

도덕성이란 그 사회에서 바람직하고 가치 있다고 인정한 규범과 규칙을 내면화한 성품을 말합니다. 자신의 행동이나 타인의 행동을 평가하는 능력, 옳고 그름을 판단할 수 있는 능력, 올바르고 부끄럽지 않게 행동할 수 있는 능력, 즉 공감 능력, 분별력, 자제력, 존중, 친절, 관용, 공정함, 예의가 바로 도덕성이라고 할 수 있습니다.

우리 아이는 도덕성이 잘 형성되었나요? 눈에 잘 안 보여서 모르신다고요? 그럼 학교에 명확하게 보이는 도덕성이 부족한 2학년 아이의 모습을 알려 드릴게요. 이런 모습이 1~2개이거나 거의 안 보인다면 도덕성이 잘 형성되고 있다고 생각하셔도 되지

도덕성이 부족한 2학년 아이의 행동	있음	없음
친구 물건을 허락 없이 함부로 만지고 사용하고 가져가며 망가뜨린다.		
친구 실내화나 신발을 한 짝만 숨긴다.		
친구를 다치게 하는 장난을 하고도 별로 미안해하지 않는다.		
의견이 다르거나 갈등이 생겼을 때 소리를 지르고 화를 낸다.		
나쁜 말을 쪽지에 써서 친구에게 던져 주거나 친구 책상 서랍이나 사물함에 몰래 넣어 둔다.		
친구가 실수로 부딪혔을 때 실수인 것을 알면서도 화를 내며 더 세게 때린다.		
한 대 맞으면 두 대 때린다는 생각을 하고 있다.		
기분이 나쁘면 욕이나 거친 말을 한다.		
상황을 자기에게 유리하게 조금씩 바꾸어 말하는 거짓말에 능숙하다.		
자기의 잘못은 실수한 거라고 그럴 수도 있지 관대하면서, 다른 사람의 잘못에는 매우 엄격하다.		
아무 곳에나 쓰레기를 버린다. 휴지통까지 가서도 휴지통 근처에다 대충 버린다.		
쓰레기를 버릴 때, 분리수거를 하지 않고 종이류에 쓰레기를 버리기도 하고 휴지통에 종이를 버리기도 하며, 바닥에 그냥 버리기도 한다.		
틀린 문제를 살짝 고치고 맞았다고 한다.		
숙제를 안 해 왔을 때, 집에다 놓고 왔다고 한다.		
받아쓰기 시험을 볼 때 받아쓰기 급수장을 몰래 보면서 한다.		
친구의 물건이라도 자기 마음에 들면 몰래 가져간다.		
합계		

만, 여러 개 해당된다면 절대 지나치지 마시고 어떻게 해야 할지 고민하셔야 합니다.

도덕성은 살아가는 동안 부딪힐 수많은 문제들에 대해 올바르고 바람직한 판단을 내릴 수 있게 해 주고 합리적으로 해결할 수 있게 해 줍니다. 뿐만 아니라 공부도 잘할 수 있게 해 줍니다. 아이의 도덕성 수준이 높으면 자존감도 높고 학업 성취도도 높다는 연구가 많이 있습니다.

어렸을 때 배우지 못하면 어른이 되어서도 발달하지 못한다는 도덕성, 어떻게 하면 기를 수 있을까요? 잘못한 일을 꾸짖어 올바른 방향으로 가도록 하는 부모의 단호한 훈육을 통해 아이는 도덕성을 키우고 바르게 커 나갈 것입니다. 콜버그(Kohlberg)의 도덕성 발달 이론에서 보면, 10세 이전의 아이는 권위자의 규칙에 따라 도덕적 판단을 하게 된다고 합니다. 다시 말해, 10세 이전의 아이의 도덕성이 부족한 것은 대부분 부모의 책임인 것입니다. 아이가 상처받는 것이 안쓰러워서 또는 아이가 기죽지 않았으면 좋겠다는 생각으로 아이의 잘못을 꾸짖지 않고 눈감아 주거나 다음부터 잘하라고 대충 얼버무리고 넘어간다면 아이의 도덕성은 자라지 못할 것입니다. 아이를 진정 사랑한다면 아이의 잘못된 행동은 꾸짖어 못하게 하고, 아이가 잘한 것은 칭찬해 주면서 아이의 도덕성을 길러 주세요.

#7. "우리 아빠가 똑같이 때려 주래요." 부위자강(父爲子綱)-부모는 자식의 본이 된다.

부모님의 말과 행동이 아이에게 어떤 영향을 줄까요? 다음 이야기는 모두가 알고 있는 '옆으로 걷는 게 이야기'입니다.

게는 옆으로만 걸어갑니다. 어느 날 새끼 게가 걸어가는 것을 보고 어미 게가 생각했습니다. '아니, 저 애가 왜 옆으로 걸어갈까?' 어미 게는 똑바로 못 걷고 옆으로 걷는 새끼 게가 못마땅했습니다. 저러다가 나중에 큰일 난다고 생각했죠. "얘야, 똑바로 앞을 향해 걸어야지. 그렇게 잘못 걷다가 나중에 큰일 난다." 그러자 새끼 게가 물었습니다. "난 엄마를 보고 이렇게 걷는 건데…… 그럼 엄마는 어떻게 걷는데요? 한 번 보여 주세요." "그래, 잘 봐라." 과연 어미 게는 어떻게 걸었을까요? 네, 옆으로 걸었습니다. 새끼 게는 어미 게가 보여 준 대로 따라 배운 것뿐이었습니다. 자식은 부모님이 하는 대로 닮는 법입니다. 그래서 부모님은 모든 일에 삼가고 조심하여 자식에게 모범을 보여야 합니다.

학교에서 친구를 때린 아이에게 왜 때렸는지 물어보면 "얘가 복도에서 지나가면서 저를 쳤어요. 우리 아빠가 학교에서 너를 때리는 친구가 있으면 너도 똑같이 때리라고 했단 말이에요."라고 말하는 경우가 있습니다. 처음에는 '친구가 나를 쳐서'라는 나름 정당한 이유로 때리기 시작하지만, 아이의 폭력성이 점점 더 자라 나중에는 자기를 화나게 했다고 때리기도 합니다. 부모님은 아이가 맞고 와서 속상한 마음에 한 말이었겠지만 아이는 부모의 그 말 한마디에 도덕적 기준이 흔들립니다. 2학년까지는 특히 더 부모님이나 어른들의 언행이 아이의 인성과 도덕성 발달에 큰 영향을 준다고 하니 좋은 가르침과 좋은 모습 많이 보여 주세요.

#8. "왜 모두들 나만 미워하지?"

학교생활에 어려움을 갖고 있는 아이는 다음과 같은 모습을 보입니다.

첫째, 자기 기분 위주로 행동합니다. 내가 기분이 좋으면 친구들에게 무척 잘해 주고, 내가 기분이 나쁘면 친구들에게 함부로 합니다.

둘째, 내 입장만 생각합니다. 즉, 다른 사람이 피해 입은 것은 생각하지 않고 내가 피해 입은 것만 따집니다.

셋째, 갑자기 화를 냅니다. 감정을 조절하지 못하여 화를 내더라도 필요 이상으로 크게 화를 냅니다. 1~10까지 수로 나타내 보면, 객관적으로 3 정도의 화를 내야 하는 상황에서 이 아이는 9나 10으로 크게 화를 냅니다.

넷째, 잘 웁니다. 감정 조절 능력이 부족하기에 화도 잘 내고 울기도 잘합니다. 분해서 울기도 하고 실수나 잘못을 모면하려고 울기도 합니다.

다섯째, 거짓말을 잘합니다. "자기가 잘못한 것은 다 정당한 이유가 있어서 그런 것이고, 오히려 상대방이 나를 의심하고 다치게 하고 억울하게 만들었다." 이렇게 스토리를 만들기 위해 중간중간에 말이나 행동을 꾸며 냅니다. 처음 서툴게 거짓말을 했을 때 부모님이 잡아내 바로잡지 못하면 거짓말 능력이 증가하여 훗날 진짜보다 더 진짜처럼 잘 만들어진 거짓말이 진실을 덮어 버리게 될 수 있습니다.

여섯째, 폭력성이 증가합니다. 공감 능력이 떨어지고 화가 잘 나게 되면 당연히 폭력적으로 대처하게 됩니다. 그래서 이런 아이는 학교에서 학교폭력으로 문제가 생기게 되고 학교 선생님뿐만 아니라 친구들, 학원 선생님과 친구 부모님 같은 주변 어른들의 입에 오르게 됩니다.

일곱째, 선생님과의 관계도 안 좋고 친구와의 관계도 나빠지므로 모두가 나를 좋아하지 않는다는 생각에 자존감도 떨어지고 '왜 모두들 나만 미워하지?'라는 피해의식과 열등감이 생겨 모두를 미워하고 원망합니다.

#9. "어차피 우리 부모님은 안 오세요."

2학년 1학기 5~6월은 대부분 '학교 공개의 날'입니다. 2학년 학부모들은 반에서 1~2명 빼고 모두 참관 수업에 참여하십니다. 부모님으로서 학교 행사 참여는 선택이지만 반드시 참여해야 하는 것이 바로 '2학년 참관 수업'입니다. 3월 말에 있는 학부모 상담도 매우 중요하지만 둘 중 한 가지만 할 수 있다면 저는 참관 수업을 가시라고 말씀드립니다. 학기 초의 학부모 상담이 중요한 이유는, 첫째, 우리 아이를 1년 동안 맡아서 가르치고 보살펴 줄 선생님에 대한 예의이고, 둘째, 우리 아이에 대한 이해를 돕고 몇 가지 당부를 드릴 수 있는 기회가 된다는 것입니다. 그런데 저학년 학생에게 있어서 참관 수업이 갖는 의미는 이보다 더 큽니다. 아이들은 자신이 학교에서 어떻게 공부하고 생활하고 있는지 부모님이 궁금해하고 관심을 가져 주길 원합니다. 2학년은 아직 어리기 때문에 부모님이 자기의 삶에서 큰 부분을 차지하고 있다는 것이고, 그만큼 중요한 부모님에게 학교생활을 잘하는 나의 모습을 보여 드리고 싶은 것입니다. "부모님 참관 수업 때 수업에 집중하고 발표도 크게 잘하는 모습을 보여 드리자." 라고 제안을 하면 대부분 몸가짐을 바르게 하고 눈을 더 초롱초롱하게 뜹니다. 그런데 유독 1~2명의 학생들은 삐딱한 자세로 이렇게 말합니다. "어차피 우리 엄마, 아빠는 바빠서 안 오세요." 진짜 많이 바빠서 못 오실 경우에는 할머니나 할아버지, 이모

같은 친지에게 부탁을 드려서 대리참관이라도 하도록 해 주세요. 고학년이 되면 꼭 안 가도 됩니다. 저도 교직에 있다 보니 참관이 어려워서 할머니나 이모에게 부탁을 했습니다. 그들이 찍어 준 영상을 아이와 같이 보며 이런저런 이야기도 나누며 아쉬움을 달래었는데, 다 각자의 위치에서 할 수 있는 최선을 다한다면 그 마음은 서로가 통한다고 봅니다. 가끔 충분히 갈 수 있는 상황이었으면서 수업을 보러 가는 것이 별것 아닌 것으로 생각하고 지나치는 분이 계시는데, 그러지 않으셨으면 좋겠습니다.

우당탕탕 2학년 탐구생활(Q&A)

Q1. 아이가 학교에서 잘하고 있는지 궁금해요. 어떻게 물어봐야 할까요?

자녀가 학교에서 어떻게 생활하고 있는지 좀 더 구체적으로 물어봐 주세요. 너무 일반적으로 물어보면, 담임선생님도 무엇을 묻는지 핵심을 잡기 어려워 일반적인 이야기밖에 못해 드립니다. 저도 이런 질문에는 이런 대답을 할 것 같아요. "네, ○○이가 학교생활 잘하고 있는지 궁금하시군요? 수업 시간에 공부도 잘하고, 발표도 가끔 하고, 친구와도 크게 싸우지 않고 잘 지내고 있어요." 즉, 일반적으로 크게 물어보면 큰 대답을, 구체적으로 작게 물어보면 구체적인 대답을 들을 수 있습니다.

궁금한 것 1~2가지만 구체적으로 물어보는 것이 좋아요. 예를 들어, 우리 아이가 수업 태도가 어떤가요? 친구 관계는 어떤가요? 친하게 지내는 친구는 있나요? 놀이 시간에 주로 무엇을 하며 노나요? 등이 있습니다.

우리 아이가 힘들어하는 것, 문제점을 말하면서 어떻게 해야 할지 해결 방안을 의논하는 것도 좋아요. 예를 들어, 우리 아이가 수학 공부가 너무 어렵대요. 어떻게 해야 할까요? 우리 아이가 짝꿍이 수업 시간에 장난을 쳐서 공부하는 게 힘들대요. 어떻게 해야 할까요? 등이 있습니다.

Q2. 우리 아이가 친구들과 잘 지냈으면 좋겠어요. 친구를 잘 사귀려면 어떻게 해야 할까요?

2학년이 되면, 1학년 때 친했던 친구, 돌봄교실을 같이 하는 친구, 학원을 같이 다니는 친구, 방과후 학교를 같이 듣는 친구들과 자연스럽게 친하게 지냅니다. 앞, 뒤, 옆에 앉은 친구와도 어느 정도 교류가 있지만 앞서 언급했던 친구들과 더 친하게 지내고 쉬는 시간에 친밀하게 어울립니다. 즉, 부모님께서 우리 아이가 학교에서 혼자 지낼까 걱정하신다면 1학년 때 알고 지내던 친구를 공략하거나 학원이나 방과후 학교 프로그램을 신청해서 반 친구들을 만나는 기회와 시간을 확보해 주세요. 그리고 그 기회 속에서 자녀가 친구와 가까워질 수 있도록 몇 가지 팁을 알려 주시면 좋을 것 같습니다. 예를 들면, 먼저 인사하기, 사소한 질문하기, 칭찬하기, 놀이 제안하기, 도움 요청하기와 같은 능동적인 친구 사귀기 전략이 있을 수 있겠지요. 물론 다가오는 친구에게 친절하게 대응하기, 같이 하자고 제안이 들어왔을 때 거절하지 말고 응하기, 웃으며 반응해 주기 등의 방법들도 있습니다. 상냥하고 친절하며 마음이 따뜻한 사람은 아이, 어른을 막론하고 주변에 좋은 사람들이 다가오는 법이니 너무 조급하게 생각하지 마시고 우리 아이의 바른 인성을 지켜 주고 키워 주세요.

그리고 부모님께서 적극적으로 도와주시는 방법도 있습니다. 이것은 1~2학년까지 유효한 방법이라 2학년이 이 방법을 활용할 마지막 시기라고 생각하면 됩니다. 바로 부모님끼리 친하게 지내고 캠핑을 가거나 여행을 가는 교류를 함으로써 서로의 자녀들이 친하게 지내도록 여건을 조성해 주는 것입니다. 이렇게 되면 같은 경험을 했기 때문에 학교에서도 자연스럽게 대화를 이어 갈 수 있게 됩니다. 하지만 앞에서 말했던 경우를 넘어서지는 못합니다. 그리고 3학년부터는 좋아하는 놀이 및 취미가 같은 친구, 즉 자기와 성격이 맞는 친구를 찾아갑니다.

Q3. 우리 아이가 친구들에게 관심이 없는 것 같아요. 친구들과 사이가 더 좋았으면 좋겠는데 어떻게 해야 할까요?

친구에게 관심이 없는 아이는 별로 없습니다. 부모님이 보시기에 아이가 부모님이 원하는 만큼 적극적으로 대시를 하지 않는다고 '친구를 싫어하나?' 지레짐작 걱정하는 경우가 더 많습니다. 아이가 친구와 관계를 맺는 것이 소극적인 편이어서 좀 더 적극성을 띄어야 한다는 것은 맞을 것입니다. 한 달이 다 되어 가는데도 친구 이름도 모르고 사귄 친구도 없다고 하면 많이 애가 탈 것입니다. 그런데 이름을 잘 못 외우는 것이 그 아이의 특성일 뿐 관심이 없어서 그런 것은 아닐 수 있습니다. 저도 사람 얼굴과 이름을 연결 짓는 것이 어렵습니다. 물론 관심이 없어서 그런 것은 아닙니다. 남들보다 시간이 좀 더 필요할 뿐입니다. 친구 관계는 빠르기나 양이 중요한 것이 아니라 깊이(진정성)와 질이 더 중요합니다. 이를 생각하면 부모님의 조바심이 조금은 덜어질 것입니다.

Q4. 학교에서 우리 아이가 친구와 싸웠다는데, 그 친구가 우리 아이를 때렸대요. 이런 경우 어떻게 해야 할까요?

먼저 맞고 온 아이의 마음을 헤아리고 공감해 주세요. 그런 후에 질문을 통해 사실관계를 알아보고, 부모님의 감정을 다스리며 재발되지 않기 위한 방안을 함께 찾아

주세요. "친구랑 다투고 맞기까지 했다니 많이 속상했겠구나. 어쩌다 그렇게 된 것인지 말해 줄 수 있겠니? 음…… 그래, 친구를 때린 행동은 잘못한 거야. 네가 안 때리고 참았으니 너무 멋지구나. 잘못한 친구는 선생님께 혼이 났겠구나. 친구가 너에게 사과를 했니? 너는 그 사과를 받아 줄 수 있겠니? 앞으로 이런 일이 생기지 않으려면 어떻게 해야 할까?" 이런 식으로 물어봐 주세요. 이때 때린 친구의 부모님께 바로 전화하는 것은 좋지 않습니다. 해결이 아닌 더 큰 갈등을 불러올 수 있으니 먼저 담임선생님께 전화를 드려 어떻게 된 일인지 자초지종을 알아보는 것이 좋습니다. 우리 아이의 이야기와 실제와는 다를 수 있기 때문입니다. 자녀에게 그 친구랑 놀지 말라고 하는 말도 조심해 주세요. 매우 위험한 상황이 아니라면 자녀가 스스로 해결책을 찾거나 시행착오를 통해 성장해 나갈 수 있도록 기회를 주고 기다려 주세요. 그러나 반복해서 맞았다거나 너무 심하게 맞은 경우라면 학교에 학교폭력 전담기구를 열고 학교폭력 유무를 가려 달라고 요청할 수 있습니다.

학교폭력이 되는 경우 네 가지를 알려 드리면, 전치 2주 이상의 진단이 나온 경우, 지속적인 폭력인 경우, 재산상의 피해가 동반된 경우(복구된 경우는 괜찮아요.), 보복성의 폭력인 경우입니다. 이 네 가지 경우에는 교육청으로 이관되어 학교폭력대책심의위원회가 열리게 되고, 이 네 가지 중 한 가지도 해당되지 않는 경우에는 학교에서 학교장 자체해결제로 진행됩니다. 단, 피해학생 및 그 보호자가 학교장 자체해결제를 동의하지 않고 학교폭력대책심의위원회 개최를 요구하는 경우에는 학교폭력대책심의위원회가 개최됩니다. 그리고 2024년부터는 전체 시・도에 '학교폭력 제로센터'가 운영되어 단 한 번의(One-Stop) 신청으로 피해학생에게 필요한 지원 내용을 분석하여 맞춤형 전문가, 피해학생에게 필요한 심리상담과 치료, 관계회복 프로그램, 법률대응의 지원을 해 준다고 합니다(교육부, 2023. 7. 23.).

우당탕탕 2학년 성장노트

'스스로 할 수 있어요.'

2학년 아이들의 봄은 우당탕탕 시끌벅적한 소리로 시작합니다. 1학년 시기를 거치고 2학년이 된 아이들은 학교생활에 어느 정도 적응을 마치고 훨씬 더 자신 있게 학교생활을 시작하지요. 2학년 아이들은 다양한 학교생활에서 점차 독립적인 모습을 보이기 시작합니다. 학급 일과를 따르고, 자신의 소지품을 정리하며, 자신이 해야 할 과제를 좀 더 책임 있게 완수해 나가는 모습을 보입니다. 물론 아직은 모든 게 서툴지만 그래도 스스로 할 수 있다는 마음은 한껏 커지고 있습니다.

2학년이 된 아이들은 스스로 무엇인가를 할 수 있는 마음, 즉 독립심을 갖게 됩니다. 이때 아이들이 행동에 대해 지나치게 높은 기준을 적용하지 않는 것이 좋습니다. 이 시기에는 자신이 스스로 무엇인가를 해낼 수 있다는 긍정적인 자기개념을 발달시킬 수 있도록 도와주는 것이 매우 중요합니다. 만 7~8세 아동의 대상으로 한 연구(김수정, 곽금주, 2012)를 살펴보니, 긍정적 자기개념을 형성한 아동이 더 친사회적이었으며, 학교 적응도 더 잘하는 것으로 나타났다고 해요. 그래서 2학년 아이들이 비록 서툴지만 혼자서 무엇인가 해 보려고 시도할 때, 주위에서 해야 할 일은 충분히 기다리면서 스스로 할 수 있도록 격려와 응원을 보내는 것입니다.

만약 정말 도움이 필요한 순간이 왔을 때, 아이들이 자신에게 필요한 도움이 무엇인지 구체적으로 표현할 수 있는 기회를 주는 것이 좋습니다. 아직 2학년 시기에는 아이들마다 성장하는 과정에서 개인차가 비교적 크게 느껴질 수 있습니다. 이때 조바심을 내기보다는 모든 아이들은 저마다의 속도로 성장한다는 점을 다시 한번 기억했으면 합니다.

#2학년 봄 #독립성 #긍정적 자기개념 #스스로 할 기회 #저마다의 속도

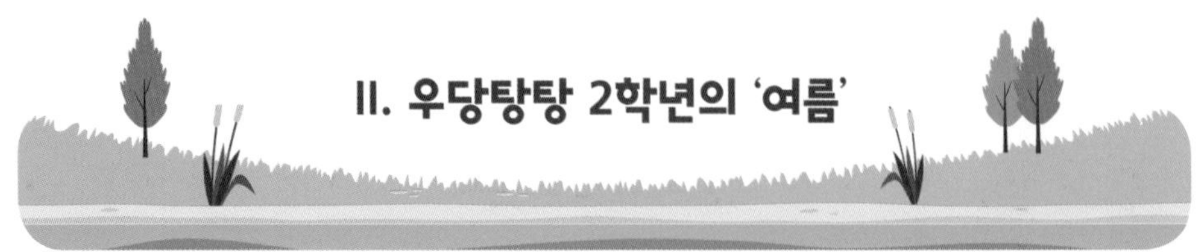

"친구와 더 가깝게 마음을 나누어요."

『아홉 살 마음 사전』(박성우, 창비, 2017)

알 듯 말 듯 너의 감정을 알려 줄게!

- 감격스러워: 씨앗을 심은 화분에서 싹이 돋았어!
- 걱정스러워: 숙제를 하지 않고 학교에 가는 마음
- 고마워: "필요한 거 있으면 말해. 나도 빌려줄게." 짝꿍이 지우개를 빌려줄 때 드는 마음
- 나빠: 친구가 자꾸 다른 친구를 괴롭힐 때 드는 마음. "야, 왜 친구를 못살게 구니?"
- 억울해: 엄마가 방에 들어와서 맨날 게임만 한다고 혼낼 때의 마음. "진짜 방금 전까지 공부했어요."

자신의 마음을 말로 표현하는 것은 생각보다 어렵습니다. 마음이 어떤지 정확하게 인지하지 못해서이기도 하지만, 마음을 표현할 알맞은 말이 떠오르지 않기 때문입니다. 아이에게 감정 단어를 하나 보여 주고, 이 감정을 어떤 상황에서 느꼈는지 말해 보게 하면서 '우리 아이만의 마음 사전'을 만들어 보는 건 어떨까요?

우당탕탕 2학년 교실 이야기

2학년 아이들은 여름이 되면서 친구들과 더 가까워지고 우정이 싹터 친구들과 어울려 노는 것이 세상에서 제일 재미있게 됩니다. 학기 초에 왠지 서먹서먹하고 조심스러웠던 아이들이 아니랍니다.

#1. "선생님, 저 ○○이랑 사귀어요."

친구들과의 관계가 좋아지고 자주 여럿이 어울려 놀다 보면 자연스럽게 마음이 맞는 남자, 여자 친구들도 생깁니다. 아이들은 자신의 좋아하는 감정을 드러내는 것을 어려워하지 않기 때문인데요. 그래서 아이들은 이 사실을 숨기지 않고 "선생님, 저 ○○이랑 사귀어요."라고 당당하게 말합니다. "오, 정말? 너네 둘이 재미있게 잘 놀더니 더 친한 사이가 되었구나. 앞으로도 계속 사이좋게 잘 지내렴." 이렇게 말해 주면 "네!" 하며 무척 뿌듯해합니다. 2학년은 이성 친구를 사귀게 되는 첫 단추라고 할 수 있습니다. 2학년 아이들이 사귀면 얼마나 사귀냐 하시겠지만, 실제로 아이들은 손도 잡기도 하고, 와락 안기도 하며, 몰래 얼굴에 뽀뽀를 하는 경우도 있습니다. 그래서 아이가 이성 친구를 사귄다고 하면 부모님께서는 가볍게 넘기지 말고 이성 친구 간에 지켜야 할 예의, 이성 친구와 할 수 있는 것과 하면 안 되는 것, 매너를 지키며 만나고 헤어지는 방법 등을 상세하게 말해 주시어 건전하게 이성 친구를 사귈 수 있게 해 주시는 것이 좋습니다. 물론 학교에서도 '안전한 생활'과 '창의적 체험활동' 시간을 활용해서 '소중한 나를 지키는 방법' '다른 사람을 존중하는 방법' '친구 사귀는 방법' 등을 틈틈이 배우고 있습니다.

#2. "○○이 때문에 자꾸 화가 나요.

2학년이 된 아이들은 학교에서 집단생활과 모둠생활을 통해 자기중심성에서 벗어나 다른 사람의 인격과 마음, 입장을 존중해야 한다는 생각을 갖기 시작합니다. 수업 시간에는 선생님이 내준 과제를 해결하기 위한 모둠생활이 시작되고, 쉬는 시간에는 같이 놀고 싶은 친구들과 어울리고, 하고 싶은 놀이를 중심으로 모여 노는 식의 자발적인 놀이 집단을 형성하는 등 점차 주체성과 사회성이 발달하기 시작합니다. 그러나 동시에 아직 자기중심성이 상당히 남아 있어 집단생활에서 자기중심적으로 판단하고 자기주장을 내세우기도 합니다. 그래서 또래 간 싸움이 자주 발생하며 자기의 편의에 따라 규칙을 무시하기도 하여 선생님의 개입이 필요한 경우가 있습니다. "선생님, ○○이가 자꾸 자기가 이겼다고 우겨요." "선생님, ○○가 노는 데 방해해요. ○○이 때문에 자꾸 화가 나요." 작은 갈등들은 학교에서 선생님의 개입으로 해결이 되지만, 갈등이 크거나 여러 번 지속되는 경우에는 선생님이 전화로 가정에 알려 드립니다. 이런 전화가 오면 학교와 선생님을 믿고, 학교에서 아이가 보여 준 모습에 대해 지도를 해 주시기 바랍니다. 학교와 가정이 같은 마음으로 아이에 대한 교육적 지도가 이루어질 때 아이의 마음과 행동의 변화가 크게 나타날 것이고 이 변화는 결국 아이의 건강한 성장과 발달을 이루어 줄 것입니다.

아이들은 아직 자신의 감정을 잘 조절하지 못합니다. 어른들도 감정 조절이 힘든데, 아이들은 당연하지요. 그렇다고 감정 조절을 못해도 된다는 건 아닙니다. 화를 많이 내는 아이는 친구들이 멀어지고 결국 외로움과 우울감을 느끼게 되거든요. 감정 조절 역량을 기르기 위한 몇 가지 방법을 알려 드릴게요.

첫째, 다양한 감정의 이름을 알고 상황과 관련지어 이해하는 연습이 필요합니다. 이때 감정에 관련된 책이 시중에 많이 있으니 이러한 책을 활용하여 연습하면 좋습니다. 연습을 하다 보면 실제 상황에서 느껴지는 감정을 인식하는 능력을 향상시킬 수 있습니다.

둘째, 화(분노)를 적절하게 느끼고 표현하는 방법을 배우고 익혀야 합니다. 많은 감정 가운데 화(분노)라는 감정은 제일 다스리기 어려운 감정입니다. 화를 다스리는 나만의 방법을 미리 생각해 놓고 있으면 실제 화가 났을 때 좀 더 이성적으로 대처할 수 있습니다. 예를 들어, 심호흡하기, 10을 거꾸로 세기, 자리 옮기기, 고개 돌리기, 노래 듣기, 그림 그리기 등이 있습니다. 나 전달법을 익히면 화가 났을 때도 나의 감정(기분)과 생각을 잘 전달할 수 있습니다. "나 지금 네가 먹보라고 놀려서 무척 화가 났어. 그런 나쁜 말을 하지 않았으면 좋겠어." 이렇게 말이지요.

다양한 감정에 상황을 관련지어 이해하는 수업 중 만들었던 2학년 아이들의 마음사전을 조금 보여 드릴게요. 2학년 학생들의 글씨와 그림에서 오는 개인차도 느껴 보

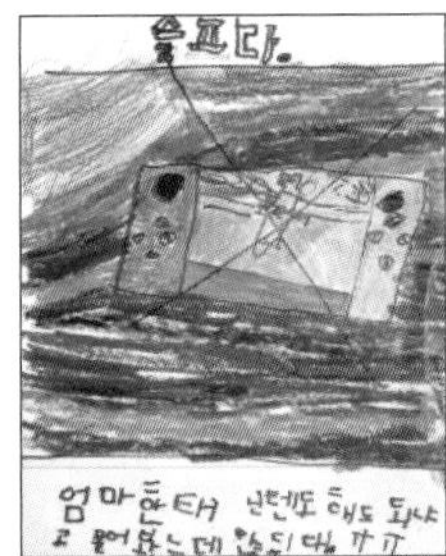

2학년 아이들의 마음 사전

면서 아이들의 생생한 마음을 느껴 주세요.

#3. "친구를 어떻게 사귀어야 하는지 모르겠어요."

"선생님, 제가 이 물건을 자기에게 주면 친구 해 준다고 해서 그 친구에게 줬는데 이제 와서 친구 아니래요. 전 친구를 사귀고 싶은데, 친구를 어떻게 사귀어야 하는지 모르겠어요." 2학년 여자아이가 한 말입니다. 이 친구는 '어떻게 하면 친구를 사귈 수 있을까?'를 고민하다가 물건을 주면서 친구를 얻으려 했고, 잘못된 방법으로 친구 사귀기를 시도하다가 상처만 남게 되었습니다. 그래서 학교나 가정에서 아이에게 친구 사귀는 방법을 알려 주는 것이 중요합니다. 그리고 친구 사귀기에 실패했다고 너무 슬퍼 마세요. 부모님의 목표는 자녀가 힘든 일 없이 편하게 잘 커 나가는 것이 아니라 힘든 일이 있어도 잘 해결해 나가고, 실패했어도 포기하지 않고 다시 일어나 도전하는 그런 사람으로 커 나가도록 돕는 것이니까요. 또한 아이도 한 번 실패했다고 끝나는 것이 아니고 다시 도전해 보면서 그렇게 친구 사귀는 것을 자연스럽게 터득해 나갈 거예요.

아이에게 친구를 잘 사귈 수 있는 방법은 알려 주어야 합니다. 그중에서 나에게 알맞은 방법을 찾을 수 있도록요. 그동안 또래 관계 향상 방법에 대한 많은 연구가 있어 왔습니다. 그중 2학년 아이가 학교에서 활용할 수 있는 몇 가지를 소개해 드리겠습니다.

첫째, 사회적 기술의 훈련이 필요합니다. 구체적인 내용으로는 또래와 또래의 활동에 관심 가지기, 말 걸기, 제안하기, 적절한 질문과 대답하기, 칭찬하기, 나누기, 협상하기, 차례 지키기, 웃기, 부정적 감정 조절하기와 참여하기, 자기표현하기, 역할 지속하기, 신체 접촉하기, 협력하기, 초대하기 등이 있습니다. 짝꿍에게 관심을 갖고 인사하고 일상적인 질문을 하는 것부터 시작하면 좋겠죠? "○○야, 안녕. 너 수학 숙제 다 했니?" 그리고 생일날 친구 초대하는 것도 부모님께서 도와줄 수 있는 좋은 방법이니 활용해 보시기 바랍니다.

둘째, 게임(규칙을 가진 놀이, 보드게임 등)을 이용하여 또래 관계를 향상시킬 수 있습니다. 게임이란 사회적 행동을 체계화하고 규칙을 가진 놀이인데 게임에서 사용된 기술들이 친구 사귀는 데 도움을 줍니다. 예를 들면, 게임을 통해 친구와 상호작용을 시도할 수 있습니다. 게임을 하다 보면 친구와 의견이 다르게 되고 이것을 일치시켜 가는 과정에서 불일치 다루기 능력, 즉 갈등 해결 능력을 기를 수 있습니다. 또한 게임에서 졌을 때 정신적 힘듦을 견뎌 내면서 괴로운 것에 대처하기, 실패 다루기 능력을 기르게 됩니다. 팀을 짜서 게임을 하기도 하는데, 이때 팀원과 협력하기, 모방하기 등의 기술을 배우게 됩니다. 즉, 게임(규칙을 가진 놀이, 보드게임 등)은 친구 사귀기 전략 그 자체입니다.

셋째, 개인 생각의 변화입니다. 자기 자신에 대한 생각과 평가를 긍정적으로 변화시켜 주는 것입니다. 자존감이 부족하면 친구에게 선뜻 먼저 다가가지 못하고 수동적으로 가만히 있거나 다가오는 친구를 오히려 불편해하고 피해 버리기 때문에 친구를 사귀기 어렵습니다. 또한 친구를 사귀지 못하는 것이 아니라 사귈 필요가 없다고 생각하는 아이도 있습니다. 이러한 경우에는 친구가 필요 없다는 생각을 변화시켜 주어야 합니다.

넷째, 학교폭력 예방교육 어울림 프로그램을 활용할 수 있습니다. 어울림 프로그램은 공감, 의사소통, 감정 조절, 자기존중감, 갈등 해결, 학교폭력 인식 및 대처역량 향상 프로그램인데, 전국의 학교에서 학년에 맞는 프로그램을 교과와 창체에 반영하여 운영하고 있습니다. 이를 통해 아이의 공감 능력, 의사소통 능력, 감정 조절 능력, 자기존중감을 높여 주면 친구 사귀기가 좀 더 수월해질 수 있습니다.

중요한 것은 물고기를 잡아 주는 것이 아니라 잡는 방법을 알려 주는 것입니다. 마찬가지로 친구를 만들어 주는 것이 중요한 것이 아니라 친구를 사귀는 방법을 알려 주는 것이 중요합니다. 작은 미션을 정해서 하나씩 실천해 보시면 좋겠습니다.

#4. "친구랑 노는 게 제일 좋아요."

"선생님, 쉬는 시간에 보드게임 해도 돼요?" "운동장에 나가 놀아도 돼요?" 아이들은 틈만 나면 선생님께 놀이 허락을 받습니다. 열 번 찍어 안 넘어가는 나무 없다는 심정으로 말이지요. 특히나 2학년 아이들은 여러 친구들과 어울려 노는 것을 매우 좋아합니다. 그리고 남자와 여자 구분 없이 다 같이 우르르 몰려다니며 놉니다. 활동적인 것을 좋아하는 아이들은 운동장에 나가서 술래잡기를 하거나 줄넘기(손 줄넘기, 발 줄넘기)를 하고, 놀이기구를 좋아하는 아이들은 그네, 미끄럼틀, 정글짐, 줄 놀이기구

등에 매달려 놉니다. 바깥에서 관찰하는 것을 좋아하는 아이들은 마음이 맞는 친구들하고 같이 관찰하면서 돌아다닙니다. 실내에서 노는 것을 좋아하는 아이들은 보드게임(알까기, 할리갈리, 컵 할리갈리, 주사위 놀이, 카드놀이, 컵 쌓기, 루핑루이 등)을 하고, 혼자서 자기가 하고 싶은 것을 하는 아이들은 교실의 자기 자리에서 그림 그리기, 만들기, 책 읽기, 종이접기 등을 하는데, 혼자서 하다 보면 얼마 안 가 자연스럽게 2~3명이 모여서 하기도 합니다.

3월에는 낯설고 조심스러워 살짝 어색하게 어울려 놀지만, 4~5월부터는 신나게 어울려 놀고, 6~7월이 되면 몇몇은 방과후에 교실에 남아서 놀다 가기도 합니다. 놀고 있는 아이들을 가만히 들여다보면, 놀이를 주도하는 아이가 1~2명 있고, 그 주도하는 아이를 잘 따르며 노는 아이들이 여럿 있습니다. 문제는 자기 마음대로 하려는 아이들인데, 이 아이들은 자기의 의견이 받아들여지지 않으면 떼를 쓰거나 화를 내고 그 무리에서 나와 버리거나 아예 못 놀게 방해를 합니다. 그래서 잘 노는 것도 실력이라고 하는 것입니다. 여럿이 어울려 노는 것도 배려심, 이해심, 인내심이 필요하고 이런 요소들이 잘 갖추어져야 어울려 노는 놀이 성숙도가 높아집니다. 놀이를 하는 데 내가 하고 싶은 대로만 하려는 아이는 놀이 성숙도가 낮다고 볼 수 있습니다. 2학년은 친구들과 어울리며 놀이 성숙도를 좀 더 높여 나가야 하는 적절한 시기입니다. 이

시기에 많이 어울리며 놀아야 하는데, 요즘 외동이가 많고 친구랑 놀 시간도 놀 친구도 없어서 걱정입니다.

#5. "부모-자녀, 어떤 관계일까요?"

저도 세 아이의 엄마인 만큼 부모와 자녀 관계에 대해서 자세하게 알고 싶어 다양한 책을 읽어 보았습니다. 그리고 그 내용들에 제 생각을 덧붙여 다음과 같이 몇 가지로 묶어 보았습니다.

첫째, 부모-자녀 관계는 유전인자에 의한 생물학적인 관계입니다.

둘째, 부모-자녀 관계는 자녀의 출생 이후 부모의 사망까지 계속되는 영속적이고 운명적인 공동관계입니다.

셋째, 부모 편에서의 자녀란 사회화의 최우선적인 대상이며, 자녀 편에서의 부모란 최초로 갖게 되는 사회적 경험과 동일시의 대상이며 모델링을 해 나가는 관계입니다.

넷째, 부모-자녀 관계는 애정과 신뢰, 보호와 의존, 권위와 존경 등과 같은 정서적 관계입니다.

다섯째, 특히 대한민국에서의 부모-자녀 관계는 '무조건적인 사랑-효'의 관계입니다. 우리나라는 그 어느 나라보다 자녀에 대한 부모 사랑이 깊습니다. 전통적으로 내려오는 포대기로 알 수 있듯이 부모와 아기의 스킨십을 당연시하고, 배 속에 있을 때부터 대화를 하고 태교를 하며 같이 잠을 잡니다. 서양에서는 아기 때부터 따로 재우고, 태교라는 것도 거의 없죠. 이에 못지않게 자식의 부모 사랑도 대단합니다. 이것을 효(孝)라고 하지요. 2학년 아이들도 나중에 돈 많이 벌어서 부모님께 큰 집, 좋은 차 이런 것을 사 주겠다고 호언합니다. 효도를 돈으로만 하려고 하는 것이 살짝 아쉽긴 한데 부모님을 아끼는 그 마음만큼은 진심이고 정말 멋지고 기특합니다.

여섯째, 부모-자녀 관계는 모든 관계의 출발점이 되는 중추적인 중요한 관계입니다. 부모와 자녀의 애정 관계가 자녀의 효능감을 높여 주고 생활에 대한 만족과 스트레스에 대한 효율적 대처, 학업 성적에 긍정적 영향을 미친다는 연구는 과거부터 현재까지 많이 있어 왔습니다. 예를 들어, 부모 양육태도와 초등학생의 학교생활 부적응에 대한 연구를 살펴보면, 부모의 양육태도가 긍정적일 경우 선생님으로부터의 꾸중이나 학교 부적응 증상이 줄어들고 학교생활에 흥미를 느끼며 친구들과의 관계도 원만하다고 합니다. 반면, 통제, 갈등, 무관심, 거부, 적대와 같이 부모의 양육태도가 부정적일 경우 아이의 학교생활 부적응이 높아지고 이로 인해 선생님으로부터의 꾸중이 늘고 친구 관계에 어려움을 느끼며 학교생활에 점점 흥미를 잃고 스트레스도 높아지게 된다고 합니다(가명숙, 2016). 또한 아동이 인지하는 부모의 양육태도가 애정적이고, 자율적이며, 성취적이고, 합리적일수록 학교생활 적응에 정적인 영향을 주었다는 연구도 있습니다(윤선영, 2016). 따라서 부모와 아이가 좋은 관계를 맺는다면 아이는 자동적으로 잘 자랄 수밖에 없게 되는 것입니다.

#6. "좋은 부모-자녀 관계를 맺고 싶어요."

부모가 되는 것은 쉽기도 하고 어렵기도 합니다. 결혼해서 아이를 낳으면 자동적으로 부모가 되는 것이니 쉽고 좋은 부모가 되려고 하다 보니 어려워집니다. 과연 어떻게 키워야 좋은 부모가 될 수 있을까요? 부모와 자녀의 관계를 나타내는 대표적인 네 가지 부모 유형 중 나는 어떤 부모 유형인지 찾아보고 어떤 부모가 되어야 하는지 생각해 보면 좋겠습니다.

첫째, 억합형 부모입니다. 이 유형의 부모는 아이가 부정적 감정을 느꼈을 때 아이의 감정을 무시하고 그 감정이 잘못된 것이라고 비난하고 야단치고 혼을 내며 심지어 벌을 주거나 매를 들기도 합니다. 이런 억압형 부모 아래에서는 타인에게 피해를 주는 공격적인 사람 또는 자존감 낮은 나약한 사람으로 자란다고 합니다. 학교에서도 타인에게 공격적인 학생들을 상담해 보면, 대부분이 부모님 둘 중 1명(특히, 아빠)은 엄청 엄하고 무섭다고 말합니다. 그래서 집에서는 아무 문제없이 잘한다고 합니다. 하지만 학교에 오면 여지없이 친구들을 때리고 자기 기분에 따라 마음대로 하는 문제행동을 보입니다.

둘째, 축소 전환형 부모입니다. 이 유형의 부모는 아이의 감정을 대수롭지 않게 여기거나 비웃거나 무시한다고 합니다. 부정적 감정은 살아가는 데 아무런 도움이 되지 않는다고 생각하여 아이가 부정적 감정을 보이면 아이의 관심을 빨리 다른 곳으로 돌리는 데 급급합니다. 예를 들면, 아이가 울 때 왜 우는지 무엇이 슬퍼서 우는지 물어보고 같이 해결책을 찾아보는 것이 아니라, 맛있는 것을 먹이거나 재미있는 장난감을 주어서 울음을 그치게 하는 경우를 말하겠지요. 아이가 어릴 때에는 이렇게 많이

해 봤을 겁니다. 하지만 아이가 이제 초등학생이 되었는데도 이렇게 화제를 전환시켜서 부정적인 감정을 축소시키는 것에만 집중하면 안 됩니다. 이제는 아이가 처한 문제를 바로 보고 적절한 해결책을 찾도록 도와주어 부정적인 감정에서 빠져나올 수 있게 인도해 주어야 합니다.

셋째, 방임형 부모입니다. 이 유형의 부모는 아이의 감정을 중요하게 여기고 전적으로 받아 주지만 이에 대해 적절한 지도는 해 주지 못합니다. 예를 들면, 화가 나거나 슬플 때 어떻게 마음을 가라앉혀야 하는지 알려 주지 않는다거나 친구와 싸웠을 때 아이의 감정에는 공감해 주지만 친구와 싸우지 말아야 하는 이유나 친구와 사이좋게 지내기 위한 방법은 알려 주지 않습니다. 따라서 아이는 말하고 행동함에 있어 올바른 성장을 이루지 못합니다. 그리고 아이는 자기 감정을 표현하는 데는 익숙하지만 자신의 행동에 대한 한계를 인식하는 법을 배우지 못해 자기중심적으로 감정이 시키는 대로 말하고 행동합니다. 이렇게 되면 당연히 타인과의 관계(대인관계, 사회성)도 좋지 않습니다. 요즘 아이의 감정을 읽어 주는 것이 중요하다는 것에만 포커스를 두고 뒤따라야 할 적절한 지도는 해 주지 않아서 문제가 되고 있습니다. 아이가 소중해서 아이의 감정 보호에만 너무 치우치다 보면 아이는 자기중심적이고 감정적이며 배려심이 없는 독불장군이 될 수도 있습니다.

넷째, 감정 코칭형 부모입니다. 감정 코칭이란 부모가 아이의 기쁨, 즐거움, 행복과 같은 긍정적 감정은 물론, 두려움, 화, 분노, 슬픔, 외로움, 우울 등의 부정적 감정도 무시하지 않고 수용하고 공감하여 문제 상황에 적절히 대처할 수 있도록 돕는 코치 역할을 하는 부모가 하는 것입니다. 이 유형은 아동심리학자이자 심리치료사인 기노트(Ginott)의 연구를 기반으로 가트먼(Gottman) 박사가 발견하였는데요. 감정 코칭을 받은 아이들은 자아존중감, 자기조절 능력이 높아지고 대인관계나 문제 해결 상황에서 더 유연하게 대처할 수 있다는 사실을 밝혀냈습니다. 그런데 아이들을 코칭할 때 "이렇게 하는 것이 좋지 않겠니?" 하며 부드럽게 말하는 것보다 "이렇게 하면 안 되는 거야."라고 단호하게 말해 주는 것이 더 필요할 때가 많습니다. 그래서 어느 한 쪽만 추구하는 것보다는 우리 아이 기질이나 상황에 맞게 조절해서 '우리 아이 맞춤형 양육'을 해야 한다고 생각합니다.

가끔 아이의 감정만 읽어 주고 아이의 잘못된 행동에 대해 꾸짖거나 한계를 정해 주지 않는 부모님이 있습니다. 이런 경우, 아이는 자기 감정이 최우선이라는 잘못된 신념에 사로잡혀 제멋대로 욕구를 분출하고 감정 조절에 실패하여 주변 사람들에게 화를 내고 쉽게 싸우는 등 관계 형성에 어려움을 겪습니다.

감정 코칭(최성애, 조벽 교수의 교육 방법)은 좋은 부모-자녀 관계를 만들어 주는 방법들 중 하나인데, 그 절차를 5단계로 살펴보겠습니다.

1단계, 아이의 감정을 인식합니다. 자녀가 그 상황에서 어떻게 느끼고 어떤 감정을 갖게 되는지 부모가 포착하는 거지요.

2단계, 좋은 기회로 삼습니다. 자녀가 강한 감정을 보일 때가 감정 코칭을 하기 가장 좋은 때이며, 아이와 긍정적인 관계를 형성할 수 있는 기회이기 때문입니다.

3단계, 아이의 감정을 들어 주고 공감해 줍니다. 부정적 감정과 긍정적 감정을 구분 짓지 않고 진정성 있게 아이의 말을 경청하고 공감해 주는 것입니다. 이 단계에서 아이의 잘못을 꾸짖거나 "이렇게 했어야지!" 하며 지적하고 싶겠지만 꾹 참아야 합니다.

4단계, 아이의 감정에 이름을 붙여 봅니다. 아이가 본인이 가진 감정에 이름을 붙여 보면 자신의 감정이 무엇인지 명확하게 알 수 있게 되기 때문입니다. 뿐만 아니라 감정은 우뇌에서, 언어는 좌뇌에서 처리되는데 감정을 언어로 명료화하면 좌뇌를 사용하여 감정에서 이성으로 연결될 수 있다고 합니다.

5단계, 바람직한 행동으로 선도합니다. 이때 스스로 생각해서 해결책을 제안할 수 있도록 지도해 주어야 합니다. 그리고 아이의 감정은 받아 주되 아이의 행동에 명확하게 한계를 그어 주어야 합니다. 다시 말해, 감정이 수반된 잘못된 행동을 할 땐 잘못된 행동임을 분명히 지적해 주어야 합니다. "아무리 마음이 상하더라도 친구랑 싸우면 안 돼."라고 한계를 그어 주고, "그럼 이럴 땐 어떻게 하면 좋을까?"라고 제안하며 행동 수정으로 자연스럽게 들어가면 됩니다.

우당탕탕 2학년 탐구생활(Q&A)

Q1. 공부를 억지로 시키다가 아이와 멀어졌어요. 아이와 관계를 회복하고 싶은데 어떻게 해야 할까요?

첫째, 경청하기입니다. 경청으로 자녀의 마음을 얻을 수 있습니다. 학교에서도 학생들의 말에 경청을 하면 어떤 일이 일어나는지 알려 드릴게요. 쉬는 시간이 되면 화장실로 가는 아이, 친구에게 가는 아이, 돌아다니는 아이 등 다양한 모습이 있습니다. 이 중에 5~6명은 선생님 자리로 몰려와 줄을 섭니다. 선생님한테 자신의 이야기를 하고 나서야 쉬는 시간을 즐기러 갑니다. 가끔 다시 뒤로 가서 서는 아이도 있습니다. 앞에서 이야기하는 시간이 늦어지면 "나도 말 좀 하자." 하며 뒤에 있는 친구들이 아우성입니다. 이때 말하는 아이들을 보면 남자아이들이 더 많습니다. 여자아이들은 종이에 선생님을 예쁘게 그려서 주거나 종이접기한 것을 줍니다. 이것을 받는 선생님의 마음은 기쁨으로 가득 찹니다.

경청하는 자세는 이렇게 하면 됩니다. 눈을 보며 이야기해요. 이야기에 맞추어 손을 조금씩 움직여 줘요. 몸이 상대를 향해 있어요. 밝은 표정으로 고개를 끄덕거려요. '아하!' '네~'라고 반응하며 들어요. 상대의 말을 반복해 주어요.

상대방이 내 말에 경청할 때 나는 어떤 마음이 들까요? 상대가 나를 존중해 준다는 느낌이 들어 마음이 따뜻해집니다. 상대방과 더 이야기하고 싶다는 느낌을 받습니다. 고마움도 느껴집니다. 아이와 관계를 회복하고 싶다면 먼저 아이가 하는 말에 귀를 기울여 주고 경청하는 자세를 보여 주세요.

자기관리론으로 유명한 데일 카네기(Dale Carnegie)는 자기 말은 1분만 하고, 상대방의 말은 2분 동안 들어 주고, 3분 동안은 상대방의 말에 맞장구쳐 주라고 합니다.

둘째, 함께하기입니다. 자녀가 웬만큼 컸다고 생각해서 혼자 놀게 하고 숙제도 혼자 하게 하고, 부모님이 바쁘고 피곤하다는 이유로 자녀와 함께 시간을 충분히 보내지도 않다가 어느 날 갑자기 공부하라고 개입한다면 아이는 부모님께 반감이 심할 수밖에 없습니다. 자녀에게 공부를 가르치려 하기 전에 먼저 관계를 개선해야 하는데요. 자녀와 같이 보드게임도 하고 산책도 하고 여행 가서 맛있는 것도 먹으면서 좋은 감정을 느끼고 관계를 개선해 놓고 조금씩 공부 양을 늘려 주면 됩니다.

Q2. 학교에서 우리 아이가 잘못했다는 전화가 여러 번 와요. 선생님이 우리 아이를 미워하는 것 같은데 어떻게 하죠?

우선, 선생님이 하나 칭찬했다고 엄청 좋아하거나, 선생님이 하나 꾸중했다고 실망하고 화내지 말아 주세요. 선생님 전화 한 통에 일희일비 하지 마시고, 멀리 보고 차분하게 대처해 주세요. 예를 들어, 자녀가 친구를 때리는 문제가 있다고 전화가 오면, 대부분 부모의 마음은 '우리 아니는 특별한 문제가 없는데 왜 그러는 걸까? 그 친구가 무슨 안 좋은 행동을 해서 그랬겠지. 우리 애가 아무 이유 없이 그랬겠어? 집에서는 잘하는데 왜 학교만 가면 문제가 생기는 거지? 친구들과 선생님이 우리 아이를 나쁜 아이로 보고 있어서 그러는 게 아닐까? 선생님이 내가 자녀를 잘못 기르고 있다고 혼내고 공격하는 건 아닐까?' 이렇게 생각하시면 안 됩니다. "아, 이런 일이 있었군요. 아무리 화나게 했다고 해도 때리는 건 안 되는데, 우리 아이가 잘못했네요. 맞은 아이에게 정말 미안하고, 선생님께도 죄송합니다. 아무리 화가 나도 친구를 때리면 안 된다고 가정에서 다시 지도하겠습니다. 알려 주셔서 감사합니다." 이렇게 말씀해 주시면 열이면 열 모든 선생님이 부모님의 그 말씀 덕분에 그 아이에게 더 신경 쓰고 참으며 바른길로 인도하려고 노력하십니다. 이것은 가정과 학교 간 신뢰의 문제입니다. 이 둘 사이에 조금이라도 신뢰에 금이 가기 시작하면 걷잡을 수 없이 불신이 커지고 증오와 미움, 원망만 남게 됩니다. 이렇게 되면 최대 피해자는 아이가 됩니다. 우리 아이의 인성과 학습 발달을 위해 담임선생님은 너무나 큰 도움이 되어 줄 수 있는 중요한 존재입니다. 부모님의 말씀과 태도에 따라 자녀의 1년 성장이 달라질 수 있습니다.

중요한 것은 학교에서 아무 문제도 없는데 특정 학생을 미워하고 집에까지 전화해서 아이가 잘못한 부분을 만들어서 전달하는 선생님은 없다고 생각하셔야 합니다. 선생님은 부모님이 모르는 자녀의 학교생활을 눈으로 보고 더 잘 알고 겪고 있는 교육자라고 생각하셔야 합니다. 실제로 가정에서는 아무 문제가 없는데, 학교에만 오면 친구들을 괴롭히고 함부로 대하며 거친 말을 하고 거짓말도 잘하는 욱하는 성격의 반항적인 아이들이 있습니다. 이러한 반항적이고 적대적인 모습이 저학년부터 나타나면 고학년으로 올라가면서 고착화되고 이후에 사춘기까지 오게 된다면 그때는 되돌리기 정말 어렵습니다. 만약 이에 해당이 된다면, 하루라도 빨리 전문가의 적절한 도움 및 치료가 이루어져야 할 것입니다. 따라서 이러한 전화가 왔을 때, 우리 아이를 미워하는 선생님의 나쁜 마음으로 해석하지 말고, 우리 아이가 어떤 문제가 생겨 도움이 필요하다는 신호이니 내가 어떻게 돕고 해결해야 하는지를 먼저 생각하시기 바랍니다. 가정에서 잘못 가르쳐서 학교에서 문제 생겼다는 타박성 전화가 아니라 자녀의 올바른 성장을 위해 도와줘야 할 부분이 생겼다는 담임선생님의 알림 신호라고 생각해 주시면 최고로 좋습니다.

Q3. 우리 아이가 친한 친구와 싸웠대요. 학교도 가기 싫어하고 속상해하는데 어떻게 도와줘야 할까요?

또래 관계에서 갈등은 누구나 겪을 수밖에 없는 당연한 일입니다. 이때 부모님은 아이가 갈등 상황을 단순히 회피하려고만 하는지, 과도하게 두려움을 느끼고 있는지를 살펴보셔야 합니다. 걷다가 넘어졌을 때 일어나면 되는 것처럼 갈등이 생겼을 때에도 그것을 최대한 적절한 방법으로 해결하면 된다는 긍정적인 태도가 필요합니다.

그러면 이러한 또래 갈등은 어떻게 해결할 수 있을까요? 먼저, 다양한 갈등 상황 속에서 타인을 존중하면서 자기의 갈등(의견)을 말로 표현할 수 있어야 합니다. 이때 You-message가 아니라 I-message로 말하면 더 좋습니다. 예를 들어, "야, 너 뭐하는 거야? 왜 네 마음대로 놀이규칙을 바꾸는데?" 이런 You-message가 아니라 "친구야, 난 네가 놀이 규칙을 마음대로 바꾸어서 기분이 나빴어. 다음부턴 그러지 않았으면 좋겠어."와 같은 I-message로 말이지요. 몇 가지 태도도 필요합니다. 내 마음 들여다보고 친구의 마음도 들여다보고, 그런 다음에 내가 바라는 것을 부탁하는 어투로 말하는 것입니다. 부탁하는 말투로 하면 거의 싸움이 일어나지 않습니다.

부모님께서도 친구와 다투었다고 하면, 우리 아이가 얼마나 속상했겠냐 하면서 걱

정만 하지 마시고 이 갈등을 바르게 해결해 볼 기회로 만들어 더 큰 성장을 이루게 해 주시는 것이 필요합니다. 스케이트를 처음 배울 때 무엇부터 배우는지 아시나요? 바로 아이스링크에서 넘어지는 연습입니다. 수차례 넘어지는 연습을 한 후, 타는 법을 배우는데 정말 놀랍게도 불과 1시간 만에 아이들은 능숙하게 링크장을 돕니다. 넘어지는 아이들도 거의 없이 말이죠. 넘어지는 것이 무섭다고 도전하지 않았던 저는 벽을 잡고 타는데 말이죠. 넘어지는 실패를 겪고 다시 일어나는 방법을 미리 익히니 아이들은 넘어지는 것이 별로 두렵지 않았던 것입니다. 그리고 이 힘을 바탕으로 스케이트를 타는 도전을 어렵지 않게 해냈던 것이죠. 역시 실패는 성공의 어머니입니다. 이와 마찬가지로 아이들은 다투는 실패를 경험하고 나면 그 친구와 사이가 더 좋아지거나 사이가 나빠지더라도 그 안에서 무엇인가 배우게 되는 성공을 경험하게 됩니다. "아이들은 싸우면서 큰다."라는 말도 이런 이치에서 나온 말일 것입니다.

다투는 것이 두려워서 회피하고 내 의견은 내세우지 못하고 오로지 친구한테 맞추어 주기만 하는 경우가 더 위험할 수 있습니다. 이런 아이들은 자기 생각과 감정을 들여다보는 것부터 시작해야 합니다. 그리고 자기 마음을 말로 표현하고 드러내는 연습을 해야 합니다.

Q4. 학교 일에 부모가 어느 정도 관여해야 할까요?

부모의 지나친 학교 개입도, 부모의 무관심도 좋지 않습니다. 적절한 정도를 추천드리면 다음과 같습니다.

- 이것만은 꼭 하면 좋겠어요.
  - 학부모 상담 참여: 1학기는 대면 상담, 2학기는 전화 상담
  - 학부모 공개수업 참여: 1년에 한 번 있으므로 맞벌이 부모인 경우라도 조퇴나 연가를 내서 꼭 참여, 직접 참여가 어렵다면 친척이라도 대신 참여
  - 학교폭력이 의심되는 경우: 담임선생님께 전화로 알리거나 찾아가서 상담
  - 학습발표회 참여: 부모의 참여로 인해 아이가 발표회 준비과정에서 더 즐겁게 준비할 수 있고, 이때 찍은 발표회 영상은 훗날 행복하고 값진 추억이 됨

• 해도 되고 안 해도 돼요.

- 학부모회 참여
- 운동회 참여
- 급식 모니터링 참여
- 교통지도 참여
- 방과후 공개수업 참여(그런데 1~2학년의 경우에는 방과후 공개수업을 보러 안 왔다고 울고불고 하는 경우도 있어요. 아이마다 다르니 아이에게 꼭 물어봐 주세요.)

우당탕탕 2학년 성장노트

'실패를 통해 배울 수 있는 기회'

2학년 여름을 거치면서 아이들은 또래 관계에 대한 관심이 점차 커지기 시작해요. 특히 2학년 아이들은 또래들과 어울리기를 무엇보다 좋아합니다. 그런데 또래들과 즐겁게 어울리면서 자신을 또래와 비교하기도 합니다. 이때 아이들은 성취감을 느끼기도 하지만, 때로는 좌절감을 느끼기도 해요. 그래서 이 시기의 아이들에게는 스스로 충분한 성취감을 느낄 수 있는 도전하고자 하는 마음이 생기는 과제들을 적절히 제시해 주면 좋습니다.

에릭슨(Erikson, 1968)의 심리사회적 발달 이론에 따르면, 사람은 평생에 걸쳐 심리사회적 발달을 거치며 각 시기별로 중요한 심리사회적 위기를 경험한다고 보았어요. 그중에서 만 6~11세까지는 '근면성(industry) 대 열등감(inferiority)'의 심리사회적 위기를 겪는 시기라고 하였어요. 그래서 근면성과 열등감의 위기를 겪는 단계에서는 또래 관계와 과제수행이 아이들에게 매우 중요한 영향을 줄 수 있습니다.

아이들에게 도전하고 싶은 과제를 적절하게 제공하는 것은 아이들에게 동기를 부여하고 근면성을 기르게 도와줍니다. 만약 이 시기에 아이들에게 지나치게 많은 기회를 주거나, 지나치게 어려운 과제의 해결을 요구하게 되면, 아이들은 실망하거나 낙담하면서 열등감을 갖게 될 수도 있어요. 아이들이 때때로 과제를 잘 해결하지 못하면 속상해할 수도 있지만, 이때 아이가 포기하지 않고 조금씩이라도 과제에 새롭게 도전할 수 있도록 용기를 북돋아 주면 좋습니다. 그러면 아이들은 결과가 아니라 과정에 주목하게 되고, 결국 자신이 지금까지 노력한 것에 대한 가치, '근면성'의 성취를 경험할 수 있습니다. 지금 이 순간은 실패를 통해 배울 수 있는 절호의 기회입니다.

#2학년 여름 #근면성 #실패해도 괜찮아 #도전

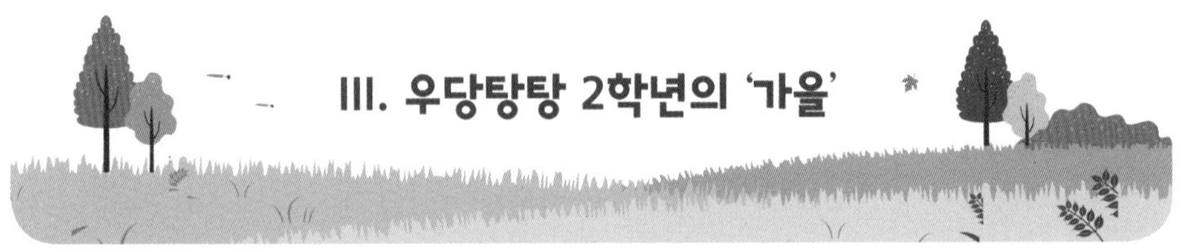

"여물어 가는 열매처럼, 조금씩 매일 꾸준히 성장해요."

『어린이를 위한 아주 작은 습관의 힘』(전지은, 비즈니스북스, 2019)

방 어지르기, 숙제 미루기가 기본이던 말썽쟁이 승우와 민서가 작고 좋은 습관을 쌓아 가면서 자신의 꿈을 이뤄 가는 여정을 통해 습관이란 대단한 게 아니라 작고 사소한 것임을 깨닫습니다. 습관의 첫 단추를 제대로 뀐다면 어떤 꿈이든 그 위에 잘 쌓아 나갈 수 있을 거예요. 다시 말해, 좋은 습관은 꿈을 쌓을 수 있는 단단한 기반을 마련하는 것이라 할 수 있습니다.

습관은 무엇보다 가치 있는 최고의 자산이라고 합니다. 워런 버핏(Warren Buffett)은 이렇게 말했어요. "주변에 칭찬하고 싶은 사람을 골라 그 사람의 좋은 점을 적고 어떻게 하면 이것을 나의 것으로 만들 수 있을까 고민해 보세요. 그리고 연습해서 나만의 것으로 만들어 보세요. 더 노력하면 몸에 밴 습관으로 만들 수도 있습니다."라고 말이죠. 나쁜 습관은 어렸을 때부터 고착되기 전에 바로잡아 주고, 좋은 습관은 조금씩 매일 꾸준히 실행해서 내 것으로 만들어 나간다면 우리는 어떤 꿈이든 이룰 수 있을 거예요.

우당탕탕 2학년 교실 이야기

여름방학을 지내고 온 아이들은 제법 몸도 마음도 자라고 행동도 의젓해집니다. 2학년은 1학기와 2학기가 확연히 다른 학년이거든요. 1학기는 1학년에 가까운 아이들이었다면, 2학기는 3학년에 가까워지는 아이들이거든요. 1학기에 비해 성장했지만 그래도 아직 어리고 개인차가 많이 남아 있습니다. 또한 아이들에게 여전히 공부 시간은 지루하고 따분하며 온몸이 근질근질한 시간이지요. 2학년의 진정한 학교생활이라고 할 수 있는 학습에 대해 자세히 알아보도록 해요.

#1. "물 마셔도 돼요? 화장실 가도 돼요? 보건실 가도 돼요?"

2학년은 1학년에 비해 한층 더 집중력이 생기는 시기이지만 아직은 개인차가 많습니다. 수업 40분 동안 어떤 아이는 30분 정도까지 편하게 앉아서 학습에 집중할 수 있는데, 어떤 아이는 공부 시작한 지 5분도 안 되어서 옆을 보고, 뒤를 보고, 물을 마시고, 화장실을 가고, 보건실을 갑니다. 전자는 학업 성취도가 높은 경우가 많고, 후자는 학업 성취도가 낮은 경우가 많습니다.

우리 아이의 집중력이 어느 정도인지 궁금하지요? 가정에서 파악하기 위한 방법으로는 조용히 혼자 책을 읽을 수 있는 시간을 주고 얼마나 오랫동안 집중할 수 있는지 알아보는 방법이 있습니다. 학교에서의 모습으로 파악하는 방법으로는 선생님께 직접 물어보는 것입니다. 수업 시간에 옆이나 뒤를 돌아보지는 않는지, 수업 중 화장실이나 보건실에는 몇 번 정도 가는지, 아침 독서 시간에 집중해서 책을 읽는지 구체적으로 물어보면 됩니다. 물론 진짜 아파서 가는 아이들도 있습니다만, 절반 정도는 교실에 앉아 있기 답답해서, 공부하기 싫어서 교실을 빠져나가는 방도로 사용합니다. 학교는 공부를 주로 하는 곳이라 당연히 공부 스트레스가 존재합니다. 그리고 이 스트레스는 아이들에게 몸이 아프다고 느끼게 합니다. 그래서 보건실을 자주 가는 아이들은 공부정서(공부에 대한 좋은 정서)가 부족한 경우가 있습니다.

#2. "진정한 9살은 이런 것도 할 수 있어요."

진정한 9살의 능력을 느끼기 위해서는 태어나면서 지금까지 어떻게 성장해 왔는지 성장흐름표를 만드는 활동이 도움이 됩니다. 1학기 때 통합 교과에서 배우는데 그때 만든 성장흐름표입니다. 나와 친구들이 어렸을 때부터 지금까지 어떻게 성장해 왔는지를 살펴보면 9살의 내가 어떻게 성장해 나갈 것인지 예측할 수 있을 것입니다.

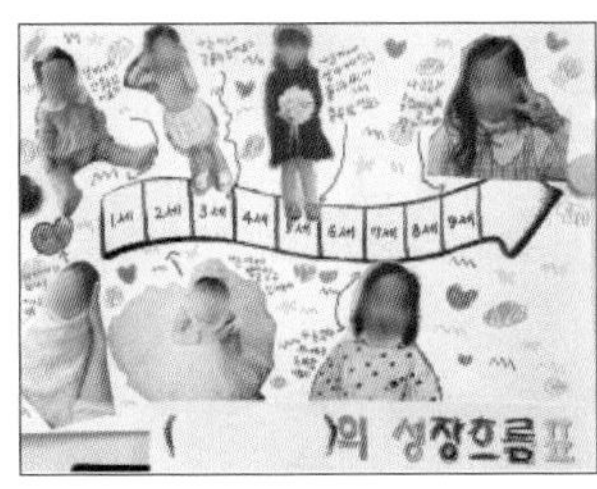

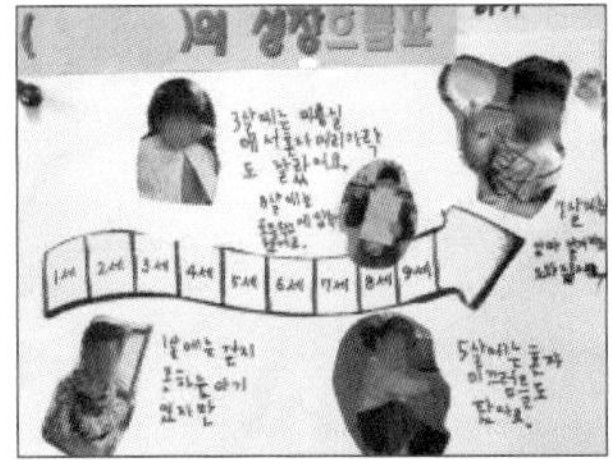

9살의 성장흐름표

초등학교 2학년, 9살이 되면 어떤 능력이 생길까요?

첫째, 위치를 지각하는 능력이 생깁니다. 학교 안에 있는 나무나 식물에 대해 지도를 만들어 볼 수 있습니다. 마을 탐험을 통해 학교와 나에게 친숙한 마을의 건물을 그릴 수 있습니다. 마을 탐험을 통한 학교 주변 그리기는 2학년 학생들이 제일 좋아하는 활동 중 하나입니다. 공간지각능력은 이외에도 여행지도 그리기 등을 통해 더 키워 갈 수 있습니다. 예를 들어, 2학년 때는 마을(읍면동), 3학년 때는 시 · 군 · 구, 4학년 때는 시 · 도, 이렇게 공간을 넓혀 나갑니다.

둘째, 미술 표현 활동을 매우 즐깁니다. 틈만 나면 그리고 또 그립니다. 또한 자기 작품에 대한 자부심이 대단합니다. 그래서 아이들 작품은 소중히 생각해 주어야 합니다. 교실에 작품을 게시하면 자기 작품에 대한 애착과 자부심이 강하기 때문에 더 열심히 하려는 모습을 보입니다. 제가 첫 근무 학교에서 있었던 일인데요. 2학년 학생의 미술 작품 중 바탕을 칠하지 않은 작품이 있어 파스텔로 색칠해서 게시해 주었더니 칭찬이 아닌 원망을 들었던 적이 있습니다. 그 아이는 이렇게 말했습니다. "내 작품 어디 있지? 아, 이건가? 이상하다. 나 이런 거 안 색칠했는데? 누가 내 그림에 바탕색을 칠했어." 별로 좋아하지 않는 아이의 말에 선생님이 칠했다고 나서기 민망하여 못 들은 척 가만히 있었습니다. 그 이후로는 아이들의 작품은 절대 손대지 않고 그대로 게시해 주고 있습니다. 가정에서도 아이의 작품은 게시할 수 있을 때까지 게시해 주면 좋겠습니다. 그리고 한번에 바로 처리하지 마시고, 1차로 큰 상자에 넣어 두고, 어느 정도 시간이 흐르면 2차로 처리하는 것이 좋습니다.

셋째, 규칙을 지켜 놀이에 참여할 수 있습니다. 놀이를 통한 학습은 아이에게 흥미와 즐거움을 주어 자발적인 학습을 유도할 수 있습니다. 보드게임을 통한 학습을 시도하기 좋습니다. 이 시기 할 수 있는 보드게임을 소개해 드리면, 다음과 같습니다.

- 수학 연산: set, 셈셈수학, 파라오코드 등
- 도형 및 공간지각력: 칠교, 탱그램, 우봉고, 젬블로, 블로커스 등
- 언어: 딕싯, 라온 등
- 전략적 사고: 쿼리도, 스플랜더, 장기, 바둑, 체스, 루미큐브, 우노 등
- 단순 재미: 텀블링 몽키, 루핑루이, 해적룰렛게임 등

#3. "국가 수준의 2학년 학습 능력이란?"

2학년의 학교 공부는 어떻게 진행될까요? 아직은 1학년 때와 교과서 권수도 같고 교과서명도 비슷하며 공부하는 시간도 비슷합니다. 1~2학년군은 교육과정의 내용 요소가 같기 때문인데요. 3~4학년군과 5~6학년군도 이와 같이 진행됩니다. 그럼 2022 개정 교육과정에 의해 2024년에 새롭게 바뀐 2학년 교과서를 보여 드리겠습니다.

1) 국어 능력

국어과는 기초학력 보장의 주요 영역인 문해력과 수리력 중 문해력에 직접적으로 관련되는 교과입니다. 2학년의 국어 능력은 기초 문식성(literacy, 글을 읽어 문장을 이

(1) 듣기 · 말하기
[2국01-01] 중요한 내용이나 일이 일어난 순서를 고려하며 듣고 말한다.
[2국01-02] 바르고 고운 말로 서로의 감정을 나누며 듣고 말한다.
[2국01-03] 상대의 말을 집중하여 듣고 말차례를 지키며 대화한다.
[2국01-04] 자신의 경험이나 생각을 바른 자세로 발표한다.
[2국01-05] 듣기와 말하기에 관심과 흥미를 가진다.
(2) 읽기
[2국02-01] 글자, 단어, 문장, 짧은 글을 정확하게 소리 내어 읽는다.
[2국02-02] 의미가 잘 드러나도록 문장과 짧은 글을 알맞게 띄어 읽는다.
[2국02-03] 글을 읽고 중심 내용을 확인한다.
[2국02-04] 인물의 마음이나 생각을 짐작하고 이를 자신과 비교하며 글을 읽는다.
[2국02-05] 읽기에 흥미를 가지고 즐겨 읽는 태도를 지닌다.
(3) 쓰기
[2국03-01] 글자와 단어를 바르게 쓴다.
[2국03-02] 쓰기에 흥미를 가지며 자신의 생각이나 느낌을 문장으로 표현한다.
[2국03-03] 주변 소재에 대해 소개하는 글을 쓴다.
[2국03-04] 겪은 일을 표현하는 글을 자유롭게 쓰고, 쓴 글을 함께 읽고 생각이나 느낌을 나눈다.
(4) 문법
[2국04-01] 한글 자모의 이름과 소릿값을 알고 정확하게 발음하고 쓴다.
[2국04-02] 소리와 표기가 다를 수 있음을 알고 단어를 바르게 읽고 쓴다.
[2국04-03] 문장과 문장 부호를 알맞게 쓰고 한글에 호기심을 가진다.
(5) 문학
[2국05-01] 말놀이, 낭송 등을 통해 말의 재미와 즐거움을 느낀다.
[2국05-02] 작품을 듣거나 읽으면서 느끼거나 생각한 점을 말한다.
[2국05-03] 작품 속 인물의 모습, 행동, 마음을 상상하여 시, 노래, 이야기, 그림 등으로 표현한다.
[2국05-04] 시나 노래, 이야기에 흥미를 가진다.
(6) 매체
[2국06-01] 일상의 다양한 매체와 매체 자료에 흥미와 관심을 가진다.
[2국06-02] 일상의 경험과 생각을 글과 그림으로 표현한다.

국어 1~2학년 성취기준

해할 수 있는 능력)보다 적극적이며 포괄적인 문해력을 목표로 하고 있습니다. 즉, 한글 해득을 넘어 어휘력, 읽기와 쓰기, 구두 언어의 이해와 표현, 복합 매체의 생산과 수용 등을 목표로 합니다. 2024년도에 새롭게 도입된 2학년의 국어 내용 영역과 성취기준을 표로 살펴보세요.

언어 능력과 사고 능력은 상호작용을 하며 함께 발달합니다. 학습자가 성장하는 과정에서 국어과는 매우 중요하고 언어발달이 사고발달을 이끄는 결정적 역할을 하기 때문에 학교 안팎의 모든 실제적 경험의 장에서 언어의 발달을 촉진하는 다양한 기회를 제공해 주어야 합니다.

2) 수학 능력

'수와 연산' 영역에서 100까지의 수를 알아야 하고, 받아올림과 받아내림이 있는 두 자리 수의 덧셈과 뺄셈을 할 수 있어야 합니다. 구구단을 외워서 한 자리 수의 곱셈을 할 수 있어야 합니다.

'도형' 영역에서 1~2학년군에 물체의 위치와 방향이 추가되었습니다. 쌓기나무를 이용하여 여러 가지 입체도형의 모양을 만들고, 그 모양에 대해 위치나 방향을 이용하여 말할 수 있어야 합니다(~의 앞, ~의 오른쪽, ~의 위 2층 등을 사용하여 말하여야 합니다). 삼각형, 사각형, 원의 특징을 알고 그릴 수 있어야 합니다.

'측정' 영역에서 1cm, 1m의 길이를 어림하고 잴 수 있어야 하고 1m가 100cm임을 알아야 하며 156cm를 1m 56cm로 나타낼 수 있어야 합니다. 1시간이 60분임을 알아야 하고, 시계를 보고 몇 시 몇 분인지 1분 단위로 표현할 수 있어야 합니다.

'규칙성' 영역에서 덧셈표, 곱셈표, 무늬를 보고 규칙을 찾을 수 있어야 합니다.

'자료와 가능성' 영역에서 1~2학년군에서는 자료 수집과 직접 관련 있는 자료의 분류에 대한 내용이 강화되었습니다. 이를 점차 확장 심화하여 3~4학년군과 5~6학년군에서는 자료의 수집, 분류, 정리, 해석 활동을 하도록 되어 있습니다.

(1) 수와 연산

1 네 자리 이하의 수

[2수01-01] 수의 필요성을 인식하면서 0과 100까지의 수 개념을 이해하고, 수를 세고 읽고 쓸 수 있다.

[2수01-02] 일, 십, 백, 천의 자릿값과 위치적 기수법을 이해하고, 네 자리 이하의 수를 읽고 쓸 수 있다.

[2수01-03] 네 자리 이하의 수의 범위에서 수의 계열을 이해하고, 수의 크기를 비교할 수 있다.

[2수01-04] 하나의 수를 두 수로 분해하고 두 수를 하나의 수로 합성하는 활동을 통하여 수 감각을 기른다.

2 두 자리 수 범위의 덧셈과 뺄셈

[2수01-05] 덧셈과 뺄셈이 이루어지는 실생활 상황과 연결하여 덧셈과 뺄셈의 의미를 이해한다.

[2수01-06] 두 자리 수의 범위에서 덧셈과 뺄셈의 계산 원리를 이해하고 그 계산을 할 수 있다.

[2수01-07] 덧셈과 뺄셈의 관계를 이해한다.

[2수01-08] 두 자리 수의 범위에서 세 수의 덧셈과 뺄셈을 할 수 있다.

[2수01-09] □가 사용된 덧셈식과 뺄셈식을 만들고, □의 값을 구할 수 있다.

3 한 자리 수의 곱셈

[2수01-10] 곱셈이 이루어지는 실생활 상황과 연결하여 곱셈의 의미를 이해한다.

[2수01-11] 곱셈구구를 이해하고, 한 자리 수의 곱셈을 할 수 있다.

(2) 변화와 관계

1 규칙 찾기

[2수02-01] 물체, 무늬, 수 등의 배열에서 규칙을 찾아 여러 가지 방법으로 표현할 수 있다.

[2수02-02] 자신이 정한 규칙에 따라 물체, 무늬, 수 등을 배열할 수 있다.

(3) 도형과 측정

1 입체도형의 모양

[2수03-01] 교실 및 생활 주변에서 여러 가지 물건을 관찰하여 직육면체, 원기둥, 구의 모양을 찾고, 이를 이용하여 여러 가지 모양을 만들 수 있다.

[2수03-02] 쌓기나무를 이용하여 여러 가지 입체도형의 모양을 만들고, 그 모양에 대해 위치나 방향을 이용하여 말할 수 있다.

2 평면도형과 그 구성 요소

[2수03-03] 교실 및 생활 주변에서 여러 가지 물건을 관찰하여 삼각형, 사각형, 원의 모양을 찾고, 이를 이용하여 여러 가지 모양을 만들 수 있다.

[2수03-04] 삼각형, 사각형, 원을 직관적으로 이해하고, 그 모양을 그릴 수 있다.

[2수03-05] 삼각형, 사각형에서 각각의 공통점을 찾아 말할 수 있다.

3 양의 비교

[2수03-06] 구체물의 길이, 들이, 무게, 넓이를 비교하여 각각 '길다, 짧다' '많다, 적다' '무겁다, 가볍다' '넓다, 좁다' 등을 구별하여 말할 수 있다.

4 시각과 시간

[2수03-07] 시계를 보고 시각을 '몇 시 몇 분'까지 읽을 수 있다.

[2수03-08] 1시간과 1분의 관계를 이해하고, 시간을 '시간' '분'으로 표현할 수 있다.

[2수03-09] 실생활 문제 상황과 연결하여 1분, 1시간, 1일, 1주일, 1개월, 1년 사이의 관계를 이해한다.

5 길이

[2수03-10] 길이 단위 1cm와 1m를 알고, 이를 이용하여 주변 사물의 길이를 측정할 수 있다.

[2수03-11] 1m와 1cm의 관계를 이해하고, 길이를 '몇 m 몇 cm'와 '몇 cm'로 표현할 수 있다.

[2수03-12] 여러 가지 물건의 길이를 어림하고, 길이에 대한 양감을 기른다.

[2수03-13] 실생활 문제 상황과 연결하여 길이의 덧셈과 뺄셈을 할 수 있다.

(4) 자료와 가능성

1 자료의 정리

[2수04-01] 여러 가지 사물을 정해진 기준 또는 자신이 정한 기준으로 분류하여 개수를 세어 보고, 기준에 따른 결과를 말할 수 있다.

[2수04-02] 자료를 분류하여 표로 나타내고, 자료를 표로 나타내면 편리한 점을 말할 수 있다.

[2수04-03] 자료를 분류하여 ○, ×, / 등을 이용한 그래프로 나타내고, 자료를 그래프로 나타내면 편리한 점을 말할 수 있다.

수학 1~2학년 성취기준

3) 통합

초등학교 1~2학년의 통합은 '주제학습'입니다. 주제학습은 '경험의 계속적인 성장' '활동을 통한 학습' '학생의 적성과 흥미 존중' '실생활 문제 해결력' '적극적인 지식 구성자로서의 학습자' 등의 구성주의를 반영하는 교육 양식입니다.

초등학교 2학년 학생의 발달단계를 고려할 때, 학습은 친숙하지 않은 것을 친숙하게 만드는 것입니다. 이에 아이들에게 친숙한 주제를 통해서 교과 내용에 친숙해질 수 있도록 합니다.

(1) 우리는 누구로 살아갈까

[2바01-01] 학교 생활 습관과 학습 습관을 형성하여 안전하고 건강하게 생활한다.

[2바01-02] 나를 이해하고 존중하며 생활한다.

[2바01-03] 가족이나 주변 사람을 배려하며 관계를 맺는다.

[2바01-04] 생태환경에서 더불어 살기 위해 노력한다.

(2) 우리는 어디서 살아갈까

[2바02-01] 공동체에서 내가 할 수 있는 일을 찾아보고 실천한다.

[2바02-02] 우리나라의 소중함을 알고 사랑하는 마음을 기른다.

[2바02-03] 차이나 다양성을 서로 존중하면서 생활한다.

[2바02-04] 새로운 활동에 호기심을 갖고 도전한다.

(3) 우리는 지금 어떻게 살아갈까
[2바03-01] 하루의 가치를 느끼며 지금을 소중히 여긴다.
[2바03-02] 계절의 변화에 대응하며 생활한다.
[2바03-03] 여러 인물의 삶을 통해 공동체성을 기른다.
[2바03-04] 공동체 속에서 지속가능성을 위한 삶의 방식을 찾아 실천한다.
(4) 우리는 무엇을 하며 살아갈까
[2바04-01] 모두를 위한 생활환경을 만드는 데 참여한다.
[2바04-02] 다양한 생각이나 의견에 대해 개방적인 태도를 형성한다.
[2바04-03] 여럿이 하는 활동에 관심을 갖고 자발적으로 협력한다.
[2바04-04] 지금까지의 생활 습관과 학습 습관을 되돌아본다.

바른 생활 1~2학년 성취기준

(1) 우리는 누구로 살아갈까
[2슬01-01] 학교 안팎의 모습과 생활을 탐색하며 안전한 학교 생활을 한다.
[2슬01-02] 나를 탐색하여 나에 대해 설명한다.
[2슬01-03] 가족이나 주변 사람에게 관심을 갖고 함께 살아가는 모습을 탐구한다.
[2슬01-04] 사람과 자연, 동식물이 어우러져 사는 생태를 탐구한다.
(2) 우리는 어디서 살아갈까
[2슬02-01] 우리가 살고 있는 마을과 사람들이 생활하는 모습을 살펴본다.
[2슬02-02] 우리나라의 모습이나 문화를 조사한다.
[2슬02-03] 알고 싶은 나라를 탐구하며 다른 나라에 관심을 갖는다.
[2슬02-04] 궁금한 세계를 다양한 매체로 탐색한다.
(3) 우리는 지금 어떻게 살아갈까
[2슬03-01] 하루의 변화와 사람들이 하루를 살아가는 모습을 탐색한다.
[2슬03-02] 계절과 생활의 관계를 탐구한다.
[2슬03-03] 관심 있는 대상의 과거와 현재를 살펴보고 미래를 상상한다.
[2슬03-04] 우리의 생활과 관련된 지속가능성의 다양한 사례를 찾고 탐색한다.
(4) 우리는 무엇을 하며 살아갈까
[2슬04-01] 생활도구의 모양이나 기능을 탐색하고 바꾸어 본다.
[2슬04-02] 상상한 것을 다양한 매체와 재료로 구현한다.
[2슬04-03] 경험한 것 중에서 관심 있는 주제를 정하고 조사한다.
[2슬04-04] 배운 것과 배울 것을 연결하여 앞으로의 배움을 상상한다.

슬기로운 생활 1~2학년 성취기준

(1) 우리는 누구로 살아갈까
[2즐01-01] 즐겁게 놀이하며, 건강하고 안전하게 생활한다.
[2즐01-02] 놀이하며 내 몸의 움직임이나 감각을 느낀다.
[2즐01-03] 가족이나 주변 사람과 소통하며 어울린다.
[2즐01-04] 우리를 둘러싼 자연의 아름다움을 감상한다.
(2) 우리는 어디서 살아갈까
[2즐02-01] 내가 참여할 수 있는 문화 예술을 향유한다.
[2즐02-02] 우리나라의 문화 예술을 즐긴다.
[2즐02-03] 다른 나라의 문화 예술을 체험한다.
[2즐02-04] 다양한 세상을 상상하고 표현한다.
(3) 우리는 지금 어떻게 살아갈까
[2즐03-01] 하루를 건강하고 활기차게 지낸다.
[2즐03-02] 자연의 변화를 느끼며 놀이한다.
[2즐03-03] 전통문화를 새롭게 표현한다.
[2즐03-04] 안전과 안녕을 위한 아동의 권리가 있음을 알고 누린다.
(4) 우리는 무엇을 하며 살아갈까
[2즐04-01] 주변의 물건을 활용하여 놀잇감을 만든다.
[2즐04-02] 자유롭게 상상하며 놀이한다.
[2즐04-03] 생각이나 느낌을 살려 전시나 공연 활동을 한다.
[2즐04-04] 기억에 남는 경험을 떠올리며 의미를 부여한다.

즐거운 생활 1~2학년 성취기준

초등학교 2학년 학생의 일상생활 속 경험 세계를 주제학습의 배경으로 삼습니다. 그리고 그들에게 친숙한 주제학습을 통해서 공식적인 교과의 세계에 입문하도록 유도합니다.

2학년의 통합은 여덟 가지 주제로 되어 있고, 교과서도 8권으로 나옵니다. 1학기 때는 나, 자연, 마을, 세계의 순서로 배우게 되고, 2학기 때는 계절, 인물, 물건, 기억의 순서로 배우게 됩니다. 통합은 아이의 생활 세계에 있는 주제를 통해 삶을 이야기하며 경험하는 경험 중심 교과입니다. 따라서 아이의 실천 경험, 탐구 경험, 놀이 경험이 매우 중요합니다. 부모님께서 아이가 넓은 세상을 더 많이 경험할 수 있게 해 주신다면 바로 그것이 진정한 교육이 될 것입니다.

#4. "우리는 이런 생각을 해요."

요즘 2학년 아이들의 관심사는 무엇일까요? 궁금하시죠? 해마다 반복되는 공통 관심사들도 있고, 시대를 대표하는 유행이 아이들의 관심사에 반영되기도 합니다. 예를 들어, 2022년에는 띠부띠부씰, 코로나19, 마스크 등이 많이 나왔어요.

1위 가족

2위 공부

3위 학교, 선생님

4위 친구, 방과후, 반려동물, 학원, 게임, 태권도

2학년은 아직 어리고 순수합니다. 그래서 나에게 가장 가깝고 소중한 것은 부모님을 포함한 가족이고, 내가 해야 할 공부도 소중하며 공부를 가르쳐 주는 선생님도 고맙고 소중한 존재입니다. 그리고 내가 공부하는 학교도 소중하고 나랑 같이 노는 친구들도, 방과후 수업도, 학원도 다 소중합니다. 반려동물이 나온 것도 흥미롭습니다. 왜 이렇게 많이 나왔는지 살펴보니 요즘 2학년 학생들은 반려동물을 꽤 많이 기르고 있었고, 비록 지금은 안 기르더라도 무척 기르고 싶어 한다는 것을 알 수 있었습니다. 반려동물과의 교감은 아이들의 인성발달에도 좋은 영향을 줄 것이니 아이의 마음이 어떤지 물어봐 주시는 것도 좋을 것 같습니다. 순수함을 간직하고 있는 2학년 학생들의 마음속을 들여다본 느낌이 어떠신가요? 저는 매우 신기하고 즐겁고 행복했습니다. 그리고 더 가까워진 느낌이었습니다.

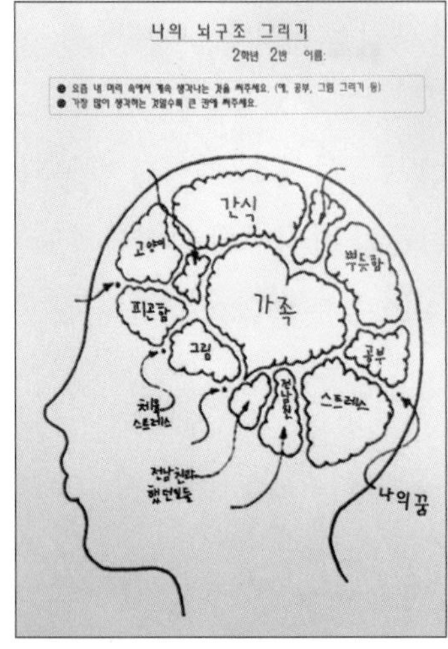

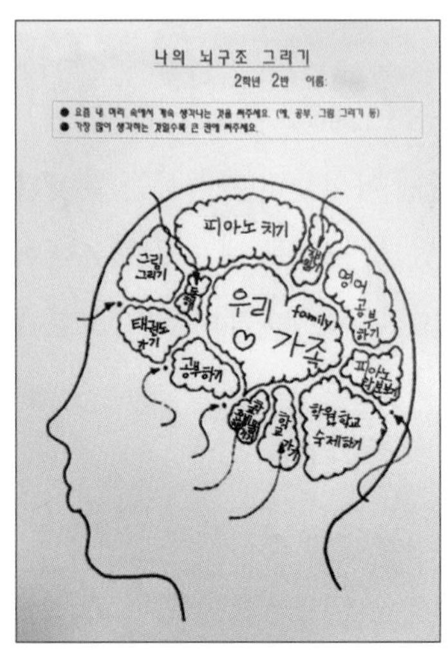

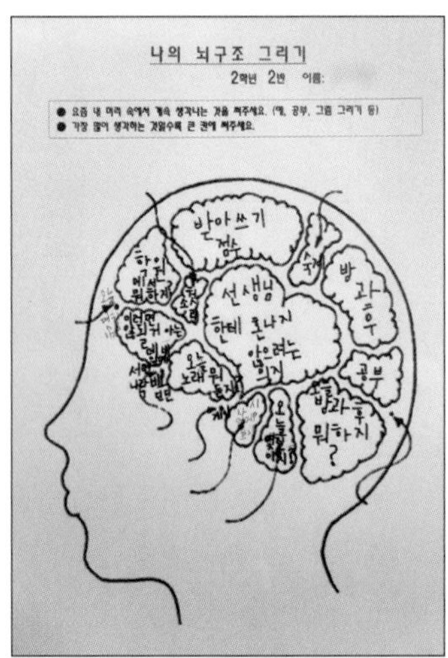

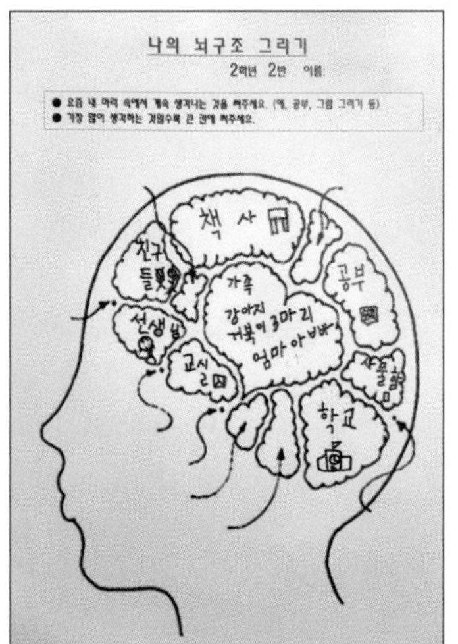

#5. "저도 공부 잘하고 싶어요."

당연한 말이지만, 대부분의 아이들은 공부하는 것을 싫어하고 노는 것을 좋아합니다. 쉬는 시간이 끝나고 공부 시간이 되면 자리에 앉으면서도 공부하기 싫은 얼굴 표정으로 "선생님, 조금만 더 쉬면 안 돼요?"라고 애원합니다. 그러면 저는 "그래도 공부하려고 모였으니 우리 공부 시간에는 집중해서 공부하자. 공부할 것 다 끝나면 쉬게 해 줄게." 하면서 달래 봅니다. 아이들이 그린 뇌구조에서 보았듯이 아이들은 공부하는 것을 매우 중요하게 여기고 잘하고 싶은 욕구도 무척 높습니다. 하지만 지금 당장 힘든 공부보다는 즐거운 놀이가 더 하고 싶을 뿐이죠. 2학년 아이들의 학습을 위해 부모님이 챙겨 주셨으면 하는 것을 몇 가지 소개하고자 합니다.

• 환경 조성

학교에서도 2월 말이 되면 새로 배정받은 학급의 교실에 가서 환경을 조성하는 것으로 새 학년을 시작합니다. 환경 구성은 교육적으로 필요한 것과 필요하지 않는 것을 고려하며 교실을 알맞게 조성하는 것을 말합니다. 가정에서도 2학년 아이의 학습을 위해서 필요한 공간을 마련할 때, 학습에 필요한 것은 준비해 주고 방해되는 것은 없애 주면 됩니다. 부모님이 생각하실 때 무엇이 필요하고 무엇이 방해되는 걸까요? (예: 책, 책상, 컴퓨터, TV, 침대, 장난감, 인형 등) 저는 공부하는 방에 침대와 장난감, 컴퓨터, TV는 방해가 된다고 생각해서 분리했습니다. 이것 외에도 요즘 제일 문제가 되는 것은 스마트폰인데, 가급적 늦게 접하는 것이 좋고, 시간을 정해 놓고 사용하는 규칙을 만드는 것이 좋습니다.

• 역할 분담(집안일)

신발 정리, 먹은 것 정리, 가지고 논 것 정리, 공부한 것 정리, 책가방 정리, 필통 정리, 책상 정리와 같은 역할을 정해 주면, 자기주도성 및 소속감을 갖게 해 주고 내가 해냈다는 작은 성공을 경험하게 해 줄 뿐 아니라 자신감과 집중력 향상에 도움을 주고 자기효능감과 만족감도 얻을 수 있습니다.

• 글씨 쓰기

1~2학년까지는 본격적으로 학습하기 위한 준비단계라고 생각해야 합니다. 2학년은 아직 교과적으로 학습할 양이 많지 않기 때문에 기초학습 습관을 바르게 잡아 주고 필수적으로 필요한 것들을 익힐 수 있는 적절한 시기입니다.

3학년 교과서를 보면 알게 되겠지만 2학년에 비해 글씨 쓰는 양이 갑자기 많아집니다. 교과도 9개로 많아지고, 학교에서의 학습 시간도 주당 24시간에서 28(29)시간으로 늘어나면서 6교시가 나옵니다. 글씨 쓰는 것이 느리고 불편해도 2학년 교육과정은 따라올 수 있지만 3학년이 되면 학습을 따라가기 힘듭니다. 따라서 2학년 때 글씨 쓰기를 어느 정도 완성해 놓으면 좋습니다. 글씨 쓰기를 할 때, 아이의 신체적 특징을 잘 살펴보아야 하는데 손가락이 작아 아직 힘이 부족한지, 연필이 불편한지(동그란 연필, 세모난 연필, 팔각연필 등), 왼손잡이인지 오른손잡이인지 살펴보는 것이 필요합니다. 그리고 글씨 쓰기에는 남녀의 차이도 어느 정도 존재하고 개인차가 있으니 부족한 부분은 3학년 올라가기 전까지 차분히 채워 나가면 된다는 생각으로 대처해 주시기 바랍니다. 2학년 학부모들의 학기 초 상담 중에 우리 아이의 글씨가 엉망이니 바르고 예쁘게 쓸 수 있도록 해 달라는 요구가 많습니다. 더불어 우리 아이의 연필 잡는 방법이 완전 잘못되었는데 고칠 수가 없다며 이것을 바르게 교정해 달라고 요청하기도 합니다. 그런데 바른 글씨는 어느 한순간에 나올 수 없습니다. 꾸준히 시간을 들여 고쳐 나가야 합니다. 바른 집필법과 바른 자세를 익혀 악필을 교정할 수 있도록 지금부터 하루 15분씩 꾸준히 투자하시면 좋습니다. 시중에 바른 글씨 쓰기 교정책(『하루 10분 또박또박 예쁜 글씨』『바른 글씨 마음 글씨』『초등학생 반듯한 글씨체 만들기』 등)이 많이 나와 있으니 활용하시면 됩니다. 예전에는 악필을 교정하기 위해 펜글씨 학원까지 다니기도 할 만큼 글씨 쓰기는 중요했습니다. 하지만 기술이 발달하고 컴퓨터가 나오면서 손글씨는 그리 중요하지 않다는 인식을 갖게 되어 경시되었습니다. 다행히도 요즘 부모님께서는 다시금 손글씨의 중요성을 인식하고 있습니다. 실제로 서술형 시험, 수행평가, 논술시험이 점점 더 중요해지는 요즘, 가독성 높은 바른 글씨는 좀 더 좋은 평가를 받을 수 있기 때문입니다.

• 글쓰기

2학년 때는 일기와 독후활동으로 아이의 글쓰기 역량을 늘려 줄 수 있습니다. 학교에서 일기 쓰기 과제를 내줄 때를 놓치지 말고 부모님이 신경 써 주면서 아이의 일기 쓰기 역량을 길러 주면 좋습니다. 부모님이 100%를 새로 시작하는 것은 힘듭니다. 학교에서 하는 과제나 활동을 활용하면서 신경 써 주면 30%만 힘을 들여도 100%의 성과가 나올 수 있습니다.

• 책 읽기

책을 읽지 않는 아이의 경우, 수학 서술형 문제가 나오면 읽지도 않고 패스하는 경향이 높습니다. 또는 답을 알아도 글씨 쓰는 것이 능숙하지 않은 아이는 서술형 답 쓰기를 포기합니다. 정말 중요한 책 읽기, 책을 어떻게 하면 조금이라도 더 읽게 할 수 있을까요? 학교에서는 자투리 시간이 제법 있습니다. 아침 시간, 쉬는 시간, 중간놀이 시간, 점심시간 등 이 자투리 시간에 읽을 책을 1권 책가방에 넣어 주세요. 평상시 읽었으면 하는 책이 있다면 그것을 가방에 넣어 주면 좋습니다.

• 받아쓰기

대부분의 학교에서는 2학년까지 받아쓰기를 실시합니다. 가끔 선생님에 따라 3학년 1학기에도 받아쓰기를 하기도 합니다. 학기 초에 받아쓰기 급수장을 배부하여 충분히 연습을 할 수 있도록 해 주고 1주일에 한 번씩 시험을 본 후 채점해서 나누어 줍니다. 받아쓰기는 맞춤법을 익히는 것입니다. 소리 나는 대로 쓰면 틀린다는 것을 알고 원래의 문장을 기억해서 쓰는 것이기 때문에 기억력과 집중력, 인내심을 키울 수 있습니다. 교실에서 받아쓰기 시험 볼 때의 집중력은 2학년이지만 거의 입시 시험 수준입니다. 90점이나 100점을 맞는다면 실력뿐만 아니라 자신감까지 키울 수 있겠지요? 반대로 낮은 점수를 받으면 자신감도 공부에 대한 흥미도 떨어지기 때문에 꾸준히 연습할 수 있도록 도와주셔야 합니다.

• 연산 능력 기르기–사칙연산, 구구단

수학 문제를 느리게 풀어 낸 학생과 빠르게 풀어 낸 학생의 능력이 같다고 할 수 없습니다. 수학 문제를 빠르게 풀어 낸 학생은 수학에 대한 자신감이 높고 수학을 매우 좋아합니다. 반면에 느리게 풀어 낸 학생은 수학이 지겹고 지루하고 하기 싫습니다. 왜냐하면 수학 문제를 푸는 데 시간을 너무 많이 뺏기기 때문입니다. 그러다 보면 수학 시간에 딴생각을 하게 되고, 딴생각을 하다 보니 더 이해가 안 됩니다. 연산 능력을 길러 주어야 문제를 푸는 데 걸리는 시간을 줄일 수 있고, 오류도 줄일 수 있습니다. 빠르고 정확하게 문제를 풀게 되면 아이는 수학을 좋아할 수밖에 없습니다. 받아올림과 받아내림이 있는 두 자리 수의 덧셈과 뺄셈, 구구단 외우기 이 두 가지 능력을 키워 주세요.

• 수학 용어 이해 및 기억하기

초등 수학에 나오는 용어는 많지 않지만, 아이가 이것을 정확히 이해하고 기억하고 있는지 확인해 보아야 합니다. 이런 수학적 용어는 한자어로 되어 있는 경우가 대부분이고 정확한 이해를 위해서 한자의 음과 훈 정도는 알려 주는 것도 필요합니다[예: 도형(圖形): 그림 도, 모양 형, 그림으로 나타낸 모양; 삼각형(三角形): 석 삼, 뿔 각, 모양 형, 3개의 뿔을 가진 모양의 도형; 다각형(多角形): 뿔이 많은 도형]. 3학년에 올라가면 직각, 분수, 등고선, 생물, 초식동물 등 수학뿐만 아니라 사회, 과학 등의 교과에서도 용어의 개념을 이해하기 위해 어느 정도의 한자어 학습은 필요하다고 생각합니다.

• 다양한 경험, 체험활동

아이와 여가시간을 함께 보냄으로써 부모-자녀 간의 사랑이 싹트고 긍정적인 인간관계가 형성되며 건전한 인격, 정서적 안정이 만들어집니다.

• 부모의 관심, 사랑, 긍정적인 태도, 올바른 양육 방식

이 부분은 앞서 여름, 부모와의 관계 부분에서 말씀드렸습니다.

• 부모의 행복

부모님의 행복한 가정생활은 자녀에게 긍정적인 영향을 줄 수 있습니다.

#6. "공부 습관화(공부 루틴)에 도전할래요."

아이들은 공부를 열심히 하는 아이, 공부를 안 하는 아이 구분할 것 없이 모두가 공부를 중요하게 생각하고 있습니다. 이렇게 모두가 중요하게 생각하고 있는 공부, 어떻게 하면 잘할 수 있을까요? 간단하지만 효과적인 방법으로 '공부 습관화'를 추천해 드립니다. 공부는 꾸준히 하는 것이 중요합니다. 공부를 꾸준히 하다 보면 습관화가 되고, 공부 습관화를 통해 공부 실력을 더 늘려 나갈 수 있습니다. 평상시에는 안 하다가 어느 날 마음먹고 많이 하는 공부보다는 하루에 공부할 시간과 양을 정해 두고 지속적으로 해 나가는 공부가 훨씬 수월하고 유익합니다. 사람은 습관화가 된 일을 할 때는 자동적으로 하게 되어 뇌이든 몸이든 그렇게 힘들지 않기 때문입니다. 자녀의 공부 습관화 계획을 세워 보세요. 공부 습관화가 형성되면 자기 혼자서도 할 수 있기 때문에 결국 자기주도학습 능력 향상을 이룰 수 있습니다.

이렇듯 좋은 습관은 아이에게 좋은 영향을 계속 주지만, 반대로 나쁜 습관은 아이

에게 나쁜 영향을 계속 줍니다. 그래서 좋은 습관을 만들어 나가고 나쁜 습관을 버리는 것이 중요합니다.

#7. 인생의 성공을 결정하는 변인은 정서지능

정서지능(emotional intellegence)은 지적 능력과 구분되는 지능으로 정서의 인식과 표현, 정서에 의한 사고 촉진, 정서적 지식의 활용, 정서의 반영적 조절 능력들, 공통적으로 자신과 타인의 정서를 인식하고 표현하는 능력, 타인의 정서에 공감하여 자신의 것처럼 느낄 수 있는 능력, 정서를 상황에 맞게 조절하는 능력을 말한다고 합니다(Mayer et al., 2001). 정서지능이 높은 사람은 대인관계가 안정적이고, 책임감과 동정심이 강하고 타인을 배려할 줄 알며, 감정 표현을 적절히 하여 자신과 타인을 편안하게 하고 사람들과 잘 어울리는 특성을 지닙니다. 반면, 정서지능이 낮은 사람은 타인의 고통과 슬픔을 생각하지 않고 자신의 이익과 만족만을 취하려 하기 때문에 비행과 탈선을 하기 쉽다는 연구 결과도 있습니다(문용린, 2001). 정서지능은 후천적으로 학습을 통해 향상이 가능하나 어른이 되어서는 변화되기가 힘들기에 어린 시절에 걸쳐 배워야 한다고 합니다. 이렇게 중요한 정서지능을 계발하려면 어떻게 해야 할까요?

첫째, 특정 감정을 느꼈던 경험을 자녀와 함께 나누어 보세요. 아이와 강한 유대감을 느낄 수 있습니다. 가족 구성원들과 같이 감정과 관련된 경험을 나눈다면 서로를 더 잘 이해할 수 있어 형제, 자매, 남매 간의 우애와 부모-자녀 간의 사랑을 키워 갈 수 있을 겁니다. 특히 부모님도 자기처럼 두려움과 억울함을 느꼈다는 옛 경험을 들으면 놀랄 것입니다. 결국 아이의 공감 능력과 타인의 입장에서 생각해 볼 수 있는 능력을 강화시켜 아이의 정서지능을 높여 줄 것입니다.

둘째, 감사하는 마음을 나누어 보세요. 매일 잠자기 전에 오늘의 감사할 일을 나누어 보면 좋습니다. "○○이는 오늘 어떤 일이 감사했니? 된장찌개가 맛있게 잘 만들어져서 너희들이 잘 먹었잖니? 나는 그게 너무 감사했단다." 또는 일기를 쓸 때 마지막에 오늘의 착한 일 이런 거 있잖아요. 여기에 오늘의 감사할 일을 만들어서 쓰면 좋습니다. 단, 매일 똑같은 거 말고 다른 거 쓰기로 약속하고요. 우리 반 아이들은 알림장 맨 마지막에 '오늘의 감사'를 꼭 씁니다. 아이들이 써 온 감사를 보면 다양해요. "부모님, 보살펴 주셔서 감사합니다." "오늘 맛있는 구슬 아이스크림이 나와서 감사해요." "오늘 칭찬 도장 받은 것이 감사해요." "친구랑 재미있게 놀아서 감사해요." "숙제가 없어서 감사해요." "받아쓰기 점수가 좋아서 감사해요." 사소한 것에도 감사할 줄 아는 아이들이 정말 행복해 보였어요.

셋째, 음악을 느끼게 해 주세요. 아인슈타인은 바이올린이 삶의 기쁨을 가져온다고 말하였고 니체는 음악이 없는 인생은 잘못된 것이라고 했습니다. 실제로 음악 감상이 아이의 스트레스를 해소해 주고 정서지능 향상에도 효과가 있다는 연구가 많이 있습니다. 또한 아동의 정서지능을 향상을 위한 노래 부르기, 즉흥 연주하기, 악기 연주하기, 음악 감상하기 등의 음악치료 프로그램도 개발 및 운영되고 있습니다. 예전부터 부모님들이 태교에 클래식 음악을 활용해 왔는데 이것도 아이의 정서지능 향상에 도움이 되고 있었던 것입니다.

우당탕탕 2학년 탐구생활(Q&A)

Q1. 2학년, 학원에 가는 것이 좋을까요? 간다면 어디를 어떻게 가는 것이 좋을까요?

2학년은 늦어도 오후 1시 50분에 수업이 끝나 방과후에 시간적 여유가 있고, 아직 영어와 수학에 대한 학업적 부담이 없는 상태입니다. 그래서 특기 신장을 위한 방과후 수업이나 학원을 다닐 수 있는 '최적의 학년'이기도 합니다. 제 생각에는 저학년 때는 예체능이나 특기 위주로 학원을 이용하고, 3~4학년부터 교과별로 필요한 부분이 있다면 자녀와 상의하여 선택하는 것이 좋을 것 같습니다. 그리고 무엇보다 중요한 것은 체육활동입니다. 건강은 평생 관리해야 하는 것이므로 체력 증진 활동은 1학년 때부터 할 수 있을 때까지 지속적으로 가져갔으면 하는 바람입니다. 어린 시절 체육활동은 자녀의 키 성장에도 큰 도움이 되고, 바른 자세 및 체력 증진에도 더할 나위 없이 좋습니다. 체육활동을 하면 공부할 시간이 준다고요? 네, 소중한 시간을 들여야 할 수 있는 것은 맞습니다. 하지만 공부는 장거리 마라톤입니다. 지금 당장 운동할 시간까지 아껴 가며 공부시킨다고 되는 것이 아니므로 너무 조급해하시지 말고 멀리 보며 가시기 바랍니다. 정서적 측면에서도 규칙적인 운동은 부정적인 정서를 감소시키고 심리적 안정감과 행복감을 증진시켜 삶의 질을 향상시키는 등 긍정적인 효과가 있습니다. 따라서 아이뿐만 아니라 부모님께도 규칙적인 운동을 권해 드립니다. 부모님이 건강하고 행복해야 자녀들도 건강하고 행복하다는 건 너무나 당연한 이치니까요.

Q2. 우리 아이가 혹시 ADHD(주의력 결핍 과잉행동 장애)인가요?

ADHD가 의심이 된다면 먼저 간단하게 표를 보고 테스트를 해 볼 수 있지만, 정확한 진단은 가까운 정신건강의학과 전문의에게 검사를 받아 보아야 합니다. 그리고 검사받기 전에 담임선생님께 상담을 신청하여 그동안 학교에서 아이를 쭉 관찰해 온 담임교사의 의견을 듣는 것도 필요합니다. 초등학교에서 8~10% 정도로 발생하고 이들 중 절반이 성인 ADHD로 연결된다고 하니 모두가 한 번씩은 테스트해 보는 것도 나쁘지 않습니다. 실례로 ADHD였던 아이가 커서 의사가 된 경우도 있는데, 이들이 공통적으로 말하는 것이 "어렸을 때 내가 ADHD인 것을 알고 적절한 치료를 받았더라면 그렇게 고생하지는 않았을 텐데…… 더 성장할 수 있었을 텐데……" 하며 안

ACRS 부모용(16점 이상일 때 ADHD로 판단)

관찰된 행동	정도			
	없음 (0)	약간 (1)	상당히 (2)	심함 (3)
1. 차분하지 못하고 너무 활동적이다.				
2. 쉽사리 흥분하고 충동적이다.				
3. 다른 아이들에게 방해가 된다.				
4. 한 번 시작한 일을 끝내지 못한다. (주의집중 시간이 짧다.)				
5. 늘 안절부절 못한다.				
6. 주의력이 없고 쉽게 분산된다.				
7. 요구하는 것이 있으면 금방 들어주어야 한다.				
8. 자주 또 쉽게 울어 버린다.				
9. 금방 기분이 확 변한다.				
10. 화를 터트리거나 감정이 격하기 쉽고 행동을 예측하기 어렵다.				
합계				

타까워했다는 점입니다. 그리고 성인이 되어서도 도움이 되는 약을 먹고 있다는 점입니다. ADHD는 전두엽 성장과 관련된 것이라 어렸을 때 치료를 받을수록 효과가 더 크다고 하니 초등학교 저학년 때가 ADHD를 살펴보는 시기로 적격인 것 같습니다.

앞에 제시한 표는 키이스 코너스(Keith Conners)가 개발한 행동평가척도 93문항을 10문항으로 축약하여 개정한 것입니다. 부모가 보았을 때 16점 이상이 나오면 ADHD로 판단된다고 하니 테스트용으로 해 보시면 좋을 것 같습니다.

Q3. 선행학습이 무엇인가요? 이것을 하면 좋나요?

선행학습은 미리 배우는 것입니다. 미리 배우는 것은 어찌 보면 예습이므로 무조건 나쁠 수는 없겠죠. 그런데 욕심이 작용하여 더 먼저 더 많이 배워 놓으려다 보니 탈이 나는 것입니다. 사실 잘하는 학생에게 1학기 정도 미리 배우는 것은 나쁘지 않습니다. 단, 잘하는 학생이란 지금 배우고 있는 것을 100%까지는 아니더라도 90%는 알고 해결할 수 있는 능력을 가진 학생을 말합니다. 이런 학생들에게는 지금 배우고 있는 내용을 좀 더 심화하여 배워 본다거나 앞으로 배울 부분을 미리 배워 보는 것도 나쁘지 않습니다. 그러나 교육과정은 많은 교육학자들과 교육자들이 그 나이에 배워야 하고 배울 수 있는 단계라고 여겨 만들어 놓은 것입니다. 우리 아이가 특출난 영재가 아닌 이상 너무 서두르면 아이에게 학습의 재미보다 짜증과 실망감, 좌절을 안겨 줄 수 있습니다.

저는 방학이 되면 총정리 문제집을 하나씩 샀습니다. 다른 부모님들은 다음 학기 문제집을 사서 선행을 할 때, 저는 이번 학기 총정리 문제집을 사서 문제를 풀게 했습니다. 풀어 보면 90~95%를 맞추었고 시간도 많이 걸리지 않았습니다. 이 복습이 끝난 후에야 다음 학기 문제집을 샀습니다. 가끔은 과거에 머물러 있는 답답함이 느껴지고 다른 엄마들이 앞서 나가는 것에 대한 불안함도 있었지만 그래도 복습용 총정리를 풀게 했고, 지금은 그것이 매우 잘한 일이라 생각하고 있습니다. "우리 아이가 학교에서 공부를 얼마만큼 하나요?"라고 물어보는 학부모님께 복습용 총정리 문제집 사서 풀게 해 보길 권해 드립니다. 이렇게 하면 우리 아이가 만든 집의 빠진 벽돌이 보이고, 이 벽돌을 찾아냈다면 부모님의 도움으로 방학 동안 같이 채우면 되는 것이니까요. 아이가 틀린 문제는 빠진 벽돌이고 이는 아이가 헷갈리거나 모르는 개념과 원리입니다. 따라서 이 부분을 반드시 정복하고 넘어가야 튼튼한 집을 지을 수 있습니다.

Q4. 우리 아이가 학교 공부를 따라가기 어려워하는 것 같아요. 어떻게 해야 할까요?

첫 번째, 각 지역마다 마련되어 있는 학습지원센터를 활용하는 방법이 있습니다. 학교를 통해 신청할 수 있는데, 센터에서 나온 전문가가 아이를 진단하고 알맞은 지원을 받을 수 있게 해 줍니다.

두 번째, 3월 진단평가에서 아이가 미도달로 판정된 경우입니다. 2학년은 국어와 수학만 진단을 하는데, 미도달로 판정을 받은 교과에 대해 학교에서 선생님께 배울 수 있는 시스템이 모든 학교에 있습니다. 이 과정은 학교 선생님께서 소수의 학생을 방과후에 남겨 직접 지도해 주시므로 매우 효과가 높습니다. 이때 미도달이 아니어도 아이가 학습에 어려움을 겪는 경계선인 경우에는 부모님께서 담임선생님께 요청을 드리면 배움이 가능할 수도 있습니다.

세 번째, 부모님이 계획을 세워 차분히 곁에서 가르치면 더 빨리 좋아집니다. 아이가 학교 공부를 따라가기 어렵다는 것은 지금까지 해 왔던 대로 하면 안 된다는 신호입니다. 아이의 학습 태도, 학습 환경, 부모님의 마음 자세 등 다방면에서 점검을 하고 개선해 주시기 바랍니다.

네 번째, 학습장애(읽기 · 쓰기 장애, 난독증, 난산증 등)가 있는지 전문가에게 진단을 해 보는 것도 좋습니다. 초등 저학년은 학습장애를 진단하고 치료할 수 있는 마지막 골든타임이라고 할 수 있습니다. 3학년 때부터는 학습량이 많이 늘어나기 때문에 더 늦어지면 뒤쳐진 학습을 따라가기가 무척 힘들기 때문입니다.

Q5. 공부를 잘하는 아이로 키우고 싶어요. 어떻게 하면 될까요?

공부란 다양한 지식을 이해하고 통합해서 장기기억으로 만드는 것입니다. 이 과정은 매우 길고 어려우며 에너지와 노력이 많이 필요합니다. 놀거나 쉬고 싶은 마음을 다잡고 자기의 한계를 넘어야 합니다. 이렇게 어려운 공부를 재미있게 하라고 권유하거나 무섭게 화를 내서 하게 만들면 그 효과는 언젠가 없어지고 맙니다. 초등학교 저학년 때에는 학교 공부와 학교 숙제를 무조건 하게 만듭니다. 단원평가 준비를 하고, 받아쓰기 연습과 일기 숙제를 아무 생각 없이 꾸준히 무조건 하다 보면 공부맷집이 생깁니다. 다시 말해, 저학년 때 자녀에게 과하지 않은 적당량의 학습을 지속적으로 시켜 아무 생각 없이 그냥 공부를 하게 만들어야 합니다. 이렇게 공부맷집이 어느 정도 생기고 나면 공부계획을 하는 것부터 아이와 함께하면 좋습니다. 생각하고 판단하고 정보를 찾아 계획하고 실행에 옮기는 것은 종합적인 인지기능으로 고차원적인 전두엽 기능에 속하기에 아이가 계획을 짜는 것은 아이가 머리를 제일 많이 쓰고 있다고 해석하시면 됩니다.

사춘기가 오기 전에 공부에 관련된 작은 규칙들을 패턴화하여 공부 루틴을 만들어 공부 습관을 길러야 합니다. 왜냐하면 사춘기는 부모님의 권위에 대항하는 시기이자 자기를 만들어 가는 시기로, 이때는 부모님의 어떤 제안도 받아들여지지 않는 암흑기이기 때문입니다.

제 경험으로 사춘기는 2차에 걸쳐서 오는 경우도 있고, 뒤늦게 1차로 크게 오는 경우도 있습니다. 드물게는 사춘기가 온 건가 싶을 정도로 가볍게 오는 경우도 있습니다. 중요한 건 사춘기를 버틸 수 있는 힘은 그전까지 아이와 맺어 왔던 진심 어린 관심, 따뜻한 사랑, 스킨십이라는 것입니다. 공부시키는 것에 너무 매몰되어 아이와의 관계가 소원해지지 않도록 조심해 주세요.

Q6. 자기주도적 학습을 위한 자발성을 길러 주고 싶어요. 어떻게 하면 될까요?

자기주도적 학습(self-directed learning)이란 스스로 동기화되어 학습 과정을 계획하고 실행해 나가는 학습을 말합니다. 즉, 학습의 목적, 전략, 방법, 그리고 평가에 대한 모든 통제권을 자기가 갖고 교육의 전 과정을 본인 의사에 따라 선택하고 수행하는 것입니다. 이렇게 보면, 자기주도적 학습이라는 것이 얼마나 어려운 것인지 느낌이 올 것입니다. 맞습니다. 2학년 아이에게 자기주도적 학습을 기대하는 것은 참 어려운 일입니다. 그렇다고 손 놓고 있을 수는 없습니다. 자기주도적 학습을 위한 자발성, 즉 자기주도성의 씨앗을 심어야 합니다. 생각해 보면 아이는 어렸을 때부터 자기가 무엇인가를 하려고 끊임없이 도전하고 노력합니다. 누워 있는 아이가 뒤척이며 뒤집기를 하는 것, 뒤집은 아이가 배밀이를 하며 앞이나 뒤로 움직이려고 하는 것, 엉덩이를 들고 무릎을 쓰며 기는 것, 무언가를 잡고 일어서려고 하는 것, 손을 살짝 놓고 한 발짝씩 나아가는 것 등 이 모든 것은 누가 시켜서 하는 것이 아닌 자기가 하려고 하는 자발적인 것이며 한 번 실패했어도 계속 도전해서 이루어 가는 것입니다. 이렇게 자발적으로 해 나갈 때 부모님은 어떻게 해 주었나요? 옆에서 응원하며 지켜보고 위험한 순간 나타나서 꼭 안아 주며 잘했다고 칭찬했겠지요? 아이 옆에서 스스로 해 나가는 것을 지켜보면서 돕는 것입니다. 이것은 방관이나 방임과는 다릅니다.

자기주도성은 아이가 문제를 스스로 해결하게 두고 보고, 그것을 해 나가는 과정에서 적절하게 도와줄 때 생겨납니다. 아이 옆에서 지켜보면서 실수하거나 실패하는 것을 못 참고 그 문제를 해결해 주면 더 빨리 성장할 것 같지만 이는 하나만 알고 열을 모르는 것입니다. 예를 들면, 초등학교 3~4학년까지는 부모님의 주도성으로 자녀의 공부를 이끌고 갈 수 있지만, 고학년, 더 나아가 중 · 고등학교에 가면 자녀의 주도성이 있느냐 없느냐에 따라 아이의 성적과 미래가 결정됩니다. 즉, 부모의 주도성의 유효기간은 자녀의 사춘기 전까지이거나 초등학교까지입니다. 안타깝게도 정말 중요한 순간 부모의 주도성은 힘을 잃고 맙니다. 그래서 자녀의 주도성을 기를 수 있는 초등 저학년이 매우 중요하며, 이 시기를 놓치지 말고 부모의 주도성을 높이기보다는 자녀의 주도성을 높이기 위해 노력해야 합니다.

우당탕탕 2학년 성장노트

'문제아가 아닌, 문제를 겪고 있는 아이일 뿐'

'미움 받을 용기'로 유명한 알프레드 아들러(Alfred Adler)는 아이들의 문제행동에 대해 '원인'이 아닌 '목적'에 주목해야 한다고 말합니다. 아들러는 어떤 행동에 대해서 '왜?'라고 물을 때, 행동의 원인이 아닌 목적을 대답으로 기대하는 것입니다. 왜냐하면 인간은 특정한 원인에 의해 떠밀려 살아가는 것이 아니라, 목표를 설정하고 그것을 추구하면서 살아가는 존재이기 때문이라고 보았습니다.

아이들은 누구나 성장하는 과정에서 그릇된 행동, 즉 문제행동을 보이기도 합니다. 아이들이 문제행동을 하는 이유로, 첫째, 아이의 모든 행위에는 목적이 있다는 것입니다. 문제행동을 일으킨 원인에 주목하기보다는 지금 이 문제행동을 하는 목적이 무엇인가에 집중할 필요가 있습니다. 둘째, 아이는 이득이 생지지 않는 일에는 절대로 에너지를 쏟지 않습니다. 그래서 지금 이 아이가 선택한 문제행동은 어떤 방식으로든 자신에게 이익이 되는 일이기 때문에 이 문제행동을 선택한 것입니다. 셋째, 아이가 가진 근본적인 목적은 가족 또는 집단에 안정적으로 소속되기를 바라며, 그 안에서 자신의 위치를 인정받고자 합니다. 즉, 아이가 문제행동을 하는 이유는 자신의 원하는 집단에 소속되어서 인정받을 수 있는 믿음을 상실했을 때 나타나는 것입니다. 이때 오히려 잘못된 목표를 추구함으로써 문제행동을 드러내면 집단에 소속되거나 인정받을지도 모른다는 잘못된 믿음을 갖게 되는 것입니다.

이와 같은 이유에 따른다면, 우리는 아이들의 문제행동을 넘어서 행동 목적에 좀 더 관심을 기울어야 합니다. 그래야 아이들에게 필요한 도움을 적절하게 제공해 줄 수 있습니다. 아들러는 우리가 관심을 가져야 하는 것은 아이의 과거나 아닌 미래라고 말합니다. 지나간 과거는 바꿀 수 없지만 다가올 미래라면 얼마든지 바꿀 수 있기 때문입니다. 과거의 원인을 바꿀 수 없지만 미래의 목적은 마음먹기에 따라 바꿀 수 있을 것입니다.

#2학년 가을 #문제아는 없다 #누구나 위기는 있다 #단지 지금 문제를 겪고 있을 뿐

IV. 우당탕탕 2학년의 '겨울'

"긍정적으로 생생하게 미래를 꿈꿔요."

『어린이를 위한 꿈꾸는 다락방』(이지성, 국일아이, 2008)

"생생하게 꿈꾸면 이루어진다." R(Realization)=VD(Vivid Dream). 이 공식을 사용해서 꿈을 이룬 대표적인 사람들을 살펴보면, 월트 디즈니(Walt Disney, 디즈니랜드 창업자이자 미키 마우스 제작자), 찰리 채플린(Charles Chaplin, 영화감독 겸 배우), 타이거 우즈(Tiger Woods, 골프 선수), 워런 버핏(Warren Buffett, 세계 최고의 투자자), 빌 게이츠(Bill Gates, 마이크로소프트 창업자), 스티븐 스필버그(Steven Spielberg, 영화감독) 등이 있습니다.

학생 여러분, 꿈의 노트를 한 권 준비하세요. 그리고 그 노트에 자신의 이름과 이루고 싶은 꿈을 적어 보세요. 꿈은 많으면 많을수록 좋아요. 그리고 눈을 감고 이미 꿈을 이룬 자신의 모습을 생생하게 그려 보세요. 이렇게 매일 시간을 내서 꿈을 이룬 자신의 모습을 생생하게 꿈꾸면, 언젠가는 그 꿈이 이루어진답니다.

부모님, 우리 아이의 '성적'보다 우리 아이의 '꿈'에 관심을 가져 주세요. 우리 아이의 미래를 위해 더 중요한 것은 '공부 잘하는 법'보다 '꿈꾸는 법'이랍니다.

우당탕탕 2학년 교실 이야기

어느덧 겨울이 되었어요. 낙엽이 다 떨어지고 나뭇가지 사이로 쌩쌩 찬바람이 불어오면 아이들은 친구들과 함께 교실에서 더 수다스러워져요. 친구들과 더욱 가까워졌고 서로 대화하는 것이 꽤 능숙해졌거든요. 그리고 눈이 오는 겨울이 다가오면 지금까지 동고동락하던 친구들과 헤어지고 새로운 교실에서 새로운 선생님, 친구들과 새로운 삶을 살아가야 한다는 것도 알아요. 다가올 미래가 설레기도 하지만 익숙한 지금의 생활에서 또다시 새로운 시작으로 나아가는 것이 조금 두렵기도 해요. 그래도 차분히 나를 돌아보고 내가 나아가야 할 방향을 설정하는 꿈꾸는 겨울이 되기를 바라요.

#1. "해야 할 것과 하지 말아야 할 것을 분별할 수 있어요."

2학년 아이들은 1학년 때보다 또래들과 상호작용을 더 많이 합니다. 작은 것도 친구와 함께하면 더 재미있습니다. 그래서 아이들은 개인활동보다는 모둠활동이나 짝활동을 더 좋아합니다. 이런 긍정적인 상호작용도 많아지지만 부정적인 상호작용도 많아집니다. 예를 들면, 친구와 같이 다른 친구를 놀리거나 곯려 주는 것을 놀이처럼 여기는 경우입니다. 이것은 학교폭력의 씨앗이 될 수도 있어 선생님이나 주변 어른들의 가르침이 필요합니다.

새 학년이 시작되면, 학급에서 제일 처음 하는 일이 있습니다. 바로 학급을 바로 세우는 힘, '규칙 세우기'입니다. 규칙을 세울 때는 해야 할 것과 하지 말아야 할 것을 구분해서 세우는 것이 좋습니다. 왜냐하면 지켜야 할 언행이 더 명확하게 인식되기 때문입니다. 그럼 규칙을 한번 살펴볼까요? 여기서 중요한 것은 담임교사와 아이들이 함께 만들어 가는 규칙이라는 점입니다.

해야 할 규칙으로는 교실이나 복도에서 걷기, 수업 시간에 선생님 말씀 잘 듣기, 바른 자세로 집중하기, 숙제 해 오기, 점심 먹기 전 손 씻기, 점심 먹은 후 이 닦기, 우유 마시기, 바르고 고운 말하기, 칭찬하기, 도와주기, 주어진 과제 성실히 해내기, 수업 시간 지키기 등이 있습니다.

하지 말아야 할 행동에는 학교폭력 하지 않기, 교실이나 복도에서 뛰지 않기, 수업 시간에 친구랑 장난하지 않기, 위험한 장난 하지 않기, 물건 던지지 않기, 때리지 않기, 욕하지 않기, 거짓말하지 않기, 작은 생물 죽이거나 괴롭히지 않기, 침 뱉지 않기, 모래 뿌리지 않기, 놀리지 않기 등이 있습니다.

학교에서 규칙을 잘 지키며 교우관계도 좋고 공부도 열심히 하는 반짝반짝한 아이들이 있습니다. 이 아이들은 사리 분별을 매우 잘하는 특성을 갖고 있습니다. 반대로 학급 규칙을 잘 지키기 못하는 아이는 하지 말라고 하면 "왜 하면 안 돼요?"라고 되물어 봅니다. 해야 할 것과 하지 말아야 할 것을 분별할 수 있는 능력이 부족한 것입니다. 분별력이란 '사물을 구별하여 가르는 능력' 또는 '세상 물정에 대하여 옳고 그른 것을 판단하는 능력'을 말합니다. 분별력은 후천적으로 습득하는 능력입니다. 따라서 아이가 선과 악, 정의와 불의, 참과 거짓을 분별하여 이를 행동으로 옮길 수 있도록 부모님께서 도와주셔야 합니다. "지금 당장 혼나지 않으려고 거짓말로 일을 꾸며내는 것보다, 자기가 잘못한 만큼 혼나고 앞으로 그런 실수를 저지르지 않도록 다짐하는 것이 100배 더 훌륭한 양심의 사람이다."라는 말 한마디가 갖는 힘은 매우 큽니다. 아이가 분별력을 잃는 모습을 보였을 때 2학년 아이들이 흔히 저지를 수 있는 실수라고 가볍게 넘어가지 마시고, 아이의 잘못을 직면시키고 어떻게 했어야 했는지 되돌아보는 성찰의 시간을 갖게 해 주시기 바랍니다. 분별력이 무너진 아이는 학교에서 학교폭력 가해자가 될 수 있고, 학교폭력은 피해자의 삶뿐만 아니라 가해자의 삶까지 무너뜨리기 때문에 꼭 분별력 있는 아이로 어릴 때부터 키워 주셔야 합니다. 부모님의 올바른 가치관과 친절하지만 단호한 훈육이 자녀를 분별력 있는 아이, 도덕적인 아이, 양심적인 아이로 기를 수 있습니다.

#2. "하고 싶은 일은? 하기 싫은 일은?"

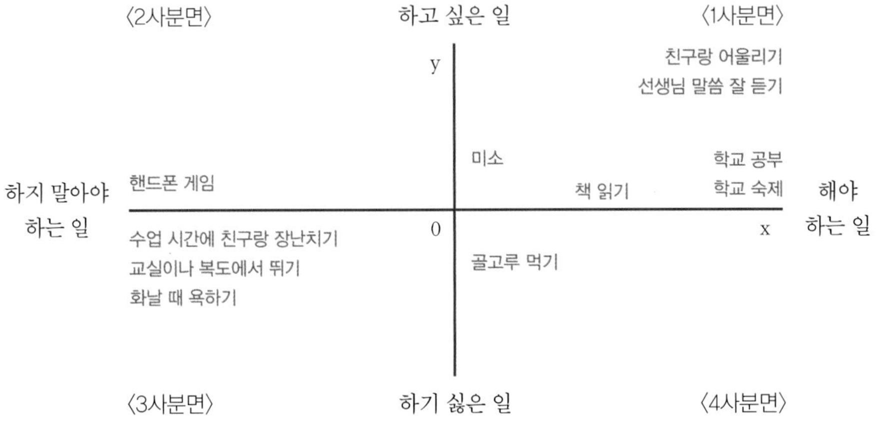

〈2사분면〉 하고 싶은 일 〈1사분면〉

y

친구랑 어울리기
선생님 말씀 잘 듣기

미소

학교 공부
학교 숙제

하지 말아야 하는 일

핸드폰 게임

책 읽기

해야 하는 일

0

x

수업 시간에 친구랑 장난치기
교실이나 복도에서 뛰기
화날 때 욕하기

골고루 먹기

〈3사분면〉 하기 싫은 일 〈4사분면〉

학교 공부, 학교 숙제, 학원 공부, 내 방 청소, 핸드폰 게임, 골고루 먹기, 운동, 친구 놀리기, 교실이나 복도에서 뛰기, 친구랑 어울리기, 책 읽기, 화날 때 욕하기, 사 달라고 떼쓰기, 수업 시간에 친구랑 장난치기, 선생님 말씀 잘 듣기, 인사하기, 친절하게 말하기, 미소

이와 같은 종이를 나눠 주고 분류를 해 보게 함으로써 아이의 분별력과 도덕성, 의욕을 살펴볼 수 있는데요. 의욕이 넘치고 사리분별력도 좋아 친구 간에 원만하게 지내는 아이일수록 바른 모습들은 1사분면에, 바르지 않은 모습들은 3사분면에 모아 둡니다. 의욕이 부족한 아이는 3, 4분면에 많이 모여 있습니다. 그런데 문제가 되는 경우는 제대로 나누어서 쓰지 못하는 아이입니다. 내가 무엇을 하고 싶은지, 하기 싫은지, 어떤 것을 해야 하는지, 하지 말아야 하는지 총체적으로 분별이 안 됩니다. 그래서 아이는 한참 고민하다가 2~3개만 쓰거나, 보기에 있는 내용을 아무 곳에나 씁니다. 이런 경우에는 해야 할 것과 하지 말아야 할 것을 어른과 함께 하나씩 분류해 보면서 사회적 규범이나 학급 규칙을 정립시켜 주어야 합니다.

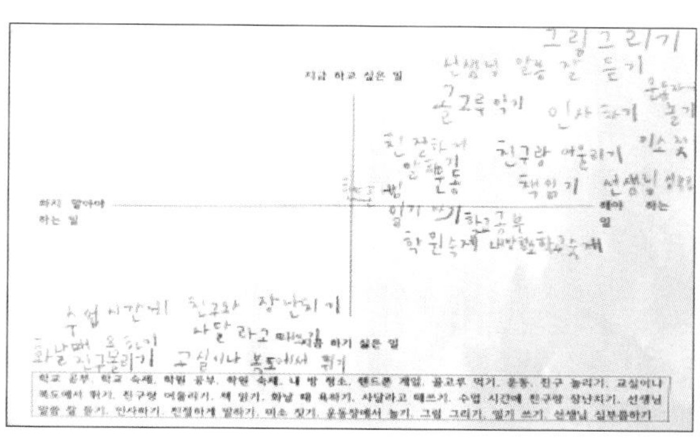

올바르고 건강한 예

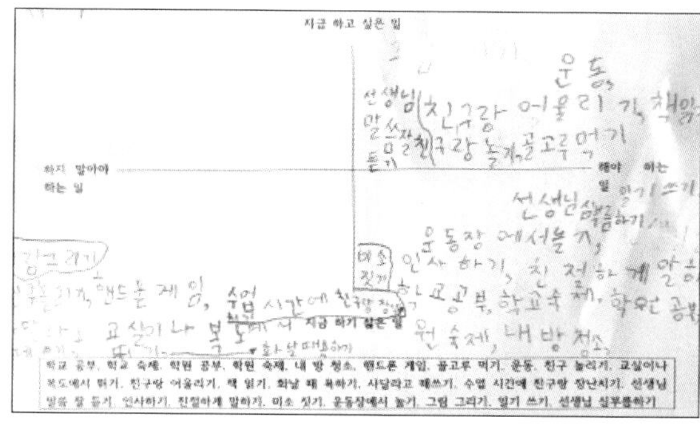

의욕이 부족한 예

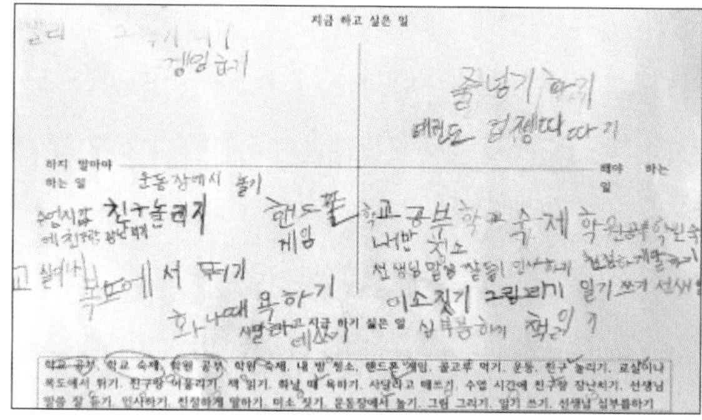

분별이 잘 안 되는 예 1

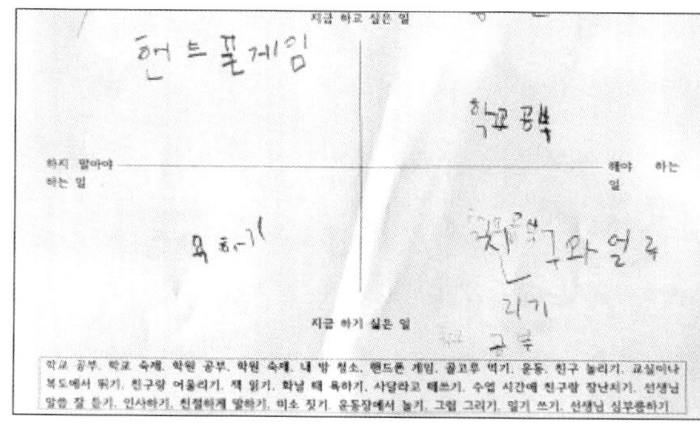

분별이 잘 안 되는 예 2

2학년 학생들이 분류한 예

#3. "선생님, 전 하버드대학교 갈 거예요."

2학년 우리 반 아이가 어느 날 불쑥 "선생님, 전 커서 하버드대학교 갈 거예요."라고 말했어요. 평상시 이 아이는 어떤 일에든 자신감 있게 부딪쳐 보고 잘 되면 "역시 나야." 하며 좋아하고 잘 안 되면 시간을 계속 들이며 몰두하였어요. 저는 "오, 하버드대학교도 알아? 그래 너는 나중에 분명 갈 수 있을 거야."라고 진심으로 대답해 주었지요. 학교에서 긍정적인 아이들은 항상 웃으며 친구들과 어울리고 어떤 과제를 제시하더라도 투덜거리지 않고 "어, 신기한 활동이네?" "와, 재밌겠다." "어, 이거 해 보고 싶었던 건데."라는 긍정적인 말을 하면서 자신은 물론 주변의 친구들에게도 '해 볼까?' 하는 동기를 불어넣어 주어요. 이렇듯 자기 스스로의 긍정 에너지는 자신과 타인에게 매우 중요합니다.

이와 마찬가지로 타인의 긍정 에너지도 매우 중요한데요. 교사가 아이에게 '저 아이는 뭘 해도 해낼 수 있을 거야.'라는 긍정의 마음을 먹으면 어떻게 될까요? 이렇게 타인의 기대나 관심으로 인하여 능률이 오르거나 결과가 좋아지는 현상, 긍정적인 기대나 관심이 사람에게 좋은 영향을 미치는 효과를 '피그말리온 효과(Pygmalion effect)'라고 말합니다. 일이 잘 풀릴 것으로 기대하면 잘 풀리고, 안 풀릴 것으로 기대하면 안 풀리는 경우를 모두 포괄하는 자기충족적 예언과 같은 말이지요. 자신이 만든 조각상을 사랑한 피그말리온에 대한 신화에서 유래된 효과입니다.

이 효과는 학생들을 가르치는 모든 교사들에게 항상 강조됩니다. 1968년 하버드의 교수 로젠탈(Rosenthal)이 미국 초등학교 학생들을 대상으로 했던 유명한 실험이 있었습니다. 전체 학생을 대상으로 지능검사를 실시한 후, 결과와 상관없이 무작위로 20%의 학생을 뽑고, 이들의 명단을 교사에게 전달하는데, 이 아이들이 똑똑하다고 교사에게 알려 줍니다. 8개월 후 이 학생들의 지능지수를 측정했더니 지능지수가 올라갔을 뿐만 아니라 학교 성적도 향상되었습니다. 어찌된 일일까요? 교사는 학생들이 똑똑하다고 생각하고 기대를 하며 가르쳤고, 이에 부응하기 위해 학생들도 열심히 노력한 것입니다. 학생들에 대한 교사의 기대와 격려는 그 기대와 격려에 부응하려는 학생들의 노력을 가져왔고, 이 노력은 실제로 학생들의 성적을 향상시켜 준 것입니다. 학생들에 대한 교사의 기대와 격려가 좋은 영향을 미치는 것을 보면, 부모가 자녀에게 갖는 기대와 격려는 엄청난 효과를 가져올 것임에 틀림없습니다. 그래서 저는 교실에서 우리 반 아이들을 보며 '우리 반 아이들은 선하고 똑똑하고 성실해서 다 잘될 거야.'라고 주문을 걸고 있습니다. 부모님들도 진심으로 자녀가 잘되길 기대하고 응원해 주세요.

#4. "저 망했어요. 저는 원래 이런 거 못해요."

종이접기를 하다 보면 아무것도 안 하고 멍하니 있는 애들이 있어요. 다시 알려 주거나 기다려 준다고 해도 "선생님, 저 망했어요." "선생님, 저는 원래 이런 거 못해요."라고 하며 설명을 듣지도 쳐다보지도 않고 딴짓을 합니다. 그럴 때마다 "얘들아, 완벽하게 잘 접어서 완성하는 것만이 성공이 아니야. 10단계 중에서 3단계까지라도 따라왔다면 3단계만큼은 능력치가 올라간 거야. 그럼 다음번에 할 때 1단계부터 다시 하는 게 아니라 3단계부터 할 수 있기 때문에 10단계까지 가는데 더 유리하겠지? 버리는 건 하나도 없단다. 그러니 처음부터 손 놓고 포기하지 말고 할 수 있는 데까지는 해 보렴." 그러면 몇몇은 알아듣고 자세를 바로잡고 저를 바라보며 다시 접기 시작합니다. 그러다가 한 아이가 꼬깃꼬깃 8단계까지 접은 종이를 가지고 나와서 "선생님, 여기서부터 잘 모르겠어요."라고 말하기도 하는데, 저는 이 순간이 너무 감격스럽습니다.

2학년, 아직 어린아이들인데도 생각보다 많은 아이들이 스스로를 못한다고 낙인을 찍고 그 안에 갇혀서 무기력하게 시간을 보냅니다. 이 아이들에게 "넌 할 수 있어."라는 긍정의 말 한마디로 용기를 얻어 성공하는 것은 영화나 드라마에서나 있는 일이지 실제 상황에서는 잘 통하지 않는다고 생각하는 것 같습니다. 아이들은 긍정적인 것 못지않게 부정적인 것도 쉽게 받아들입니다.

그래서 피그말리온 효과와 정반대 효과를 주는 '스티그마(Stigma effect) 효과'에 대해서도 잘 알고 대처해야 합니다. 스티그마 효과는 한번 나쁜 사람으로 찍히면 자기가 나쁜 사람이라 생각하고 스스로 나쁜 행동을 하게 되는 효과, 즉 낙인효과라고도 합니다. 아이들은 누가 비교하는 말을 하지 않아도 한 교실에서 같이 공부를 하다 보면 달리기를 잘하는 친구, 수학 문제를 잘 푸는 친구, 그림을 엄청 잘 그리는 친구, 종이접기를 매우 잘하는 친구들이 보이기 마련인데요. 이 친구들과 비교해서 자기는 잘 못한다고 낙인을 찍어 버립니다. 중요한 것은 이렇게 잘하는 친구가 같은 아이가 아니라 제각기 다른 아이라는 것입니다. 누구든 저마다 자기가 제일 잘하는 분야가 있기 때문에 교실에서 어떤 분야에 있어서 나보다 잘하는 친구는 당연히 있게 마련입니다. 그런데 이때마다 자기와 비교하면 열에 아홉 경우는 나는 못하는 아이가 된다는 거예요. "난 달리기는 못해." "난 수학은 못해." "난 그림은 못 그려." 이렇게 스스로 낙인을 찍다 보면 계속 못하는 아이로 남게 되는 그런 나쁜 효과가 생깁니다.

부모님도 "우리 아이는 머리는 좋은데 노력을 안 해." "우리 아이는 공부는 별로야. 큰 기대 안 해." 이런 말을 하지는 않으시겠죠? 이런 말을 들으면 아이는 진짜 노력을 안 하는 아이가 될 수 있습니다. 주변에서 아이가 듣고 있을 때에는 특별히 더 긍정적인 말을 사용해서 낙인효과가 아니라 긍정효과가 일어날 수 있도록 해 주세요.

우리나라 옛말 중에도 '말이 씨가 된다.' '콩 심은 데 콩 나고, 팥 심은 데 팥 난다.' '뿌린 대로 거둔다.'라는 말이 있습니다. 긍정적인 말의 힘과 부정적인 말의 힘이 얼마나 큰지 우리 조상들도 잘 알고 있었다는 거겠지요. 어른들의 긍정의 씨앗은 아이에게 긍정의 영향을 주고, 어른들의 부정의 씨앗은 아이에게 부정의 영향을 준다는 사실을 무겁게 받아들여 주시기 바랍니다.

#5. "내가 커서 엄마처럼 어른이 되면~"

"내가 커서 아빠처럼 어른이 되면, 우리 집은 내 손으로 지을 거예요. 울도 담도 쌓지 않는 그림 같은 집. 울도 담도 쌓지 않는 그림 같은 집. 언제라도 우리 집에 놀러 오세요~" 2학년 통합–여름–가족에서 나오는 노래입니다. 공개수업을 마치고 이 노래를 리듬악기로 연주하고 노래를 불러 주면 부모님들은 폭풍의 감동을 하십니다.

2학년 통합 교육과정을 살펴보면, 1학기 동안 나의 현재의 모습과 특성에 대해 배우고 미래의 나의 꿈에 대해 생각하는 공부를 합니다. 그다음 가족에 대해서도 많이 배우게 되는데 가족의 유형, 가족 구성원이 하는 일, 내가 도울 집안일, 주변의 가족에게 따뜻한 관심 보내기 등을 배우고, 내가 살고 싶은 집을 만들고 꾸미며 행복한 가정상을 만들어 나갑니다. 저는 현재의 나와 가족을 살펴보고 미래의 나와 가족을 꿈꾸는 이 교육과정이 아이들의 삶과 미래에 있어서 매우 중요하다고 생각합니다. 그래서 이 단원을 공부할 때마다 저는 반 아이들에게 묻곤 합니다. "얘들아, 너희는 나중에 엄마나 아빠가 되면 아이들을 몇 명 낳고 싶으니?" 그러면 난리가 납니다. 1명, 2명, 3명, 5명…… 안 낳을 거라는 아이들도 있고, 결혼을 안 하고 혼자 살 거라는 아이들도 있습니다. 하지만 조용히 가만히 있는 아이들은 없습니다. 제각기 이랬다 저랬다

하며 목소리를 키우고 웃으며 저마다의 미래를 꿈꿉니다.

2학년 1학기 통합 공부는 나와 가족에 대한 가치관을 확립할 수 있는 정말 소중한 시간입니다. 이때를 놓치지 말고 아이와 가벼우면서도 진지한 대화를 하면 좋겠습니다. "너는 어떤 사람이 되고 싶으니? 어떤 어른이 되면 좋겠니? 어떤 엄마(아빠)가 되고 싶니?"와 같은 가벼운 질문도 좋고, "어떤 사람이 바른 사람인 것 같니? 어떤 엄마(아빠)가 바람직하다고 생각하니? 어떻게 사는 삶이 행복한 삶인 것 같니? 사람은 어떻게 살아야 한다고 생각하니?"와 같은 진지하고 철학적인 질문도 좋습니다. 자녀에게 알맞은 수준으로 다가간다면 나와 가족에 대한 가치관을 확립할 수 있는 좋은 기회가 될 것입니다.

더불어 어머니(아버지) 자신에게도 질문하고 답해 보는 시간을 가져보시면 어떨까요?

- 자녀가 어떤 사람으로 자라기를 바랍니까?
- 자녀가 돌잡이를 할 때를 떠올려 봅시다. 어떤 것을 잡기를 바랐나요? 그 이유는? 무엇을 잡았나요? 어떤 미래를 기대했나요?
- 자녀의 태몽과 태명을 생각해 봅시다. 어떤 아이로 자라기를 바랐나요? (예: 건강하기를 바라서 튼튼이라고 지었어요.)
- 자녀의 어떤 모습이 당신을 행복하게 만듭니까?
- 자녀의 어떤 모습 때문에 힘들어하고 있습니까?
- 자녀와 행복하게 지내기 위해 어떤 것들이 필요할까요?
- 당신이 가장 소중하게 여기는 가치는 무엇입니까? 당신의 생활을 지탱해 주는 가치는 무엇입니까?
- 자녀에게 심어 주고 싶은 가치는 무엇입니까?

#6. "제 꿈은 ○○○이에요."

2학년 아이들은 꿈이 무엇일까요? "얘들아, 너희는 꿈이 무엇이니? 나중에 어른이 되면 어떤 일을 하고 싶어?" "요리사요." "선생님이요." "태권도 사범님이요." "선교사요." "국가대표 축구선수요." "경찰관이요." "카페 사장이요." 등.

"너희가 되고 싶은 꿈을 이룬 사람을 떠올려 볼까?" "손흥민이요." "○○태권도 사범님이요." "백만 구독자 유튜브 크리에이터요." 등.

되고 싶은 것을 큰 목소리로 외치는 아이들의 얼굴에는 웃음과 자신감이 넘칩니다. 그런데 이와는 반대로 아직 꿈이 없다는 아이들도 종종 있습니다. 당연하겠죠. 이제 겨우 9년밖에 안 살았는데, 벌써 꿈을 하나 정해 놓고 다른 데 안 보고 달려간다는 것은 쉬운 일이 아닙니다.

학교에서 아이들의 미래를 위한 진로 교육을 할 때에는 순서가 있습니다. 먼저 내가 좋아하는 것과 싫어하는 것, 나의 장점과 단점을 생각하며 나 자신에 집중합니다. 더 나아가, 나 자신의 흥미, 특기, 적성 등을 살펴보고, 나는 어떤 사람인지 충분히 알아보고요. 그리고 정확한 직업을 떠올리는 것이 아니라 '어떤 일을 하는 사람' 정도로만 떠올립니다. 그다음에 직업을 특정해 보고, 관련 인물을 떠올리며 나의 꿈을 더욱 생생하게 그려 봅니다. 생생하게 꿈을 꾸면 반드시 이루어진다는 말(R=VD)이 있거든요.

저도 초등학교 1학년 때 꿈이 막연하게 선생님이었는데, 진짜로 그 많은 대학 중에 교대를 가서 선생님이 되었고, 이렇게 학교에서 아이들을 가르치고 배우며 교학상장(教學相長)의 길을 걷고 있습니다. 3년 전 어느 날, 저는 우연히 중학교 때 일기장을 읽어 보게 되었는데요. 일기장 맨 끝에 '나는 커서 반드시 선생님이 될 것이다.'라고 적혀 있어서 깜짝 놀랐습니다. 나 자신도 까맣게 잊고 있었던 일기장의 이 글. 생각해 보면, 이것이 바로 저의 꿈노트였나 봅니다.

그래서 저는 꿈노트의 힘을 믿습니다. 그리고 항상 우리 반 아이들의 꿈노트를 만드는데요. 아이들과 만든 꿈노트를 조금 보여 드리겠습니다.

미래의 내 모습 꿈노트

#7. "2학년 동안 꼭 이룰 거예요."(버킷 리스트)

1944년, 열일곱 살의 소년 존 고다드(John Goddard)는 로스앤젤레스에 있는 자기 집 식탁에 앉아 한 가지 계획을 떠올려 보았어요. 존은 노란색 종이 한 장을 가져다가 맨 위에 '나의 인생 목표'라고 쓰고, 그 아래로 127가지의 인생 목표를 써 내려갔어요. 그로부터 28년이 지난 1972년, 존 고다드는 자신이 세운 127가지의 목표를 모두 다 이루었고 그의 이야기는『라이프』잡지에 소개되었어요. 17살의 어린 소년이 이러한 목표를 세우고 최선을 다하게 된 계기는 무엇일까요? 존이 15살 되었을 때, 존의 할머니가 숙모와 말씀하시다가 "이것을 내가 젊었을 때 했더라면……"이라는 후회의 소리를 하는 것을 듣게 되고, 존은 나는 이런 후회는 하지 말아야지 하는 생각으로 계획을 세우게 되었다고 합니다. 존은 탐험할 장소, 등반할 산, 배워야 할 것들, 사진 촬영, 수중 탐험, 여행할 장소, 수영해 볼 장소, 해낼 일 등을 구체적으로 적었어요. 아이들에게 이 소년의 이야기를 들려주면 정말 신기해합니다. 그리고 자기도 이렇게 해 보고 싶어 하죠.

1. 수학 잘하기 2. 줄넘기 잘하기 3. 화가 꿈 이루기 4. 글씨 더 예쁘게 쓰기 5. 엄마, 아빠 말씀 잘 듣기	1. 옆돌기 연속 5개 성공하기 2. 줄넘기 주니어 자격증 따기 3. 태권도 품증 따기 4. 하루에 책 5권씩 읽기 5. 줄넘기 1000개 하기	1. 그림 잘 그리기 2. 제주도 가기 3. 피아노 대상 타기 4. 영어 말하기 대회 나가기 5. 이사 가기
1. 축구 실력 늘리기 2. 수학 잘하기 3. 영어 잘하기 4. 공부 잘하기 5. 태권도 2품 따기	1. 태권도 품띠 따기 2. 종이접기 더 잘하기 3. 채르니 30 되기 4. 홈런 3000콘 되기 5. 줄넘기 공인급수 5급 되기	1. 책 많이 읽기 2. 친구와 싸우지 않기 3. 선생님 심부름 잘하기 4. 부모님 말씀 잘 듣기 5. 공부 더 열심히 하기

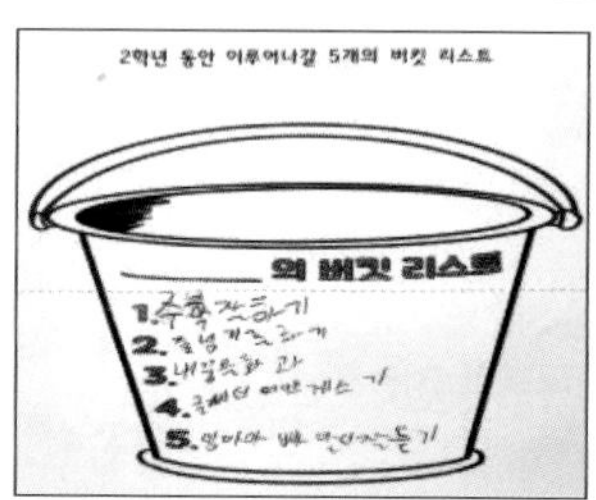

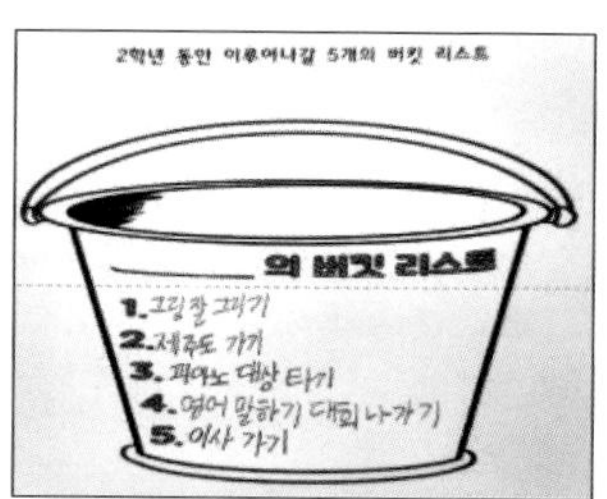

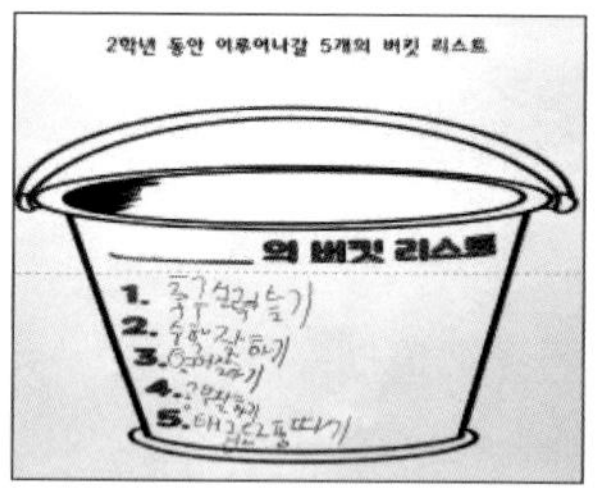

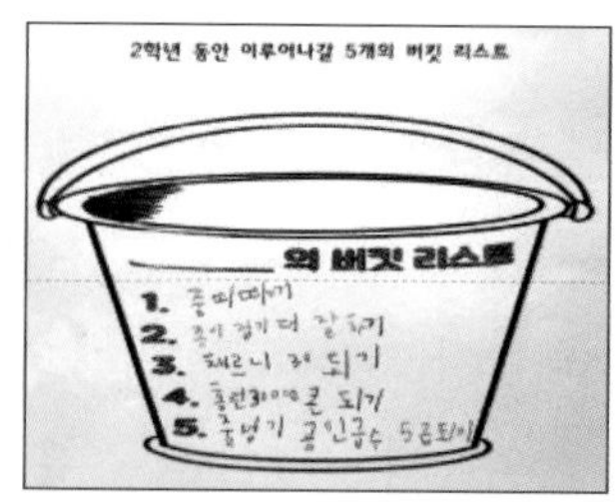

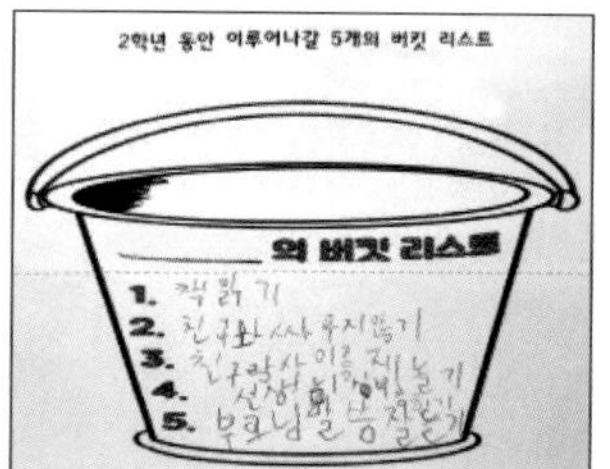

2학년 학생들이 쓴 꿈 목록(버킷 리스트)

2학년 아이들에게 진로 교육을 먼 미래만 바라보며 할 수는 없습니다. 그래서 지금부터 2학년 동안 이루어 나갈 5개의 꿈 목록(버킷 리스트)을 작성해 보게 합니다. 그리고 2학년을 끝마칠 때, 과연 잘 이루었는지, 얼마만큼 달성했는지 체크해 보도록 합니다.

어느덧 차가운 겨울이 되었습니다. 봄이 엊그제 같았는데 벌써 겨울이라니…… 3월 첫날 긴장하며 조심스럽게 앉아 있던 작은 아이들이 어느새 키가 커지고 목소리도 커지고 스스럼없이 말하고 웃으며 수다쟁이 웃음꾼이 되었습니다. 한 아이는 저에게 내년에 몇 학년 가르칠 거냐고 묻습니다. 벌써 학교 시스템을 다 아는 거지요. 또 다른 아이는 선생님이 몇 살인지, 생일은 언제인지 안 알려 줬다며 이제는 알려 달라고 떼를 쓰기도 합니다. 아이들과 헤어지는 마지막 날 그동안 찍었던 사진들로 학급 앨범을 만들어 나누어 주며 내년에도 행복하라고 한 명 한 명 인사를 해 줍니다. 아이들은 만남보다 헤어짐을 더 힘들어합니다. 3월에는 적응에 신경을 써야 했다면 12월에는 헤어짐에 신경을 써 주어야 합니다. 정들었던 친구들과 선생님, 그리고 교실을 떠나는 아이의 마음이 어떤지 물어봐 주시고 꼭 안아 주세요. 좋았던 일과 힘들었던 일 모두 추억으로 남을 수 있게 도와주세요.

"1년 동안 수고했다. 장하다, 우리 아들(딸)"

우당탕탕 2학년 탐구생활(Q&A)

Q1. 부모가 주도적으로 아이를 끌어 주어야 성공하지 않나요?

아주 유명한 비교 영상이 있습니다. 외국의 아이가 유치원에 가는 아침 모습과 우리나라 저학년 아이의 학교 가는 모습입니다. 엄마는 아침을 준비하고 있고 아이는 옷과 양말을 자기가 원하는 것으로 꺼내 입습니다. 입고 나와 보니 엄마가 보기에 우습기 짝이 없습니다. 이 엄마는 옷을 안으로 넣어 좀 더 바르게 입혀 주고 아침을 먹으라고 합니다. 흘리며 먹지만 상관없습니다. 다 먹은 후 묻은 것을 떼어 주며 전체적인 몸 정리를 해 주며 원에 보냅니다. 반면, 우리나라의 아침 모습은 어떨까요? 초등학교 1~2학년쯤 됩니다. 외국의 아이보다 더 큰 우리나라 아이는 아침부터 엄마를 바쁘게 만듭니다. 엄마는 먼저 밥을 준비하며 틈틈이 자는 아이 깨우고 씻기고 옷도 골라 주고 입힙니다. 아이는 엄마가 하는 일이 잘 되도록 손을 뻗고 다리를 움직이며 돕습니다. 입에 밥을 넣어 주고 자려는 아이 다시 깨우면서 엄마가 준비해 놓은 책가방 메어 주며 학교에 보냅니다. 아이가 엄마의 아침 일을 잘 못 따라올 경우, 엄마는 소리를 지르고 혼내기도 합니다.

이 두 사례에서 아침 등교의 주도성을 누가 가지고 있나요? 당연히 외국 사례겠지요. 우리나라 엄마는 아이가 이상한 옷을 선택해서 입는 것을 참지 못합니다. 그래서 주도성이 뛰어난 우리나라 엄마는 벌써 전날 밤 코디를 맞춰 준비해 놓았습니다. 아이는 그냥 입기만 하면 됩니다. 하지만 자기가 옷을 선택해서 입을 때 자율성과 주도성이 생기고, 이렇게 자기선택권이 있을 때 더 즐거운 법입니다.

우리나라 엄마는 아이의 공부에 있어서도 기다려 주지 못하고 적극적으로 개입해서 주도면밀한 계획을 세워 놓습니다. 그러면 아이는 공부의 주도권을 엄마에게 빼앗기고 그에 순응하는 수동적인 자세를 갖게 됩니다. 실제로 예전에 가르쳤던 아이가 하나부터 열까지 다 물어보고 하는 태도를 보였습니다. "이거 하고 나면 뭐해요?" "이거 다 했는데 이제 뭐해요?" "이건 하기 싫은데 그럼 뭐해요?" 이렇게 끊임없이 물어보는데, 심지어는 "이거 어디에 버려요?" "줄넘기 하고 싶은데 줄넘기가 없어요. 어떻게 해요?" 이렇게 작은 문제까지도 스스로 해결을 못하고 물어보는 것이었습니다. 부모님과 상담을 해 보니, 부모님 두 분 다 매우 엄하셨고 아이가 해야 할 것들을 리스트로 뽑아서 계획을 다 세워 주셨습니다. 그리고 우리 아이는 이렇게 해 주면 맘 편하게 잘한다고 하셨습니다.

아이의 주도성을 키워 주려면 조금 늦게 가고 실수가 생겨 답답하더라도 아이에게 스스로 생각해 보고 판단해 보고 계획해 보고 실행해 보는 기회를 주시기 바랍니다. 그래야 실패했을 때 부모님 탓을 하지 않고 어디가 잘못된 건지 돌이켜 보며 재도전하며 고쳐 나갈 수 있습니다. 이렇게 자기를 돌아보며 주도성을 기르고, 실패를 견디고 다시 해 나가며 회복탄력성[1]을 키워 나간다면 훗날 무슨 일을 하든 멋진 어른으로 자라날 수 있을 것입니다.

Q2. 2학년 겨울방학에는 무엇을 하면 좋을까요?

2학년 겨울방학은 아이의 공부 습관을 바로잡아 주고, 학습량을 파악하여 3학년 공부를 할 수 있는 준비상태를 마련해 주어야 합니다. 3학년이 되면, 학습량도 많아지고 학습 수준도 꽤 높아지기 때문입니다. 국어, 도덕, 사회, 수학, 과학, 체육, 음악, 미술, 영어 이렇게 9개의 교과서가 나오고, 교과서 속 글씨 크기도 많이 작아지고 글밥도 상당히 늘어납니다.

영어 알파벳을 대문자와 소문자까지 읽고 쓰면 좋습니다. 3학년 때 처음 배우는 영어 교과이기에 가장 기본이 되는 알파벳을 알고 배우는 것과 모른 상태에서 배워 나가는 것은 영어에 대한 자신감과 흥미를 좌우하기 때문입니다. 수학은 받아올림과 받아내림이 있는 덧셈과 뺄셈, 구구단을 점검해 주셔야 합니다. 배울 때는 다 이해하고 문제를 해결할 수 있으나 시간이 지나면 잊히기 때문에 3학년 때 수학을 잘하려면 2학년 겨울방학 때 잘 다져 놓아야 합니다. 국어는 맞춤법 점검하기, 다양한 책 읽기가 중요합니다. 그리고 글씨가 바르지 않은 아이들은 시중에 나와 있는 '글씨 바르게 쓰기 책'을 한 권 사서 꾸준히 연습해 주시면 좋습니다. 국어는 길게 보셔야 합니다. 지금 당장 문제를 맞추는 것보다는 다양한 글을 읽어 보고 어휘력을 늘려 주고 속담과 고사성어도 접하게 해 주시는 것이 중요합니다.

---

1) 회복탄력성이란 어려운 상황에서 회복할 수 있는 능력을 말합니다. 즉, 스트레스가 많은 상황들을 견디고 빠르게 회복할 수 있는 역량을 뜻합니다.

Q3. 아이가 갑자기 전학을 가고 싶다고 하는데, 어떻게 하면 좋을까요?

전학을 가고 싶다고 할 때는 좀 더 자세히 살펴보아야 합니다. 학교에서 친구 관계가 좋지 않거나 학교폭력을 당하고 있거나 학교의 시스템 무언가가 아이와 맞지 않기 때문에 매우 불편하다고 느끼고 있을 겁니다. 또는 아직 2학년이라 같은 반 친구가 전학을 가서 선생님과 친구들이 울면서 떠나보내는 경우, 모방 심리에 의해 '나도 전학 가면 선생님과 친구들의 사랑과 관심을 받을 수 있겠지?' 하는 예상하지 못했던 이유도 있습니다. 전학을 가고 싶다는 말은 절대 가볍게 넘기면 안 됩니다. 어떤 이유로든 도와달라는 신호이니 잘 살펴주세요. 이 외에도 "심심해." "재미 없어." 이런 말을 하는 경우도 있는데 이때도 자세히 들여다보아야 합니다.

Q4. 전학을 가야 하는데, 언제 전학 가면 좋을까요?

전학을 가야 하는 상황이 생기면 당연히 가야겠지요. 그런데 2학년은 아이의 기질에 따라 전학을 가도 되는지 언제 가면 좋은지 생각해 보셔야 합니다. 외향적인 아이라면 언제 전학을 가도 잘 적응할 가능성이 높습니다. 그런데 내향적이고 예민한 아이라면 전학이 매우 큰 스트레스가 되고, 전학을 갔을 때 새로운 환경에 적응하는 것에 많은 어려움을 겪을 수 있습니다. 전학생이 적응하기 좋은 때는 3월, 9월과 같은 학기 초입니다. 이 중에 9월보다는 3월이 더 좋습니다. 어쨌든 우리 아이의 기질과 성향을 살피며 세심하게 시기를 정해 주시면 좋겠습니다.

그리고 요즘은 학생 수에 맞게 교과서가 나오기 때문에 전학을 갈 때는 그 전 학교에서 새 학년 교과서를 챙겨 가야 합니다. 단, 검정교과서나 지역교과서(타 지역으로 갈 때)가 많아져서 새로운 학교에 미리 전화를 해서 교과서를 확보해 두는 것도 필요합니다. 1, 2학년은 전 교과서(국어, 수학, 통합, 안전한생활)가 국정교과서이기에 전국 공통이라 별 문제가 없습니다. 단, 3~6학년은 국어와 도덕만 국정교과서이고 그 외에는 검정교과서이기 때문에 출판사가 학교마다 달라 일단 쓰던 교과서는 다 챙겨 가야 합니다.

 우당탕탕 2학년 성장노트

'공감의 씨앗이 싹터요.'

초등학교 2학년 아이들은 친구, 부모, 선생님 등 주위 사람들을 도우려는 행동은 자주 하는 편입니다. 이와 같은 모습을 친사회적 행동(prosocial behavior)이라고 부르기도 합니다. 친사회적 행동은 다른 사람을 돕거나 도우려는 모든 행동을 뜻합니다. 도덕적 행동뿐만 아니라 보상을 바라지 않고 다른 사람의 유익을 위하는 자발적인 행동으로 볼 수 있습니다. 친사회적 행동은 영아기, 아동기, 그리고 청소년기를 지나면서 보다 정교하게 변화합니다.

초등학교 2학년 시기 아이들의 행동이 타인의 마음을 고려해서 나타나는 구체적이고 의도적인 행동임을 확인하기는 쉽지 않습니다. 그럼에도 불구하고 아이들이 진심으로 상대방의 마음을 헤아리려는 태도를 보이기 시작한다는 점에서 우리는 친사회적 행동에 주목할 필요가 있습니다. 친사회적 행동은 다양한 의도를 통해서 나타날 수 있습니다. 그중에서 순수한 의도로 나타났을 때, 이를 이타적 행동이라고도 합니다.

여러 학자들은 사람이 이타적 행동을 하기 위한 기본 조건으로 '공감' 능력을 말합니다. 공감(empathy)은 자신이 마치 상대방이 되어서 느끼고, 생각하고, 행동하는 것입니다(박성희 외, 2017). 자신이 가진 상대방에 대한 편견이나 오해, 불편한 감정, 욕심 등을 버리고 지금 이 순간에 주목하면서 깊이 공감한다면 상대방과 하나가 될 수 있다는 것입니다.

우당탕탕 2학년의 겨울, 아이들의 마음속에는 이타적 행동을 할 수 있는 공감의 씨앗이 이미 싹터서 무럭무럭 자라나고 있습니다. 아이들은 자신이 마치 다른 사람이 된 것처럼 느끼고, 생각하고, 행동하기 시작하는 순간을 경험하고 있을지도 모릅니다. 아이들의 마음속 공감의 씨앗이 잘 싹트기 위해서 부모의 온정과 지지가 긍정적인 영향을 줄 수 있다는 점 함께 기억했으면 합니다.

#2학년 겨울 #친사회적 행동 #이타적 행동 #공감 #공감의 씨앗

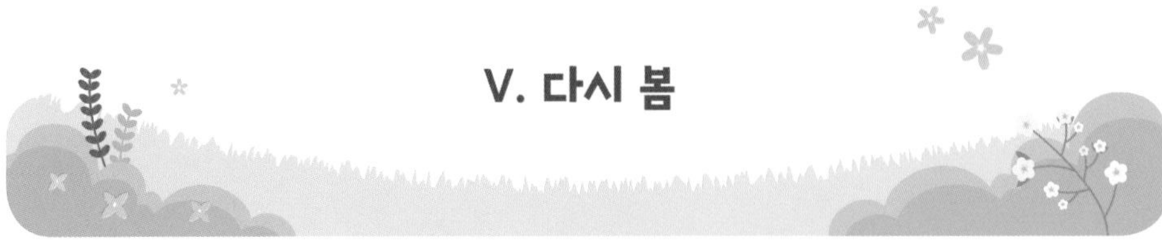

V. 다시 봄

초등학교 2학년 아이의 부모님께

"지금 당신은 어떤 부모님이 되고 싶으십니까?"

엄마와 아빠의 아기로 태어난 나는 축복과 사랑을 받으며 삶을 시작했습니다. 어린 아기였던 나는 부모님의 보살핌 속에 쑥쑥 자랐고, 학생 때는 열심히 학교 다니고 친구들과 놀고 공부하며 괜찮은 어른으로 성장하였습니다. 그리고 서로를 좋아하고 아껴 주는 괜찮은 사람을 만나 결혼도 했습니다. 배 속에 아기가 생겼을 때는 좋은 음악과 좋은 음식을 먹고, 좋은 생각을 하며 아홉 달 7일 동안 정성스럽게 키워 힘겹게 세상에 내놓았습니다. 이때부터 이 작은 아이는 나의 전부인 것만 같았습니다. 아이로 인해 웃고, 아이로 인해 아팠습니다. '눈에 넣어도 안 아프다. 안 먹어도 배부르다.'는 말도 안 되는 말을 진심으로 이해할 수 있는 시기가 왔습니다. 부모의 자식 사랑은 끝이 없어 그 크기를 가늠할 수 없습니다.

"어떤 부모님이 되고 싶으십니까?"라는 질문과 함께 "어렸을 때 어떤 부모님을 원하셨습니까?"도 생각해 보시면 좋을 것 같습니다. 어린 당신은 어떤 부모님을 원하셨나요? 맛있는 것 많이 사주는 부모님? 학원 많이 보내 주는 부모님? 선물 많이 사 주는 부모님? 혼내지 않는 부모님? 아마도 나를 아끼고 진심으로 사랑해 주는 부모님을 원하셨을 겁니다. 그래서 저도 어떤 부모가 되고 싶은지 차분히 적어 보았습니다.

첫째, 내 자녀를 맘껏 사랑하고 내 자녀로부터 사랑을 받는 부모가 되고 싶어요.

둘째, 행복한 가정생활을 보여 주며 아이에게 삶의 즐거움을 가르쳐 주고 싶어요.

셋째, 미래의 꿈과 희망을 심어 주고 그것을 이루기 위한 계획과 실천을 할 수 있도록 도와줄 거예요.

넷째, 긍정적인 사고방식과 생활 태도를 갖도록 나부터 모범을 보일 거예요.

다섯째, 아이의 생활 전반에 걸쳐 칭찬과 격려를 아끼지 않고 환경적 지원도 힘껏 해 줄 거예요.

여섯째, 아이가 잘못한 것은 꾸짖어 올바른 방향으로 가도록 돕는 부모가 될 거예요.

일곱째, 세상에 좋은 영향을 주는 선한 사람으로 자라도록 도울 거예요.

아직은 7개이고 앞으로 계속 바뀌겠지만, 꾸준히 수정과 보완을 통해 나만의 부모 10계명을 만들어 가려고 합니다.

지금 내 아이를 기르고 있는 이 순간은 정말 소중한 시간입니다. 사랑스러운 우리 아이와 같이 살고 있는 이 시간은 천만금을 주어도 다시 돌아오지 못할 순간입니다. 이 아이가 나에게 온 것은 정말 천운이고 너무나 감사한 일입니다. 지금 우리 아이에게 이렇게 말해 주세요. "아이야, 고맙다. 그리고 사랑한다."

"선생님, 같이 하니까

더 재미있어요!"

1, 2학년에서 다진 기본기를 바탕으로 3학년 아이들은 학교생활의 모든 면에서 반짝반짝 빛이 납니다. 동에 번쩍, 서에 번쩍, 쉬는 시간마다 친구들과 온 학교를 누비고, 호기심 가득한 눈을 반짝이며 새로운 배움을 맞이합니다. 다양한 장면에서 칭찬과 격려를 통해 더욱 빛날 수 있는 3학년 이야기입니다.

1. 반짝반짝 3학년의 '봄'

"봄, 또 다른 새로움과 만나요."

『마법의 사탕 한 알』(코비 야마다 · 아델리나 리리우스, 상상의 힘, 2022)

어느 날 한 아이가 사탕 한 알이 놓인 접시를 발견하고 그 사탕을 먹게 됩니다. 아이가 먹은 사탕의 맛은 아름답고 신비로웠어요. 아이는 또다시 사탕이 먹고 싶어져 접시 뚜껑을 당겨 보지만 아무리 해도 접시 뚜껑은 열리지 않습니다. 하루에 한 알만 먹을 수 있는 사탕이었거든요. 하루에 한 알만 먹을 수 있는 사탕으로 아이의 생각에는 어떤 변화가 생겼을까요? 매일의 새로움과 소중함에 대해 생각해 볼 수 있는 그림책입니다.

3학년의 봄은 다른 학년의 봄과 많이 다릅니다. 여러 가지 새로움이 한꺼번에 몰려오는 시기이지요. 3학년의 새로운 하루하루를 어떤 마음으로 맞이하면 좋을지 책을 읽고 아이와 함께 이야기 나눠 보세요.

반짝반짝 3학년 교실 이야기

3학년의 봄은 조금 특별합니다. 초등 6년 생활을 통틀어 가장 큰 새로움을 만나게 되는 시기라 이야기할 수 있어요. 초등교육과정은 학년군 교육과정으로 두 학년씩 묶어서 배움을 구성하고 있는데, 3, 4학년군에 들어서는 시기가 바로 3학년입니다. 그렇다 보니 2학년 때와는 다르게 새로운 교과를 배우게 되고, 수업 시간도 그만큼 늘어나게 되지요. 영어, 체육 등 몇몇 교과는 담임선생님이 아닌 전담선생님과 수업을 하게 되고, 2학년 때보다 학습량도 늘어납니다. 대부분의 초등학교에서는 4학년부터 전교학생회 선거에 참여할 수 있기 때문에 보통 3학년이 되면 학급 임원 선출을 통해 학생자치가 무엇인지도 맛보게 됩니다. 그리고 3학년이 되면 아이들은 인지 및 정서발달을 위해 개인적인 활동보다는 협력적인 활동을 해야 하는 상황에 많이 노출됩니다. 말 그대로 배움과 관계 속에서 새로운 변화를 맞이하게 되는 3학년입니다.

#1. "우와, 이게 다 교과서예요?"

3학년 교과서를 나누어 주는 날, 아이들의 책상은 금세 비좁아집니다.

"우와, 이게 다 교과서예요?"

책상 위에 수북이 쌓인 교과서를 보고 누군가 이야기합니다. 그렇지요. 놀랄 수밖에 없어요. 2학년에 비해 교과서 수가 훨씬 많아졌거든요. 한 교과당 교과서가 여러 권인 경우도 있어서 아이들이 받는 교과서 수는 열 권을 훌쩍 넘겨 버립니다.

3학년에서는 통합교과(봄, 여름, 가을, 겨울)가 세분화되고 새로운 교과도 추가되며 총 9개의 교과를 배우게 됩니다. 국어와 도덕은 국정교과서를 사용하고, 그 외 교과는 검정교과서(교육부가 심사하여 적합한 것으로 판정한 교과서)를 사용합니다. 그래서 국어와 도덕을 제외한 나머지 교과서는 학교마다, 혹은 학년마다 달라지게 됩니다(2023년 기준). 전학을 가면 교과서가 달라지는 이유도 그 때문입니다.

아이들은 기특하게도 새로운 교과와 교과서 수에 놀라고만 있지는 않습니다. '이 많은 교과서를 공부할 만큼 내가 자랐구나.' 하는 뿌듯함, '새로운 교과를 얼른 공부하고 싶다.'는 기대감에 학기 초부터 긍정적인 에너지로 반짝반짝 빛이 납니다. 아이들

은 이미 배울 준비가 되어 있는 거지요. 많아진 교과서를 정리하며 3학년이 되었다는 사실을 다시금 실감합니다. 이 많은 교과서를 아이들이 어떻게 챙길까 하는 생각이 드시지요? 이전 학년에도 그랬다시피 교과서가 집으로 갈 일은 거의 없습니다. 보통 학교 사물함에 보관했다가 수업 시간에 사용합니다.

늘어난 교과를 공부하려니 당연히 수업 시간도 늘어나게 됩니다. 3학년부터는 6교시 수업을 하는 날이 생깁니다. 3, 4학년이 동일하게 연간 수업시수 986시간을 이수해야 하기 때문에 보통 주당 26~27시간으로 시간표를 구성합니다. 하지만 학기 초 또는 학기 말에는 5, 6교시가 아닌 4교시 수업을 하는 단축수업[1]이 생기기도 해요. 1년을 계속 주당 26~27시간으로 맞추어 운영하다 보면 수업시수가 법정수업시수인 986시간을 넘게 되기 때문에 단축수업을 통해 수업시수를 조정하는 것이지요.

어마어마한 수의 교과서와 늘어난 수업 시간을 경험하게 된 아이들은 새로운 것에 대한 설렘과 피곤함이 교차합니다. 특히 6교시 수업을 처음 해 보는 아이들은 오후에 집중력이 흐트러지기 쉽습니다. 그래서 보통 오후에는 다른 교과보다 조금 더 활동적인 예체능 교과나 창의적 체험활동을 편성해서 아이들이 수업에 집중할 수 있도록 돕습니다.

1) 수업시수 조정으로 인한 시간표 변동은 엄밀히 말하면 원래 해야 하는 수업을 줄여서 하는 것이 아니기 때문에 '단축수업'이라는 용어와 의미가 딱 맞아떨어지지는 않습니다. 하지만 일상적으로 많이 사용하기 때문에 이해를 돕기 위해 해당 용어로 표현하였습니다. 법정시수를 맞추기 위한 탄력적 수업 시간 변동이라고 생각해 주세요.

#2. "전담선생님이 누구예요?"

"얘들아, 체육이랑 영어는 선생님이 아니라 전담선생님께서 가르쳐 주실 거야."

"전담선생님이 누구예요?"

"우와, 재미있겠다."

전담수업 시작 전부터 아이들은 전담선생님을 만날 생각에 설렙니다. 3학년의 몇몇 교과는 전담선생님이 가르치게 됩니다. 보통 영어와 체육을 전담선생님께서 가르쳐 주십니다. 하지만 그 외 과학, 도덕, 음악, 미술 등 학교와 학년의 필요에 따라 전담교과가 달라지기도 합니다. 전담선생님이라 하면 중 · 고등 교과선생님처럼 평생 그 교과만 가르치는 선생님을 떠올릴 수도 있겠지만, 초등에서는 좀 다릅니다. 초등교사는 대학에서 모든 교과를 가르칠 수 있도록 심도 있는 교과 교육을 받고 졸업을 합니다. 한마디로 초등교사는 모든 교과를 가르칠 수 있는 전문가입니다. 그래서 작년 담임선생님이 올해는 전담선생님이 되기도 하고, 올해 전담선생님이 내년에는 담임선생님이 되기도 합니다. 작년 우리 담임선생님이 영어 전담선생님이 되었다고 너무 놀라지 마세요. 초등학교 선생님은 누구나 전담선생님이 될 수 있습니다. 전담선생님과의 수업은 담임선생님이 아닌 다른 선생님과도 새로운 관계를 맺을 수 있고, 교과 특성에 따른 새로운 배움에 집중해 볼 수 있는 좋은 기회가 됩니다. 아이들은 전담수업이 끝나면 전담시간에 있었던 일을 담임선생님께 조잘조잘 이야기합니다. 가정에서도 전담선생님과는 어떤 수업을 하는지 한번 물어봐 주세요.

#3. "내가 좋아하는 수업은?"

3학년에게 가장 인기 있는 교과는 단연 체육입니다. 3학년부터 6학년까지 그 인기는 쭉 이어집니다. 3학년부터는 개인별로 교과에 따른 호불호가 뚜렷하게 드러납니다. 우리 어릴 적을 생각하면 수학을 싫어하는 친구들이 많을 것 같지만, 꼭 그렇지만도 않습니다. 국어도 좋아하고, 수학도 좋아하고, 영어도 좋아하고, 과학도 좋아합니다. 아이들마다 교과에 대한 선호가 생기고 좋아하고 싫어하는 이유가 분명해집니다.

3학년 국어에서는 본격적인 글쓰기 교육이 시작됩니다. 3학년은 아직 맞춤법이 완성된 단계는 아니기 때문에 생각을 글로 표현할 때 글씨를 틀리기도 하고, 선생님께 맞춤법을 물어보기도 합니다. 아이들마다 글쓰기 수준은 다르지만 국어 시간마다 꾸준히 연습하면서 자신의 생각을 글로 표현하는 데 조금씩 능숙해집니다. 아이에 따라서는 생각을 꺼내는 것을 힘들어하기도 하는데, 정말 쓸 거리가 없어서 그런 것인지, 생각의 확장이 어려운 것인지 살펴보고 이에 맞춰서 도와줄 필요가 있습니다. 생각의 확장이 어려운 경우에는 글감에 대한 질문을 하며 생각을 넓혀 주는 것이 도움이 됩니다.

3학년 사회는 주로 우리 고장을 중심으로 과거와 현재의 생활 모습을 알아보는 내용으로 구성되어 있습니다. 그리고 고장, 문화유산, 절기 등 아이들에게는 조금 어려울 수 있는 개념어들이 등장하기 시작합니다. 수업은 주로 배워야 할 내용을 조사하고 정리해서 발표하는 방식으로 진행되는데, 처음 조사 학습을 접하는 아이들은 인터넷으로 검색하고 본문을 그대로 옮겨 써 오는 경우가 많습니다. 이해하지 못하고 글씨만 따라 써 오다 보니, 발표할 때도 뜻은 모르면서 내용만 줄줄 읽고 끝내기도 합니다. 혹시 아이가 그렇게 조사하고 있는 모습을 본다면 검색한 내용을 읽고 자기 말로 바꿔서 정리할 수 있도록 알려 주셔야 합니다. 사회 수업 내용이 주로 우리 고장에 대한 내용이다 보니 아이와 함께 수업 중에 배운 장소를 가 보는 것도 훌륭한 사회체험 학습이 됩니다.

3학년 수학은 2학년까지 배웠던 개념들이 확장이 되고 분수가 들어오게 됩니다. 보통 구구단이 완벽하지 않으면 실수를 많이 하게 되기 때문에 3학년 수학을 시작할 때는 구구단부터 점검해 보는 것이 좋습니다. 2학년 때 구구단을 완벽하게 외웠다 하더라도 평소에 사용하지 않으면 잊어버리는 것이 당연합니다. 제대로 안 외워서 잊는 것이 아니라 안 써서 잊는 경우가 더 많으니 모르면 다시 알려 주세요. 계산의 자리 수가 커지고 분수가 들어오면서 수학을 어렵게 생각하는 아이들이 늘어납니다. 배운 것을 꾸준히 복습하는 것이 어려움을 이겨 내는 가장 좋은 방법입니다. 선행보다는 배운 것을 충분히 익히는 데 중점을 두면 자연스럽게 수학 자신감도 늘게 됩니다.

3학년 과학은 기초적인 과학 개념과 탐구 방법을 알아보는 것부터 시작합니다. 물질, 동물, 지구와 관련한 단순한 실험과 관찰이 주를 이루지만 아이들이 직접 하는 활동이 많아서 즐겁게 참여합니다. 3학년 실험은 교실 여건에 따라 다양하게 이루어집니다. 물품 수급이나 학생 수 등으로 상황이 여의치 않을 때는 영상 시청으로 대체되는 경우도 있지만 대부분 대표 실험, 모둠 실험, 개인 실험 형태로 진행됩니다. 특히 모둠 실험이 주로 이루어지는데 아이들은 모둠 실험을 통해 서로에게 배울 수 있습니다. 보통은 선생님이 역할을 나누어 주고 진행되기 때문에 모두 골고루 실험에 참여할 수 있습니다. 3학년 과학은 어른들이 보기에는 '뭐 이런 걸 배우나?' 싶을 정도로 기초적인 탐구가 진행됩니다. 일상생활과 밀접한 내용도 많아요. 그래서 배운 것과 관련된 내용을 일상에서 찾아보면 아이의 과학 흥미를 높일 수 있습니다.

음악에서는 본격적으로 음악 이론을 배우게 되고, 가락악기를 다루게 됩니다. 여러 악기 중 주로 리코더를 배우게 되는데, 리코더는 여러모로 3학년에 적합한 악기입니다. 일단 크기가 작아 간편하게 소지할 수 있고 음역대가 비교적 넓어 다양한 곡을 연주할 수 있습니다. 또한 소근육인 손가락을 움직여 연주하기 때문에 아이들의 소근육 발달에도 도움이 됩니다. 아이들은 처음에 손가락을 움직이거나 소리를 부드럽게 내는 것도 힘들어하지만 하다 보면 점점 익숙해지게 됩니다. 꼭 학교가 아니더라도 가지고 다니면서 자주 연습하면 실력이 금방 늘 수 있다는 사실도 알려 주시면 좋습니다.

도덕에서는 사회 구성원으로 살아가면서 지켜야 할 여러 도덕적 규범과 자존감에 대한 수업이 진행되고, 체육은 건강, 도전, 경쟁, 안전 영역에 맞추어 신체를 위한 교육(체력 향상, 운동 기능 숙달 등)과 신체를 통한 교육(협력, 인내심, 스포츠 정신 등)이 균형 있게 이루어집니다. 그리고 미술에서는 물감을 본격적으로 사용하게 됩니다. 그리고 붓과 먹을 활용하여 서예의 기초를 배웁니다.

다른 교과도 그렇지만, 특히 도덕, 미술, 체육은 교과서 없이 수업하는 경우가 많습니다. 초등학교에는 교과마다 성취기준이 있어 이 성취기준에 도달하는 것을 그 교과수업의 목표로 합니다. 그 과정에 보조교재로 쓰이는 것이 교과서입니다. 성취기준을 중심으로 수업이 이루어지기 때문에 교과서는 필수가 아닌 선택입니다. 간혹 학년 말에 아이들이 교과서를 가지고 왔을 때 아무것도 안 적혀 있다고 공부를 안 했나 하고 생각하진 말아 주세요. 선생님이 교과서보다 더 나은 교재나 활동으로 수업을 하셨기 때문입니다. 도덕, 미술, 체육은 교과서를 사용하기보다는 성취기준 중심으로 풀어 가는 것이 더 효과적인 교과라 그렇구나 하고 이해하시면 됩니다.

영어는 가장 기초적인 영어 회화와 알파벳(대문자, 소문자, 소리)을 공부하게 됩니다. 3학년 수업의 연간 목표는 알파벳을 다 익히는 것이라고 보시면 됩니다. 3학년은 공교육에서 영어를 배우기 시작하는 첫해이기 때문에 아이들이 즐겁게 영어와 만나는 것을 또 다른 목표로 합니다. 그래서 글자나 문장을 즐겁게 익힐 수 있는 노래(챈트)와 게임으로 수업이 진행됩니다. 영어에 대한 친근감을 높일 수 있는 활동을 많이 하기 때문에 영어 시간을 좋아하는 친구들도 많습니다. 영어에 너무 조급함을 가지실 필요는 없지만 꾸준히 반복적으로 접하게 하는 것은 영어를 익히는 데 도움이 됩니다. 아이와 함께 학교에서 배운 노래나 챈트를 함께 불러 보는 것도 좋습니다. 하지만 너무 과하게 외우고 쓰기를 반복하면 영어가 제일 싫은 교과가 될 수 있으니 그 점은 염두에 두시면 좋겠습니다.

#4. "선거가 뭐예요?"

'학급 회장' '학급 반장' '학급 대표'라는 명칭은 많이 들어 보셨지요? 모두 다 학급의 임원을 지칭하는 말입니다. 학교에 따라 불리는 이름이 조금씩 다르기는 하지만, 학급에서 학생들을 대표하는 역할을 의미하고, 대부분의 학교에서 3학년부터 학급 임원을 선출하기 시작합니다. 보통은 2명, 많으면 3명까지 선출되기도 하는데, 학년, 학기, 월 등 임기는 학년이나 학급의 상황에 따라 달라집니다. 요즘은 각 학교의 특성과 구성원의 의견을 반영해 학교를 운영하는 '학교자치'가 활성화되어 있습니다. 그중 '학생자치활동'은 아이들이 학교라는 안전한 공간에서 주변 어른의 지지를 받으며 의견도 내보고 책임도 지며 민주주의를 경험해 보는 좋은 기회입니다.

모든 것에 첫걸음이 있듯, 3학년 학급 임원 선출은 학생자치의 첫걸음이 됩니다. 출마하는 아이들은 학급 임원이 되기 위해 정당한 공약을 만들고, 또 공약에 대한 책임까지 져 보는 경험을 하며, 대표자의 소양을 배울 수 있습니다. 투표하는 아이들은 공약을 보고 임원을 뽑고, 공약을 제대로 실천하는지 살펴보며 유권자의 권리를 익힐 수 있습니다. 학급 회의를 통해 자신의 생각을 말하고, 회의를 통해 정해진 약속을 따르고, 또다시 회의하며 문제를 해결해 나가는 것은 민주적인 삶의 방식을 익히는 좋은 공부가 됩니다.

3학년 아이들은 처음 경험하는 학급 임원 선거가 재미있어 보이는지 거침없이 도전합니다. 선거에서 떨어져도 아무렇지도 않은 아이가 있는가 하면, 눈물을 줄줄 흘리며 그날 하루는 우울해하는 아이도 있습니다. 어떤 결과가 나오든 가정에서도 결과보다는 과정을 칭찬해 주세요. 그리고 다음에 또 도전할 수 있도록 격려해 주세요. 같이 침울해지시거나 너무 속상해하시지 마세요. 인생은 도전의 연속이고, 실패 없이 성공만 하며 살아갈 수는 없으니까요. 이 순간이 그걸 알려 주는 좋은 기회라고 생각하시면 됩니다.

아이가 임원 선거에 나간다면 공약부터 발표 준비까지 모두 스스로 할 수 있도록 지켜봐 주세요. 부모님의 도전이 아닌 아이의 도전일 때 더 값진 경험이 됩니다. 하지만 도움을 구할 때는 삶의 선배로서 작은 팁 정도 주시면 좋을 것 같습니다.

아이가 임원 선거에 출마하지 않아도 투표권은 행사하게 됩니다. 학급 임원은 어떤 친구가 되면 좋을지, 어떤 공약들이 나왔는지 함께 이야기 나눠 보시면 좋은 정치 교육이 될 수 있습니다.

3학년의 봄은 새로움의 연속입니다. 변화는 학습과 생활 면에서 모두 나타나게 됩

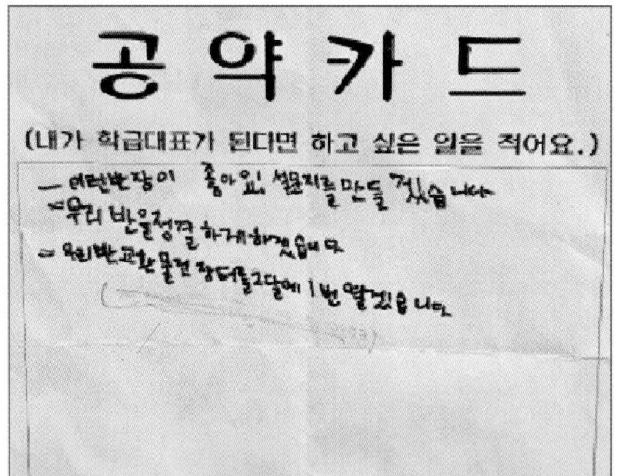

공약카드

(내가 학급대표가 된다면 하고 싶은 일을 적어요.)

— 어린반장이 좋아요! 설문지를 만들겠습니다

= 우리 반을 청결하게 하겠습니다

= 우리반 교환 물건 장터를 그달에 1번 열겠습니다

공약카드

(내가 학급대표가 된다면 하고 싶은 일을 적어요.)

1. 친구들과 다같이 놀수있게 하겠습니다
2. 친구 마음을 공감하겠습니다
3. 친구 말을 무시하지 않고 잘 들어주겠습니다
4. 어떤 일이든 적극적으로 나서서 친구들을 도와주겠습니다.

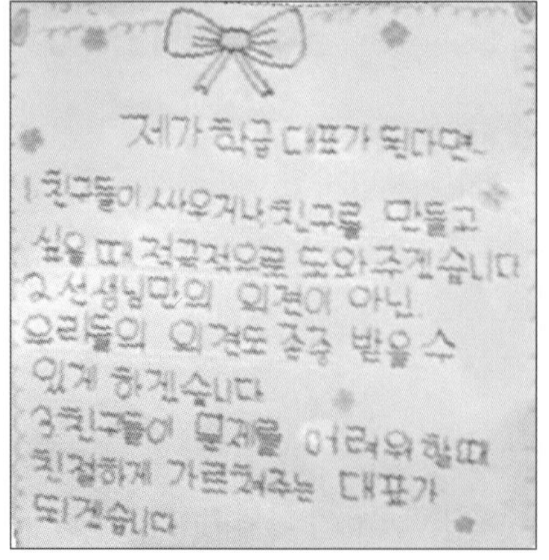

제가 학급 대표가 된다면

1 친구들이 싸우거나 친구를 만들고 싶을 때 적극적으로 도와주겠습니다

2 선생님만의 의견이 아닌 우리들의 의견도 존중 받을 수 있게 하겠습니다

3 친구들이 문제를 어려워 할 때 친절하게 가르쳐주는 대표가 되겠습니다

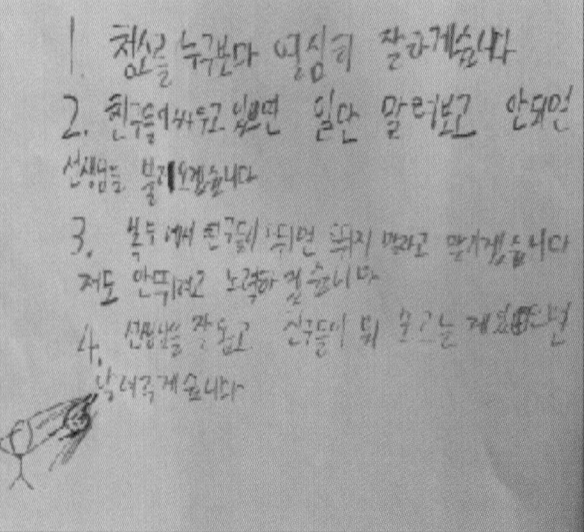

1. 청소를 누구보다 열심히 잘하게습니다

2. 친구들이 싸우고 있으면 일단 말려보고 안되면 선생님을 불러오겠습니다

3. 복도에서 친구들이 뛰면 뛰지 말라고 말하게습니다 저도 안뛰려고 노력하겠습니다

3학년 아이들의 공약

니다. 3학년 초반 호기심 가득한 눈을 반짝이며 무엇이든 재미있게 해 보려는 3학년 친구들이 배움의 꽃을 피울 수 있도록 든든한 토양이 되어 주세요. 하고 싶다면 마음껏 해 보게 하고, 하기 어려워한다면 왜 그런지 충분히 이야기를 나누어 주세요. 그러면 3학년의 새로움이 아이들에게는 즐거움으로 다가올 수 있을 것입니다.

 반짝반짝 3학년 탐구생활(Q&A)

Q1. 아이가 공부하기 싫어해요. 어떻게 하면 좋을까요?

공부는 어떤 것일까요? 컴퓨터가 인간보다 계산을 잘하고, AI가 소설도 쓰고 그림도 그리는 시대에 공부란 건 어떻게 해야 하는 것일까요? 지금의 공부는 저희가 크던 때처럼 한자리에 엉덩이 꾹 붙이고 앉아서 국영수 문제를 열심히 푸는 것만을 의미하진 않습니다. 아인슈타인(Einstein)은 "모든 사람은 천재다. 하지만 물고기들을 나무 타기 실력으로 평가한다면, 물고기는 평생 자신이 형편없다고 믿으며 살아갈 것이다."라고 이야기했습니다. 현시대의 공부는 자기가 할 수 있는 것이 어떤 것인지 찾아보고, 꾸준히 배우고 익히는 과정이라 할 수 있습니다. 먼저 공부를 왜 해야 하는지에 대한 부모님의 생각을 정리해 보세요. 아이가 수학 문제를 풀며 "이건 계산기로 계산하면 더 정확한데 왜 내가 풀어야 해?"라고 말했을 때 답을 해 주실 수 있도록 생각을 정리해 보세요. 그리고 부모님의 고민을 아이에게 이야기해 주시고, 공부에 대한 아이의 생각도 들어 보세요. 남이 시키는 건 원래 하기 싫어요. 본인이 느껴야 잘할 수 있습니다. 자신이 공부하고 있는 상황을 내가 선택했다고 생각할 때 아이는 공부에 책임감을 느끼고 스스로 더 열심히 합니다. 아이와 부모님이 함께 이야기를 나누며 공부를 왜 해야 하는지에 대한 나름의 해답을 찾아보실 것을 추천드립니다.

그리고 3학년 아이가 공부했으면 하는 시간에 부모님도 함께 옆에서 책을 읽거나 공부하시는 것을 추천합니다. 아이들은 주변 사람들의 바람직한 행동을 따라 합니다. 먼저 공부를 좋아하고 즐기는 모습을 보여 주시면 바라는 바를 이루실 수 있을 것입니다.

Q2. 학교의 평가결과로는 아이가 어느 수준인지 잘 모르겠어요.

초등학교에서 공식적인 평가결과는 학기 말과 학년 말에 나가는 생활통지표입니다. 하지만 생활통지표에 나와 있는 학습 발달 상황은 긍정적인 표현을 주로 사용하기 때문에 우리 아이가 어느 정도로 수업을 따라가고 있는지 판단하기 어려울 때가 있습니다. 그럴 땐 먼저 아이에게 한번 물어봐 주세요. 어떤 것이 수월하고, 어떤 것이 어렵게 느껴지는가에 대해서요. 아이의 학습 성취수준은 아이가 가장 잘 알고 있습니다. 3학년 정도 되면 주변의 평가와 자기 평가를 통해 자신의 학습 성취수준을 어느 정도 인식할 수 있습니다. 아이의 학습 성취수준은 아이가 쓴 글이나 문제 풀이 과정에서도 드러납니다. 아이가 학교에서 가져오는 학습 결과물을 유심히 살펴봐 주세요. 그리고 나서 궁금한 점은 담임선생님과 상의하시면 아이의 학습 수준에 대해 좀 더 다양한 정보를 얻으실 수 있으실 겁니다.

Q3. 본격적으로 교과교육이 시작되는 3학년, 어떤 학원에 보내면 좋을까요?

초등학교 가기 전부터도 아이들이 배워야 할 것이 참 많습니다. 피아노도 배우면 좋고, 영어도 배우면 좋고, 논술, 연산도 배우면 좋고, 수영이나 축구 같은 운동도 하나쯤 배우면 더 좋지요. 하지만 아이는 몸이 하나뿐인지라 모든 것을 다 하기 어렵습니다. 세상은 배우면 좋을 것들로 가득 차 있습니다. 학원에 보내신다면 그 많은 좋은 것들 중에서 꼭 필요한 것을 선별하실 수 있어야 합니다.

3학년이 되면 교과교육이 본격적으로 시작되고, 영어도 처음으로 배우기 시작해서 아이를 교과 관련 학원에 보내야 할까 고민하는 부모님들이 늘어납니다. 그리고 실제로 많이 보내시기도 하고요. 그전까지는 학원에 안 보내다가 우리 아이가 뒤처지지 않을까 하는 생각에 학원을 보내시는 부모님들도 계십니다. 학원에 보내려는 다양한 이유가 있겠지만, 우리 아이에게 학원이 정말 필요한가 충분히 고민해 보시고 선택하시는 것을 추천드립니다. 3학년은 본격적으로 교과교육이 시작되기 때문에 국어, 수학, 영어와 같은 교과의 경우, 배우는 속도가 느린 학생들을 위한 프로그램이 학교별로 잘 마련되어 있습니다. 아이가 수업을 따라가지 못해 해당 교과와 관련된 학원을 보내려고 생각하셨다면 먼저 학교에 지원 프로그램이 있는지 담임선생님과 상의해 보시고 결정하시면 좋겠습니다. 그리고 무엇보다 중요한 건 아이와도 이야기 나누는 것입니다. 수업에서 어려운 부분은 없는지, 있다면 어떻게 문제를 해결할지, 아이와 잘 이야기 나누시고 학원이 필요한 이유도 설명해 주세요. 아니면 학원 다니는 것이 공부가 싫어지게 되는 또 다른 원인이 될 수 있습니다. 그리고 학원을 보낼 때는 꼭 원장님 혹은 선생님을 만나서 그분의 마인드가 어떤지도 들어 보시는 것이 좋습니다. 그렇지 않으면 누구 말마따나 얻는 것 없이 학원 전기세나 보태 주는 상황이 됩니다. 그리고 학원에 보내는 목적에 따라 다르겠지만 가급적이면 선행보다는 복습 중심의 학원을 추천합니다. 섣부른 선행학습은 수업 흥미도와 집중도를 떨어뜨릴 수 있습니다.

Q4. 3학년은 방과후에 어느 정도의 학습 시간을 가지면 좋을까요?

방과후 학습 시간은 아이의 상황에 따라 달라질 수 있습니다. 이미 학원에서 열심히 학습하고 온 아이에게 집에서도 하라고 하면 아이는 쉴 수 있는 시간이 없어집니다. 아이의 학습 시간에 대한 몇몇 제안을 소개해 드리겠습니다. 하지만 이것도 주장하는 사람들에 따라 다 다릅니다. 일반적인 내용을 따르기보다는 아이와 상의해서 결정하는 것이 중요합니다. 한번 살펴보시고 우리 아이에게 맞는 학습 시간을 아이와 함께 상의해 보세요.

• 학년별 적정 숙제 시간
  – 듀크대학교 심리학과 해리스 쿠퍼(Harris Cooper) 교수의 『숙제의 힘』(2015)
  – 학년이 올라갈 때마다 10~20분 정도의 시간을 더할 것을 제안
  – 1학년 10~20분, 2학년 20분, 3학년 30분, 4학년 40분, 5학년 50분, 6학년 60분

• 매일 공부 시간
  – 이상학의 『초3보다 중요한 학년은 없습니다』(2020)
  – 독서 시간을 제외하고 1학년 20분, 2학년 40분, 3학년 60분, 4학년 80분, 5학년 100분, 6학년 120분

• 아이 스스로 공부하는 시간
  – 이서윤의 『초등생활 처방전 365』(2021)
  – 독서, 연산, 영어 등 스스로 공부하는 시간은 학년 곱하기 30분 정도로 생각하고 아이와 과목별 공부 시간과 함께 이야기해서 결정

한 가지 말씀드리고 싶은 것은 OECD의 2013, 2018 국제 학생평가 프로그램(PISA)에 따르면 한국은 OECD 국가 중 학업 흥미도는 제일 낮고 학습 시간은 제일 긴 국가입니다. 한국 학생은 가장 재미없어 하는 공부를 가장 긴 시간 하고 있는 셈이죠. 문제는 오늘날 아이들의 배움은 단거리가 아니라 마라톤이라는 점입니다. 어떻게 배움

을 지속적으로 이어 나갈 수 있을까에 대한 고민이 부모님의 '학습' 고민에 함께 들어가면 좋겠다는 생각을 합니다.

Q5. 집에서 숙제할 때 시간이 엄청 오래 걸려요. 너무 답답한데 어떻게 하면 좋을까요?

숙제할 때 시간이 오래 걸리는 이유는 다양합니다. 난이도가 아이와 맞지 않아 숙제가 어려운 경우, 집중할 수 있는 여건이 되지 않는 경우, 실제로 집중력이 약한 경우, 숙제할 필요성을 못 느끼는 경우 등이 이에 해당됩니다. 일단 왜 그런가 한번 살펴봐 주시면 좋겠습니다. 그리고 상황에 따라 적절히 부모님이 개입하시면 됩니다. 사실 학교나 학원 숙제는 아이 스스로가 책임지는 것이 가장 좋습니다. 못해 가면 못해 가는 대로 어떤 상황이 발생하는지 경험하게 하고 스스로 숙제를 낸 사람과 상호작용하도록 하는 게 가장 좋아요. 만약 그게 어렵다면 시간을 정해 놓고 부모님과 같은 공간에서 숙제를 하게 하는 것도 좋은 방법입니다. 아이는 숙제를 하고, 부모님은 책을 읽거나 공부를 하는 거지요. 도움이 필요하면 바로바로 도와주면서요. 누군가와 함께 하는 것은 집중력을 높여 주는 또 하나의 방법이 됩니다. 아이의 성향에 따라 적절한 방법을 찾아보세요.

반짝반짝 3학년 성장노트

'자기조절의 힘을 키워요.'

반짝반짝 초등학교 3학년의 봄은 아이들에게 많은 변화가 일어납니다. 특히 초등 1, 2학년 시기와는 다르게 3학년부터는 학습에 대한 비중이 커지기 시작합니다. 아이가 좋은 학업 성취를 보이기를 기대하는 마음에 섣부르게 아이에게 학습 부담을 가중시키는 것은 오히려 역효과가 날 수도 있는 시기입니다. 초등학교 3학년 아이들은 신체적 · 인지적 · 사회적으로 빠르게 성장하는 시기를 겪습니다. 이 시기 아이들은 자신의 학습과 행동을 스스로 조절하는 능력, 즉 자기조절(self-regulation) 능력의 기초를 형성하기 시작합니다. 자기조절 능력은 개인이 자신의 생각, 감정, 행동, 그리고 학습 과정을 의식적으로 관리하고 조절하는 능력을 의미합니다. 장봉석과 신인수(2011)의 연구에 따르면, 자기조절 능력은 초등학생의 발달 및 학업 성취에 미치는 효과가 매우 크다고 확인하였습니다. 또한 학업 성취는 물론, 사회적 상호작용 및 감정 조절에 있어서도 중요한 역할을 합니다(최병연, 유경훈, 2010). 이처럼 초등학교 3학년 아이들에게 직접적으로 교과 학습 지도를 하는 것도 물론 필요하겠지만, 무엇보다 이 시기에 아이의 자기조절 능력을 충분히 향상시킬 수 있도록 도와주는 것이 더욱 중요합니다. 공부의 근육을 튼튼하게 키우는 것입니다.

아이의 자기조절 능력을 향상시키기 위해서는 우선 구체적인 목표 설정 연습이 필요합니다. 아이들에게 단기적이고 달성 가능한 목표를 설정하도록 격려하고, 목표 달성을 위해 필요한 생활계획과 전략을 수립하는 방법을 구체적으로 가르쳐 주면 좋습니다. 그리고 구체적인 목표를 달성하기 위해 자기 모니터링의 기회를 제공해 주어도 좋습니다. 아이들이 자신의 태도와 행동을 스스로 점검할 수 있도록 학습일기, 행동 체크리스트 등을 활용하여도 좋습니다. 자기조절 능력은 학습뿐만 아니라, 감정 인식 및 표현에도 매우 중요한 영향을 끼칩니다. 아이들이 자신의 감정을 정확히 인식하고, 적절한 방법으로 표현할 수 있도록 반복해서 지도하는 것이 필요합니다.

#3학년 봄 #자기조절 능력 #학업 성취 #공부의 근육을 튼튼하게 키우기

"여름, 무성한 관계 속에서 나를 발견해요."

『3초 다이빙』(정진호, 위즈덤하우스, 2018)

자신은 잘하는 게 없다고 생각하는 아이가 있습니다. 달리기도 느리고, 밥 먹는 속도도 느리고, 수학은 생각만으로도 힘들어지는 아이지요. 이런 아이가 자신 있게 좋아한다고 말할 수 있는 것이 있습니다. 바로 다이빙이지요. 아이는 왜 다이빙을 좋아하게 된 걸까요?

3학년 아이들은 자신을 둘러싼 세계와의 상호작용을 통해 자신을 다시금 인식합니다. 그 과정에서 주변인들의 가치관은 아이들의 가치관 형성에 많은 영향을 끼치게 되지요. 우리가 놓치고 있는 삶의 소중한 가치들에 대해 생각해 볼 수 있는 그림책입니다. 세상을 행복하게 살아가기 위해 꼭 필요한 것은 무엇일지 책을 읽고 아이와 함께 이야기를 나눠 보세요.

반짝반짝 3학년 교실 이야기

3학년 생활이 어느 정도 익숙해진 아이들은 자신이 예전에 비해 많이 컸다고 느낍니다.

"여러분, 놀이할 때 졌다고 너무 속상해하거나 울지 않았으면 좋겠어요. 놀이는 놀이일 뿐!"

"에이, 선생님, 그건 1학년 때나 그러는 거죠."

아이들은 저학년에서 중학년으로의 변화에 익숙해지며 지나간 일을 이야기할 때 마치 20년은 살았던 사람처럼 굉장히 오래전 일을 떠올리듯 이야기하기도 합니다. 1, 2학년과 3학년은 다르다고 느끼고 3학년에 걸맞는 행동을 하기 위해 노력하지요. 그래서 수업 시간에 저렇게 누군가가 큰 소리로 한마디만 해도 그 말을 들은 아이들은 눈물을 꾹꾹 참게 됩니다. 물론 그 시간 한정이지만요.

'봄'에서 말씀드렸다시피 3학년이 되면 아이들은 관계 속에서도 새로운 국면을 맞이하게 됩니다. 또래 친구의 영향력이 커지며 끼리끼리 어울려 다니기도 하고, 다투고 화해하고 위로하고 격려하며 친구들과의 관계 속에서 사회적인 나의 모습을 구성해 갑니다. 다른 사람들의 평판에 민감해지고, 자신의 욕구, 감정을 조절하며 다른 사람에게 부정적인 영향을 주는 행동은 참아야 한다고도 생각하기 시작해요. 그리고 한 차원 높은 시각에서 자신을 관찰 · 발견 · 통제할 수 있는 메타인지[2)]가 발달하게 되면서 아이들은 주변과의 상호작용을 통해 자신을 새롭게 발견하고 재인식합니다. 이때 주변인의 긍정적 지지는 아이의 정서 및 사회성 발달에 도움을 줍니다.

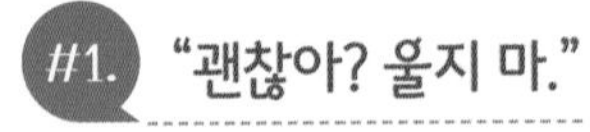

#1. "괜찮아? 울지 마."

수업을 하다 보면 가끔, 쉬는 시간이 된 것처럼 아이들이 어디론가 우르르 몰려갈

2) 메타인지(meta認知)는 자신의 인지 과정에 대하여 한 차원 높은 시각에서 관찰 · 발견 · 통제하는 정신 작용을 이야기합니다(우리말샘). 쉽게 말하면, 생각에 대해 생각할 수 있는 능력으로 자신이 무엇을 알고 무엇을 모르는지 판단할 수 있는 고차원의 생각하는 기술이라 할 수 있습니다.

때가 있습니다. 바로 누군가가 울 때입니다.

"괜찮아? 울지 마."

3학년 아이들만큼 다정한 아이들이 세상에 또 있을까요? 3학년 아이들은 친구가 울면 위로하고 달래 주어야 한다는 도덕적 배움을 바로 실천합니다. 수업 시간이건 아니건 지금 가장 중요한 것은 누군가가 울고 있다는 사실입니다. 눈물을 닦아 주고, 어깨를 토닥거려 주고, 따뜻하게 안아 줍니다. 왜 우냐고 물어봐 주고 우는 이유가 한 마디라도 나오면 선생님 앞으로 쪼르르 달려 나와 우는 이유를 대신 알려 줍니다. 아이들은 조금씩 주변 사람의 감정에도 민감해지기 시작하고, 때에 따라서는 마치 내 일인 것처럼 대신 나서 주기도 합니다. 그렇다고 무턱대고 편을 들어 주지만은 않습니다. 도덕적인 옳고 그름에 대한 개인적인 기준이 생기기 시작하기 때문에 잘잘못을 따져서 아무리 나와 가까운 친구라 해도, 그리고 심지어는 나도 같이 잘못한 상황이라 해도, 이를 일이 있을 때는 주저하지 않고 이릅니다. 이때 이르는 것은 대부분 누군가를 혼내 주기 위해서라기보다는 잘못된 것을 발견하고 제보하는 것이라 생각하면 됩니다. 배운 것과 삶을 일치시키기 위한 아이들 나름의 노력이지요. 그렇게 선생님께 이르다 보면 어떤 것은 선생님과 함께 해결해야 하고, 어떤 것은 혼자서 해결할 수 있는지에 대한 감이 조금씩 생기기 시작합니다.

옳고 그름의 기준이 서고, 그것을 말로까지 표현할 수 있는 나이가 되었기 때문에 가정과 학교의 역할도 그만큼 중요해집니다. 3학년 아이들은 도덕적으로 바른 것이 무엇인지 알고 있기 때문에 일상생활에서도 바른 행동을 할 수 있도록 종종 주변 친구에게 조언을 합니다. 아직까지 자기를 살피는 것은 쉽지 않지만, 배운 것과 다른 타인의 행동은 잘 찾아냅니다. 이때 조언의 대상은 주변의 어른들까지 확장될 수 있어요. 아이들이 바른 행동이 무엇인지 이야기할 때 "원래 어른은 이렇게 해도 돼."라고 하지 마시고 아이의 이야기에 귀를 기울여 주세요. 학교에서 배운 것과 현실에서의 실천이 다르면 아이들은 가치관의 혼란을 겪게 됩니다. 이 시기는 자신에게 영향력이 큰 사람의 행동을 주의 깊게 살펴보고, 또 쉽게 따라 하는 시기라 어른들이 더 의식적으로 모범을 보일 필요가 있습니다. 그렇기 때문에 아이들이 도덕적으로 바른 것이 무엇인지 이야기하면 그 이야기를 충분히 듣고 인정해 주어야 합니다.

또 하나 중요한 것은 아이들이 배운 것을 실천할 기회를 많이 만들어 주는 것입니다. 아시다시피 생각은 쉽고, 실천은 어렵습니다. 그래서 안전한 울타리 안에서 의식적으로 도덕적 가치를 실천해 볼 수 있는 기회를 만들어 주어야 합니다. 이기고 지는 것에 너무 연연하지 않고 즐겁게 놀이에 참여해야 한다는 것을 머리로는 이해하지만 실제로 지게 되면 아직까지 나도 모르게 속상해지고 눈물이 납니다. 하지만 이제는 그런 감정도 다스리기 시작해야 하는 시기이므로 가정에서든 학교에서든 이런 기회를 충분히 줄 수 있어야 합니다. 그리고 중요한 것은 아이가 3학년에서 요구되는 도덕적 선을 실천했을 때 충분히 칭찬하고 격려해 주는 것입니다. 아이가 진 것이 속상해서 눈물은 흘릴지라도 승패를 받아들이고 이긴 팀에게 축하의 박수를 보내 주었다면, 승패를 받아들인 행동에 대해 칭찬하고 격려해 주세요. 굉장히 큰 결심을 한 거니까요. "졌다고 울긴 왜 울어?"가 아니라 "져서 많이 속상했을 텐데 이긴 팀에게 박수까지 쳐 주고 훌륭하다."라고 바꿔서 이야기해 주세요. 그러면 아이는 경기의 결과를 받아들일 줄 아는 스스로를 더 자랑스럽게 여길 수 있을 거예요.

#2. "그냥 저 혼자 하면 안 돼요?"

3학년이 되면 친구들과 함께 과제를 해결하는 모둠활동도 조금씩 늘어납니다. 과학 실험을 할 때도 그렇고, 사회 조사 학습을 할 때도 그렇고, 아이들은 끊임없이 다른 아이들과 과제를 해결해야 하는 상황에 놓입니다. 그러면 쉽게 이런 말이 나오지요.

"선생님, 그냥 저 혼자 하면 안 돼요?"

이유는 다양합니다. 마음을 맞추기가 어려워서, 아무도 의견을 내지 않아서, 자기 맘대로 하는 친구가 있어서, 친절하게 말하지 않아서 등등. 정말 많은 이유로 아이들은 모둠활동을 힘들어합니다. 그리고 혼자 하고 싶다는 이야기를 종종 합니다. 맞아요. 어른도 몇 명이 모이면 마음 맞추기가 힘든데 아이들이 쉬울 리가 없지요. 심지어 익숙하지 않으니 오죽하겠습니까? 그러면 저는 "맞아. 혼자 하면 쉽지. 혼자 하면 쉬운데 모둠활동을 왜 하는 걸까?" 하고 다시 물어봅니다. 참 신기하게도 아이들은 이미 답을 알고 있습니다. 모둠활동 때문에 스트레스 받는 친구도 있고, 종종 다툼이 일어난다는 것도 알지만 3학년은 모둠활동을 시작해야 하는 시기입니다. 사실 교사도 모둠활동을 하지 않는 게 속이 편합니다. 하지만 작은 사회인 학교에서 서로 협력하며 긍정적인 상호작용을 배우는 것은 모둠활동을 통해 가능합니다. 다른 친구들과 의견을 맞추며 나의 욕구와 감정을 조절해 보기도 하고, 친구의 감정을 읽으며 절충점도

찾아가는 경험은 아무데서나 할 수 있는 것이 아닙니다. 그리고 다 끝나고 나면 느낄 수 있는 후련함과 성취감도 빼놓을 수 없습니다. 모둠활동을 통해 투닥투닥 다투기도 하고, 으쌰으쌰 힘을 합쳐 완성하기도 하며, 아이들은 나름의 상호작용 노하우를 쌓아 갑니다. 중요한 것은 의견을 조율하며 만들어 간 과정의 노고를 충분히 인정해 주는 것입니다. 이끌어 간 친구는 이끌어 가느라 고생했고, 개인 활동이 더 좋은 친구는 억지로라도 참여하느라 고생했고, 고민하다가 자기 의견을 말해 본 친구는 용기 내느라 고생했고, 모두들 하나같이 애썼다고 말이죠. 비록 어른들이 볼 때는 보잘 것 없는 결과물이 나왔다 할지라도 모둠활동은 과정 자체가 훌륭한 결과입니다. 혹시나 모둠활동을 하며 아이가 힘들다고 이야기하면 "지금 어른들도 하기 힘든 어려운 일을 하고 있는 거야." 하고 그 힘듦을 충분히 공감해 주세요. 주변 어른들의 정서적 지지를 통해 아이들은 힘든 과정을 완성해 낸 스스로를 더욱 대견하게 여길 것입니다.

#3. "어제 채팅방에서 이야기했어요."

또래 친구들과의 관계가 중요해지면서 3학년 아이들의 상호작용은 오프라인인 교실에서뿐만 아니라 온라인 채팅방으로까지 이어집니다. 많은 아이들이 스마트폰을 가지고 있기 때문에 스마트폰 채팅방이 만들어지기 시작합니다. 채팅방의 종류도 굉장히 다양합니다. 어른들이 주로 사용하는 앱이 아닌 생소한 앱의 채팅방을 사용하는 경우도 있습니다. 평소에 우리 아이는 어떤 앱을 활용해 소통하는지도 알고 계시는 것이 필요합니다. 채팅방에서 좋은 이야기만 오고 가면 좋을 텐데, 오프라인과 마찬가지로 채팅방에서도 좋을 땐 좋고, 싸울 땐 싸웁니다. 가끔 저녁 늦게까지 아이의 채팅방 알람이 울릴 때도 있고, 부모님이 보셨을 때 이거 큰일이구나 싶은 이야기까지 채팅방에서 오고 갈 때도 있습니다. 본격적으로 스마트폰 사용 방법을 배워야 할 시기입니다. 여기서는 스마트폰 채팅방에 조금 더 초점을 맞춰 이야기해 보려고 합니다. 학교에서도 가르치긴 하겠지만 주 사용 장소인 가정에서도 충분히 이야기를 나누는 것이 필요합니다.

먼저, 가정에서의 스마트폰 사용 시간을 아이와 함께 정해 보는 것을 추천합니다. 아이와 함께 정한다는 것은 무조건 아이의 말에 따른다는 것을 의미하진 않습니다. 어른의 지시를 받는 것보다 함께 이야기해서 결정하는 것이 아이의 실천 동기를 높여 줍니다. 부모님이 먼저 스마트폰 사용으로 걱정되는 상황과 적정 시간을 제안하고, 이에 대해 아이와 이야기 나누며 절충점을 찾아가면 됩니다. 많은 전문가들이 스마트폰을 잠자리에 두는 것을 권장하지 않습니다. 거실이나 특정 장소에 스마트폰 보관함을 만들어 놓고 자기 전에 스마트폰도 그 자리에 두고 자는 방법을 추천하기도 합니다. 어느 정도 사용하고, 어디에 보관할지에 대해 아이와 함께 이야기하되, 실천은 다른 가족도 함께 하면 좋습니다. 아이가 스마트폰을 들고 있는 모습이 불편하면 부모님이 먼저 스마트폰을 내려놓는 것이 가장 좋은 방법입니다. 만약 그게 어려우면 아이에게 충분히 설명하는 과정을 거쳐야 아이도 납득하고 실천할 수 있습니다.

두 번째로, 스마트폰 채팅방을 활용할 때 조심해야 할 것들에 대해 아이와 이야기를 나눠 보세요. 오프라인에서 나눈 이야기는 시간이 흐르면 사라지지만, 온라인 채팅방에서 나눈 이야기는 그 흔적이 남습니다. 그리고 온라인 채팅은 쓴 사람의 의도와 다르게 보는 사람이 그 내용을 자의적으로 해석할 여지가 많습니다. 그래서 그것 때문에 다양한 문제가 발생하기도 합니다. 이런 온라인 채팅방의 특성에 대해 아이와 충분히 이야기 나누고 온라인에서 대화는 어떻게 하면 좋을지 함께 생각해 보세요. 채팅방 문제가 발생했을 때 많은 어른들이 온라인 채팅방을 폐쇄하면 문제가 해결될 거라 생각하는데, 꼭 그렇지만도 않습니다. 오프라인에서 사이가 좋으면 온라인 채팅방에서도 좋은 이야기들이 오고 갑니다. 오프라인에서 사이가 안 좋으면 온라인 채팅방에서도 사이가 좋지 않습니다. 단순히 채팅방만 폐쇄한다고 일어날 문제가 안 일어나는 것이 아닙니다. 예방 차원에서 막는다고 하는데, 막는다고 막아지는 문제도 아닙니다. 왜냐하면 이 아이들은 평생 온라인 채팅방을 사용하게 될 거니까요. 가장 중요한 것은 온라인 채팅방의 특성을 알고 서로에게 유익하게 사용할 수 있는 방법을 가르치는 것이고, 두 번째로 중요한 것은 그 안에서 문제가 발생했을 때 어떤 방법으로 해결할 수 있느냐를 가르치는 것입니다. 위험하다고 평생 칼을 사용하지 못하게 할 수는 없습니다. 어떻게 하면 유용하게 사용할 수 있는지, 어른들의 관심 아래서 안전한 사용법을 배우게 하는 것이 중요합니다.

마지막으로, 채팅방 때문에 문제가 발생하면 어떻게 대처할 수 있는지 대처 방안에 대해서도 이야기하는 것이 필요합니다. 아는 사람과의 채팅을 통해 일어나는 문제들은 그래도 어느 정도 관리가 가능합니다. 그러나 요즘은 오픈 채팅이 활성화되어 있어서 언제든 모르는 사람이 아이에게 접근할 수도 있고 만날 수도 있는 구조라 문제입니다. 온라인상으로 아무리 친해져도 직접 만나지 않은 사람은 친한 사람이 아니고, 만약 만나게 된다면 꼭 부모님과 함께 만나야 한다는 것을 알려 주세요. 아동을 대상으로 하는 많은 범죄들은 "이건 너와 나만의 비밀이야." 또는 "네가 한 일을 너희 가족과 주변 사람에게 다 이야기할 거야."로 시작됩니다. 온오프라인을 떠나서 이런 이야기를 하는 사람들은 일단 좋은 사람은 아닐 가능성이 높다는 이야기를 해 주세요. 그리고 이렇게 이야기하는 사람 때문에 힘들어지면 그 사람이 나쁜 사람이니 혼날까 봐 걱정되고 무서워도 반드시 가족이나 선생님 같이 믿을 만한 어른과 함께 상의해야 한다고도 이야기해 주세요. 하지만 참 어렵습니다. 부모님의 인정을 받고 싶은 아이가 문제 상황이 발생했을 때 그 문제를 말하고 혼날 각오를 하는 건 쉽지 않으니까요. 그렇기 때문에 어른들은 끊임없이 이야기해 주어야 합니다. 언제나 한결같이 친절하기만 할 순 없지만, 그래도 너를 사랑하고 보호하는 것이 네 곁에 있는 부모님이라는 사실을요. 굉장히 힘든 일이지만 꾸준히 노력해야 합니다.

요즘 아이들은 태어날 때부터 디지털 환경에 노출되어 있어 우리가 클 때와는 다른 삶을 살고 있습니다. 지금의 아이들을 디지털 원주민(digital native) 혹은 알파세대[3]라 부르기도 합니다. 이 세대의 아이들이 디지털 세계에서 맺는 관계나 상호작용은

3) 알파세대(alpha generation)는 Z세대에 이어 2010~2024년 사이에 출생한 세대를 뜻합니다. 호주 사회학자 마크 맥크린들(Mark McCrindle)이 새로운 시작을 표현하기 위해 그리스 알파벳 첫 글자를 사용해 만든 용어입니다. 현재 알파세대는 갓난아기부터 초등학교 저학년 아이들인데, 이들은 40대에 접어든 밀레니얼세대의 자녀들이어서 '미니 밀레니얼'이라고도 불립니다(매일경제용어사전).

기성세대인 어른들이 생각하는 것과는 많이 다릅니다. 채팅방을 예로 들기는 했지만 무턱대로 막기만 한다고 막아지는 것도 아니고, 막기만 한다고 좋은 것도 아닙니다. 잘 활용할 수 있도록 가르쳐 주고, 그 안에서 긍정적인 상호작용을 할 수 있도록 도와주어야 합니다. 유튜브나 게임 등에서 아이들이 접하는 문화가 어떤 것인지 가끔은 아이들에게 물어보시고, 함께 직접 해 보기도 하세요. 그리고 어떤 점이 좋고, 어떤 점이 걱정되는지 아이와 이야기 나눠 보세요. 영향력 있는 어른들의 관심과 대화는 아이들이 디지털 기기 활용에 대한 분별력과 판단력을 기르는 데 많은 도움을 줄 것입니다.

#4. "제가 수학을 잘한다는데, 선생님도 그런 것 같아요?"

다양한 사람들과 다양한 상호작용을 통해 3학년 아이들은 자신을 새롭게 인식하기도 합니다. 그리고 자신을 더 높은 차원에서 조망할 수 있는 메타인지가 발달하면서 자신이 잘하는 것과 그렇지 않은 것에 대해 생각하게 되고, 그 생각이 어느 정도 굳어지기 시작합니다. 무턱대고 나는 잘한다 못한다가 아니라 '나는 글쓰기는 잘하지만, 발표력은 부족한 것 같아.' 식의 구체적인 자기 분석도 가능해집니다. 이런 자기 인식은 아이 혼자 만들어 낸 것이 아닙니다. 이전에는 주로 어른들의 칭찬이나 평가로 자신을 이해했다면 이제는 주변 친구들의 평가도 보태집니다. 또래에 대한 관심이 늘어나며 친구들의 행동을 관찰하고 평가하는 아이들도 생겨나고, 가끔은 친구들의 기대에 부응하기 위해 더 노력하는 아이들도 생깁니다.

"저는 별로 안 조용한데 애들은 제가 조용하대요." "제가 수학을 잘한다는데, 선생님도 그런 것 같아요?" "제 그림 어때요?" 등 주변 반응을 인지하기도 하고, 자신의 평가에만 머무르지 않고 주변의 평가를 궁금해하기도 합니다. 1, 2학년 때는 주로 칭찬을 들으며 자기 능력을 과대평가하는 경우가 많지만 3학년이 되면 부정적인 경험도 늘어나며 자신의 능력에 대한 의문이 생기고 주변의 반응에도 민감해집니다. 그리고 주변의 반응에 따라 자기를 다시 평가하기도 합니다. 나는 못한다고 생각했던 것을 친구가 잘한다고 해 주면 의아해하며 다시 한번 생각해 보게 되는 거지요. 다행히 3학년 친구들은 서로에게 좋은 이야기를 참 잘해 줍니다. 물론 다 믿는 것 같진 않지만 서로 기분 좋게 관계를 맺어 가는 데는 도움이 되는 것 같습니다.

많이 자란 3학년 아이들은 주변과의 상호작용을 통해 내가 배운 것을 더 단단히 만들어 갑니다. 내가 어떤 행동을 했을 때 나타나는 주변의 반응과 그 반응을 본 나의 생각이 어우러져 나의 삶의 태도를 만들어 가게 되는 거지요. 아이가 겪는 모든 상황을 통제할 수는 없지만, 할 수 있는 부분에서라도 아이가 자신에 대해 긍정적인 인식을 가지고 건강한 사회 구성원으로 성장할 수 있도록 도와주어야 합니다. 도덕적 선을 실천했을 때 충분히 칭찬하고 격려해 주고, 아이 스스로 결정하고 실행하는 것을 꾸준히 경험해 보게 하는 것이 중요합니다. 그리고 결과보다는 과정에 대한 피드백을 통해 아이 스스로 회복탄력성을 키울 수 있도록 도와준다면 아이는 자신의 존재를 더 긍정적으로 인식하며 자랄 수 있을 것입니다.

반짝반짝 3학년 탐구생활(Q&A)

Q1. 아이가 친구와 놀지 않고 혼자 노는 것 같은데 어떻게 하면 좋을까요?

한창 관계가 활발해진다는 3학년 시기에 아이가 특별히 친구에게 관심도 없고 혼자 논다는 이야기를 들으면 걱정이 되실 것 같아요. 혹시 아이가 혼자 놀아서 힘들다거나 외롭다는 이야기를 한 것일까요? 만약 아이가 혼자 노는 것에 특별히 문제가 없다고 여긴다면 그대로 두셔도 됩니다. 이 아이에게는 친구와 노는 것이 어른이 생각하는 것보다 크게 중요하지 않을 수 있습니다. 쉬는 시간 이외의 학교생활에서도 상호작용은 충분히 일어날 수 있습니다. 그리고 정말 문제가 심각하다면 담임선생님께서 연락을 주실 거예요.

만약 아이가 어려움을 호소한 상황이라면 어떤 것이 문제인지에 따라 부모님이 도와주실 부분이 달라집니다. 마음에 드는 친구가 없는 건지, 친구에게 다가가는 방법을 모르는 건지, 아니면 따돌림을 당하고 있는 건지 아이에게 정확하게 확인하실 필요가 있습니다. 그리고 어떻게 도와주면 좋을지 물어보고 상황을 풀어 가시는 것을 추천드립니다.

Q2. 친구들이 놀이에 안 끼워 준대요. 그걸 들으니 속상해요. 어떻게 하면 좋을까요?

아이가 다른 친구들과 어울리지 못하고 소외당하고 있는 것 같이 느껴져 많이 속상하실 것 같습니다. 하지만 아이의 이야기만 듣고 속상해하시기보다는 다양한 측면에서 생각해 보셔야 합니다. 열 번 중에 여덟 번은 같이 놀고 두 번만 끼지 못해도 아이들은 굉장히 속상해합니다. 놀이에 인원이 정해져 있어서 안 끼워 주는 경우도 있고, 놀이를 할 때 누군가 뒤늦게 끼어들면 놀이의 흥이 깨져 버릴까 봐 안 끼워 주는 경우도 있습니다. 아이가 놀이 규칙을 잘 안 지키거나 이기는 것만 좋아하는 경우, 우기는 경우, 놀이 주도자가 주도권을 가지는 경우, 따돌리는 경우에도 그런 일이 생깁니다. 굉장히 많은 변수가 있기 때문에 상황과 맥락을 볼 수 있어야 합니다. 아이의 말만 듣고 판단하지 마시고 객관적으로 상황을 살펴보고 상황에 따라 대처할 필요가 있습니다. 객관적으로 볼 수 있는 다른 사람의 이야기를 들어 보셔도 도움이 됩니다. 먼저 아이와 이야기 나눠 보신 후 아이 스스로 문제를 해결해 나갈 수 있을 것 같다면 구체적인 방법을 제시해서 도와주시고, 그렇지 않다면 선생님과의 상담을 통해 확인하고 풀어 나가시길 바랍니다.

Q3. 짝꿍이 우리 아이를 귀찮게 하는 것 같아요. 아이가 힘들다는데 선생님께 짝을 바꿔 달라고 말씀드려도 될까요?

아이들은 학교에서 다양한 불편함과 마주합니다. 친구들, 선생님들, 그리고 다양한 주변 환경에서요. 아이들은 가끔 그런 상황에 어려움을 호소하며 부모님께 대신 해결해 주기를 요구하기도 합니다. 그리고 아이가 그런 요구를 안 해도 부모님이 자발적으로 그 어려움을 해결해 주고 싶어 고민하기도 하고요. 3학년이 되었으니, 이제는 아이 스스로 선생님께 말씀드려 볼 수 있도록 격려해 주세요. 아마 참을 만하면 이야기하지 않을 거고, 정말 힘들면 선생님께 이야기할 거예요. 앞으로 학교에서 보낼 무수히 많은 날들이 있을 텐데, 그 시간 동안 어떻게 마음에 맞는 친구만 짝으로 만나겠습니까. 스스로의 힘듦을 스스로 해결해 보는 좋은 기회라고 생각하고 아이가 말할 수 있도록 응원해 주세요. 정말 괴로운데 말을 못하고 계속 어려움을 느끼는 상황이라면 그때는 부모님이 선생님과 상담을 요청하시면 됩니다. 아이가 힘들어하는데, 학교에서 정말 그런 상황인지도 궁금하고, 어떻게 해결하면 좋을지 선생님께 상의드리고 싶다고요. 학교에 많이 들어오는 부모님 요청 중에 하나가 짝을 바꾸어 달라는 것입니다. 그런 개개인의 불편에 따라 짝을 바꾼다면 아마 교실에서는 수시로 짝이 바뀌고, 아이들은 작은 불편을 참거나 해결하는 방법을 배우지 못하게 될 것입니다. 선생님에 따라 다르긴 하지만 보통 짝은 고정되어 있지 않고 일정한 시기가 되면 바뀝니다. 이런 사전 정보를 가지고 아이와 함께 이야기 나눠 보시면 좋을 것 같습니다.

Q4. 3학년 아이에게 스마트폰이 필요할까요?

스마트폰의 단점이 걱정되어 초등 시기에는 아이에게 스마트폰을 사 주지 않는 가정을 종종 봅니다. 6학년인데도 스마트폰이 없는 친구들도 보았고요. 스마트폰이 학교생활의 필수품은 아닙니다. 스마트폰이 없는 아이가 있으면 없는 대로 수업이나 체험학습이 원활히 진행되도록 선생님들께서 잘 챙겨 주십니다. 제가 본 많은 친구들이 스마트폰 없이도 학교생활을 잘했습니다. 학교생활이 걱정되어 스마트폰을 사 주실 필요는 없고 가정의 필요에 따라 구입 여부를 결정하시면 됩니다. 그래도 학교

생활에 어려움이 있을까 걱정되시면 담임선생님과의 상담을 통해 의견을 들어 보시면 좋을 것 같습니다.

Q5. 아이 스마트폰을 보게 되었는데 채팅방에서 욕을 하는 친구들이 있어요. 어떻게 하면 좋을까요?

일단 아이에게 어떤 상황인지 물어보세요. 단어에만 집중해서 놀라기보다는 어떻게 된 일인지 아이와 이야기해서 충분히 정보를 얻으신 후 이 내용을 담임선생님께 연락드려서 상의하시면 좋을 것 같습니다. 채팅방에서 욕을 한다면 현실에서도 욕을 할 가능성이 높습니다. 채팅방상의 문제는 현실의 문제와도 연결되어 있기 때문에 학교와 가정에서 함께 교육이 이루어져야 합니다.

상대적으로 가벼운 일이라면 연락을 받으신 담임선생님께서 아마 해당 문제에 대해 한 번 더 교육하는 시간을 가지실 것입니다. 학교에서 배운 좋은 것들은 실천이 더 어려운 것이라 중요한 것은 몇 번을 반복해도 나쁘지 않습니다.

혹시나 학교폭력에 해당되는 심각한 신호라면 학교폭력 전담기구의 조사를 거친 후 경중에 따라 학교장 자체 해결로 종결되거나 학교폭력 심의위원회로 회부되어 해결 방법을 찾게 될 것입니다. 학교에서 인지하기 힘든 부분은 가정에서 관심을 가지고 정보를 주시는 것이 중요합니다.

 반짝반짝 3학년 성장노트

칭찬보다는 격려가 필요해요!'

'칭찬은 고래를 춤추게 한다?' 한 번쯤은 들어 본 말이지요. 많은 부모나 교사들은 칭찬의 힘을 믿고, 아이들에게 많은 칭찬을 주려고 열심히 노력하기도 합니다. 분명 칭찬이 지닌 좋은 면도 있지만, 반대로 함정이 있기도 합니다. EBS에서 방영한 교육대기획 10부작 〈학교란 무엇인가〉 중 6부에서는 '칭찬의 역효과'를 조명하고 있습니다. 스탠퍼드대학교 심리학과의 캐롤 드웩(Carol Dweck) 교수는 어떤 사람의 재능을 칭찬할 경우, 그 사람은 매 순간 자신이 완벽해야 한다는 생각을 갖게 된다고 말합니다. 칭찬이 오히려 아이들에게 압박으로 느껴질 수 있다는 것이지요.

드레이커스(Dreikurs) 학자도 칭찬의 함정을 크게 다섯 가지로 언급하고 있습니다. 첫째, 칭찬은 다른 사람의 요구에 얼마만큼 충족시킬 수 있는지를 염두에 두고 자신의 가치를 평가하게 될 수 있습니다. 둘째, 칭찬은 아이가 현재 상황에 집중하기보다는 "내가 어떻게 평가되고 있는가?"를 의식하게 만들 수 있습니다. 셋째, 칭찬받기 위해 노력한 행동에 대해 칭찬이 주어지지 않으면 아이는 불공평한 일이라고 생각할 수 있습니다. 넷째, 자신의 기대만큼 충분한 칭찬이 주어지지 않으면 아이는 낙담할 수 있습니다. 다섯째, 칭찬은 아이가 자신에 대해 높은 기준을 갖게 하며 기준에 도달하지 않은 상태에서 제공되는 칭찬은 오히려 모욕으로 느낄 수 있습니다.

그래서 아이에게 칭찬보다는 격려(encourage)가 더욱 필요합니다. 격려는 아이의 용기나 의욕이 솟아나도록 북돋아 주는 말입니다. 칭찬이 행동의 결과에 따른다면, 격려는 노력의 과정에 주목합니다. 아이들은 칭찬받았을 때 자신이 평가받았다고 느낀다면, 격려받았을 때는 자신이 존중받았다고 느낄 수 있습니다. 많은 칭찬을 받은 아이들은 실패에 대한 두려움을 느낄 수 있지만, 꾸준히 격려를 받은 아이들은 완벽하지 않더라도 도전하는 즐거움을 느낄 수도 있습니다. "네가 우리 반에서 최고야. 대단해."라는 칭찬의 말보다는 "네가 열심히 노력하고 있구나. 힘내."라는 격려의 말을 전해 보면 어떨까요?

#3학년 여름 #칭찬의 함정 #격려 #용기 #고래도 격려를 좋아해요

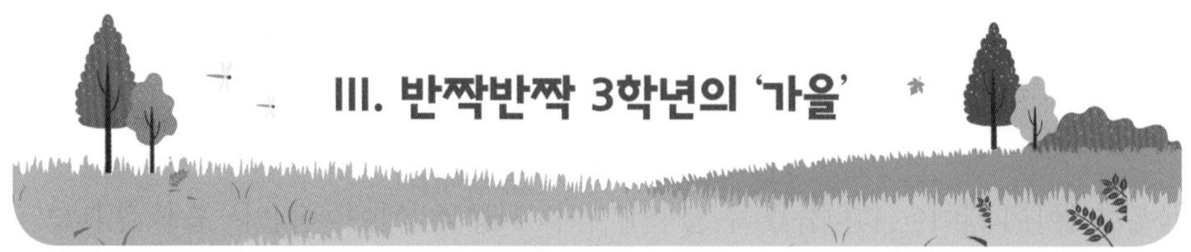

III. 반짝반짝 3학년의 '가을'

"가을, 같지만 또 다르게 쑥쑥 자라고 있어요."

『남자아이 여자아이』(조아나 에스트렐라, 그림책공작소, 2021)

여자와 남자. 보통 이 두 단어를 통해 사람을 설명하곤 합니다. 분홍을 좋아하든, 파랑을 좋아하든, 축구선수가 되든, 댄서가 되든, 머리카락이 길든, 머리카락이 짧든, 사람을 볼 때 성별로 구분 짓는 것이 꼭 필요할까요?

신체적인 변화와 더불어 성 차이에 대한 인식이 조금씩 굳어지는 3학년 시기, 남자와 여자를 향한 고정관념을 조금은 말랑말랑하게 만들어 줄 수 있는 책입니다. 오히려 아이들보다는 어른들을 위한 책일지도 모릅니다. 성별을 떠나 나답게 살아가기 위해 어떤 것이 중요할지 책을 읽고 아이와 함께 이야기 나눠 보세요.

반짝반짝 3학년 교실 이야기

여름방학이 지나서 만난 아이들은 방학 동안 쑤욱 커서 학교에 나옵니다. 그러면 "우와, 다들 많이 컸네." 하는 소리가 저절로 나옵니다. 집에서 계속 지켜본 부모님들은 잘 모르겠지만, 한 달 지나서 만난 아이들은 확실히 이전보다 성숙해져 있습니다. 몸과 마음 모두 다요.

3학년 아이들의 평균 키는 133~134cm 정도이고, 몸무게는 32~35kg 정도로 1년에 보통 5~7cm 정도 자랍니다.

구분	여	남
평균 키(cm)	133.8	134.8
평균 몸무게(kg)	32.4	35.5

출처: 교육부(2022a).

개인별로 발달 속도가 다르기는 하지만 대근육을 이용한 활동은 어느 정도 능숙하게 할 수 있습니다. 소근육을 이용하는 활동(세밀하게 오리거나 붙이기, 복잡한 선 그리기, 종이접기 등)은 여전히 개인차를 보입니다. 3학년이 되면 본격적으로 체육수업에서 다양한 체육 기능을 익히게 되는데 이 역시 개인차가 있습니다. 3학년 친구들이 많이 하는 줄넘기를 예로 들자면, 줄넘기를 1개 하는 친구도 있고, 1,000개 하는 친구도 있다는 이야기입니다. 아직까지는 남녀에 따라 체육 기능이 크게 차이 나지는 않아서 다들 고만고만하게 어울리며 신나게 체육활동에 참여합니다. 신체발달이 빠른 친구들은 월경이나 몽정을 시작하기도 하고, 이른 사춘기가 오는 친구들도 있습니다. 그래서 천천히 성교육에 대해 고민해 보아야 합니다. 우리 아이들이 올바른 성 지식과 가치관을 가질 수 있도록 어른들의 노력이 필요한 시기입니다.

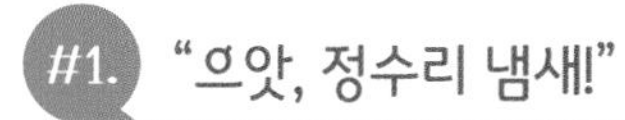

#1. "으앗, 정수리 냄새!"

보송보송한 우리 아이들의 머리를 만지다 자연스럽게 머리 냄새를 맡는 분들도 계시지요? 3학년이 되면 냄새 맡기 좋아하는 어른들은 혼란에 빠집니다. 아이에게서 생전 안 나던 머리 냄새가 나기 시작하거든요. 아무리 깨끗이 씻어 주어도 다음날이면 어김없이 냄새가 납니다. 아이들이 성장하고 있기 때문입니다. 3학년부터는 성호르몬의 영향으로 아이들의 머리에서 일명 정수리 냄새가 나기 시작합니다. 물론 아이들은 자기 머리에서 냄새가 나는지 안 나는지 잘 모릅니다. 어른들이 습관적으로 냄새를 맡다가 깜짝 놀라시는 거지요. 머리 잘 안 감는다고 아이를 타박하시면 안 됩니다. 성호르몬이 제 역할을 하며 나는 자연스러운 냄새입니다. 억지로 냄새를 없앤다고 스트레스 받지 마시고, 그냥 편안히 받아들이시면 됩니다. 2차 성징이 나타나지 않더라도 보통 3학년 정도 되면 정수리 냄새가 나기 시작합니다. 아이마다 차이는 있지만, 정수리 냄새가 나기 시작했다고 바로 2차 성징이 나타나는 것은 아닙니다. 호르몬의 영향으로 천천히 조금씩 아이의 몸에 변화가 생기기 시작할 것입니다. 그래도 혹시나 나이에 비해 빠르게 2차 성징이 나타난다 싶으면 성조숙증일 가능성도 있기 때문에 적절한 진단과 처방이 필요합니다. 성조숙증은 생활 습관과도 깊게 연관되어 있습니다. 혹시 아이가 성조숙증이 의심되거나 판정을 받은 상황이면 생활 습관도 함께 바꾸는 것이 중요합니다. 이렇게 아이들의 몸이 '나 크고 있어요.' 하고 신호를 보내면 우리도 준비를 해야 합니다. 아이가 몸과 마음의 변화를 편안하게 맞이할 수 있도록 어떻게 도와줄 수 있을지 공부해야 할 시기입니다.

#2. "성교육을 벌써 해야 하나요?"

저희가 어릴 때 배운 성교육은 주로 남녀 신체에 관한 교육이었습니다. 그리고 그마저도 부끄러운 마음에 제대로 이루어지지 않았지요. 저희가 클 때와는 다르게 오늘날의 성교육은 신체의 차이나 발달에만 국한되어 있지 않습니다. 젠더(사회적 성) 교육, 경계 존중 교육, 성폭력 예방교육, 성인지 감수성 교육, 이성 교제 교육, 임신과 출산 교육 등 성교육의 범위가 훨씬 넓어졌습니다. 보통 학교에서 이루어지는 성교육은 저학년의 경우 성역할과 관련된 젠더 교육, 성폭력 예방교육, 경계 존중 교육이 주를 이루고 있고, 5학년부터 '보건' 수업을 통해 신체 발달까지 포함된 성교육이 이루어집니다. 요즘은 3학년부터 2차 성징이 나타나는 경우도 있기 때문에 아이의 성장 속도에 따라 언제든 가정에서도 성교육을 시작할 수 있도록 준비하시는 것이 좋습니다. 특히 아이가 궁금해할 때가 성교육을 시작할 가장 좋은 시기입니다. 아이가 신체라든가 정서적 변화에 대해 궁금해하면 바로 "그래? 궁금하구나. 그럼 같이 한번 알아볼까?" 하고 자연스러운 성교육의 기회로 삼아 보세요. 하지만 거의 대부분의 사람들이 성교육 전문가는 아니기 때문에 아이를 앉혀 놓고 내가 가진 지식을 바탕으로 성교육을 하는 것은 쉽지 않습니다. 그럴 때는 책을 활용하시면 됩니다. 가장 추천해 드리고 싶은 방법은 성교육 관련 책을 2~3권 정도 직접 읽어 보시고, 읽은 책 중 부모님의 가치관과 맞는 책을 아이와 함께 읽는 것입니다. 요즘은 아이들 시각에서 볼 수 있는 성교육 책도 많이 나와 있습니다. 함께 읽으면서 든 생각이나 느낌을 서로 이야기하는 것은 자연스러운 성교육이 됩니다. 어느 날 갑자기 앉혀 놓고 하는 성교육은 서로에게 어색하고 어렵습니다. 성에 대한 이야기를 일상적으로 나누어 보는 것도 좋습니다. TV를 보다가 남자가 밥을 차리는 장면이 나올 때 성역할에 관한 이야기를 나눠 본다든가, 키스하는 장면이 나오면 상대방의 동의를 받는 것이 왜 필요할까에 대해 이야기 나눠 보는 식으로요. 물론 이런 대화를 하려면 아이와 편안하게 이야기 나눌 수 있는 가정 분위기를 먼저 만들어야 합니다.

부모님들 중에서는 벌써 성교육을 해도 되는지 걱정하시는 분도 계십니다. 아무 생각 없는 아이에게 괜히 성에 대한 호기심만 심어 주는 건 아닌가 하고요. 어느 성교육 강사님은 이렇게 표현하시더라고요. 화재 예방교육을 한다고 아이들이 불을 내지는 않는다고요. 성교육도 마찬가지입니다. 숨길수록 궁금해지는 것이 사람 심리입니다. 그리고 시간 지나면 저절로 알게 되는 것은 없습니다. 모두 다 내가 한 경험 속에서 배워서 알게 되는 것입니다. 허튼 데서 잘못된 성 지식을 얻는 것보다 생활 속에서 믿을 만한 부모님에게서 올바른 성을 배우는 것이 중요합니다.

#3. "선생님, 저 모쏠이에요."

아직 어릴 것 같은 3학년 교실에도 꼭 한두 커플씩 사귀는 친구들이 생깁니다. 요즘 예능 트렌드나 사회적 분위기가 연애를 권장해서 그런지 아이들도 그 영향을 받는 건 아닌가 하는 생각도 듭니다. 3학년 아이 입에서 "선생님, 저 모쏠(모태솔로)이에요." 하는 이야기를 들으면 정말 기분이 묘해집니다. 연애를 하지 않으면 마치 무능하거나 실패한 것처럼 받아들이는 분위기가 초등 저학년까지 내려왔나 하는 생각에 우습지만 슬프기도 합니다.

연애하는 3학년을 종종 만나게 되는데, 3학년의 연애는 참 귀엽습니다. 어른들이 생각하는 그런 연애가 아닙니다. 보통 좋은 친구, 친한 친구가 연애의 대상이 되고, 같이 참 잘 놉니다. 같이 잘 놀 수밖에 없게 주변 친구들의 호응도 장난이 아닙니다. 커플 중 1명이 뭐만 하면 사귀는 다른 친구 이름이 같이 나옵니다. 그러다 보니 일단 커플로 소문이 나면 서로 잘해 주지 않을 래야 잘해 주지 않을 수가 없습니다. 편지가 오고 가기도 하고, 선물이 오고 가기도 하지만 사귀는 기간이 또 그리 길진 않습니다. 한 달도 안 되어서 깨지는 커플이 부지기수입니다. 성향에 따라 한 친구와 헤어지고 다른 친구와 다시 사귀는 친구도 있습니다.

아이가 누군가와 사귄다고 할 때 걱정부터 되는 부모님들도 계실 것 같습니다. 그건 어른의 연애를 생각해서 그렇습니다. 아직 3학년의 연애는 순수 그 자체입니다. 물론 그렇다고 가르쳐야 할 것을 가르치지 않을 수는 없지요. 아이의 연애는 자연스러운 성교육의 또 다른 기회입니다. 일단 아이가 본인의 연애를 가정에서 편히 이야기한다면 더할 나위 없이 좋습니다. 그간 가족들이 아이의 이야기에 긍정적으로 호응해 주신 결과일 것입니다. 그러면 사귀어서 좋은 것은 무엇인지, 힘든 것은 또 무엇인지 한번 물어봐 주세요. 그리고 즐거운 것, 고민되는 것을 쭈욱 들어 보시고, 사귀면서 지켜야 할 것들에 대해서도 이야기 나누시면 됩니다. 상대방의 동의, 신체 접촉 등에 대해 나의 사례를 들어 설명하신다면 아이와 더 깊은 대화를 나누실 수 있으실 것입니다. 만약 아이가 자신의 연애를 숨기는 상황이라면 다른 방법으로 접근하시는 것이 좋습니다. 아이와의 관계 형성이 먼저입니다. 지금 이야기를 안 하면 앞으로도 하지 않을 가능성이 높습니다. 어렵겠지만 아이와의 대화로 자연스럽게 가정 분위기를 바꾸어 가는 노력이 필요합니다.

#4. "아이가 제 말은 잘 안 들어요."

2학기에 학교로 상담 오시는 부모님들이 가끔 하시는 이야기가 "아이가 제 말은 잘 안 들어요. 선생님께서 잘 이야기해 주시면 좋겠어요."입니다. 그렇지요. 아이들이 집에서 말을 잘 안 듣습니다. 두 번, 세 번 말해야 일어나서 양치하는 아이가 저희 집에도 있습니다. 가정에서는 늘 여러 실랑이가 일어납니다. 그냥 말을 안 듣는 것만 하면 그래도 나은데, 어느 순간 말대꾸까지 합니다. 그런데 또 들어 보면 그 말대꾸가 틀린 말만은 아닙니다. 그러면 가끔은 어른들도 말문이 막힙니다.

아이들의 특성에 따라 시기에 차이가 있지만 아이들은 가정에서만 그런 게 아닙니다. 학교에서도 말대꾸를 시작합니다. 어느 순간 아이들이 선생님의 말에 "그런데 왜요?" 하고 질문을 하기 시작합니다. 여기서 잠깐 생각해 볼 것은 우리가 아이들에게 하는 '말'이 '대화'가 아니라 일방적인 '지시'이진 않았나 하는 점입니다. 아이들은 커 가면서 독립적인 자아정체성을 만들어 갑니다. 누군가의 자녀가 아닌 한 명의 고유한 사람으로 커 가기 위해 자신만의 생각이 생기는 거지요. 그러다 보니 이전에는 아무 생각 없이 따르던 어른들의 지시도 본인이 생각하기에 납득이 되지 않으면 질문을 하게 됩니다. 이전까지는 그냥 잘 따르던 아이가 말도 안 듣고 왜냐고 묻기까지 하니 어른들은 아이가 '말대꾸'나 '반항'을 한다고 느끼게 되는 거지요. 하지만 이럴 때 우리는 괘씸하게 생각하지 말고 아이와 대화를 시작해야 합니다.

말대꾸와 반항은 보는 관점에 따라 아이가 성장하고 있다는 증거가 됩니다. 일단 사전적 의미(표준국어대사전)를 한번 살펴볼까요?

- 말대꾸: 남의 말을 듣고 그대로 받아들이지 아니하고 그 자리에서 제 의사를 나타냄, 또는 그 말
- 반항: 다른 사람이나 대상에 맞서 대들거나 반대함

말대꾸와 반항은 모두 누군가에게 그와 다른 의견을 제시하는 것을 의미합니다. 어찌 보면 '자기표현'의 다른 말이라고 할 수도 있습니다. 아이를 내가 관리해야 할 미성숙한 존재로만 보고, 아이의 의견 제시를 말대꾸와 반항으로만 느낀다면 관계를 해치게 될 수 있습니다. 아이의 태도가 불손하다고 느끼면 예의 있게 의견 제시해 주기

를 요구하며 아이의 말대꾸와 반항을 성장의 키워드로 인식해 보시면 어떠실까요? 그리고 어른도 말을 잘 안 듣습니다. 어른들은 자신의 생각이 확실하니까요. 조금 열린 마음으로 아이가 커 가는 과정이다 생각하시고 아이의 말 안 들음을 바라봐 주시면 좋겠습니다. 그리고 이제는 지시가 아닌 대화와 설명을 해 주시면 좋을 것 같습니다.

3학년은 마냥 아기 같던 우리 아이들이 좀 더 탄탄하게 자라는 시기입니다. 신체적 성장뿐만 아니라 심리적 성장도 함께 이루어지지요. 내 품에만 있을 것 같았던 아이가 어느새 자기주장이 강해지고, 방문을 닫고 들어가기도 하며 심리적 독립을 준비합니다. 아이의 성장을 주변 사람들도 함께 따라가야 합니다. 자신의 몸과 마음의 변화에 두려움을 갖지 않도록 일상적으로 몸과 마음의 성장에 대해 이야기 나눌 수 있는 따뜻한 분위기를 만들어 주신다면 아이는 조금 더 수월하게 자신의 변화를 받아들일 수 있을 것입니다.

반짝반짝 3학년 탐구생활(Q&A)

Q1. 사귀는 친구가 생겼다고 할 때 어떻게 반응하면 좋을까요?

일단은 "그렇구나. 자세히 들어 보고 싶은 걸?" 하고 아이의 이야기에 경청해 주세요. 과하게 잘했다고 하거나 과하게 걱정하거나 하지 않고 아이의 생각을 들어 봐 주세요. 그리고 앞에서 이야기한 것처럼 여러 주제로 이야기 나누시고 마지막에는 "혹시 힘들거나 도움이 필요하면 언제든 이야기해."라고 아이에게 말해 주세요. 그러면 아이는 다음에도 자신의 이야기를 하기가 훨씬 쉬워질 것입니다.

Q2. 갑자기 키스신을 같이 보게 되면 어떻게 하면 좋을까요?

저희 어릴 적에는 성적인 것이 금기시되는 사회라 아이가 있을 때 그런 장면이 나오면 어른들이 서둘러 채널을 돌리거나 아이들은 방으로 들어가라는 반응을 주로 했던 것 같아요. 갑자기 아이와 함께 키스신을 보게 된다면 그냥 같이 보시면 됩니다. 같이 보면서 아이가 특별히 질문을 하거나 생각을 이야기한다면 적절히 대답해 주시면 됩니다. 조금 더 과감하게 간다면 성교육의 기회로 삼고 부모님이 먼저 질문을 던져도 되고요. 만약 지금의 내가 성적인 장면을 자녀와 공유하는 것이 어렵다면 그런 상황이 생기지 않도록 미리 조치를 취하시면 됩니다. 어색하고 민망한 상황에서 같이 보게 되면 그 분위기를 느낀 아이가 성이란 어색하고 민망한 것으로 인식할 수도 있습니다.

Q3. 집에서 자꾸 벗고 다녀요. 괜찮을까요?

집이라서 편하게 벗고 다니는 아이들이 있습니다. 어른들도 그렇고요. 집이라는 공간이 주는 편안함, 그리고 거의 모든 것을 공유하는 가족이 함께하는 곳이기에 가능한 일이겠지요. 아이가 커 감에 따라 아이들이 집에서 벗고 있는 것이 괜찮은가에 대한 고민을 하시는 분들이 계시더라고요. 사실 정답은 없습니다. 만약 아이가 가족이 아닌 타인과의 경계를 충분히 알고 있고 가족들도 집안에서 벗고 다니는 것에 큰 불편감을 느끼지 않는다면 문제는 되지 않습니다. 밖에서도 벗고 다니는 건 아니니까요. 하지만 가족 중 1명이라도 불편한 마음을 느끼면 그때는 함께 이야기해 보아야 합니다. 어떤 점이 불편한지 이야기 나누시고 절충점을 찾아가는 방법을 추천합니다.

Q4. 아이가 방문을 자꾸 닫고 들어가는데 왜 그러는 걸까요?

사람과 사람 사이에는 경계가 존재합니다. 원하지 않았는데 누군가 너무 가까이 오면 느껴지는 물리적 · 정신적 부담감은 나의 경계를 침범당했다고 느끼기 때문에 생기는 것입니다. 경계는 나와 다른 사람을 구분 지어 주는 보이지 않는 선입니다. 아이가 어릴 때는 타인의 보호를 받아야 하기 때문에 이런 경계가 모호합니다. 특히 가족 간에는 더 그렇지요. 하지만 아이가 하나의 독립된 인격체로 자라기 위해서는 경계를 조금씩 만들어 가야 합니다. 방문을 닫는 것은 누구도 함부로 침범할 수 없는 자신만의 공간, 자기의 경계를 만들어 가는 과정이라고 보시면 됩니다. 누가 내 공간에 함부로 들어오면 불편하듯이 아이들도 마찬가지입니다. 아이가 방문을 닫았을 때는 노크를 하고 들어가거나 미리 허락을 받고 들어가시는 것이 아이의 경계를 존중해 주는 좋은 방법입니다.

반짝반짝 3학년 성장노트

'아이들은 더불어 성장한다.'

아이의 성장과 발달에 있어 부모의 역할은 매우 중요합니다. 부모와 아이와의 상호작용은 아이의 사고와 학습에 큰 영향을 미칩니다. 이와 관련하여 비고츠키(Vygotsky)의 사회문화적 인지 발달 이론은 많은 도움이 될 수 있습니다. 이 이론은 아이의 인지 발달이 단순히 개인적 노력에 의해서만 이루어지는 것이 아니며, 주변 사회와 문화적 환경, 그리고 특히 언어 사용이 얼마나 중요한지 강조합니다.

예를 들어, 부모가 아이와 함께 책을 읽을 때 단순히 글자를 읽는 것을 넘어서 아이가 이해할 수 있도록 설명해 주고, 아이가 질문하도록 격려하는 것이 좋습니다. 이런 활동은 아이가 언어를 통해 사고하고, 자신의 이해를 구축하는 데 도움이 됩니다. 이는 비고츠키가 말한 근접발달영역(ZPD)을 활용하는 예시입니다. 부모는 아이가 도달할 수 있는 잠재적 능력을 끌어올리는 안내자 역할을 하게 됩니다.

이 방법은 부모가 아이와 놀이를 할 때에도 적용할 수 있습니다. 아이가 새로운 놀이나 과제를 시도할 때, 바로 해답을 주기보다는 아이가 스스로 생각해 볼 수 있도록 도전적인 질문을 던지세요. "이 문제를 어떻게 해결할 수 있을까?" 혹은 "다른 방법으로 시도해 볼 수 있을까?"와 같은 질문이 좋습니다. 이 과정에서 아이는 자신의 생각을 언어로 표현하며, 동시에 문제해결 능력을 키울 수 있습니다.

이러한 상호작용은 아이가 사회적 상황에서 배운 것을 내면화하고, 독립적인 사고와 학습 능력을 발달시키는 데 필수적입니다. 아이와의 대화, 공동의 활동, 그리고 적극적인 참여를 통해 아이의 인지 발달을 촉진시킬 수 있습니다. 더불어 부모의 사랑과 격려, 그리고 의미 있는 상호작용은 아이가 성장하는 데 있어 가장 큰 선물이 될 것입니다.

#3학년 가을 #비고츠키 #사회문화적 접근 #근접발달영역 #디딤판 #혼자보단 함께

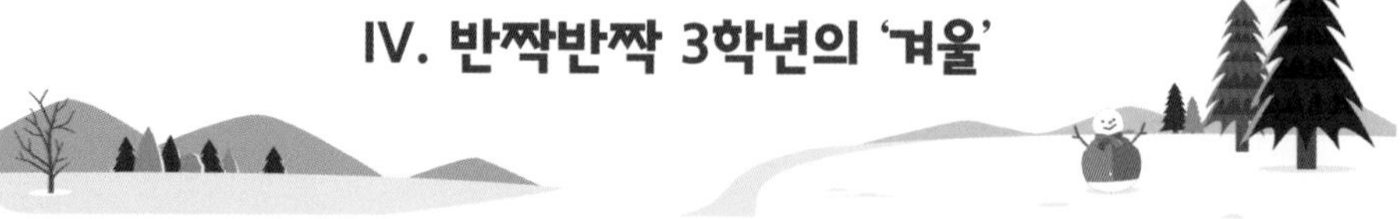

"겨울, 내 안의 씨앗을 돌보아요."

『파랗고 빨갛고 투명한 나』(황성혜, 달그림, 2019)

동그라미가 있습니다. 비슷해 보이기는 하지만 모두 똑같은 동그라미는 아닙니다. 각각의 동그라미들은 꿈, 열정, 갈등, 아픔 등을 겪으며 자기만의 색깔을 만들어 갑니다. 파랗기도 하고, 빨갛기도 하고, 투명하기도 한 나만의 색깔을요. 삶의 여러 경험을 거친 당신은 어떤 동그라미인가요? 그리고 어떤 동그라미가 되고 싶은가요?

3학년을 마무리하며, 앞으로 다양한 경험을 하며 나만의 색깔을 가질 우리 아이에게 어떤 동그라미가 되고 싶은지 한번 물어봐 주세요.

반짝반짝 3학년 교실 이야기

겨울방학 때쯤 되면 아이들은 선생님, 친구들과 많이 가까워지고 3학년 교실 생활에 굉장히 익숙해져 안정감을 느끼게 됩니다. 그러면 자주 나오는 말이 "선생님, 4학년 되기 싫어요."입니다. 어떤 아이들은 사뭇 진지합니다. 누가 전학만 가도 아쉬워하는 아이들이라 정들었던 선생님, 친구들과 헤어지는 것이 진심으로 속상한 친구들도 있고, 또다시 새로운 선생님, 새로운 친구들과 만나는 것이 부담스러운 친구들도 있습니다. 3학년을 떠나기 싫다는 아이들이 있으면 왜 그런지 물어보시고 걱정되는 부분에 대해 충분히 이야기를 나누어 주세요. 그러면 아이가 다음 학년을 준비하는 데 많은 도움이 될 것입니다.

4학년은 교육과정이나 생활 면에서 3학년과 크게 다르지 않습니다. 3, 4학년은 같은 학년군이라 교과나 수업시수가 같아서 3학년 때와 비슷하게 수업이 진행됩니다. 대신 내용은 좀 더 심화되지요. 3학년 말에는 우리 아이들이 3학년을 잘 마무리할 수 있도록, 또 4학년을 잘 맞이할 수 있도록 도와주는 시간이 필요합니다. 4학년을 준비시켜 주는 참에 우리 아이의 진로에 대해서도 이야기 나누어 보시면 어떨까요? 앞으로 어떤 사람이 되고 싶은지, 아이도, 부모님도 함께 고민해 보기 좋을 시기입니다.

#1. "선생님, 저는 꿈이 없어요."

학교에서 일상적으로 많이 하는 활동 중에 하나가 나를 소개할 때 나의 꿈도 함께 소개하는 것입니다. 여기서 말하는 꿈은 보통 직업을 이야기합니다. 5, 6학년이 되면 심지어 희망하는 직업도 학생생활기록부에 기록합니다. 그럴 때 종종 나오는 이야기가 "선생님, 저는 꿈이 없어요."입니다. 우리 아이가 꿈이 없다고 이야기하면 어떤 생각이 드시나요? 남들 다 가지고 있는 꿈이 우리 아이에게만 없다니, 조금은 걱정이 되기도 하고 얘는 왜 꿈이 없을까 궁금하기도 할 것 같아요. 하지만 달리 생각하면 직업이라 불리는 꿈을 너무 강요하는 세상에 살고 있어서 그런 건 아닌가 고민해 볼 필요도 있습니다. 초등학생은 아직 꿈을 탐색하는 시기입니다. 꿈이 없다는 친구들은 신중한 친구들일 가능성이 높습니다. 혹은 벌써부터 직업을 고민하고 싶지 않은 친구들일 수도 있고요. 다른 아이들과 달리 꿈이 없다고 너무 걱정하진 마시고 조금 더 기다려 주시면 됩니다. 이에 반해 또 꿈이 수시로 바뀌는 친구들도 있습니다. 세상사 호기심도 많고 하고 싶은 것도 많은 3학년 친구들이지요. 둘 다 이상한 일이 아닙니다. 아이의 성향에 따라 표현하는 방식이 다를 뿐입니다. 그냥 그렇구나 하고 인정해 주시면 됩니다. 사실 초등학교 때부터 벌써 직업을 무엇으로 선택할지에 대해 너무 집중할 필요는 없습니다. 우리도 어렸을 때 꿈꾸었던 직업을 지금 모두가 가지고 있지는 않잖아요. 하지만 어떤 직업이 되었든, 내가 나중에 할 수 있는 일에는 무엇이 있을까 생각해 볼 수 있도록 다양한 경험을 해 보게 하는 것은 중요합니다.

장래희망을 이야기하라고 하면 아이들은 대부분 내가 가지고 있는 정보 안에서 직업을 선택합니다. 나와 가까운 주변 사람, 내가 좋아하고 존경하는 사람의 직업이 종종 내가 되고 싶은 직업이 됩니다. 가까이서 자주 접하는 미디어의 영향을 많이 받아서 한때는 프로게이머, 또 한때는 동영상 크리에이터, 또 한때는 아이돌이 인기가 많았던 것처럼 아이들이 가지고 싶은 직업에도 유행이 생기곤 합니다. 왜 직업을 위해 다양한 경험을 해 보라고 하는지 이해가 되는 장면입니다. 아이들은 내 경험 안에서 미래의 나를 구성하게 됩니다. 그래서 교육은 낯선 세계와의 만남을 전제로 합니다. 내가 모르는 세계를 만나게 되면 아이들은 그 안에서 또 다른 나의 모습을 발견할 수 있습니다.

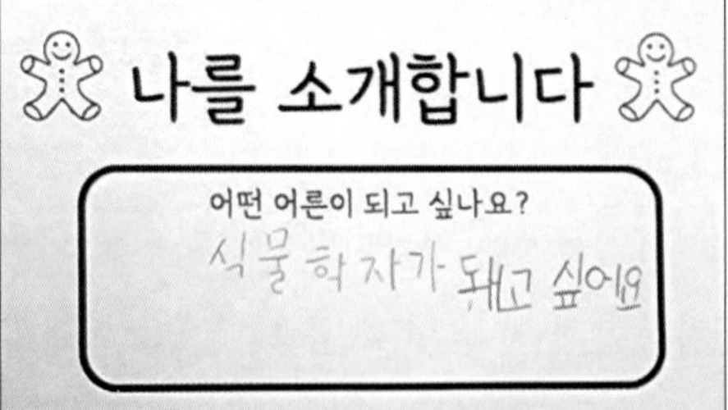

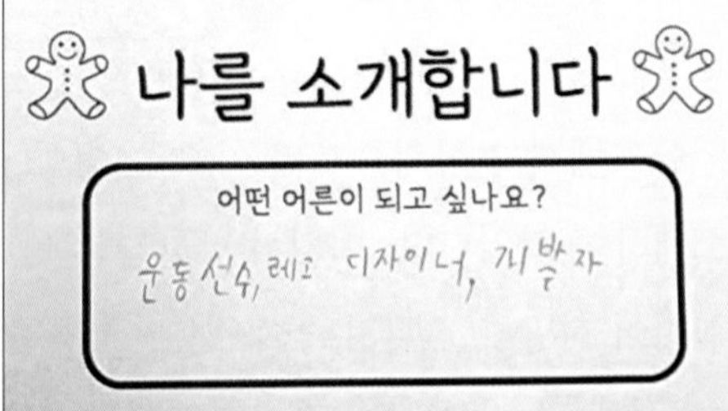

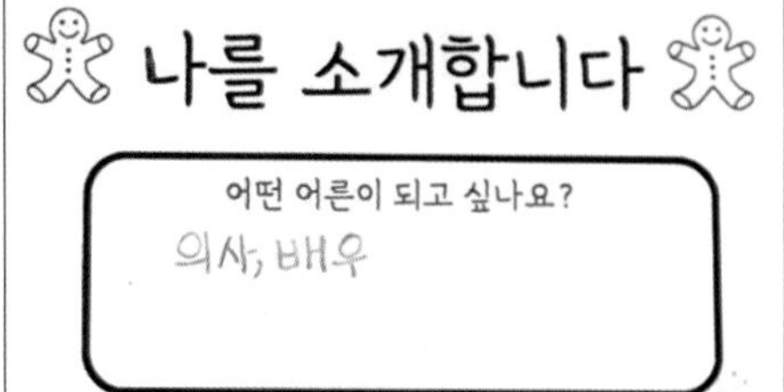

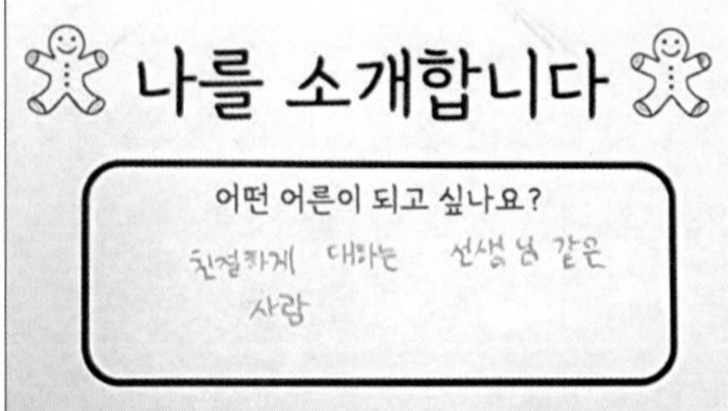

#2. "진로 교육 어떻게 하면 좋을까요?"

초등학교 때 이루어지는 진로 교육은 직업교육이 아닙니다. 진로의 사전적 의미는 '앞으로 나아갈 길'입니다. 초등학교에서의 진로 교육은 '앞으로 내가 어떤 사람으로 살아갈 것인가에 대한 탐색'으로 생각하시면 됩니다. 아이가 살아갈 미래를 스스로 설계하고 이끌어 나갈 수 있는 힘을 길러 주는 것이 더 큰 의미의 진로 교육이 아닌가 싶습니다.

진로 탐색의 시작은 내가 스스로 할 수 있는 것을 늘려 가는 것부터라고 보시면 됩니다. 3학년은 스스로 할 수 있는 것이 많아지는 시기입니다. 주변의 어른들이 생각하는 것보다 훨씬 더 많이요. 하지만 지금은 공부하는 것만 학생의 일로 생각하고 있어서 다른 것은 하지 말고 공부만 하라고 이야기하는 어른들도 적지 않습니다. 아이 스스로 할 수 있는 일에는 집안일도 포함됩니다. 아이들이 할 일은 공부만이라고 생각하거나, 아직 어리다는 생각, 아이들에게 사랑받는 부모님이 되겠다는 생각, 내가 하는 게 속 편하다는 생각으로 아이들에게 집안일을 시키지 않는 경우가 있는데, 이 부분에 대해서는 고민해 볼 필요가 있습니다. 집안일이라는 것이 한국 사회에서는 굉장히 격하된 이미지를 가지고 있지만, 집안일을 하는 것은 사람이 잘 살아가기 위해 꼭 필요한 일입니다. 미네소타대학교 마티 로스만(Marty Rossman)의 연구에서는 졸업 후 사회생활을 순조롭게 하고, 다른 사람과 관계가 좋은 아이들은 만 5~6세 즈음부터 집안 살림을 나누어 한 경우가 많다고 이야기합니다. 이 연구는 일찍부터 집안일에 참여하는 것이 지능지수를 포함한 성인기의 성공에 기여한다고 보았습니다. 그 핵심은 아이들이 자신을 짐이 아니며, 실제로 가정생활에 중요한 기여를 하고 있다고 일찍부터 느낄수록 더 좋다는 것입니다. 아이들의 중요한 기여를 공부로만 만들면, 아이들은 공부가 아닌 다른 부분에서 자존감을 쌓기가 힘듭니다.

혹시 대2병이라고 들어 보셨나요? 대2병은 불확실한 미래에 대한 고민에 빠져 방황하는 청춘들의 증상을 일컫는 신조어입니다. 중2병이라는 말은 사춘기의 발현으로 나타나는, 어떻게 보면 자연스러운 현상이지만, 대2병은 진로에 대한 고민 없이 무조건 대학 진학을 위해 살아온 젊은이들이 뒤늦게 자신의 진로에 대해 고민하게 되는, 어찌 보면 사회 구조가 만들어 낸 슬픈 현상입니다.

학교나 어른들이 이야기한 대로 대학만 가면 다 해결될 줄 알았는데, 그곳에서 정

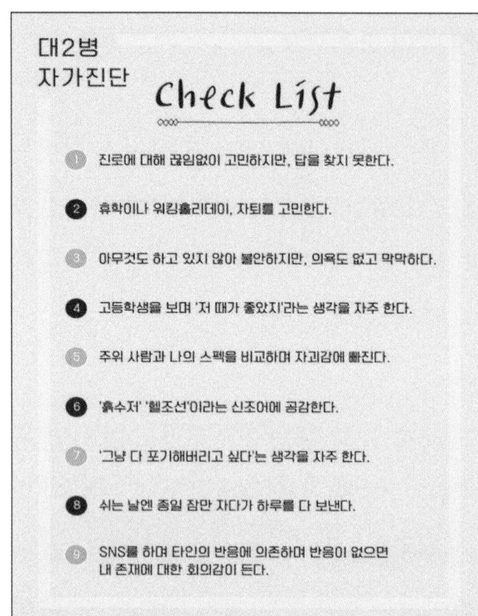

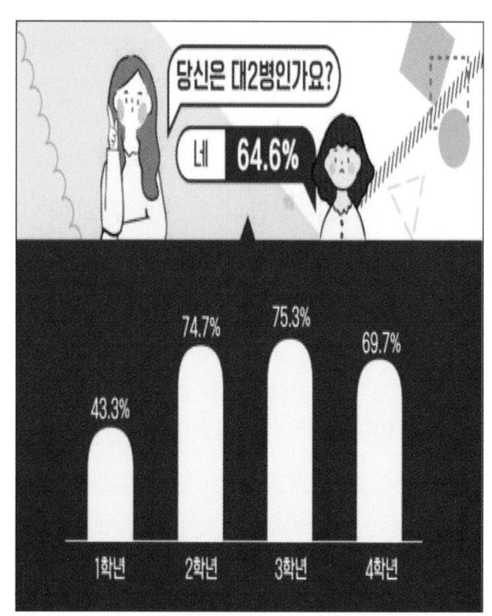

출처: 통계청(2019).

작 자신이 가야 할 길을 잃어버리고 무엇을 해야 하는가에 대한 고민을 다시금 하게 되는 상황이 슬프지 않을 수 없습니다.

초등학교 3학년이면 아직 먼 이야기 같지만, 지금부터 '나는 어떤 사람인지, 그리고 앞으로 어떻게 살 것인지, 내가 할 수 있는 일은 어떤 것이 있는지'에 대해 생각하고 경험해 볼 수 있는 시간을 가지지 않으면 우리 아이들도 언제든 대2병에 걸릴 수 있습니다. 아이들이 혼자 할 수 있는 일, 스스로 결정해도 되는 일을 조금씩 늘려 주고 과정에 실수가 있더라도 지켜보고 격려해 주는 것이 중요합니다.

아이들이 해야 할 결정을 어른들이 해 주고, 살아갈 방향도 어른들이 결정해 주면 아이들은 스스로 자신의 삶의 방향을 결정하며 자신감을 키울 기회를 잃어버리게 됩니다. 그런데도 어른들은 대학만 가면 아이가 갑자기 자율적인 사람으로 변해서 스스로의 삶을 잘 꾸려 나갈 거라고 믿습니다. 자신의 삶을 잘 꾸려 나가는 기술은 시간은 두고 길러야 할 덕목입니다. 그리고 3학년 정도 되면 본격적으로 아이들이 스스로 결정하는 연습을 시작할 시기입니다. 그때 중요한 것은 부모님이 결정할 일과 아이에게 결정하도록 맡겨도 될 일을 잘 구별하는 것입니다. 아이의 의견대로 결정해도 크게 문제가 없는 사안은 "어떻게 하는 게 좋겠어?"라고 물어보시고, 물어봤을 때 어른들의 생각과 다른 결정이 나왔어도 존중해 주세요. 의사는 물어 놓고 설득해서 바꾸려고 하면 아이가 금방 느낍니다. 그렇게 하면 안 하느니만 못하니, 시도해 보시려면 마음의 준비를 하시고 시작해 주세요. 이미 좀 더 수월한 길을 아는 어른들이 아이의 선택을 그대로 존중해 주기란 여간 어려운 일이 아닙니다. 하지만 우리가 계속 대신 살아줄 수는 없으니까요. 아이가 스스로 실수하고 실패하며 배울 수 있도록 조금 마음이 아프더라도 지켜봐 주시면 좋겠습니다.

전 세계적으로 사람들의 IQ가 높아지는 현상을 플린 효과(Flynn effect)라고 합니다. 그런데 재미있는 사실은 영국의 세이어(Shayer) 교수팀 연구 결과에 의하면 예전 아이들보다 현재의 아이들이 덜 똑똑하다는 겁니다. IQ는 높은데 똑똑하지 않다는 건 무슨 의미일까요? 요즘 아이들은 단순 지식은 많이 알고 있지만 지식을 적절하게 사용하는 능력이 떨어진다는 겁니다. 아이를 단순 지식만 아는 아이로 키울 것인지, 유연하게 생각하고 실패해도 주어진 문제를 다양한 방식으로 해결할 수 있는 아이로 키울 것인지는 아이를 어떤 태도로 대하는가와 긴밀하게 연결되어 있습니다. 실패를 경험할 기회를 주고, 시행착오를 통해 무언가를 만들어 내고 익숙해지는 경험을 주는 것은 아이의 진로 설계에 매우 중요한 과정입니다. 정답을 주고 싶어도 아이 스스로 해답을 찾아갈 수 있도록 아이들을 잘 지켜봐 줄 수 있어야 할 것입니다.

#3. "4학년에서는 어떤 선생님을 만나게 될지."

새 학년으로 올라가면 아이도, 부모님도 제일 궁금하고 걱정되는 것이 어떤 선생님을 만나게 될지입니다. 제가 만난 어머니 한 분은 한 학년이 끝나고 새해가 시작되면 절에 가서 108배를 하며 치성을 드린다고 합니다. 내년에 우리 아이가 좋은 선생님을 만날 수 있게 해 달라고 말이죠. 아이의 1년이 어떤 선생님을 만나느냐에 따라 많이 달라진다고 생각하고 아이를 잘 가르쳐 주실 선생님을 만나길 바라는 마음을 그렇게 표현하시는 거죠. 맞습니다. 당연히 궁금하고 걱정도 되실 것 같아요. 아이는 학교생활을 하며 굉장히 많은 선생님을 만나게 됩니다. 간혹 아이와 잘 맞는 선생님을 만날 수도 있고, 맞지 않는 선생님을 만날 수도 있습니다. 그리고 보호자님과도 성향이 비슷한 선생님을 만날 수도 있고 아닐 수도 있습니다. 그럴 때 어떤 마음으로 새로운 선생님을 바라보면 좋을까요? 조금은 마음 편하게 선생님을 만나는 방법을 말씀드려 볼게요.

일단은 선생님도 나 같은 사람이라는 생각을 하고 만나시는 것을 추천합니다. 너무 높은 도덕적 잣대를 들이대기보다는 교육에 전문적인 지식을 가졌지만, 부모님과 같이 성찰하고 변화하며 성장하는 사람이라고 생각해 주시면 됩니다. 선생님이 아이들을 가르칠 때도 실수는 성장의 밑거름이라고 가르칩니다. '아니, 선생님이 어떻게 그럴 수 있어?'라는 생각보다는 '선생님도 사람이니 그럴 수 있지.' 하는 열린 시각으로 선생님을 바라봐 주세요. 물론 그 실수는 말 그대로 수정 가능한 실수일 때에 한정됩니다. 누군가의 인권을 심각하게 침해하거나 폭력이 동반된 행위라면 이야기가 달라집니다. 그런 것이 아닌 이상 선생님을 보는 시각을 조금만 바꾸어도 교사와 부모님은 교육공동체로 협력하며 1년을 보낼 수 있습니다.

매년 만나는 선생님은 다릅니다. 그리고 교육과정은 같더라도 선생님마다 그것을 해석하고 가르치는 방법은 다를 수 있습니다. 예를 들어, 누군가는 독서를 통해, 누군가는 노래를 통해, 또 누군가는 신체활동을 통해 궁극적인 교육목표를 향해 갈 수 있습니다. 내가 독서를 선호한다고 해서 매년 만나는 선생님이 독서활동을 중시하지는 않습니다. 우리 아이들에게는 매년 다른 방식으로 가르치는 선생님을 만나는 것이 오히려 도움이 됩니다. 이전에 말씀드렸다시피 교육은 낯선 세계와의 만남이고, 그 만남을 통해 성장하는 것입니다. 생전 악기라고는 관심도 없던 아이가 악기를 활용한 교육에 관심이 있는 선생님과 만나면 그해에는 악기의 또 다른 매력을 발견할 수 있습니다. 매년 만나게 될 선생님들의 교육과정 전문성을 믿고 아이가 다양한 선생님을 통해 다양한 것들을 배우고 있구나 하고 지켜봐 주세요.

가끔 학교에서 있었던 속상한 일을 아이가 집에 와서 이야기할 때 선생님의 말이나 행동이 이해가 안 되는 상황도 생기실 수 있어요. 내 아이의 이야기가 틀렸다는 것이 아니라 한 다리 건너서 듣게 되는 이야기는 자의적인 해석이 담겨 있을 수밖에 없습니다. 그래서 상황을 판단할 때는 꼭 선생님의 이야기도 들어 보고 판단하셔야 합니

다. 이것 역시 1년을 잘 지내기 위한 또 하나의 팁이라고 생각해 주시면 됩니다.

우리 아이들의 3학년이 끝나 갑니다. 3학년이 우리 아이에게는 어떤 시기였는지, 4학년이 되면 걱정되는 부분은 없는지, 아이와 함께 이야기하며 3학년을 마무리해 보세요. 이야기하는 참에 요즘 관심 가는 것은 무엇인지, 나중에 커서는 어떤 사람이 되고 싶은지도 함께 물어봐 주세요. 단순히 직업뿐만 아니라 삶의 태도와 관련해서도 어떤 사람으로 자라고 싶은지 구체적으로 이야기 나누고 지지해 주신다면 우리 아이는 자신의 미래를 조금 더 편안히 꿈꿀 수 있을 것입니다.

반짝반짝 3학년 탐구생활(Q&A)

Q1. 아이의 진로를 위해 사교육을 시작하는 것이 좋을까요?

다양한 경험을 많이 할 수 있게 하는 것이 중요하긴 하지만 그 모든 것이 사교육을 통해서만 가능하진 않습니다. 다양한 사회체험, 문화체험들이 모두 아이의 시야를 넓혀 줄 수 있습니다. 만약 다양한 경험을 위해 사교육을 시작하신다면 아이의 의사를 충분히 반영해 주시는 것이 필요합니다. 시작을 한다면 적어도 3~6개월 이상 꾸준히 하는 것을 사전에 약속하시고, 그 이후의 결정은 아이의 선택에 맡기는 것을 추천합니다. 제가 아는 선생님 중에 어머니가 시켜서 전문미술을 몇 년간 배운 분이 계신데, 아직까지도 그 시간이 본인에게는 너무 괴로운 시간이었다고 이야기하십니다. 그만큼 다녔는데 그림을 잘 그리게 된 것도 아니고요. 모든 활동은 어느 정도 익숙해져야 본질적인 재미를 느낄 수 있기 때문에 사교육을 시작할 때는 기본적으로 숙달기간을 정해 놓고 시작하되, 하다가 아이가 영 아니라고 하면 그때는 멈추시는 것을 추천드립니다.

Q2. 아이의 자율성을 기를 수 있는 좋은 방법이 있을까요?

자율성은 삶의 경험을 통해 형성되고 성숙되는 성격 유형 중 하나입니다. 우리 아이의 자율성을 길러 줄 때는 네 가지 측면을 생각하시면 됩니다. 책임감, 목적의식, 유능감, 자기수용입니다. 책임감과 목적의식은 타인이 아닌 자기 스스로가 목표를 설정하고 이를 위해 도전할 때 생겨날 수 있습니다. 유능감은 난관에 부딪혔을 때도 내가 해낼 수 있다는 자신감을 가지는 것, 자기수용은 있는 그대로의 내 모습을 받아들이는 것입니다. 유능감과 자기수용은 자존감과도 긴밀히 연결되어 있습니다. 자기가 정한 목표를 향해 도전할 수 있도록 충분한 기회를 주시고, 그 과정에서 정서적으로 지지해 주시고 격려해 주신다면 자율성은 조금씩 높아질 수 있습니다. 처음부터 너무 거창한 목표를 세우기보다는 도달할 수 있는 소소한 목표를 설정하고 성취할 수 있도록 환경을 제공하는 것을 추천합니다. 아이가 실수나 실패를 한 경우 무조건 잘못했다고 타박하거나 나무라기보다는 함께 책임지거나 해결할 수 있는 방법을 찾으며 아이의 재도전을 응원해 주신다면 우리 아이의 자존감 역시 조금씩 높아질 수 있을 것입니다.

Q3. 반배정은 어떤 식으로 이루어지나요?

반배정의 세부 원칙은 학교마다 다릅니다. 하지만 보통 학년의 각 반에서 비슷한 수준의 교육활동이 이루어질 수 있도록 배치합니다. 인지적 영역(학습 수준)이나 정의적 영역(성향, 관계)등을 종합적으로 고려해 1차로 배정한 후, 학년 선생님들이 모두 모여서 다시 검토하고 협의해 반배정을 확정합니다. 1학년의 경우에는 사전 정보가 없으므로 이름, 성별, 생년월일, 거주지역 등을 고려해 학생들을 골고루 배치합니다. 쌍둥이의 경우나 이전 학년에서 심한 갈등이 있었던 경우는 반배정의 고려사항이 되므로 반배정 전인 12월 초쯤에 담임선생님께 미리 정보를 주시면 좋습니다. 친한 친구끼리 한 반이 되고 싶다는 것은 배정 시 고려사항이 아니므로 이야기하셔도 반영될 가능성이 거의 없습니다. 한번 배정된 반은 바꾸기 어려우므로 반배정 시 고려해야 할 사항이 있다면 미리 담임선생님과 상의하시는 것을 추천드립니다.

Q4. 4학년이 되기 전에 어떤 것을 준비하면 좋을까요?

앞에서 말씀드렸다시피 4학년 수업은 3학년과 동일한 과목, 동일한 시수로 진행됩니다. 내용 면에서만 조금 더 심화되기 때문에 3학년에서 잘 따라간 아이라면 4학년에서도 수업은 쉽게 따라갈 수 있습니다. 3학년 교과의 난이도는 학업 격차가 좀 난다해도 시간을 들이면 금방 따라갈 수 있는 정도이니 너무 걱정 마시고 방학 동안 부족한 부분을 보충해 주시면 됩니다. 특히 4학년 수학은 3학년 내용에서 자리 수가 커지거나 계산이 복잡해지는 형태로 심화되기 때문에 사칙연산의 기본을 잊지 않도록 방학 중에 충분히 복습하는 시간을 가지는 것을 추천합니다. 예습보다는 복습이 좋습니다.

4학년이 되면 논리적 사고력과 감성이 함께 발달하면서 비판적 사고력도 높아집니다. 앞으로는 논리적으로 설득하고 행동으로 보여 주지 않으면 아이가 수긍하지 못할 수도 있습니다. 이 시기가 되면 지금까지 말을 잘 듣던 아이도 어른들이 보기에는 반항하는 것으로 보일 수도 있습니다. '반항'이라고 불리는 사춘기의 징후는 어떻게 보느냐에 따라 '반항'이 되기도 하고 '자기표현'이 되기도 합니다. 4학년 아이들의 정서적 성장을 어떤 마음으로 보아야 할지 주변의 어른들도 마음의 준비를 하는 것이 필요합니다.

 반짝반짝 3학년 성장노트

'적절한 거리'

태양에서 너무 가깝지 않기에 모두 증발하지 않고,
너무 멀지 않기에 다 얼어 버리지도 않는 지구의 물

지구 위 다양한 동물들,
기린에게 150미터, 아프리카 버팔로에게 70미터, 원숭이에게 20미터
그 거리만 유지되면 공격하지도 피하지도 않는
서로 안전하고 자유롭다고 느끼는 동물들 (중략)

우리는 적절한 거리에 있을까
맨 처음 두 사람의 거리 0
그러나 부모와 자녀, 그 사이 멀어지고 닫혀 버리는 막막한 거리

부모에게 자녀의 성장이란
끊임없이 '적절한 거리'를 찾아가는 일(중략)

–EBS 지식채널e 〈적절한 거리〉 편

부모가 아이를 키우면서 가장 아름답고도 어려운 일 중 하나는 아이와의 관계에서 적절한 거리를 찾는 것입니다. 이 거리는 아이가 자율성을 발달시키고, 스스로 해결책을 찾아가는 데 필요한 공간을 제공합니다. 아이의 건강한 발달을 위해서 '적절한 거리'를 유지하는 것이 중요합니다. 부모의 너무 많은 간섭은 아이의 자율성 발달을 방해할 수 있습니다. 반면에 부모가 너무 멀리 떨어져 있으면 아이가 외롭고 지지받지 못하는 느낌을 받을 수 있습니다. 그래서 우리는 아이의 발달에 맞게 스스로 문제를 해결하고, 독립적인 사고를 할 수 있도록 지지해야 합니다.

이를 위해 우리는 아이의 개별적인 성향을 이해하고 존중할 필요가 있습니다. 아이마다 필요로 하는 거리와 지지의 정도는 다를 수 있기 때문에, 부모로서는 아이의 신호를 주의 깊게 관

찰하고 그에 맞게 대응하는 것이 중요합니다. 아이가 도움을 요청할 때는 적극적으로 지원하되, 아이가 스스로 할 수 있는 일에 대해서는 독립성을 격려하는 태도가 필요합니다.

결국 아이와의 관계에서 '적절한 거리'를 유지하는 것은 아이가 자신감을 갖고 세상을 대면할 수 있도록 준비시키는 데에 큰 도움이 됩니다. 아이가 자유롭게 탐색하고 성장할 수 있는 환경을 조성하는 것이 우리가 해야 할 일입니다. 아이가 직면하는 다양한 상황에서 적절한 지원과 자율을 제공하면서, 아이가 자신의 능력을 신뢰하고 세상을 긍정적으로 바라볼 수 있도록 돕는 것이 중요합니다. 아이와의 관계에서 적절한 거리를 찾는 일은 분명 쉽지 않겠지만, 이 과정을 통해 우리 아이들이 더욱 단단하고 온전하게 성장할 것이라 믿습니다.

#3학년 겨울 #부모와 자녀 사이 #적절한 거리 #우리는 적절한 거리에 있을까?

V. 다시 봄

호기심 가득한 눈을 반짝이며 새로운 배움에 퐁당 뛰어들어 즐거워하던 3학년 친구들의 웃는 얼굴이 떠오릅니다. 3학년 한 해 동안 학교라는 작은 사회 안에서 성공도 해 보고, 실패도 해 보며 또 많이 컸습니다.

3학년은 아이도 부모님도 또 다른 새로움을 맞이하는 시기입니다. 1, 2학년까지는 교육과정 특성상 이리저리 움직이며 배우던 아이들이 엉덩이 딱 붙이고 앉아서 진중하게 배워야 하는 시간이 늘어나니, 우리 아이들, 새로움에 적응하는 게 생각보다 쉽지 않을 수 있습니다. 아이들이 새로운 교육환경을 만나다 보니 부모님의 고민도 새롭게 시작됩니다. 우리 애는 왜 힘들어하지? 교과가 이렇게 많아졌는데 공부를 더 시켜야 하나? 다른 아이들보다 뒤처지는 건 아닌가? 학원을 보내야 하나? 친구들이랑은 잘 지내고 있는 건가?

3학년의 봄, 여름, 가을, 겨울 이야기를 통해 아이의 성장에 따른 부모님들의 고민이 조금이나마 해소되셨기를 기대해 봅니다. 1, 2학년 때는 나에 대해 알아 가는 것에만 집중해도 되었다면 3학년부터는 나뿐만 아니라 내 주변도 살펴보는 법을 배워야 합니다. 우리 아이들이 단순히 '나'만 잘 사는 삶이 아닌 '우리'가 함께 잘 사는 삶을 살아갈 수 있도록, 그리고 그 방법을 삶 속에서 배울 수 있도록 모두의 노력이 필요한 때입니다.

그런데 아시다시피 삶 속에서 삶을 배우는 게 쉽지 않습니다. 행복하고 즐겁게만 배우면 좋겠는데, 실수와 실패를 통해 아파하면서도 배웁니다. 아이가 실수를 통해 배운다는 걸 알면서도 여유 있는 마음으로 지켜보기 힘들고, 실패를 통해 배운다는 걸 알면서도 시행착오가 안쓰러워 내가 대신해 주고 싶어지는 게 지켜보는 어른 마음입니다. 하지만 우리 아이의 삶을 내가 대신 살아 줄 수는 없으니, 이제는 한 발 떨어져 지켜볼 수 있도록 내 마음도 조금씩 단련해야 합니다.

조금 못미덥고 섭섭한 마음이 들 수 있겠지만, 아이가 스스로의 삶을 세워 가는 모습을 기쁘게 지켜봐 주시면 좋겠습니다. 가끔은 계획된 무관심, 하지만 따뜻한 시선으로 우리 3학년 아이들을 지켜봐 주신다면 아이는 어느새 또 쑤욱 자라 있을 거예요. 새로운 배움으로 뛰어든 모든 3학년 아이들과 그 부모님들을 응원합니다.

"선생님, 공부도 힘들고 부모님 말씀도 듣기 싫고,
아무래도 저 사춘기가 시작되는 것 같아요."

"우리 아이가 변한 것 같아요. 예전엔 그렇지 않았는데, 부쩍 반항도 많이 하고 말도 잘 듣지 않아 요즘은 아이 키우는 게 힘들답니다."

부모 상담을 하다 보면 이런 하소연을 하는 부모님을 종종 만나게 됩니다. 예전에는 5학년쯤 사춘기가 시작되었다면 이제는 4학년부터 사춘기가 시작되기에 예전 생각을 하던 부모님들은 종종 당황하고 혼란스러워합니다. 몸도 마음도 성숙해지기 시작하는 중요한 4학년, 아이들이 고민하는 문제가 무엇이고 그들의 특징이 무엇인지 안다면 부모님들이 대처하기가 조금은 쉬워지겠지요?

I. 알록달록 4학년의 '봄'

"위풍당당 4학년이 되었어요."

『위풍당당 여우 꼬리』(손원평, 창비, 2021)

『위풍당당 여우 꼬리』의 주인공 단미는 평범한 열한 살이에요. 막 사춘기에 접어들며 자기만의 생각이나 주장을 당당하게 말할 줄도 알고 친구들을 위해 대신 싸워 줄 수도 있는 위풍당당 소녀지요. 하지만 어느 날 갑자기 허리에 꼬리가 생기면서 자신의 변화에 대해 많은 고민과 혼란의 과정들을 겪게 되는데요. 그러면서 나에 대해 생각하고 나를 사랑하는 법을 배우게 됩니다.

"너 자신을 좋아하면서 살아갈 건지, 싫어하면서 살아갈 건지 택할 수 있다는 말이야."

4학년은 저학년에서 고학년으로 넘어가는 과도기입니다. 이 시기에 나의 정체성을 확인하고 나를 사랑하는 방법을 아는 것은 앞으로의 성장과 발달에 매우 큰 영향을 미칩니다. 이 시기 우리 어른들은 어떤 시선과 태도로 4학년 아이를 대해야 할까요?

알록달록 4학년 교실 이야기

3, 4학년은 현장에 있는 선생님들이 매우 선호하는 학년입니다. 1, 2학년의 경우 아직 많이 어리고 무언가 스스로 하기보다는 작은 것 하나하나까지 챙기고 살펴야 할 것이 많습니다. 하지만 3, 4학년이 되면 스스로 할 수 있는 부분들이 늘어나고 선생님이나 어른들에게 예쁜 짓, 착한 짓을 많이 하는 나이이기 때문입니다. 이때 아이들은 교사의 말을 부모의 말보다 더 중요하게 생각하며 교사의 말을 비교적 잘 듣습니다. 그래서 4학년은 어느 때보다도 교사의 역할이 중요한 학년이기도 합니다. 하지만 사춘기의 문턱에 들어서면서 신체나 감정의 변화도 생기고, 자기만의 생각이 발달하면서 부모나 교사와 갈등을 일으키기도 합니다. 그럼 4학년들의 변화와 성장 속으로 함께 들어가 보실까요?

#1. "아, 재미없어."

우리 학교는 9시에 첫 수업이 시작된다. 그런데 웬일인지 라온(가명)이의 책상은 여전히 빈자리로 남아 있었다. 조금만 더 기다려 보았다가 1교시가 끝나도 오지 않으면 부모님께 연락해 볼 참이었다. 1교시 수업이 시작되고 5~10분 정도 지나자 시무룩한 표정의 라온이가 들어왔다. 무슨 일인지 물어보려는데 라온이의 엄마로부터 문자 메시지가 왔다. "오늘 라온이가 학교 가기 싫다고 해서 아침부터 실랑이를 벌이느라 라온이가 지각했습니다. 그러니 이해 부탁드립니다."라는 메시지였다. 중간휴식 시간에 라온이를 상담실로 불러 이야기를 나누어 보았다. 라온이의 말은 4학년 되니 교과마다 배워야 할 내용도 많고 쓸 것도 많으며 내용도 너무 어려워 수업이 힘들고 재미가 하나도 없다는 것이었다. 게다가 작년에 친했던 친구들과 1명도 같이 반이 되지 않아 딱히 친한 친구가 없어 더욱 학교에 가기 싫다는 것이었다. 나는 교사로서 아이의 마음을 헤아리지 못한 것이 괜스레 미안했다. 그리고 지금이라도 말해 준 것에 고마움을 표현하였고 아이와의 상담을 마쳤다. 상담을 마친 후 나는 어떻게 하면 라온이가 학교에 오고 싶어 하고 또 교과 공부에도 흥미를 느낄 수 있을지 교사로서 진지하게 고민하게 되었다.

매년 새 학기가 시작되면 아이들은 설렘과 긴장, 그리고 기대 속에 새 교실로 들어오게 됩니다. 우리 담임선생님이 누구일지, 우리 반에는 어떤 친구들이 있을지, 내가 친한 친구는 나랑 같은 반이 되었을지, 반짝반짝한 눈으로 들어서는 아이들의 모습을 보면 나도 모르게 빙그레 웃음이 지어집니다. '새로움'이나 '시작'이라는 단어는 그 자체만으로도 생명력을 지닌 것처럼 사람들이 무언가를 기대하게 되고 도전하고 싶은 그런 마음들을 불러일으키는 것 같습니다. 하지만 모든 아이가 이러한 들뜸과 설렘을 느끼는 것은 아닙니다. 첫날의 불안이나 걱정은 하루, 이틀 시간이 지날수록 힘듦과 고통으로 다가오고 교과서를 보고 있는 것만으로도 혹은 수업을 듣는 것만으로도 한숨과 탄식이 나오는 아이들도 있습니다. 새 학년, 새 교실, 새 친구들처럼 '새것'에 적응하지 못하고 힘겨워하며 점점 학교와 거리가 멀어지기 시작하는 시기이기도 합니다.

학생들의 적응이나 부적응에 관한 연구 중 윤정애(2020)는 최근 들어 학교를 그만두고 공교육을 이탈한 초 · 중 · 고등학생이 15만 명에 달한다고 이야기하기도 했는데요. 학교급별로는 고등학생이 48.7%(73,225명)로 가장 많았으나 초등학생이 32.8%(49,217명), 중학생이 18.5%(27,817명)로 나타났다고 했으며(윤정애, 2020), 초등학생이 2위인 것은 매우 주목할 만한 사실입니다.

초등학교에 처음 입학하는 1학년만이 적응의 과제를 가지고 있는 것이 아닙니다. 많은 부모가 아이가 1, 2학년을 잘 다니면 그 이후에는 학교의 적응이 '끝났다' 생각하시지만, 아이들은 한 살, 한 살 나이가 들면서 그에 맞는 적응 과제들을 마주하게 됩니다. 이때 어른들은 아이들이 '이제는 다 컸다.'라는 생각으로 '알아서 하겠지.'라는 안일한 생각보다는 아이가 매 학년 잘 적응하고 있는지 애정 어린 관심이 필요합니다. 특히 고학년으로 넘어가는 4학년 시기에 부적응행동이 나타날 수 있으니 이를 단순히 아이의 투정 정도로만 받아들여 아이를 혼내고 야단치기보다는 아이의 마음을 헤아리려는 노력이 필요합니다. 이기규가 쓴 『학교 잘 다니는 법』과 같은 도서를 통해 학교에서 맞닥뜨릴 수 있는 문제들을 알아보고 어떻게 대처해야 할지 배우는 것도 도움이 많이 될 수 있습니다. 아이가 왜 학교에 가기 싫은지, 새 학년이 되어서 힘든 점이 무엇인지 귀 기울여 들어 주려는 자세가 필요합니다.

#2. "이제 너 스스로 좀 해라."

오늘은 미술 시간이 있는 날이다. 준비물은 수채물감과 기타 필요한 수채 용구들이다. 1주일 전부터 알림장에 공지하기도 했고 그 전날에도 다시 한번 강조하며 준비물을 가져오도록 했건만 소희(가명)는 준비물이 없는 채로 수업 시간에 멀뚱히 앉아 있었다. 소희뿐만 아니라 준비물이 없는 아이들은 3~4명 정도 되었다. 나는 살짝 화가 난 어투로 "준비물을 왜 가져오지 않았나요? 선생님이 여러 번 얘기했는데……." 그러자 소희가 말했다. "엄마가 챙겨 주지 않았어요." 나는 다시 얘기했다. "엄마가 챙겨 주지 않으면 소희가 챙겨야죠. 소희는 이제 4학년이에요. 언제까지나 부모님이 준비물을 챙겨 주실 순 없어요." 그러자 소희는 약간 억울한 듯이 "엄마도 저에게 매번 그렇게 말해요. 너도 이제 4학년이니 네가 알아서 챙기라고." 나는 그 말을 듣고 아차 싶었다. 교사인 나도, 부모님도 4학년이 되면서 너무 갑자기 이 아이를 어른으로 대하는 것은 아닐까 생각이 들었다.

아이들은 태어나 유치원이나 초등학교를 지나고 청소년기를 거치며 점차 어른으로 성장해 나갑니다. 그렇다면 아동이라 부를 수 있는 나이는 언제일까요? 「아동복지법」에 따르면 아동은 18세 미만을 뜻합니다. 하지만 통상적으로 사람들은 초등학교 때까지를 아동 혹은 어린이로 생각하는 것 같습니다. 그리고 그 어린이라는 것도 1, 2, 3학년까지는 어린이로 보지만 4학년부터는 어린이도 어른도 아닌 그야말로 '중간 아이'가 되어 버립니다. 이제 나이도 11살이 되었고 유명 학자들이나 서적들도 아이에게 자립심을 키워 주어야 한다는 명분으로 "이제부터는 스스로 하는 연습을 해." 내지는 "스스로 해."라는 명령 같은 지령을 내립니다.

이것이 틀렸다는 것은 아닙니다. 당연히 몸과 마음이 성장하면서 자립심을 키워 나가야 한다는 것은 학교 적응이나 넓게는 사회 적응에 있어 매우 필요한 개념입니다. 하지만 가끔 그 자립심을 부모들이나 혹은 교사들이 남발하고 아이들을 너무 급격한 변화 속에 밀어 넣는 것은 아닐까 하는 생각을 해 봅니다. 방금 태어난 아기가 바로 걸을 수 없듯이 3학년에서 4학년이 된다고 해서 갑자기 뚝딱하고 자립심이 생기는 것은 아닙니다. 한 발을 걸어야 두 번째, 세 번째 걸음을 내딛는 것처럼 순차적인 방법을 알려 주는 안내, 지침서가 필요한 것입니다. 그 지침서의 역할을 부모나 교사가 해 주어야 하는데, 지침서 없이 처음부터 똑바로 걸으라고 하니 아이는 당황할 수밖에 없으며 학교 적응에 있어 더 힘들어지는 것입니다.

4학년이 되었다고 "나는 이제 알림장 봐 주지 않을 거야. 네가 준비물 알아서 챙겨라."라고 하기보다는 "이제 4학년이 되었으니 자립심을 조금씩 키워야겠지? 3월은 엄마가 알림장을 봐 줄 테니 같이 해야 할 숙제나 준비물 챙기는 연습을 해 보자꾸나. 그러다 4월에는 혼자 스스로 해 보는 건 어떨까?"라고 이야기해 주는 것이 필요합니다.

'스스로'라는 말이 진정 아이의 성장이나 발달을 위한 것인지 아니면 어른인 나의 '편리'를 위한 것인지 한 번쯤 생각해 보아야 할 문제입니다. 아이들을 변화의 물살 속으로 급하게 등 떠밀기보다는 아이들이 한 발씩 나아갈 수 있도록 우리 어른들이 옆에서 지지해 주고 지켜봐 준다면 아이들의 불안은 낮아지고 앞으로 나아갈 용기가 조금씩 더 샘솟겠죠?

#3. "선생님, 저 성조숙증이래요"

"선생님, 저 성조숙증이래요." 쉬는 시간 내 옆으로 온 미연(가명)이는 대뜸 이런 말을 하였다. 자초지종을 물으니 지난 주말 엄마와 함께 병원에 다녀왔다는 것이었다. 병원에서 이런저런 검사도 받고 성조숙증이라는 진단을 받았다면서 얼굴에 걱정이 가득했다. "선생님, 성조숙증이 뭐예요? 나쁜 거예요?"라고 말하기에 "아니, 나쁜 것은 아니야. 미연이 몸이 조금씩 어른이 되어 가고 있는 거란다. 꽃들도 씨앗이 조금씩 자라서 다 자란 꽃이 되는 것처럼 미연이도 조금씩 자라고 있는 거야. 그런데 너무 빨리 커 버리면 튼튼하게 자라지 못할 수도 있어서 그래서 아마 엄마가 병원에 데려가셨을 거야." 나는 이렇게 말하기는 했지만, 우리 반 아이들의 신체적 변화를 보며 요즘은 성장이 예전과 비교해 매우 빠르다는 것을 몸소 느끼고 있었다. 며칠 후 상담주간이 되어 어머니와 상담을 진행할 기회가 생겼을 때 나는 이 문제에 대해 어머니와 이야기할 수 있었다. 어머니는 아이가 또래와 비교하면 키도 너무 크고 해서 생리도 미리 할 거 같아 걱정도 되고, 또 생리를 하면 키도 더 크지 않는다고 하기에 너무 걱정돼서 병원에 갔었다고 말씀하셨다. 그러면서 어떻게 해야 할지 고민이 많다고 하셨다.

4학년이 되면서 아이들은 자신의 신체 변화를 인지하기 시작합니다. 여자아이의 경우 가슴이 조금씩 발달하기 시작하고, 빠른 아이들의 경우 초경을 하는 예도 있으며, 남자아이의 경우 키가 크면서 성장통 등이 나타나기도 합니다. 2022년 질병관리청이 발표한 '2022년 학생 건강검사 및 청소년 건강행태조사 결과'에 의하면 초등학교 6학년 남자 평균 키는 153.7cm, 여자 평균 키는 153.5cm이고, 몸무게의 경우 남자는 51.6kg, 여자는 47.2kg으로 나타났으며, 비만 비율도 2021년에 비해 다소 감소하였으나 과체중과 비만 학생의 비율이 30.5%로 높은 것을 확인할 수 있습니다. 이와 같은 원인으로는 햄버거, 피자, 치킨 등 패스트푸드나 고열량 음식 섭취와 TV나 스마트폰의 사용 시간 증가 등으로 인한 운동 부족 등을 들 수 있으며, 이로 인해 성장은 더욱 가속화되고 성조숙증 등의 이상 증세가 나타나기도 합니다.

2021년 대비 2022년 과체중 및 비만 학생 비율 증감 현황

구분	합계	과체중	비만
2021년	30.8%	11.8%	19.0%
2022년	30.5%	11.8%	18.7%
증감	▽0.3%	-	▽0.3%

출처: 질병관리청(2023).

특히 여자아이들의 경우 가슴이 발달하면서 자신의 변화를 친구들이나 선생님에게 보이지 않게 하려고 몸을 움츠리기도 하고 옷을 크게 입어 두드러지지 않게 감추려는 아이들도 있습니다. 신체가 변화하는 것은 숨기거나 감출 것이 아닌데 친구들과 다른 자신의 신체 변화에 대해 두려워하고 부끄러움을 느끼게 됩니다.

따라서 이 시기에 우리 어른들은 다른 시기보다 더 자세히 아이의 신체 변화를 주의 깊게 관찰하고 변화에 맞추어 그에 맞는 지도나 교육을 해 주셔야 합니다. 아이에게 "우리 ○○이 가슴 나오네."라며 장난으로 받아치거나 농담 식으로 하면 아이들은 왠지 자신이 놀림거리가 된 것 같아 수치심을 느끼고 그런 부모의 태도에 대해 화를 내고 분노하게 됩니다. 그러므로 부모나 교사는 아이의 변화를 자연스러운 것이라고 안심시켜 주어야 하며 여자아이들의 경우 자기 신체 발달에 맞는 속옷을 착용하는 것이나 착용 방법 등에 대해 교육을 해 주셔야 합니다. 특히 아이들이 초경에 대해 불안해하는 경우가 있으므로 초경에 대한 사전 지식을 알려 주시는 것이 필요하고 만일 초경이 시작했을 경우 당황하지 않고 침착하게 처리하는 방법 등을 알려 주셔야 합니다.

남자아이들도 한창 성장하는 시기이므로 성장에 도움이 되는 운동을 많이 할 수 있는 환경을 만들어 주셔야 하며 부모, 특히 아버지와 같이 운동한다면 정서 발달에도 매우 긍정적인 영향을 미치게 됩니다. 자녀를 양육할 때 부모 중 주로 어머니들이 주 양육자가 되는 경우가 많아서 상대적으로 아버지들은 아이와의 애착이 약하고 상호작용이 매우 적을 수 있습니다. 그로 인해 대화할 기회도 없고 친밀감을 형성할 시간이 많지 않아 이후 아이와의 관계가 서먹할 수 있으며 추후 사춘기나 청소년기에 들어섰을 때 갈등 해결에 문제가 생길 수 있습니다. 아버지와 아이가 더 크기 전에 함께 하는 시간을 많이 갖는 것은 아이의 발달에 있어 매우 중요한 부분입니다. 특히 운동을 같이 하면서 공감대를 형성하는 것은 자녀와의 관계를 튼튼히 할 수 있는 초석을 쌓는 일이라 생각할 수 있습니다. 초석이 튼튼하면 집은 비바람을 맞고 조금은 흔들릴 수 있으나 절대 무너지지 않습니다. 어머니들에게 주어졌던 양육의 무게를 아버지들 또한 같이 나누어야 할 것이며 MZ세대와 함께 살아가는 요즘, 아버지들은 자신의 새로운 역할을 인식하고 수용해야 할 것입니다.

아이들은 신체 발달과 관련하여 운동과 더불어 영양 면에서도 불균형이 초래되지 않도록 관리가 필요합니다. 최근 한국인들의 식생활을 살펴보면 한국인의 주식이 '쌀'이라는 것도 이제는 옛말이 된 듯합니다. 세계가 글로벌화되면서 각국의 음식문화가 물밀듯 들어오고 새로운 것을 좋아하는 요즘 아이들에게 그것은 마치 유행처럼 퍼져 먹거리 문화가 매우 변화했음을 알게 됩니다. 유튜브에서는 다양한 먹방 영상들이 수시로 올라오고 다양한 매체를 통해서도 새로운 음식이나 먹거리 등을 소개하고 있으며 밥과 된장찌개를 즐기는 것은 시대에 뒤떨어진 것처럼 치부되기도 합니다. 새로운 음식 문화들이 나쁜 것은 아니지만 음식의 질이나 건강을 생각하기보다는 좀 더 자극적인 것을 찾으려 하는 경향이 있으므로 몸에 해로운 것에 대해 선택적으로 받아들일 필요가 있습니다. '마라탕후루'라는 신조어가 나올 정도로 마라탕을 즐겨 먹고 후식으로 탕후루를 찾는 아이들, 패스트푸드의 홍수 속에 사는 우리 아이들에게 올바른 식문화를 알려 주는 것은 우리 어른의 몫이 아닐까 생각합니다.

또한 성장과 관련하여 간혹 어떤 부모는 초경이나 사춘기, 혹은 성교육 등은 5, 6학년쯤 하는 게 아니냐고 하십니다. 하지만 요즘 아이들의 신체는 예전의 우리에 비해 성장 속도가 빠르게 진행되고 있기에 이제는 4학년에서 사춘기에 대한 교육, 성교육이 이루어질 필요가 있습니다. 우리나라는 전통적으로 유교의 영향을 받아 성을 감추고 쉬쉬하는 경향이 있었지만, 이제 자라나는 우리 아이들은 정확한 성 지식과 올바른 성인지 감수성을 가질 수 있도록 시기에 적절한 성교육이 꼭 필요합니다. 미디어 시대에 사는 요즘, 성교육을 할 수 있는 다양한 방법과 도구들이 있으니 여러 가지 플랫폼을 이용하거나 시중에 나와 있는 서적 등을 이용해 아이들이 자기 몸을 바르게 이해하고 대처할 수 있도록 잘 안내해 주세요.

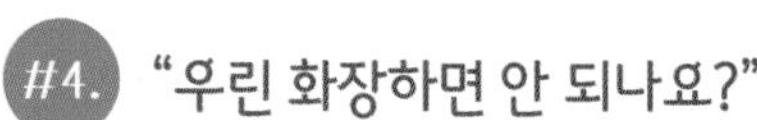

#4. “우린 화장하면 안 되나요?”

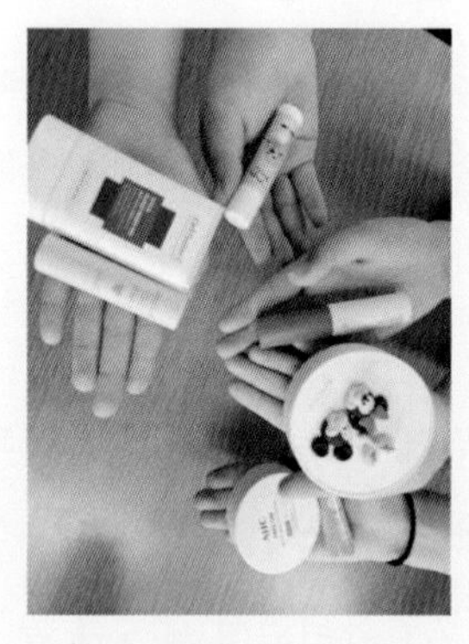

4학년 여자아이들이 내놓은 화장품
“화장으로 더 예쁘고 당당하게 보이고 싶다.”

서하(가명)는 또래와 비교하면 키도 큰 편이고 성격도 밝고 활발하여 학급 내에서도 인기가 많은 아이이다. 선생님에게도 싹싹한 편이라 평상시 쉬는 시간이나 점심시간에 와서 애교 섞인 농담도 하고 이런저런 얘기를 나누기도 하였다. 3월 지나고 4월 중순쯤 어느 날인가 아침에 등교하였는데, 입술이 평상시와 다르게 좀 빨갛게 보여 불러 물어보았다. 서하는 처음에는 살짝 당황한 듯하더니 머뭇거리며 “저 틴트 바르고 왔어요.”라며 작고 쑥스러운 소리로 말하였다. 나는 “학교생활 규칙에 보면 화장은 못 하게 되어 있는데, 왜 하고 왔니?”라고 물었고, 아이는 화장하고 싶어 엄마를 졸라 틴트를 샀다고 말했다. 이유를 물으니 “요즘 아이돌들 보면 너무 예뻐서 저도 그렇게 되고 싶기도 하고, 또 언니들도 화장을 많이 하길래 저도 해 보고 싶었어요.”라고 말했다. 나는 학교 규칙을 다시 설명하며 학교에서는 절대 바르지 않기로 약속을 했고, 오후에 어머님께 연락했다. 어머님도 아이가 너무 졸라서 어쩔 수 없이 사 주었다며 학교에 갈 때는 바르지 못 하게 하겠다고 죄송해하며 말씀하셨다.

과학의 변화와 함께 우리의 삶도 하루가 다르게 변화하고 있으며 그 가운데 대중매체나 미디어의 발달은 거의 획기적이라 할 수 있습니다. 이런 발달로 K-POP 같은 문화가 전 세계적으로 열풍을 일으킬 수 있었으며 사람들은 주변 사람들로 한정되었던 개인의 공간에서 벗어나 자신을 드러낼 수 있는 더 넓은 공간과 세계를 접하고 있지요. 다양한 분야의 크리에이터들이 활동하며 구독자 백만을 자랑하듯 이야기하고 그 영상들을 시청하고 있는 우리 아이들은 막연한 동경을 가지고 미래를 꿈꾸기도 합니다. 그래서 그런지 초등학생 중에 인스타그램을 하고 유튜브를 찍는 아이들도 심심치 않게 볼 수 있으며 틱톡 같은 짧은 영상을 직접 만들기도 합니다. 영상을 만들며 아이들은 자기 모습을 더 멋지게, 더 예쁘게 보이려 유행하는 옷을 입고, 화장하기도 합니다.

청소년 756명을 대상으로 한 스마트학생복 자료 조사에 의하면 아이들은 초등학교 때 화장을 시작하는데 1~3학년은 4.0%였고, 4~6학년은 32.5%, 중학교 때는 51.8%, 고등학교 때는 11.1%로 나타났으며, 많은 아이가 4~6학년 시기에 화장한다는 것을 알 수 있었습니다. 더구나 한창 피부가 연약하고 예민한 1~3학년들도 4.0%로 나타나 사회 변화를 실감하게 됩니다. 화장하는 이유도 1위는 '더 예뻐 보이기 위해'가 45.9%, 2위 '피부의 결점 커버'가 27.2%, '자외선 차단'이 8.3%, '나만의 개성 표현'이 7.3%, '친구들이 하기 때문에'가 4.9%, '어른스럽게 보이기 위해'가 2.4%, '좋아하는 연예인을 따라서'가 1.2%로 나타났습니다.

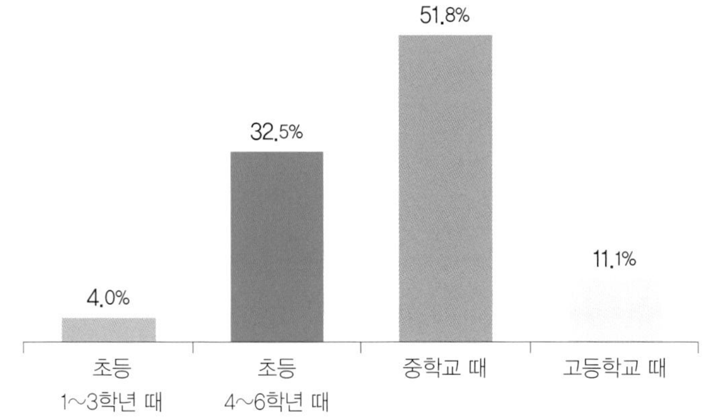

처음 화장을 시작하는 시기는?(청소년 756명 대상)

자료: 스마트학생복.

출처: 조선일보(2019. 9. 26.).

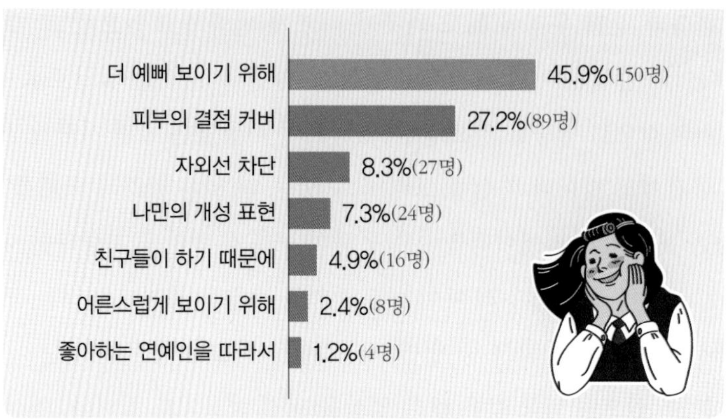

화장을 하는 이유는?

자료: 광주대학교 문화예술대학 뷰티미용학과 박정연 교수님의 2017년 메이크업하는 초·중·고교생 327명 대상 설문조사.

출처: 연합뉴스(2018. 12. 22.).

어른들이 흔히 얘기하기를 "너희들은 아무것도 안 해도 너무 예쁠 나이야."라고 하지만 겉으로 보이는 모습이 자신의 가치처럼 되어 버린 세상에서 이제는 어른들도 교육의 방식을 바꿀 필요가 있습니다. 그렇다고 무조건 화장을 못 하게 했다가는 아이와 큰 갈등을 겪게 될 수도 있으므로 명령과 강압에 의한 통제가 아닌 아이와 마주 앉아 화장하는 것에 대해 서로 합의된 규칙을 정하고 규칙을 잘 지키며 자신을 올바르게 표현하는 방법을 알려 주어야 합니다. 너무 값비싼 화장품을 사기보다는 합리적인 가격으로 자신에게 맞는 제품을 살 수 있도록 하고, 외면의 가치뿐 아니라 내면의 중요성도 깨달을 수 있도록 부모나 교사 등 어른의 지도가 필요합니다.

#5. "왜 엄마는 엄마 맘대로만 해! 나도 내 생각이 있다고……"

아침 등교한 수아(가명)는 왠지 얼굴이 시무룩해 있었다. 평상시는 밝게 잘 웃고 말도 재잘재잘 잘하던 아이였는데, 얼굴이 어둡고 우울해 보여 수업하는 내내 자꾸 아이가 신경이 쓰였다. 점심을 먹고 휴식 시간이 되었을 때 나는 수아 옆으로 가서 수아에게 오늘 얼굴이 왜 이렇게 어둡냐고 물어보았다. 수아는 힘없는 말투로 이렇게 말했다. "어제 저녁 엄마랑 싸웠어요. 엄마는 내가 엄마 말을 잘 듣지 않는다며 화를 냈고, 내가 대꾸를 제대로 하지 않자 엄마는 저를 키우기 힘들다며 집을 나간다고 하셨어요." 그러면서 눈에 눈물이 금세 맺혔다. "엄마가 오늘 아침 그렇게 말씀하셨는데, 진짜 집을 나가실까 봐 걱정되고 불안해요."라고 말했다. 나는 수아를 다독이며 말을 건넸다. "엄마가 속상하셔서 그랬을 거야. 진심은 아니셨을 거니 너무 걱정하지 마. 말로는 그렇게 하셔도 엄마는 너를 사랑하고 계시거든." 그러자 "정말요?" 라며 약간 안도의 모습을 보이며 "선생님은 어떻게 그걸 아세요?"라고 묻길래, "선생님도 두 아이의 엄마니까 알지."라며 서로가 눈을 마주치며 웃었다.

이런 다툼이나 갈등은 4학년 시기에 부모님과 자녀 사이에서 종종 일어날 수 있는 일입니다. 아이의 사고나 정서의 발달로 인해 아이들은 하나의 인격체로 존중받길 원하지만, 부모들은 자녀를 아직은 '내가 돌보아야 할', 바꾸어 말하면 '아직은 어른 말을 듣기만 해야 하는' 아이로만 생각하기 때문에 마찰과 갈등이 일어날 수밖에 없습니다. 이 시기는 아이들의 '인정욕구'가 강해지는 시기입니다. 자율성이나 주체성이 생기면서 스스로 하고 싶은 것이 많아지고 자신이 하는 것에 대해 부모나 어른으로부터 인정을 받고자 하는 욕구가 강합니다. 이것을 아이의 고집 정도로 받아들이거나 '너는 아직 어리다'는 식으로 부모나 어른들의 뜻대로 하려고 하면 아이들은 인정받지 못한 욕구에 대해 화 또는 분노가 생기고 이것을 여러 방식으로 표현하게 됩니다.

아이에게 화나거나 기 싸움이 벌어지면 일단 STOP!

'멈춤'은 서로에게 생각할 시간도 주지만 '실수하지 않을 시간' '후회하지 않을 시간' '상처 주지 않을 시간'을 준다는 것을 잊지 마세요!

이런 경우 부모는 아이가 4학년이 되더니, 갑자기 반항하고 내 말을 듣지 않는다고 혹은 버릇이 없어졌다고 걱정을 하기가 일쑤지요. 하지만 새싹이 땅을 뚫고 나올 때도 엄청난 고통과 시련이 있듯 아이도 조금씩 어른으로 성장하기 위해 성장통처럼 찾아오는 이 변화를 경험하고 과정을 겪으며 바르게 나아갈 수 있도록 우리 어른들이 도와주어야 합니다. 『아이와의 기 싸움』의 저자 메리 커신카(Mary Kurcinka)는 "교육은 누가 이기고 지느냐의 문제가 아니며 모든 기 싸움은 당신이 아이와 '연결되는' 기회 혹은 '멀어지는' 기회를 제공한다."라고 했습니다. 아이와의 기 싸움으로 멀어지는 계기가 아닌 '연결되는' '가까워지는' 계기로 만들어 보세요. 단지 반항한다고 버릇이 없다고만 생각하기보다는 '아, 이제 우리 아이가 크려고 하는구나! 멋진 어른으로 성장하려고 날갯짓을 하는구나.'라고 생각하며 아이의 말에 귀 기울여 주고 존중하려는 자세와 태도가 필요합니다. 아이는 내 마음대로 조종할 수 있는 인형이 아닙니다. 나와 완전히 다른 또 다른 인격체임을 잊지 말아 주세요.

알록달록 4학년 탐구생활(Q&A)

Q1. 4학년이 되었는데, 아직도 알림장이나 숙제를 매일 부모가 챙겨야 할까요?

4학년이 되었다고 해서 갑자기 자율성이나 독립심이 한번에 생기는 것은 아닙니다. 스스로 연습할 시간을 주되 단계적으로 준비를 시켜 주세요. 처음에는 부모님이 알림장이나 숙제를 아이와 함께 확인하고 어느 정도의 시간이 지나면 혼자 알림장을 보며 준비물을 준비하거나 그날의 숙제를 하도록 해 주세요. 한꺼번에 많은 것을 혼자 스스로 하라고 하면 스트레스를 받고 학교생활이 더 힘들 수 있습니다.

혼자 할 때도 너무 아이에게 맡겨만 놓지 마시고 준비는 아이 혼자 하되 부모님이 오늘의 알림장 내용이 무엇인지 아이가 스스로 잘 준비했는지 등 확인이나 관리를 계속해 주셔야 합니다. "이제 너 혼자 알아서 해."라고 하는 부모님의 경우 아이들이 계속 준비물을 준비해 오지 못하는 때도 있고, 숙제도 하지 않아 선생님에게 훈계를 듣는 경우가 많이 있습니다. 스스로 하되 그 빈자리를 부모님이 채워 아이가 적응이나 준비와 관련하여 불안감을 느끼지 않도록 해 주세요.

Q2. 남자아이인데, 자꾸 친구들과 몸싸움하네요.

4학년은 사춘기에 들어서는 시기로 남자아이들의 경우 체격이 커지고 활동적으로 되면서 경쟁에서 지지 않으려 합니다. 물론 아이의 성향에 따라 다르기도 하지만 특히 남자아이들의 경우 힘겨루기를 통해 자신이 우위에 있음을 확인하려 하지요.

폭력은 어떤 경우에도 허용되지 않는다는 점을 명확히 알려 주시고, 힘으로 하는 경쟁이 아닌 올바른 경쟁의식을 가질 수 있도록 지도가 필요합니다. 또한 왕성한 에너지를 다양한 운동이나 스포츠로 발산할 수 있도록 축구교실을 보내거나 격투기, 태권도 등 몸을 많이 움직이는 활동을 해 주는 것도 도움이 됩니다.

싸움 자체는 나쁘지만 무조건 혼내기보다는 '왜' 그런 행동을 했는지 이해가 우선되어야 할 것이며 화내고 윽박지르기보다는 올바른 훈육을 통해 아이의 바른 성장을 도와야 합니다.

Q3. 3학년 때는 안 그러더니, 조금 컸다고 규칙을 잘 안 지키고 마음대로 하려 해요.

그것은 아이가 '성장'하고 있다는 신호입니다. 아이의 말이나 행동에 대해 반항하는 것이 아닌가 해서 걱정하고 불안해하시기보다는 '대견하다'라는 태도로 받아들여 주시면 어떨까요? 당연히 3학년 때의 아이와 4학년 때의 아이는 같지 않습니다. 1년 동안 몸도 마음도 쑥쑥 크고 자랐으니까요. 그렇다고 아이가 하는 모든 말과 행동을 받아들이라는 것은 아닙니다.

"아, 너의 의견이 그렇구나. 그렇게 생각할 수도 있지. 하지만 그래도 규칙은 꼭 지켰으면 좋겠어. 그리고 규칙에 대해 네 생각이 다르면 우리가 서로 얘기해서 너에게 해가 되지 않는 선에서 수정하거나 변경할 수도 있어."라고 규칙의 필요성과 당위성은 말해 주되, 바꿀 수 있는 부분에 대해서는 아이와의 대화를 통해 바꾸어 서로의 이견을 좁혀 나가고 불필요한 갈등이나 마찰을 피하는 것이 좋겠지요.

Q4. 우리 딸, 가슴에 멍울이 잡히네요. 성교육 너무 이른 것 아닐까요?

성교육의 시기를 궁금해하시는 부모님들이 많은데, 많은 육아 · 아동 전문가들은 초등 저학년에서부터 시작해야 한다고 추천하고 있으며 빠른 경우 유치원에서도 시작하는 경우가 많습니다. 요즘 성과 관련된 범죄들이 자주 일어나고 특히 예전에 비해 아이들의 발달이나 성숙이 빠른 편이라 성교육이 유치원까지 내려온 것으로 보입니다. 전문가들은 아이가 자기 몸에 대해 부모에게 질문을 하거나 궁금해할 때 시작해 주라고 하고 있으며 발달단계나 나이에 적절한 표현을 사용하여서 해 주시는 것이 좋습니다. 초등 저학년의 경우 남자, 여자를 구분해서 생각하게 되고 그 신체적 특징에 대해 궁금해하는 아이들이 많으니 그런 궁금증을 해결하는 수준에서 답을 해 주시면 됩니다. 3학년을 지나 4학년이 되면서 남자들은 점점 몸이 커지고 여자들의 경우 가슴 멍울이 생기거나 생리를 하는 아이들도 있어 올바른 성교육이 꼭 필요합니다.

많은 부모나 어른들이 어떤 말을 해야 할지도 모르고 말하기 껄끄럽고 쑥스럽다는 이유로 성교육을 하지 않거나 하더라도 "요정이 씨앗을 주는 거야." 등 사실적인 지식이 아닌 우화적인 이야기로 돌려 말하는 경우가 있는데, 그런 설명은 아이에게 잘못된 성 지식과 오해를 낳을 수 있으므로 정확한 용어를 사용해서 교육해야 합니다. 또한 아이의 성에 대한 이해를 돕기 위해 관련된 책을 사 주거나 관련된 강의, 연극, 뮤

지컬 등 이해를 도울 수 있는 주변 환경을 활용하는 것도 많은 도움이 됩니다.

Q5. 4학년 되더니 학교 가기를 싫어하네요. 어떻게 해야 할까요?

3학년과 4학년은 중학년으로 분류되긴 하지만, 아이들의 학습이나 생활은 많은 차이가 납니다. 교과목은 동일하게 배우지만 3학년에서 누적된 학습 격차가 심해지고 학습 내용은 더 어려워지며 사춘기의 시작에 접어들면서 학교생활이나 수업을 지루하고 재미없게 느끼기도 합니다. 아이가 학교 가기를 싫어하면 처음부터 혼내고 다그치기보다는 학교 가기 싫어하는 이유를 물어보고, "아 그럴 수도 있겠구나."라고 공감해 주시면서 아이의 마음을 먼저 헤아려 주세요. 그러면서도 학교를 다니는 것은 중요하고 꼭 해야 할 일이라는 것을 분명히 얘기해 주셔야 합니다. 더불어 아이의 학교생활에 관심을 가지고 작은 칭찬과 격려를 끊임없이 해 주세요. 그러면 아이는 부모가 주는 관심에 조금씩 홍이 나고 학교생활과 수업에 재미나 홍미를 느낄 수 있을 겁니다.

알록달록 4학년 성장노트

'누구나 겪게 되지만 누구도 알 수 없는 사춘기'

초등학교 4학년이 되면, 우리 아이들은 새로운 성장의 여정을 시작합니다. 이 시기는 마치 봄날의 새싹이 돋듯이, 아이들의 몸과 마음에도 새로운 변화가 시작되는 때입니다.

우선 아이들은 키와 몸무게에서 눈에 띄는 성장을 보입니다. 마치 밤 사이에 갑자기 자란 것처럼 놀랍게 느껴질 수 있습니다. 이러한 급격한 신체적 변화는 자연스럽게 일어나는 호르몬 영향에 의해 이루어집니다. 특히 아이들은 에스트로겐과 테스토스테론 같은 호르몬의 영향을 받아 2차 성징을 겪기 시작합니다.

둘째, 아이들은 성적 성숙의 첫 단계를 맞이하게 됩니다. 여자아이들은 유방이 조금씩 발달하기 시작하고, 처음으로 월경을 경험할 수 있습니다. 남자아이들의 경우, 고환의 크기가 커지기 시작하고, 목소리가 서서히 깊어질 수 있습니다. 이 모든 변화는 아이들이 건강하게 성장하고 있음을 보여 주는 자연스러운 신호입니다.

셋째, 심리적 · 감정적 변화도 함께 찾아옵니다. 아이들은 자신의 몸과 마음에 일어나는 변화를 인식하기 시작하며, 때로는 감정의 롤러코스터를 타는 것처럼 느낄 수 있습니다. 기쁨, 슬픔, 화남과 같은 감정이 더욱 깊고 복잡하게 느껴질 수 있습니다.

이 모든 변화는 사춘기라는 긴 여정의 시작입니다. 초등학교 4학년은 이 여정의 첫걸음일 뿐이며, 아이들은 초등 고학년, 중학교, 그리고 고등학교를 거치며 더욱 다양한 변화를 보여 줄 것입니다.

어머니의 사춘기 자녀 양육 경험에 대한 내러티브 탐구를 수행한 연구가 있습니다(권상인, 양지웅, 2019). 이 연구에서는 어머니의 사춘기 자녀 양육 경험을 관통하는 가장 핵심적인 주제는 이해의 과정이며, 그 이해의 과정을 통해 어머니와 자녀라는 역할에 국한된 관계가 아니라 함께 성장하고 살아가는 협력자와 지지자로서 두 사람이 관계가 변화될 수 있음을 발견하였다고 합니다.

결국 중요한 것은, 사춘기 아이들이 자신의 변화를 자연스럽고 긍정적으로 받아들일 수 있도록 부모와 자녀 모두 서로를 이해하는 것입니다. 사춘기의 모든 변화는 아이도 부모도 모두 성숙해 가는 과정의 일부이며, 이 시기를 통해 서로 협력하고 지지하는 관계로 발전할 수 있기를 기대합니다.

#4학년 봄 #사춘기 #놀라지 말아요 #성숙의 과정

II. 알록달록 4학년의 '여름'

"지금 나는 친구가 필요해요."

『외로운 그림자』(클레이 라이스, 같이 보는 책, 2015)

나에게 네가 없고
너에겐 내가 없어.
너와 나
우리에겐 우리가 없어.
하지만 내가 널 찾을 수 있다면
네가 날 찾을 수 있다면
우린 늘 행복할 거야.

–『외로운 그림자』 중에서

친구나 가족의 얼굴보다 스마트폰을 더 많이 보는 요즘 아이들. 자신이 느끼는 허전함이 외로움인지 슬픔인지도 모를 정도로 외로움을 안고 있는 아이들에게 이 책의 그림자놀이를 통해 친구의 소중함을 깨닫는 계기가 되었으면 합니다.

알록달록 4학년 교실 이야기

4학년 되고 한두 달이 지날 즈음, 아이들은 나름의 친구 관계를 형성하게 됩니다. 20년 넘게 담임을 하면서 지켜본 결과, 1, 2학년들은 1년 동안 친구 관계가 고정되어 있기보다는 이 친구와 단친(단짝)이 되었다 다시 헤어지고 다른 아이와 단친이 되는 과정을 자주 반복되는 경우가 많았습니다. 하지만 3학년이 되면 그 빈도나 횟수가 적어지기 시작하다가 4학년쯤 되면 한번 맺은 친구 관계가 1년 동안 쭉 유지되는 경우를 많이 볼 수 있었습니다. 그렇기 때문인지 아이들은 친구와의 관계가 어긋나거나 틀어지면 더 힘들어하고 괴로워하는 경우가 많기도 합니다.

아이들의 발달 특성상 4학년이 되면 또래를 많이 의식하게 됩니다. 표면적으로 보이는 신체나 외모 등에 신경을 쓰며 수업이나 발표 혹은 다른 활동들을 할 때 또래를 더 많이 의식하게 됩니다. 또한 친구들과 몰려다니는 것을 좋아하여 같이 약속을 정해 만나고 좋아하는 장소를 다니며 친밀감을 형성하는 것을 좋아합니다. 예를 들어, 같이 만나 마라탕을 먹거나 영화를 보기도 하고 시내 중심가를 다니며 쇼핑하기도 합니다. 이성에 대해 눈을 뜨는 시기이기도 하여 좋아하는 이성이 생기고, 호감을 표현하기도 하며 이성 교제를 시작하는 아이들도 있습니다.

피오리니와 멀린(Fiorini & Mullen, 2014)이 지적했듯이 고학년 아동과 청소년에게 가족 관계는 여전히 중요하겠지만, 아이들의 삶에서 가장 중요한 가치를 두는 것은 친구 관계와 또래 관계입니다. 그중 관계를 중요시하게 되는 4학년에게 친구는 매우 중요한 의미를 지니게 되며 여기서 말하는 친구는 단순히 같이 놀거나 같이 다니는 친구 이상을 의미합니다. 친구 관계를 통해 아이들은 사회성을 발달시키고 타인과의 상호작용을 통해 여러 가지 사회적 · 인지적 기술 등을 습득하며 자신의 자아개념이나 자아정체성을 확립하기 때문에 여기서 '친구'라는 단어에는 매우 다양한 의미를 내포하고 있다는 것을 알 수 있습니다. 하지만 개인적 특성이나 구조적 · 환경적 요인 등 여러 가지 요인으로 인해 친구 관계가 원만하지 않은 아이들은 학교 적응에서도 문제를 보이기도 합니다.

관계에는 비단 친구 관계만 있는 것은 아닙니다. 늘 같이 생활하고 있는 가족과의 관계나 학교에서 매우 큰 영향을 미치고 있는 담임교사, 그 밖의 학원 교사나 아이에게 영향을 주고 있는 모든 관계들을 생각할 수 있습니다. 그 관계들 속에서 아이가 어떻게 생활하고 성장해 나가고 있는지 궁금하지 않으신가요? 아이들은 친구를 통해 무엇을 얻고 무엇을 잃게 될까요? 또한 올바른 친구 관계를 형성하기 위해서는 어떻게 해야 할까요? 이 장에서는 관계에 대한 많은 궁금증을 하나씩 풀어 가려 합니다.

#1. "와글와글 몰려다니는 아이들"

학부모 상담주간에 있었던 일이다. 주희(가명) 어머님과 상담을 진행하는데, 하소연하듯 담임인 나에게 이런 말씀을 하셨다. "요즘 우리 주희가 집에만 오면 친구들과 계속 몰려다니며 놀아요. 주말에도 자주 만나고 몰려다니고 해서 혹시나 아이들끼리 나쁜 짓이라도 할까 걱정이 됩니다. 잔소리하기는 하는데, 그냥 두어야 할지 걱정이 됩니다."

이 시기의 아이들은 같이 다니며 정서적 유대감을 형성하고 친밀감을 형성하려는 특성이 있습니다. 그런 활동을 통해 내가 친구와 특별하다는 느낌이 들게 되며 서로가 서로에게 소중한 존재라고 생각하게 되지요. 이런 이유로 친구들끼리 서로 교류하고 올바른 사회성을 함양하는 것은 아이의 발달에 있어 매우 중요한 부분입니다. 몰려다니며 '그냥 노는 것' 같지만, 사실은 '사회생활을 하고 있는 것'입니다. 친구들과 함께하면서 공동의 규칙을 익히게 되고, 갈등이나 의견대립 등을 통해 문제 해결 능력을 키우게 되며 나와 남은 다르다는 것을 직접적으로 느끼게 되지요. 세상이 나를 중심으로 돌아가지 않는다는 것을 알게 되면 아이는 작게는 친구들 속에서, 크게는 사회 속에서 자신이 어떻게 대처하고 적응할지를 판단하는 지혜가 생기게 된답니다.

하지만 아이들이 학생으로서의 역할과 규칙을 인지하고 어느 정도의 정해진 틀 속에서 어떻게 관계를 맺어야 할 것인지 부모나 어른들이 자세히 안내해 주시면 좋습니다. 몇 시부터 몇 시까지만 논다는 시간제한을 두기, 자신이 할 일은 하고 놀기, 어떤 친구가 좋은 친구인지 등에 관해서 말이지요. 친구들이 몰려다니는 것에 대한 지나친 잔소리는 오히려 반감을 불러일으킬 수 있으므로 꼭 필요한 말만 하되 자유와 한계를 조절하시는 지혜가 필요합니다. 또한 좋은 친구 관계를 형성하고 유지하기 위한 팁을 알려주시는 것도 좋겠지요? 『엄마학교에 물어보세요: 초등학생편』(서형숙, 2012)에 나오는 좋은 친구 만드는 지침을 같이 읽어 보고 책상 등에 붙여 놓는 것도 좋은 방법입니다.

좋은 친구 만드는 지침

- 내 물건을 나눠 쓴다.
- 친구는 나와 다르다는 사실을 인정한다.
- 규칙이나 차례를 잘 지킨다.
- 다른 친구가 말하는 걸 끝까지 다 듣는다.
- 친구에게 웃는 얼굴로 대한다.
- 칭찬을 하고 칭찬을 받아들인다.
- 다정하고 친절하게 말한다.
- 나보다 친구의 관점에서 말한다.
- 친구의 단점을 지적하거나 수정하지 않는다.
- 깨끗한 옷차림을 유지한다.
- "미안해." "고마워." "부탁해."라고 말한다.
- 친구와 싸울 때 꼭 이기려고 하지 않는다.
- 친구에 대한 험담을 하지 않는다.
- 친구 눈을 쳐다보며 이야기한다.
- 잘못한 것은 사과하고 용서를 빈다.

출처: 서형숙(2012).

유리(가명)는 학교에서 그야말로 평범한 아이라 할 수 있다. 학교를 성실하게 잘 다니고 있고 수업 시간에도 수업을 잘 듣는 등 수업 태도도 좋으며 선생님이 하라는 여러 가지 과제나 활동은 대부분을 다 잘 완수한다. 친구들과 있어서도 큰 마찰이 없으며 눈에 띄는 문제행동 없이 학교생활을 무난하게 하는 아이이다. 하지만 유리의 어머님은 상담하면서 유리가 친한 친구가 한 명도 없는 것을 매우 걱정하고 있었으며 아이가 혹시 다른 문제가 있나 염려하는 모습을 내비치셨다.

4학년 정도면 대부분 단짝 친구가 있는데, 친한 친구가 없어서 걱정이시라고요? 결론부터 말씀드리면 생각만큼 그렇게 걱정하실 필요는 없습니다. 4학년 시기가 친구 관계가 시작되고 형성해 가는 과정이기는 하지만, 모든 아이가 친구 관계에 있어 적극적이지는 않습니다. 아이의 성향에 따라 친구의 필요성을 느끼지 못하기도 하고, 혹은 소극적인 성격 탓에 다가가지 못하기도 합니다.

일단 아이와 솔직한 대화를 나눠 보시는 것이 어떨까요? 우선은 아이의 문제가 무엇인지 정확하게 아는 것이 중요합니다. 제 아이를 예로 들자면 제 아이도 학교생활을 성실하게 모범적으로 하는 아이지만, 단짝이라 불릴 만한 친구가 없습니다. 그래서 "○○야, 너는 친구가 필요하지 않니? 친구가 없어서 외롭지 않니?"라고 묻자 "어, 나는 괜찮은데. 쉬는 시간에는 내가 할 일 하고 수업 시간에는 공부하고 또 체육 시간 같은 때는 애들이랑 피구도 하고. 친구들이 나 피구 잘한다고 우리 반 회장이 자기 팀으로 먼저 뽑아 갔어."라고 자랑하듯 얘기했습니다. 딱히 친한 친구나, 방과후나 주말에 같이 만나는 친구는 없어도 아이는 학교생활을 정말 잘해 나가고 있는 것이었습니다. 물론 엄마의 마음으로는 아이에게 친한 친구 한 명 정도는 있으면 했지만, 현재로서 아이가 문제없다면 이쯤에서 그냥 지켜보는 것도 필요하다고 생각됩니다.

아이가 소극적인 성격으로 친구에게 다가가지 못한다면 어느 정도 부모나 교사의 도움이 필요하기도 합니다. 물론 어른들이 친구를 억지로 만들 순 없으나 같은 반 아이들이 다니는 학원에 다니게 해서 자연스럽게 연결고리를 찾거나 생일잔치에 초대해서 만날 수 있는 시간을 확보해 주는 것도 도움이 될 수 있습니다. 또한 교사의 도움이 필요할 때는 상담을 요청하여 아이의 상태에 관한 얘기를 나누고 자녀가 친해지고 싶은 아이와 짝꿍이 되게 하거나 같은 모둠을 편성하는 등의 협조를 구해 아이가 한발 나아갈 수 있도록 디딤돌을 만들어 주는 것도 필요할 수 있습니다.

인간은 '사회적 존재'라 친구나 다른 사람 없이 살아가기는 힘듭니다. 하지만 관계에서도 강요할 수 없는 부분이 분명 존재하는 것 같습니다. 친구의 필요성을 매우 절실히 느끼는 아이도 있지만 상대적으로 아주 가끔 느끼는 아이들도 있습니다. 친구가 없는 딸을 걱정하던 저에게 딸이 와서 "엄마, 때가 되면 나도 친구 만들 거야."라고 안심시키듯 말을 합니다. 저는 그 '때'를 묵묵히 지켜보며 기다리려 합니다. 부모님들도 내 아이의 '대인관계'나 '친구 관계'에 있어 지나친 관여나 걱정보다는 조금 뒤로 물러서서 묵묵히 '지켜봄'의 자세를 취하는 것은 어떨까요? 그렇게 아이는 스스로 판단하고 문제를 해결해 나가면서 어떤 갈등이나 고난에도 지치지 않는 자신만의 튼튼한 '내면의 힘'을 기를 수 있을 것이니까요.

#3. "친한 친구가 저를 멀리해요."

우리는 살면서 많은 다툼이나 싸움, 갈등 상황에 직면하게 됩니다. 친구에게 다가가는 것도, 헤어지는 것도 서툰 우리 아이들! 영화 〈우리들〉은 학교에서 아이들이 겪을 수 있는 이런저런 이야기로 영화를 전개하고 있으며 '왕따'나 '전학' '싸움' '화해' 등의 소재를 풀어내며 잔잔하면서도 스며들 듯 우리 속으로 들어와 감동을 안깁니다. 이 영화를 통해 아이들은 각각의 상황에서의 간접 경험을 통해 어떻게 내가 친구와 관계를 맺을지 혹은 그만둘지를 배우게 될 것이며 어른들은 그동안 어른으로서 사느라 잊고 있었던, 내가 어린 시절 겪었지만, 이제는 다 잊어버리게 된 어린아이들의 세계를 경험함으로써 자녀를 더 깊게 이해할 수 있게 됩니다. 그렇다면 자녀가 혹은 우리 반 학생이 이런 문제로 힘들어할 때 우리 어른들은 무엇을 할 수 있을까요? 아니면 어떤 말들을 건넬 수 있을까요?

먼저 자녀 혹은 학생에게 정서적 대립이나 감정 충돌은 당연하다는 점을 인지시켜 주어야 합니다. 우리는 모두 각자 독특한 존재로 같은 생각이나 감정, 행동을 할 수 없는 존재입니다. 나와 다름을 인정하고 나의 감정이나 생각을 올바르게 전달하고 표현하는 연습을 할 수 있도록 해야 합니다. 나와 더불어 다른 사람의 감정이나 생각을 헤아리려는 노력이 필요하며 이해로 그치기보다는 이해를 바탕으로 한 대화와 협력의 자세로 친구에게 다가가는 연습을 하도록 해야 합니다. 혹시 그래도 친구를 사귀는 방법을 잘 모르겠다면 『친구 관계, 이것만은 알아 둬!』(박현숙, 2016)나 『친구를 모두 잃어버리는 방법』(Carlson, 2007) 같은 책을 보는 것도 도움이 많이 될 수 있습니다. 인간은 늘 실수와 시행착오를 통해 배우는 존재입니다. 어른들도 처음부터 어른이 아니었듯이 아이들이 늘 '배우는 과정' 중에 있다는 것을 잊지 말아 주세요.

또한 아이들의 문제를 바라보는 나의 '편견'을 내려놓는 것도 아이에게 다가가는

4학년 국어 교과서에 실린 영화 〈우리들〉

"나에게도 친구가 생겼다."

주인공 '선'은 반에서 따돌림을 당하는 아이였는데, 어느 날 여름방학 때 만난 전학생 '지아'가 오면서 드디어 친구가 생긴다. 하지만 개학 후 지아는 '선'을 멀리하고 외면하기 시작하는데…….

방법이 됩니다. 어른들은 때로 아이들 사이에서의 일을 너무 시시하고 하찮으며 아무것도 아닌 일로 생각하기 일쑤입니다. 영화 〈우리들〉 중 선이의 아빠가 "애들이 일 있을 게 뭐가 있어. 학교 가고, 공부하고, 친구들하고 놀고, 그럼 되는 거지 뭐."라고 대수롭지 않게 생각할 때 아이들은 자신의 감정을 솔직하게 표현하기보다는 더욱더 깊은 곳으로 감추게 됩니다. 나의 객관적 시각에서는 매우 하찮은 것일지는 몰라도 아이들로서는 하늘이 무너지는, 세상이 무너지는 일일 수 있다는 것을 간과해서는 안 되며 어른의 상황이 아닌, 아이의 관점에서 '진심'을 들여다보려는 노력이 필요합니다.

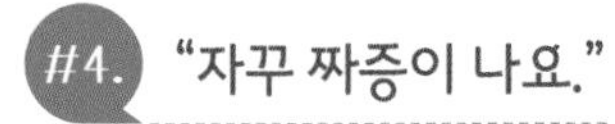

#4. "자꾸 짜증이 나요."

지연(가명)이는 요즘 들어 짜증이 늘었다. 3월 초만 해도 그렇지 않았는데, 1학기가 끝나 갈 때쯤에는 친구들에게도 짜증이나 화를 자주 내 아이들이 선생님에게 와서 이르기도 하였다. 나는 지연이의 마음을 알고 싶어 방과후 지연이와 대화를 하게 되었다. 지연이는 요즘 들어 자꾸 화가 나고 짜증이 난다고 말했다. 특히 집에 가면 별일이 아닌데도 괜히 엄마나 부모님이 하는 말이 좋게 들리지 않고 자꾸 마음과 다르게 반항하듯 혹은 귀찮은 듯한 말투로 말하게 돼 종종 혼이 난다고도 했다. "엄마가 틀린 말을 하는 것도 아닌데, 괜히 자꾸 잔소리하고 간섭하는 엄마가 밉고 귀찮게 느껴질 때도 있어요. 어떨 때는 엄마랑 크게 싸우기도 해서 엄마랑 사이가 멀어진 것처럼 느껴지기도 해요. 엄마랑 잘 지낼 방법이 없을까요?"

4학년이 되면서 아이들의 주체성은 급속도로 성장하게 됩니다. 정도의 차이는 있지만, 내 안의 '자아'가 점점 커지면서 그 영역을 침범하는 사람에 대해 왠지 모를 거부감이나 반항심도 생깁니다. 말을 고분고분 들으면 안 될 것 같은 '이상한 나'가 불쑥 올라오기도 하지요. 부모님이 알려 주는 대로 행동하고 말하고 사고하다가 왠지 이제는 그렇게 하기 싫은 순간이 오고 그 순간부터 엄마 혹은 부모와의 관계가 흔들리기 시작합니다. 관계는 살짝만 흔들리는 일도 있고, 금이 가기도 하고 혹은 어느 한쪽이 부서지기도 합니다. 살면서 부모와의 관계뿐 아니라 우리는 모든 관계에서 온전하고 완벽한 관계를 유지하기는 힘듭니다. 모든 관계는 상대에 따라, 상황에 따라 혹은 내가 예상하지 못한 여러 조건으로 인해 흔들릴 수밖에 없는 불완전한 관계입니다.

부모와 아이의 관계도 마찬가지입니다. 아이는 평생 말을 잘 듣고 귀여운 행동만

하는 '유아'에만 머물러 있을 수 없는 것처럼 아이들을 둘러싸고 있는 관계도 아이가 성장함에 따라 변한다는 것을 명심해야 합니다. 기계를 방치하면 녹이 슬듯이 사람과의 관계에도 잘 돌아가게 하기 위한 윤활유가 필요합니다. 사춘기의 시작을 딱히 몇 학년이라 규정지을 수 없듯이 관계의 흔들림도 정확히 몇 학년이라 말할 순 없지만, 아이가 이런 특성을 보이기 시작하면 부모들은 관계에 있어 지금까지와는 다른 노력이 필요합니다. 아이와의 관계가 흔들릴수록 다그치고 몰아세우기보다 더 부드럽고 따뜻한 포용의 자세를 지녀야 할 것이며 아이의 변화를 인정하되 "네가 어떻게 말하고 행동하건 말건 엄마는 혹은 부모는 너를 변함없이 사랑한다."라는 메시지를 아이가 느끼도록 해야 할 것입니다. 관계의 핵심은 '사랑'입니다. 그리고 그 '사랑'은 아이의 삶과 인생에 있어 '꺼지지 않는 등대'가 되어 줄 것입니다. 등대가 있는 아이는 어떤 변화를 겪더라도 결국은 그 빛으로 인해 자신의 자리를 잘 찾아오겠지요.

"저는 지금 관심(인정)이 필요하다고요!"

작년에 있었던 일이다. 1월 초 그날은 학년의 마지막인 종업식 날이었다. 나는 3학년 담임이었고 우리 반 아이들과의 마지막 이별을 준비하던 그때 바깥에서 서성이던 한 부부를 보게 되었다. 무슨 일인가 하여 나가 보았고, 왠지 익숙한 얼굴이란 생각이 들었다. 그때 옆에 서 있던 아이를 보고 나는 '아~' 하고 반가움에 말을 걸었다. 그 아이는 몇 년 전 내가 4학년을 담임할 때 우리 반 아이였던 학생이었다. 그날은 종업식이면서 6학년 졸업식이었는데 졸업식을 하고 가며 4학년 때 담임인 나를 찾아온 것이었다.

"어머님, 어떻게 저에게 오셨어요?" 나는 놀라움과 의아함을 가지고 물어보았다. "우리 ○○이가 선생님께 꼭 인사를 하고 가고 싶다고 해서요. 선생님이 4학년 때 너무 잘해 주셔서……."

순간 나는 그때의 일이 스치듯 지나갔고, 친구 관계로 힘들어하던 ○○이와 상담했던 일, 어머님과 ○○이 일로 한참 대화를 나누었던 기억이 났다. "그때 우리 ○○이가 친구 문제로 매우 힘들어하고 있었는데, 선생님이 해 주신 말씀이 너무 기억에 남고 고마웠다고 해서, 졸업하면서 꼭 인사드리고 싶다고 딸아이가 원해서 왔습니다."

그때 그 '관심'이 나는 그저 교사로서 당연한 일을 한 것이었지만, 이 아이에게는 매우 절실한 것이었다는 것을 느끼며 다시 한번 아이들에 대한 '관심'의 중요성을 느꼈다.

4학년이 되면서 아이들은 다른 사람들로부터 인정받고자 하는 욕구가 강해지기 시작합니다. 가정에서는 부모에게 인정받고 한 개인으로서 존중받고자 자신의 의견이나 주장이 강해지지만, 학교에서는 선생님에게 인정받고자 소위 칭찬받을 만한 행동들을 많이 하려 합니다. 예를 들면, 준비물을 안 가져온 친구에게 자신의 준비물을 빌려준다거나 청소나 봉사활동을 할 때 앞장서서 활동하기도 하고 수업 시간 발표를 자주 하면서 선생님의 인정을 받으려고도 하지요. 자신을 '바른 아이' '모범적인 아이' 혹은 '착한 아이' 등으로 인식하게 하려고 아이들은 알게 모르게 여러 가지 노력을 기울이게 됩니다. 이런 중요한 시기에 아이들에게 많은 영향을 미칠 수 있는 교사의 역할은 매우 중요하겠지요? 그렇다면 교사는 아이들에게 무엇을 줄 수 있고, 어떤 관계를 형성해 나가야 할까요?

혹자는 첨단기기와 과학의 발달로 미래에는 더 이상 교사가 필요하지 않을 거라고 말하는 사람도 있습니다. AI가 교사의 자리를 대체하고 아이들에게 필요한 학습을 제공하고 과목별 전략을 세워 필요한 지식을 전수한다는 것이지요. 하지만 그것은 교사의 역할을 너무 협소하게 바라본 것은 아닐까요? 앞의 사례에서도 알 수 있듯이, 교사는 '따뜻한 심장'이 있는 사람(人)입니다. 사람은 단순히 기계적인 언어나 사고, 행동만을 하는 존재가 아닌 우리가 예측할 수 없고 말로 표현할 수 없는 매우 섬세하고 복잡한 존재라고 생각합니다. 기계나 AI가 비슷하게 흉내 낼 수는 있지만, '그런 척'할 뿐 그것이 인간에게 '온전한 교육' '온전한 사랑'을 줄 수는 없을 거라고 저는 생각합니다. 교사는 아이들을 교육하는 사람입니다. 교육은 단순히 지식 전달만이 아니지요. 저는 거창하게 교육에 대해 정의를 내리기보다는 그저 아이들과 눈을 보며 대화하고 같이 웃고, 울고 고개를 끄덕이며 서로 교감하는 것, 그것이 교육이라 생각합니다. 그 와중에 아이들은 자신을 소중히 하고 남을 배려하는 마음을 익히며 교실이라는 '작은 사회' 속에서 내가 어떻게 적응하고 생활할지를 알게 되지요.

#6. "무엇이든 주는 만큼 받지요."

사회가 아무리 변한다고 하더라도 분명 시대를 초월하는 변치 않는 '힘'이 있다고 생각합니다. 특히 사제 간에는 그것이 '관심과 믿음'이라고 생각합니다. 교사가 애정을 가지고 관심을 두는 만큼 아이들은 '믿음'이라는 보상으로 우리에게 화답할 것입니다.

교사가 무관심으로 일관하면 아이들도 거울처럼 교사에게 무관심을 돌려주지요. 요즘 교직 사회를 보면 교권도 땅에 떨어지고 학부모 민원 등으로 정신적 · 심리적 문제를 호소하는 교사들이 많아지고 교육에 대한 열의가 꺾인 교사들이 많습니다. 한숨을 쉬며 사회 탓, 학부모 탓을 하기도 합니다. 하지만 그 와중에 변함없는 것은 내가 준 만큼 아이들이 돌려준다는 진리입니다. 내 주변을 둘러싸고 있는 환경이나 시대가 어떻게 바뀌든, 아이들을 사랑하는 마음으로 교육하고자 한다면 교사와 학생 사이에 필요 충분조건이 형성되지 않을까 생각해 봅니다.

'예쁜 짓'을 많이 하는 이 시기, 4학년 아이들의 발달 특성을 잘 아는 교사라면 아이의 말과 행동에 주목하고 그에 대해 반응해 주어야 합니다. 열심히 노력하는 아이에게는 노력에 대해 칭찬을, 좌절하고 낙담한 아이에게는 위로와 용기를 건넬 수 있는 그런 따뜻한 교사가 필요하겠지요. 사교육이 활성화되고 교권이 하락한 지금, 공교육 교사들은 '교사의 역할이 무엇인가?'라는 질문을 던지며 정체성에 혼란을 느끼기도 합니다. 하지만 교육의 가장 기본이 교사와 학생의 관계인만큼 교사와 학생 서로가, 나아가서는 학부모들까지 서로가 아끼고 사랑하는 또한 신뢰하는 관계가 어느 때보다도 필요해 보입니다.

알록달록 4학년 탐구생활(Q&A)

Q1. 참견하고 잔소리하는 부모님이 미워요.

'잔소리는 굵고 짧게'라는 말을 기억하셨으면 합니다. 아이들은 자라면서 잔소리를 듣기 싫어하고 그것이 자주 반복되면 화를 내거나 반항하는 행동들을 하기도 합니다. 훈육은 꼭 필요하지만, 하고 싶은 말만 '굵고 짧게' 얘기하고 아이들이 스스로 행동할 때까지 지켜보고 기다려 주는 것이 필요합니다. 아이들이 옳고 그른 행동을 모른다고 생각하지만, 아이들도 '답'을 알고 있습니다. 마음처럼 몸이 따라주지 않는 것이니 잔소리는 짧게 한 번만 해 주세요. 그래도 잘 지켜지지 않을 때 아이랑 대화를 통해 규칙이나 한계를 정해서 하는 것이 좋습니다. 예를 들어, 숙제를 안 하고 놀고 있을 때 "숙제를 다 하고 놀았으면 좋겠구나."라고 한 뒤 그래도 지켜지지 않으면 "이제 더 늦으면 오늘 숙제를 못 할 거 같구나. 5분만 시간을 줄게. 5분 후에는 숙제해야 한단다."라고 해 주세요. 그러면 강압적인 방식이 아닌 한계를 주었기 때문에 아이들은 5분 정도의 시간을 가지고 자신이 하던 일을 정리하고 숙제할 준비를 할 수 있습니다.

Q2. 엄마가(혹은 아빠가) 너무 엄해요.

아이를 교육하고 훈육하는 데 있어 엄한 것도 좋지만, 뭐든지 지나치면 해가 되는 법입니다. 아이를 훈육한다는 명분으로 자녀를 자기 뜻대로 혹은 말대로만 움직이게 하는 '엄한 부모'들은 아이가 어릴 때는 '말 잘 듣는 아이'가 되겠지만, 그것은 아이가 스스로 생각하고 행동할 수 있는 자율성의 발달을 침해하는 행위입니다. 옳고 그름을 부모가 판단해 주는 것도 좋지만, 그러면 수동적이고 의존적인 아이가 되거나 부모의 뜻에 반하는 매우 '반항적인 아이'가 될 수도 있습니다. 부모가 '주도'하기보다는 아이가 '주도'하여 스스로 여러 주변 환경과의 노출을 통해 체험하고 익히며 성장할 수 있도록 보조해 주세요.

Q3. 자꾸 괴롭히는 친구에 대해 엄마는 계속 참으라고만 해요

남자아이를 자녀로 둔 경우 아이들이 자라면서 종종 몸싸움하기도 하고, 그것이 학교폭력으로 이어지는 경우가 있습니다. 학교폭력에 대해 부정적 시각을 가지고 있는 부모님의 경우 아이에게 친구가 너에게 시비를 걸어도 그냥 모르는 체하거나 무시하라고 하며 계속 참으라는 식으로 얘기를 합니다. 무시나 참는 것은 좋은 해결책이 아닙니다. 그렇다고 같이 붙어 싸우라는 것도 아닙니다. 문제의 해결책을 찾아 아이가 그 문제로 더는 스트레스를 받지 않도록 해야 합니다. 일단 상대방 아이에게 대화를 시도해 보고, 그래도 안 되면 보호자나 선생님 등 믿을 수 있는 어른에게 얘기해서 같은 문제가 발생하지 않도록 해야 할 것이며 만일 상대방 아이가 신체적으로 위협을 해 온다면 학교의 학교폭력위원회에 신고를 할 수도 있습니다. 문제를 덮는 것은 해결책이 아니니 아이의 문제에 적극적으로 나서서 해결하려고 노력하신다면 아이도 '부모님이 내 편이구나.'를 느끼며 부모님을 신뢰하고 안정적으로 학교생활을 할 수 있을 것입니다.

Q4. 셋이 친했었는데, 두 친구가 자꾸 나를 따돌려요.

'왕따'나 '따돌림'이라는 무섭고 거창한 이름이 아니더라도 친구들 사이에 크고 작은 따돌림은 늘 있을 수 있는 일입니다. 이 시기 아이들은 또래 관계가 한창 발달하는 시기라 친구를 사귀고 헤어지고 또 다른 친구를 사귈 수 있습니다. 특히 여자아이들의 경우 셋이 놀다가 더 친한 두 친구끼리 뭉치기도 하고 한 명을 소외시키기도 하는데, 나머지 소외감을 느낀 한 명은 자신이 '왕따'를 당한 것 같은 느낌에 힘들고 괴로워합니다. 이런 문제가 발생했을 때 일단은 문제의 경중을 따져 보셔야 합니다. 가벼운 다툼의 경우 조금 지켜보다 보면 아이들은 다시 친해지기도 하고, 혹은 다른 친구와 다시 친해지기도 합니다. 이런 문제는 흔한 일이니 자연스러운 과정이라 생각하시면 됩니다. 하지만 문제가 지속적이고 그 따돌림의 정도가 심한 경우라면 반드시 담임선생님과 바로 상담하시는 것이 좋습니다. 담임선생님의 도움으로 문제를 해결할 수도 있고, 학교에 위클래스나 생활지도 담당 선생님들도 있으니 같이 모여 노력한다면 문제의 해결점을 찾을 수 있을 것입니다.

Q5. 4학년인데도 너무 내성적인 아이, 어떻게 해야 할까요?

학부모님들이 상담하실 때 우리 아이는 너무 내성적이라 걱정이 된다고 하시는 분들이 많습니다. 내성적이고 조용하고 발표도 잘 안 하고 친구도 별로 없고, 모든 일에 소극적이어서 나중에 어른이 되어 사회생활을 잘할 수 있을지 걱정하시죠. 하지만 내성적인 성격과 외향적인 성격은 어느 정도의 성향을 나타내는 것이지 그것이 좋다, 나쁘다는 기준은 없습니다. 대부분 자녀가 내성적이면 사회생활도 잘 못할 거 같고, 왠지 안 좋을 것이라고 생각하시지만, 그것은 겉으로 드러나 보이는 활동성의 문제일 뿐 내성적인 사람이 심신이 더 단단하고 강할 수 있습니다. 말수가 없다고 혹은 친구가 없다고 해서, 마치 아이의 미래까지 단정 짓는 그런 말을 아이 앞에서 함부로 해서는 안 됩니다. 아이가 자라면서 어떻게 성장할지, 어떤 사람이 될지는 아무도 모르니까요. 그저 현재 아이의 모습 자체를 존중하고 사랑해 주세요.

Q6. 선생님이 우리 아이만 미워하는 것 같아요.

담임을 하다 보면 가끔 담임선생님을 원망하는 듯한 학부모님들을 만나게 되는데요. 그분들이 말하기를 "선생님은 우리 아이만 미워하는 것 같아요."라는 말을 종종 하십니다. 하지만 선생님들은 이유 없이 특정한 아이를 미워하는 경우는 거의 없습니다. 선생님은 그저 담임의 역할에 충실하기 위해 수업을 열심히 준비하고 생활지도나 인성교육을 위해 많은 노력을 하십니다. 하지만 특히 생활지도 관련하여 문제행동을 보이는 아이들을 훈육할 수밖에 없고, 아이들의 특성상 한번에 고쳐지기는 힘들어 훈육이 반복될 수밖에 없는데, 그런 경우 부모님들은 이런 오해를 많이 하시게 됩니다. 이럴 때 문제를 제기하는 학부모의 경우 아이의 문제는 보려 하지 않고 담임선생님이 우리 애만 계속 혼내고 나무라는 것 같다고, 혹은 자기 아이만 미워하는 것 같다고 생각하시는 경우가 있습니다. 물론 어느 부모가 내 자식의 허물이나 단점을 얘기하는 것을 좋아하시겠느냐 마는 잘못한 행동에 대해서 훈육은 꼭 필요합니다. 문제를 지적하는 담임선생님을 미워하기보다는 우리 아이의 문제가 무엇인지 정확히 볼 줄 아는 지혜가 필요하며 담임선생님과 협력하여 아이를 바르게 지도할 방안에 대한 상담이 우선시되어야 할 것입니다. 아이를 감싸는 것만이 해결책은 아닙니다. 감싸면 감쌀수록 아이에게는 '독'이 될 수도 있습니다.

알록달록 4학년 성장노트

'인지적 유연성을 높이라!'

초등학교 4학년 아이들은 이 시기에 인지적으로 크게 성장하고 변화합니다. 이 시기에 아이들은 다양한 상황에서 자신의 생각과 접근 방식을 유연하게 조절하는 능력, 즉 인지적 유연성을 발휘하기 시작합니다. 인지적 유연성(cognitive flexibility)은 상황에 맞게 주의를 다른 곳으로 돌리거나 사용하는 책략을 적절하게 변경할 수 있는 유동적 사고 능력을 말합니다(곽금주, 2016).

인지적 유연성은 아이들이 새로운 문제를 마주했을 때, 그들이 어떻게 주의를 다른 곳으로 옮기고, 생각하는 방식을 바꾸며, 문제를 효과적으로 해결할 수 있는지를 의미합니다. 예를 들어, 수학 수업 중에 새로운 개념을 배우는 상황을 생각해 볼 수 있습니다. 4학년 학생들은 처음 보는 문제 유형에 직면했을 때, 이전에 배운 다른 개념들을 연결 지어 생각하며, 문제를 다양한 방식으로 접근하려고 시도합니다. 인지적 유연성이 충분히 발달하고 있는 아이들에게는 익숙하지 않은 문제 상황에 대해 새로운 대처 방법을 적용하는 것이 흥미로운 경험이 될 수 있습니다. 그런데 인지적 유연성과 반대 개념인 경직성이 높은 아이들의 경우에는 익숙하지 않은 문제 상황에서 스트레스를 받을 수 있습니다. 그래서 이 시기의 아이들에게 상황적 맥락에 맞는 대안을 찾는 사고력과 변화하는 상황에 대한 적응력을 동시에 키울 수 있도록 도움을 주는 것이 필요합니다.

인지적 유연성을 키우기 위해서 아이에게 익숙하지 않은 낯선 상황을 차근차근 제공해 주어도 좋습니다. 4학년 아이들은 독서, 퍼즐, 예술, 영상 등 다양한 매체에 대해 호기심이 높은 편이므로, 평소 관심 있는 분야에서 시작해 차츰차츰 익숙하지 않은 낯선 환경을 경험해 보게 하는 것입니다. 이를 통해 그들은 새로운 문제에 대한 다양한 해결 방법을 생각해 내고, 불확실성 속에서도 창의적으로 사고하는 능력을 키울 수 있습니다. 이때 아이 혼자보다는 주위 아이들과 함께 다양한 활동을 경험해 보게 하면 좋습니다. 흥미로운 주제에 대한 집단 토론, 다면적인 문제를 해결하기 위한 브레인스토밍, 해결 방법 탐색을 위한 역할 놀이 등을 시도해 볼 수 있습니다. 이러한 집단 활동은 아이들이 서로 다른 관점을 존중하고, 문제를 다각도에서 바라볼 수 있게 하며, 새로운 상황에 대한 개방성과 유연한 사고를 향상시킬 수 있습니다.

#4학년 여름 #인지적 유연성 #진짜 공부의 시작 #성숙의 과정

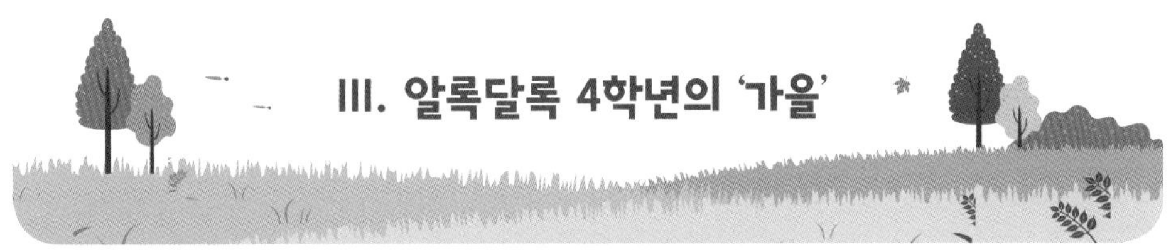

"4학년, 공포(공부 포기)의 시작이에요."

『김득신』(박선욱, 산하, 2014)

김득신은 조선 중기의 시인입니다. 김득신은 책을 많이 읽기로 소문난 다독가면서 공부에 관해 엄청난 노력가로 알려져 있습니다. 어릴 적부터 머리가 좋지 않았던 김득신이었지만, 그의 사전에 포기란 없었고, 같은 책을 남들이 상상하지 못할 정도로 반복해 읽었다고 합니다. 그의 이러한 노력으로 그는 당대 최고의 시인이 되었으며 지금까지도 그를 본받고자 하는 이가 많습니다.

> "재주가 남만 못하다고 스스로 한계를 짓지 말라. 나보다 어리석고 둔한 사람도 없었지만 결국에는 이룸이 있었다."

4학년은 학업적으로 여러 교과에서 공포(공부 포기)가 시작되는 시기입니다. 국어는 더 난해해지고, 수학은 어려워지며, 여러 교과들은 많은 암기를 필요로 합니다. 과목에 대한 호불호가 분명해지는 이 시기에 자녀의 '공부 포기'를 어떻게 대처해야 할까요?

알록달록 4학년 교실 이야기

여름방학을 지나 2학기가 시작되는 가을이 되면 몇몇 아이들이 학습에 대해 힘겨워하는 모습들은 종종 보입니다. 3, 4, 5월이 지나면서 학습 내용은 많아지고 수준이 보다 심화됨에 따라 난이도는 높아집니다. 공부의 강도가 세지면서 아이들은 과목에 대한 호불호가 분명해지고 싫어하는 과목에 대해서는 흥미를 잃거나 포기하게 됩니다. 특히 수학의 경우는 3학년의 수학 개념들을 알지 못하면 아예 문제를 풀 수 없기에 아이들의 학습 격차는 눈에 띄게 벌어지게 됩니다. 이런 이유로 흔히 공신(공부의 신)이라 불리는 강성태는 MBC 프로그램 〈공부가 머니〉라는 프로그램에서 "초등학교 4학년은 죽어나는 4학년이다."라고 말할 만큼 4학년 교육과정이 어려워진다고 했습니다.

덧셈과 뺄셈은 숫자가 커지면서 계산이 복잡해집니다. 곱셈과 나눗셈의 원리를 전혀 이해하지 못하며 새롭게 나온 분수나 소수의 개념은 외국어를 듣는 것처럼 생소하고 어렵게만 다가옵니다. 그로 인해 아이들은 학업 스트레스가 증가하고 학교 가기도 싫어지며, 공부를 멀리하기 시작합니다. 아이들이 공부를 멀리할수록 학부모의 속은 타들어 가고 한숨은 깊어만 가고……. 그렇다면 우리 학부모나 교사는 어떤 도움을 주어야 할까요?

#1. "선생님, 저 수학 포기할래요."

4학년이 되고 첫 수학 시간, 서준(가명)이는 수업 시간이 되었는데도 책조차 책상에 꺼내 놓지 않았다. 나는 평상시 아침에 등교하자마자 TV 화면에 오늘의 시간표를 띄워 놓고 아이들이 각 교시마다 몇 쪽을 펼지까지 적어 놓으며 아이들이 공부나 수업 준비를 스스로 할 수 있도록 꾸준히 지도하고 있었기에 대부분 아이는 모두 책을 펴 놓은 상황이었다. 수업을 시작하기 전에 습관처럼 모든 아이가 책을 준비하였는지 확인하던 차에 책을 펴지 않은 서준이가 보였다. "서준아, 수학 시간이에요. 책을 펴세요."라고 하였지만, 책상 서랍에서 책을 찾는 것도 한참이나 뒤적이던 끝에 겨우 책을 꺼내 놓았다. 하지만 오늘 배울 페이지를 펴지도 않은 채 책만 덩그러니 올려놓았을 뿐 책을 펴려고도 하지 않고 수학 수업을 받으려는 의지가 없어 보였다. 작년에 같은 반을 하였던 아이들이 "선생님, 서준이는 작년에도 수학 시간에 아무것도 안 했어요."라고 설명을 대신해 주었다. 3학년 수학을 제대로 배우지 못했으니 당연히 4학년 수학 시간도 어려울 테고, 어려우니 공부에 흥미가 없고 할 의지조차 없는 것이었다.

『파이낸셜 뉴스』 기사에 의하면 초등 3~6학년들이 가장 어려운 하는 과목이 수학과 사회인 것을 확인할 수 있는데, 수학에서는 연산을, 사회에서는 역사를 어려워하는 것을 알 수 있습니다. 수학의 경우 저학년부터 기초를 탄탄히 다진 아이들은 수학 시간을 좋아하고 즐겨 하며 수업에 적극적이지만, 그렇지 않은 아이들의 경우 수학 시간을 두려워하며 혹시라도 발표를 시킬까 불안해하기도 합니다.

4학년 수학 성취기준

영역	성취기준
수와 연산	[4수01-01] 10000 이상의 큰 수에 대한 자릿값과 위치적 기수법을 이해하고, 수를 읽고 쓸 수 있다.
	[4수01-02] 다섯 자리 이상의 수의 범위에서 수의 계열을 이해하고 수의 크기를 비교할 수 있다.
	[4수01-05] 곱하는 수가 한 자리 수 또는 두 자리 수인 곱셈의 계산 원리를 이해하고 그 계산을 할 수 있다.
	[4수01-06] 곱하는 수가 한 자리 수 또는 두 자리 수인 곱셈에서 계산 결과를 어림할 수 있다.
	[4수01-09] 나누는 수가 두 자리 수인 나눗셈의 계산 원리를 이해하고 그 계산을 할 수 있다.
	[4수01-14] 자릿값의 원리를 바탕으로 소수 두 자리 수와 소수 세 자리 수를 이해하고 읽고 쓸 수 있다.
	[4수01-15] 소수의 크기를 비교할 수 있다.
	[4수01-17] 소수 두 자리 수의 범위에서 소수의 덧셈과 뺄셈의 계산 원리를 이해하고 그 계산을 할 수 있다.
	[4수01-16] 분모가 같은 분수의 덧셈과 뺄셈의 계산 원리를 이해하고 그 계산을 할 수 있다.

측정	[4수03-12] 각의 크기의 단위인 1도(°)를 알고, 각도기를 이용하여 각의 크기를 측정하고 어림할 수 있다.
	[4수03-13] 주어진 각도와 크기가 같은 각을 그릴 수 있다.
	[4수03-14] 여러 가지 방법으로 삼각형과 사각형의 내각의 크기의 합을 추론하고, 자신의 추론 과정을 설명할 수 있다.
도형	[4수02-02] 각과 직각을 이해하고, 직각과 비교하는 활동을 통하여 예각과 둔각을 구별할 수 있다.
	[4수02-04] 구체물이나 평면도형의 밀기, 뒤집기, 돌리기 활동을 통하여 그 변화를 이해한다.
	[4수02-05] 평면도형의 이동을 이용하여 규칙적인 무늬를 꾸밀 수 있다.
	[4수02-08] 여러 가지 모양의 삼각형에 대한 분류 활동을 통하여 이등변삼각형, 정삼각형을 이해한다.
	[4수02-09] 여러 가지 모양의 삼각형에 대한 분류 활동을 통하여 직각삼각형, 예각삼각형, 둔각삼각형을 이해한다.
	[4수02-03] 교실 및 생활 주변에서 직각인 곳이나 서로 만나지 않는 직선을 찾는 활동을 통하여 직선의 수직 관계와 평행 관계를 이해한다.
	[4수02-10] 여러 가지 모양의 사각형에 대한 분류 활동을 통하여 직사각형, 정사각형, 사다리꼴, 평행사변형, 마름모를 알고, 그 성질을 이해한다.
	[4수02-11] 다각형과 정다각형의 의미를 안다.
	[4수02-12] 주어진 도형을 이용하여 여러 가지 모양을 만들거나 채울 수 있다.
규칙성	[4수04-01] 다양한 변화 규칙을 찾아 설명하고, 그 규칙을 수나 식으로 나타낼 수 있다.
	[4수04-02] 규칙적인 계산식의 배열에서 계산 결과의 규칙을 찾고, 계산 결과를 추측할 수 있다.
자료와 가능성	[4수05-01] 실생활 자료를 수집하여 간단한 그림그래프나 막대그래프로 나타낼 수 있다.
	[4수05-02] 연속적인 변량에 대한 자료를 수집하여 꺾은선그래프로 나타낼 수 있다.
	[4수05-03] 여러 가지 자료를 수집, 분류, 정리하여 자료의 특성에 맞는 그래프로 나타내고, 그래프를 해석할 수 있다.

출처: 한국교육과정평가원.

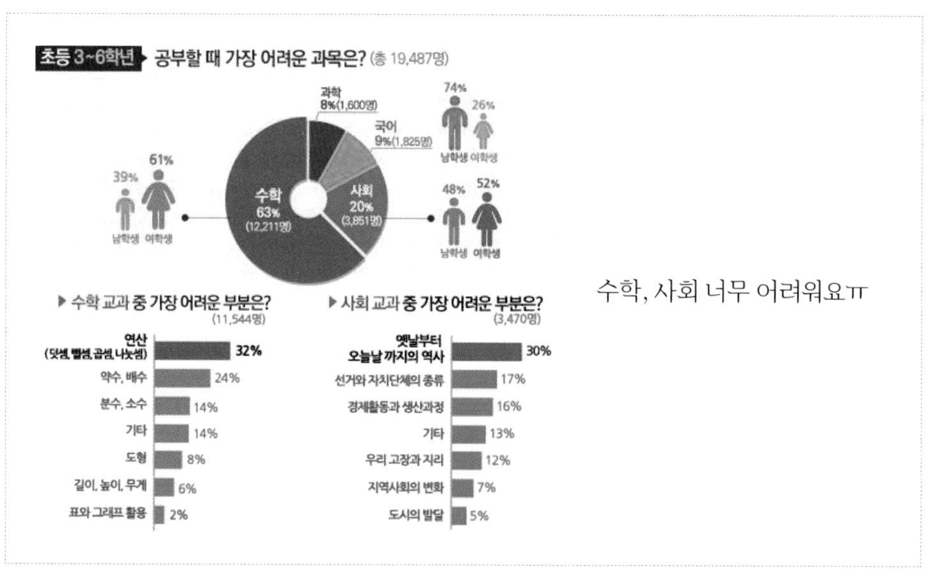

출처: 파이낸셜 뉴스(2015. 3. 24.).

사회의 경우는 1, 2학년에서 접해 보지 않은 새로운 과목을 3학년부터 접하고 4학년으로 올라갈수록 우리 사회에서 알아야 하는 용어들이 등장합니다. 사회생활에서 필요한 기본적 지식을 접하게 됩니다. 그러다 보니 어쩔 수 없이 암기해야 하는 내용이 나오는데, 아이들은 암기가 공부로 느껴지며 사회 과목을 지루하고 재미없다고 느끼는 아이들이 많습니다.

#2. "도대체 공부는 어떻게 해야 하나요?"

4학년은 특히 교과 공부에 있어서 매우 중요한 시기입니다. 5, 6학년, 즉 고학년이 되기 전, 초석을 튼튼히 해야 할 시기이기에 더욱더 그렇지요. 그렇다고 무조건 공부를 잘하게 해야 하는 의미는 아닙니다. 과목별로 학원을 다니며 아이에게 결과를 강요하기보다는 학습 의욕을 높이고 학습 동기를 유발할 수 있는, 즉 학업에 재미나 흥미를 붙일 수 있는 활동을 하는 것이 좋습니다. 스스로 좋아하는 주제를 찾아 탐구하는 자세를 갖게 하고 관련 도서를 읽거나 가 보고 싶은 장소에 체험활동을 가는 것입니다. 아이가 여러 교과에서 배우는 내용이 실생활과 매우 관련이 있고, 사회생활을 하는 데 필요하다는 것만 인식해도 공포(공부 포기)의 시작은 막을 수 있습니다.

아이가 공부하고 싶은 마음은 있으나, 공부법이나 학습법 등을 몰라서 헤매고 있다면 『공부의 신』(권도일, 남수진, 2016) 같은 책도 아이에게 좋은 지침서가 될 수 있습니다. 『공부의 신』은 공부를 못했던 아이가 공부를 잘하기 위해 하는 여러 가지 노력이 담겨 있으며 특히나 현직 선생님들의 공부나 학습 팁까지 덧붙여 있어 공부 방법을 모르는 학생들에게 매우 유용한 책이 될 것입니다. 부모님의 역할도 중요한데, 예를 들어 시간표를 확인해서 과목별 준비해야 할 사항을 알려 주는 겁니다. 영어나 수학의 경우 학습 부진이 누적되지 않도록 진도에 맞추어 예습이나 복습을 하루 1장씩이라도 풀게 해 주시면 수업을 따라가기 훨씬 수월해집니다. 또한 암기과목의 경우 따로 과목별 노트를 준비하도록 하거나 노트 필기할 때 어떤 식으로 정리하면 외우기 수월한지 등을 알려 주는 것도 매우 도움이 됩니다.

일단 아이가 공부의 필요성을 인식하고 학습에 흥미를 느끼며 공부 방법이나 학습법을 알게 되면 부모가 강요하지 않아도 그 이후에는 아이가 스스로 그에 맞는 행동을 하게 되지요. 아이들은 자신이 해야 할 행동을 명확히 알고 있습니다. 몰라서 안 하는 것이 아니라 누군가 억지로 강요하니 더 하기 싫은 것이지요. 스스로 답을 찾을 다양한 기회를 제공해 보세요. 그보다 좋은 동기유발은 없을 테니까요.

#3. "엄마가 자꾸 억지로 책을 읽으래요."

지영(가명)이는 밝고 활달하며 체육활동을 특히 좋아하는 아이이다. 피구를 잘해서 아이들 사이에서 인기도 좋고 체육활동 시 리더 역할을 하며 아이들과 게임을 즐기는 아이이기도 하다. 하지만 지영이는 요즘 부모님이 자꾸 책을 읽으라고 강요하신다며 "선생님 책 읽기 싫어요." 라고 자신의 고민을 나에게 털어놓았다.

발도르프 교육에서는 발달단계에 맞는 교육을 강조하면서 아이들의 나이에 따른 발달 특성을 제시하고 있습니다. 이 중 4학년은 독서에 관한 관심이 늘어나는 시기로 보고 있습니다. 이는 4학년이 되면 추상적 사고가 발달하기 시작하면서 서서히 시야가 넓어지고 세상과 사람들, 사회에 관한 관심이 증가하기 때문입니다. 따라서 알고 싶은 것도 많고, 읽고 싶은 것도 많아지면서 지적 호기심이 같이 발달하는 것입니다.

독서가 아이들의 발달에 매우 좋다는 것은 모두 공감하실 겁니다. 독서를 통해 아이들은 다양한 분야의 지식이나 교양을 쌓을 수 있고, 자신이 좋아하는 분야의 소질이나 특기 계발에도 도움이 되며 또한 다양한 교과에 대한 이해는 물론 사고력이나 창의력, 문제 해결 능력 등을 기르는 데 도움이 됩니다. 따라서 많은 부모가 우리 아이가 책을 많이 읽었으면 하고 바란답니다. 하지만 독서는 강요한다고 되지는 않습니다. 그렇다면 우리 아이들 어떻게 독서를 하도록 해야 할까요?

우선 아이를 독서를 할 수 있는 환경에 자주 접하게 하는 것이 좋습니다. 도서관이나 책이 있는 곳에 자주 간다든지 아이가 일상생활에서도 궁금한 것들이 있으면 같이 책을 찾아보는 것도 좋겠지요. 집안 역시 아이들이 손쉽게 책을 읽을 수 있는 환경으로 만드는 것도 매우 도움이 됩니다. 어느 집은 아예 TV를 없애고 거실 전체를 책장으로 꾸몄다고는 하지만, 그렇게까지는 아니더라도 아이들의 손이 닿을 수 있는 곳에 책 진열장을 놓고 읽을 수 있도록 하거나 책도 어느 시기가 되면 새로운 책 등으로 교체해서 아이들이 다양한 책을 읽을 수 있도록 하는 것도 도움이 됩니다.

두 번째, 아이가 어떤 책을 읽어야 하느냐라는 고민을 하시는 부모님도 계신데, 일단 아이의 의사가 중요합니다. 부모가 읽히고 싶은 책을 읽히게 하면 처음 몇 번은 읽겠지만, 아이는 결국 자신이 좋아하는 분야가 아니기 때문에 읽기가 지루해지고 책을 손에서 놓게 되지요. 독서의 초창기에는 아이가 읽고 싶은 책을 마음껏 읽게 해 주세요. 처음에는 아이가 읽는 책이 마음에 안 들기도 하겠지만 아이들은 다양한 독서를 통해 자신이 좋아하는 주제나 소재를 발견해 나가며 나이가 들어감에 따라 그 주제 또한 계속 바뀔 수 있으니 지금 한 가지 책만 읽는다고 너무 나무라지 마세요. 정말 해로운 책만 아니라면 어떤 책이든 마음껏 읽게 해 주시는 것도 좋습니다.

세 번째, 독서에 있어 가장 중요한 것은 부모의 태도나 자세입니다. 행동주의 이론에서도 강조하듯이 모델링의 효과는 생각보다 매우 큽니다. 행동주의의 대표적인 학자이며 사회학습이론을 만든 반두라(Bandura) 역시 모방이나 모델링의 중요성을 '보보인형실험'을 통해 입증한 바 있습니다.

'보보인형실험'은 3세에서 6세 아동들이 공격적인 행동을 나타내는 성인의 모습을 관찰한 후에 어떤 행동을 하는지를 본 실험인데 아이들은 자신이 본 그대로 인형에게 공격적인 행동을 하는 것을 볼 수 있었습니다. 이처럼 모델링의 효과가 매우 큰데 아이들에게 독서의 중요성을 말하고 아이에게는 책을 읽으라고 강요하면서도 부모는 정작 1년 내내 책 한 권도 들여다보지 않는 경우가 너무 많습니다. 그러면 아이들은

보보인형실험 사진

대부분은 책을 읽기 싫어합니다. 왜? 우리 부모님도 읽지 않으니까요. 따라서 부모의 모범이 매우 중요하고 부모가 같이 책을 읽는 것이 가장 이상적이며 좋은 교육이라 할 수 있겠지요. 아이가 책을 읽기를 원하신다면 같이 서점에도 가고, 같이 좋은 책을 고르며 아늑한 공간에 앉아 함께 책을 읽는 것은 어떨까요? 최고의 교육은 '모범'을 보여 주는 것입니다.

네 번째, '질문'을 활용하세요. 예시바대학교 교수인 마빈 토케이어(Marvin Tokayer)가 "질문하라! 이것이 오천 년 유대 교육의 비밀이다."라고 했듯이 질문은 아이를 성장시키는 매우 좋은 방법의 하나입니다. 독서를 한 후 독후활동으로 독서토론을 하거나 부모와 같이 책 내용에 관해 이야기를 나누며 많은 질문이 오고 가는 것이 좋으며 그 과정에서 아이는 지적 호기심이 더욱 왕성해지겠지요. 또한 질문을 통해 아이는 문제의식을 느끼고 사고를 확장하는 경험을 하게 되며 이러한 사고들의 연결은 아이의 성장이나 발전으로 이어질 수 있습니다.

하지만 아무리 독서교육이 좋아도 아이가 원치 않으면 억지로 시킬 수는 없습니다. 아이가 아직 독서에 대한 준비가 되지 않았다면 억지로 강요하기보다는 지켜보고 기다릴 줄 아는 지혜가 필요합니다.

#4. "스마트폰을 마음껏 하고 싶어요."

4학년 2학기 국어 시간, 5단원 제목은 '의견이 드러나게 글을 써요.'이다. '자신의 의견을 제시하는 글쓰기'라는 학습 목표에 따라 아이들은 쓰고 싶은 주제에 대해 자신의 의견을 정리하여 발표하는 시간을 가졌다. 그중 한 아이의 주제가 "스마트폰을 마음껏 하고 싶어요."였는데, 아이는 스마트폰의 사용 시간이나 혹은 사용하는 콘텐츠에 대해 부모님 마음대로 정하지 말고, 자신의 의견을 반영해 달라는 내용이었다. 어찌 보면 아이가 스마트폰을 하고 싶어 투정을 부린다고 생각할 수 있겠지만, 어른들의 생각보다 아이의 의견은 정당하고 논리적이었다.

요즘 부모님들에게 자녀 양육에 있어 가장 큰 문제가 무엇이냐고 묻는다면 단연 '스마트폰 사용 문제'일 것입니다. 학교에서도 스마트폰의 직간접 영향으로 생활지도에 어려움을 겪고 있는 교사들이 많습니다. 특히 코로나19로 몇 년간 외부나 야외활동의 제한으로 인해 아이들의 스마트폰 문제는 훨씬 더 심각하게 다가왔습니다. 한국청소년정책연구원(2020)의 '청소년 미디어 이용 실태 조사'에서 초등학생 스마트폰 미디어 이용 실태를 보면 34.7%가 유튜브 시청, 30.2%가 게임, 11.0%가 채팅, 5.3%가 전화로 나타났습니다. 아이들은 밖에 나가 친구들과 놀거나 소통하기보다 집에서 유튜브나 동영상들을 보는 것을 좋아하고 가상의 공간에서 내가 아닌 가상의 아바타인 나로 사는 삶에 익숙해지고 있습니다. 일부 영상들은 아이들에게 해로운 영향을 끼치고 지나친 중독은 신체뿐 아니라 아이들의 정신건강까지 위협하기에 이르렀습니다.

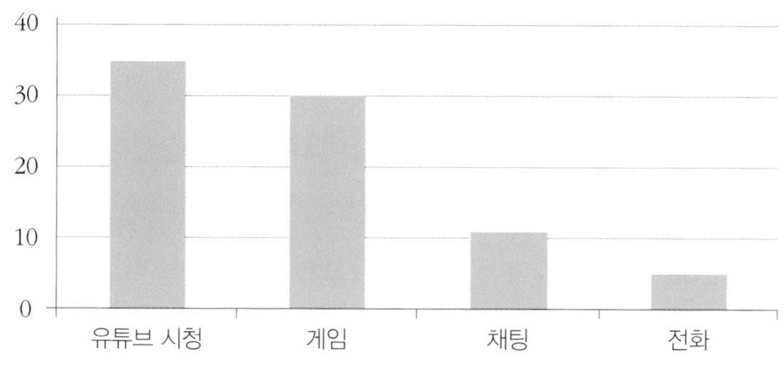

초등학생 스마트폰 미디어 이용 실태

출처: 한국청소년정책연구원(2020).

과도한 스마트폰의 사용은 시력을 저하하고 척추나 목뼈 등의 신체적 불균형, 비만 등을 초래합니다. 스마트폰 불빛과 형형색색의 휘황찬란한 영상들은 주의력 결핍이나 ADHD 등과 함께 폭력적 성향, 공격적 행동, 우울함이나 불안 같은 심리 정서 문제를 유발하기도 합니다. 하지만 맞벌이 가정이 증가하고 아이가 혼자 있는 시간 등이 늘면서 부모들은 스마트폰을 안 줄 수도 없고, 또 주었지만 그대로 둘 수도 없는 딜레마에 빠지게 됩니다. 그렇다면 자녀를 교육하는 부모나 어른들이 아이들에게 스마트폰을 올바르게 사용하게 하려면 어떻게 해야 할까요?

첫 번째는 스마트폰 노출 시기를 최대한 늦추는 것입니다. 많은 정신건강의학과나 소아청소년과 의사들이 아이들에게 스마트폰을 주는 것은 늦으면 늦을수록 좋다고 이야기합니다. 특히 만 24개월 이전에 스마트폰은 아이들에게 매우 해로우므로 노출을 최소화해야 할 것이며 아이가 초등학생이 되었어도 아이의 발달을 위해 되도록 늦게 주는 것이 좋습니다.

두 번째는 만일 스마트폰을 사 주었다면 당연히 부모의 관리가 필요합니다. 부모가 관리하기 전에 아이와 함께 가족회의를 열어 보는 건 어떨까요? 부모 혼자 결정한 내용에 따르게 하면 아이로서는 반발심이 생기고 더 하고픈 마음이 생길 수밖에 없습니다. 가족회의는 민주적으로 공평하게 문제를 해결할 수 있는 가장 좋은 방법입니다. 비단 스마트폰의 문제뿐만 아니라 가족 내에서 발생하는 크고 작은 문제를 가족회의를 열어 함께 나누고 해결하는 과정은 아이들의 발달에서도 매우 유익한 영향을 줄 것입니다. 다시 스마트폰 문제로 돌아오면 문제에 대해 자녀와 허심탄회하게 얘기를 해 보고 부모와 자녀가 원하는 적정선에서 핸드폰 사용 시간을 정하고 어떤 콘텐츠를 보게 할 것인지 등을 결정한다면 아이는 자신의 의견이 반영된 것에 대해 회의에서 결정된 내용을 수용하고 스스로 스마트폰 사용에 대한 조절 능력을 키울 수 있을 것입니다.

세 번째는 날짜나 시간을 정해 놓고 가족 간의 대화 시간을 만들어 보세요. 요즘 가족의 모습을 살펴보면 같이 모일 수 있는 시간이 주로 저녁 시간인데, 식사가 끝나면 대부분 TV를 보거나 모두가 스마트폰을 쳐다보며 그 시간을 허비합니다. 이는 아이의 스마트폰 사용 교육을 위해서도 좋지 않으며 가족 모두가 합의하여 하루 동안 잠시라도 스마트폰을 내려놓고 그 시간을 가족의 화합이나 친목을 다지는 데 활용해 보면 어떨까요? 많은 시간이 아니더라도 하루 10분 정도 저녁 식사 후 대화 시간을 정해 놓고 그날 하루 동안 있었던 일을 나누거나 서로에 대해 칭찬할 거리를 찾아 칭찬하는 것도 좋은 방법입니다. 매일 어려우면 일주일에 한 번 정도라도 시도해 보시는 것도 좋겠지요.

#5. "오락가락 이 감정 뭐지?"

3교시는 영어 수업 시간이었다. 영어 수업은 담임교사가 아닌 영어 전담선생님이 수업하시는데 수업이 끝난 후 영어 선생님이 잠깐 나를 보자고 하셨다. 이유를 물어보니 우리 반 세찬(가명)이가 영어 수업에서 게임을 하다가 자기 뜻대로 되지 않자 친구들에게 화를 내고 게임을 방해했다는 것이었다. 영어 선생님이 사과하고 아이들과 다시 게임을 하라고 했는데도 아이는 자신의 잘못을 반성하지 않고 선생님의 말씀에 씩씩거리며 끝까지 사과하지 않았다는 것이다. 영어 선생님은 세찬이의 반항적인 태도에 다소 화가 나 있었다.

4학년이 되면 신체나 뇌의 발달과 더불어 정서나 심리 · 행동적인 면들에서 다양한 변화를 겪게 됩니다. 그중 특히 정서나 심리적인 면에서 아이들은 전에 접해 보지 못했던 다양하고 미묘하면서도 복잡한 감정들을 겪게 되는데요. 문득 이유 없는 짜증이 몰려오기도 하고 별일 아닌 일에 화가 솟구치기도 하고 사소한 일에도 서운하고 울컥 눈물이 나기도 합니다. 그러면 아이들은 처음 겪어 보는 감정과 정서들에 혼란을 느끼며 '이것이 어떤 감정인지?' '내가 왜 그러는 건지?' 궁금증을 가지며 다양한 방식으로 표현하게 되며 여러 가지 정서행동 문제를 일으키기도 합니다.

정서행동 문제는 학습이나 수업의 어려움, 부적절한 행동이나 감정의 표출, 대인관계의 어려움, 부적응, 우울함이나 불안감 등의 증상을 초래하기도 하며 이러한 정서행동 문제는 심각한 경우 정신질환으로 이어지기도 합니다. 한국청소년정책연구원은 2021년 전국 초 · 중 · 고의 학생, 청소년과 학교 밖 청소년을 대상으로 한 자기기입식 정신건강 설문조사를 통해 10대 청소년의 정신건강 실태를 조사하였습니다. 연구보고서에 따르면, 학생, 청소년 10명 중 적어도 1명은 우울, 불안, 그리고 자살 위험성 등에서 경도 이상의 임상적 증상을 경험하고 있는 것으로 드러났습니다. 또한 차영경(2021)도 정신질환 또는 정서행동 문제로 인해 어려움을 겪는 학생들은 점점 늘어나고 있고 이에 교사가 학교 현장에서 정서행동 문제를 보이는 아동을 만나게 될 가능성이 커지고 있다고 우려를 표하고 있습니다.

가정에서는 부모님의 사랑과 관심이 '듣고 싶지 않은 잔소리'로 다가오고 괜히 반항하는 한마디를 던지기도 하며, 왠지 부모님의 말씀과 반대로 하고 싶거나 실제로 그렇게 하기도 하지요. 아이의 이런 변화에 성급한 부모님의 경우 전엔 그렇지 않았는데 갑자기 이러는 것에 당황하며 이러다 아이가 커서 '버릇없는 아이'가 되지는 않을지 오지도 않는 미래를 걱정하기도 합니다. 감정 조절이 안 되는 부모의 경우 아이에게 화를 내고 "어디서 이런 행동을 해!"라며 고함을 치기도 합니다.

학교에서도 예외는 아니며 그 대상이 교사일 수도 학생일 수도 있습니다. 수업하다 보면 교사의 훈육이나 지시에 소극적 혹은 적극적 반항을 하는 아이들을 종종 볼 수 있습니다. 예를 들어, 교과서를 펴지 않은 학생에게 "책을 펴세요."라고 하면 소극적 반항아의 경우 펴기 싫은 태도나 행동을 보이지만, 그래도 꾸역꾸역 책을 준비하고 교사의 눈치를 보기도 합니다. 하지만 적극적 반항아의 경우 교사와 힘겨루기를 하며 교과서를 안 꺼내고 버티기도 합니다. 선생님은 책을 펴지 않는 아이가 자신에게 반항한다고 생각하고 아이를 혼내거나 미워하기도 합니다.

하지만 아이들은 진심으로 부모나 교사에게 반항하고 싶어 그렇게 한 것일까요? 대답은 '아니다.'입니다. 아이와 조용히 얘기를 나누어 보면 대부분 아이는 "저도 제가 왜 그랬는지 모르겠어요. 반항하려고 했던 것은 아니에요."라고 후회 섞인 말들을 내뱉곤 합니다. 아이들은 정서적으로나 심리적으로 일어나는 자신의 변화에 대해 잘 모르고 있을 뿐입니다. 이런 아이들에 대해 단순히 부모나 교사에게 화를 내고 감정의 기복이 널뛰듯 한다고 하여 아이를 무조건 혼내거나 화를 내면 안 되겠지요. 이는 오히려 아이에게 억울한 감정을 들게 하고 부모나 교사에 대한 미움을 키우는 일이 됩니다.

아이들에게 자신의 감정이나 정서를 정확히 알게 하는 것은 매우 중요합니다. 지금 내가 느끼는 이 정서나 감정이 무엇인지 내가 왜 나도 모를 말이나 행동을 하는 것인지 같이 얘기하고 생각해 보는 시간을 가져보세요. 아이들은 의외로 자신이 느끼는 감정의 이름을 잘 알지 못합니다. 아이가 자신의 상태를 알기 위해서는 먼저 감정이나 정서들의 이름을 아는 것이 중요한데, 시중에 판매되는 감정 카드나 감정에 관한 서적들을 통해 다양한 감정들의 이름을 알게 하고, 그 감정이 왜, 그리고 어떤 경우에 생기는지 같이 얘기해 봄으로써 자신의 감정을 정확히 아는 것이 필요합니다.

자신의 상태를 알게 되면 그에 맞는 해결책도 찾을 수 있습니다. 예를 들어, '억울함'의 감정이 들 때 소리치고 분노하며 자신의 억울함을 토로하기보다는 '아, 나는 지금 억울하구나.'라는 감정을 인식하고 이 감정을 해소하기 위해 어떤 말과 행동을 해야 할지 생각해 봅니다. 그러고 나서 '나는 이러이러해서 억울하다.'라고 자신의 감정에 대해 상대방에게 정확히 말하는 것이 좋습니다. 마지막으로, '그래서 나는 부모님이 혹은 교사가 이렇게 해 주었으면 한다.'라는 자신의 바람까지 건전하고 올바른 방법으로 표현하도록 연습을 시켜야 합니다.

겉으로 드러나는 모습만으로 아이를 판단하지 마세요. 지금의 행동만으로 아이의 미래를 단정 짓지 마세요. 오히려 어른인 내가 하는 말과 행동으로 아이가 더 힘들 수도 있습니다. 아이는 지금 '성장하는 중'입니다.

알록달록 4학년 탐구생활(Q&A)

Q1. 국어 공부는 어떻게 시키는 게 효과적일까요?

국어는 글을 이해하고 해석하는 능력이 중요합니다. 그러기 위해 독서와 연계하면 매우 효율적으로 지도할 수 있습니다. 독서의 장점은 매우 많지만, 그중에 다양한 책을 읽음으로써 스스로 문제의 핵심을 파악하고 중요한 내용을 정리할 수 있는 능력을 키울 수 있기에 독서만큼 좋은 국어 공부는 없습니다. 독서 후 간단한 독후활동을 하거나 읽은 내용에 관한 대화나 토론을 해 보는 것도 좋은 공부가 되겠지요.

Q2. 아이가 수학을 너무 싫어하고 또한 부족한데 지금 시작해도 늦지 않겠지요?

4학년이면 늦었다고 볼 수는 없습니다. 물론 다른 학생과의 격차가 있지만, 학년이 올라갈수록 그 격차가 커지는 것을 생각한다면 4학년이면 그 격차를 충분히 좁힐 수 있다고 생각합니다. 또한 너무 학원이나 학습지 등에 의존하기보다는 가정에서도 학생의 숙제나 진도를 확인하고 관리해 주어야 하며 지나친 개입이나 강압보다는 아이가 학습과 관련하여 자신의 할 일을 매일 잘하고 있는지 확인하는 정도가 좋습니다. 지나친 개입은 아이들에게 스트레스가 되어 오히려 공부에 역효과가 날 수도 있기 때문입니다.

Q3. 아이의 수학 포기 막을 방법은 없나요?

수학은 과목의 특성상 기초가 튼튼하게 다져지지 않으면 시간이 지날수록 격차가 심해지고, 그 간격이 벌어질수록 아이가 수학을 포기할 확률이 높습니다. 따라서 수학을 시작하는 초기부터 아이가 기초를 다질 수 있도록 도와주셔야 하며 학습 내용을 많이 배우는 것보다 한 가지 개념을 정확하게 배우면서 자주 반복하는 것이 매우 중요합니다. 숫자 1, 2, 3 등 수 세기부터 시작하여 아이에게 수 개념이 생기기 시작하는 초기에 가정에서의 역할이 매우 중요하며 부모들은 아이의 수 개념이 나이에 따라 잘 발달할 수 있도록 아이에게 기초교육을 착실하게, 충분히 해 주는 것이 좋습니다. 이러한 기초공사가 튼튼하지 않으면 초등학교에 입학하여 아이가 수학 수업에서 어려움을 겪을 수 있으며 이는 수학 포기의 시작이 될 수 있습니다.

Q4. 영어 공부 방법이 있을까요?

영어 공부에 대해 문의하고 상담하시는 학부모님이 많으신데, 결론적으로 정답은 없는 거 같습니다. 학원에서의 그룹형 학습이 맞는 아이도 있고, 1 대 1로 이루어지는 학습지 선생님과의 공부를 선호하는 학생도 있으며 혹은 집에서 엄마와 함께 다양한 교재나 영상들로 공부하는 때도 있어 일단 아이의 성향을 파악하시는 게 중요할 거 같습니다. 아이가 좋아하고 즐겁게 공부할 수 있는 환경 속에서 학습하도록 지지해 주시고, 여건이 된다면 영어와 접할 수 있는 환경에 많이 노출하는 경험도 아이의 영어 학습에 효과적입니다.

Q5. 자녀 스마트폰 관리하는 프로그램이나 앱은 무엇이 있나요?

자녀 스마트폰을 관리하는 앱으로는 모바일 펜스나 잼, Kroha, 스라밸, 파인드 마이 키즈, 구글 패밀리 링크 등이 있으며 앱에 따라 유료인 경우도 있으니 확인하신 후 사용하실 수 있습니다. 이 앱들은 기능에 있어 약간씩 차이가 있으나 아이의 스마트폰 시간을 제한할 수 있고 사용하는 프로그램들을 관리할 수 있으며 위치추적 기능 등도 있어 아이의 위치를 파악할 수도 있습니다. 하지만 앱보다 중요한 것은 아이가 감시당한다고 느끼게 하지 않도록 해야 하며 사전에 아이와의 약속을 통해 스스로 지킬 수 있는 능력을 기르도록 하는 데 주안점을 두셔야 아이와의 마찰을 줄일 수 있습니다.

자녀 스마트폰 관리 - 앱 차단, 시간제한, 유해 웹 차단, 위치, 초등학생안심, 중독방지
Mobile Fence

잼(ZEM)-부모용(자녀안심, 스마트폰관리)
SKTelecom

Kroha
자녀보호ㅡ스크린타임, 자녀 스마트폰관리,자녀폰지킴이,자녀폰관리,키즈모드,자녀폰안심

스마트폰중독방지/자녀관리/폰잠금/사용시간:스라밸
Haru App

파인드 마이 키즈: 아이 GPS 시계 & 휴대폰 추적기 및 위치추적
GEO TRACK TECHNOLOGIES INC

Google Family Link
Google LLC

Q6. 아이가 만화로 된 책만 보는데 괜찮을까요?

만화로 된 책이라고 해서 무조건 나쁜 것만은 아닙니다. 요즘은 다양한 주제에 대해서 만화 형태로 제시하는 도서가 많으며 초등학생들은 발달 특성상 글밥이 많고 지루한 책보다는 만화 형식으로 재미있게 읽을 수 있는 책들을 선호하니 아이에게 해로운 내용만 아니라면 많이 본다고 문제가 되지는 않습니다. 학습만화도 시기가 있어 아이들도 한동안 혹은 어느 시기 정도 보고 나면 학년이나 나이가 들어감에 따라 저절로 선호하는 도서가 바뀔 수 있으니 책을 가려서 읽기보다는 오히려 학습만화라도 읽는 아이에게 많은 칭찬과 격려를 해 주시면 좋습니다. 때가 되면 스스로 필요한 책을 찾아 읽을 테니 너무 조급하게 생각하지 마세요.

Q7. 화내는 아이, 또 그로 인해 화나는 부모 어떻게 해야 갈등을 줄일 수 있을까요?

대부분 아이나 부모들은 '욱'하는 감정으로 화나 분노를 폭발시켰다가 후에 자책과 후회를 하게 됩니다. 이런 문제를 예방할 수 있는 가장 좋은 방법은 '멈춤'입니다. 화가 났다 싶으면 멈추는 연습을 해 보세요. 그리고 잠시 심호흡을 하거나 아이와 분리된 공간으로 가서 아이도, 부모도 마음을 가라앉힐 수 있는 시간을 가져보세요. 감정이 격해지고 흥분된 상태에서는 차분한 대화를 할 수 없습니다. 서로가 마음이 가라앉았을 때 다시 대화해 보세요. 그러면 후회의 횟수가 줄어들 것입니다. 하지만 말처럼 어른도 실천이 쉽지 않듯이 아이도 이런 연습을 하기가 쉽지 않습니다. 집안에 규칙을 써 놓고 잘 보이는 거실에 붙여 놓는다든지 하여 서로가 계속 연습을 할 수 있는 환경을 만들어 화가 날 때 자신을 스스로 조절하는 능력을 기를 필요가 있습니다.

알록달록 4학년 성장노트

'자기조절의 힘을 키우기'

초등학교 4학년 시기에는 저학년 시기에 비해 산만한 상황에서도 주의력을 유지하거나 다양한 작업 과정에서 유연하게 초점을 전환하는 능력을 보일 수 있습니다. 외부 상황에 대해 자기 자신을 조절하는 힘, 즉 자기조절 역량을 키워 가는 시기로 볼 수 있습니다. '자기조절(self-regulation)'은 외부 환경에 효율적으로 적응하고 자신의 목표를 수행하기 위하여 자발적으로 계획하고 생각하며 행동하고 정서를 융통성 있게 관리하는 능력을 말합니다(김춘경 외, 2016).

초등학생의 자기조절학습 발달 경향은 분석한 연구(정미경, 2011)에 따르면, 4학년까지는 자기조절학습의 동기 수준이 높고, 고학년이 되면서 동기 수준이 낮아지면서 시험 불안이 증가하는 경향을 보인다고 합니다. 왜 4학년까지 긍정적으로 변화하다가, 5학년으로 넘어가면서 줄어드는 걸까요? 자기조절학습에서의 동기조절인 내재적 가치, 목표지향성이 4학년까지 증가하다가 고학년이 되면서 점차 감소하고, 반대로 시험 불안이 증가하는 이유는 학년이 올라갈수록 평가 상황이 많아짐에 따라, 자신에 대한 평가가 다소 부정적이게 되고, 학습 목표보다는 평가 목표지향으로 변화되고 있음을 시사합니다.

또한 초등 4학년 시기부터 학습 부담이 증가하는 것도 원인으로 볼 수 있습니다. 상급 학년으로 갈수록 학습 내용이 복잡해지고 학습량이 증가하며, 이로 인해 학생들이 스스로 학습을 조절하는 데 어려움을 겪을 수 있습니다. 이때 아이들이 사회적 비교에 민감해지기 시작하는데, 친구들과의 비교를 통해 자신의 학습 능력을 평가하기 시작하며, 이는 자신감의 감소와 더불어 내재적 동기 부족으로 이어질 수도 있습니다.

따라서 학교와 가정에서는 동기의 수준이 더 악화되지 않도록 자기조절 능력을 충분히 향상시킬 수 있도록 학습 발달수준에 맞는 교육환경을 제공해 주는 것이 중요합니다. 아이들이 학습 과정 자체를 가치 있게 여기도록 격려하여, 결과에 대한 압박감보다는 학습 과정을 즐길 수 있도록 도와줍니다. 더불어 아이들이 스스로 학습 목표를 설정하고, 학습 계획을 수립할 수 있도록 지원함으로써, 자기주도적 학습 능력을 강화시킬 수 있습니다. 아이들의 노력과 과정에 초점을 맞춘 긍정적인 피드백을 제공하여, 내재적 동기를 강화하고 자신감을 높일 수 있도록 도와줄 수 있기를 기대합니다.

#4학년 가을 #자기조절 #학습 동기 #적절한 학습량이 필요해요

IV. 알록달록 4학년의 '겨울'

"내 꿈 찾기 대작전을 펼쳐요."

『우리 반에서 유튜브 전쟁이 일어났다!』(박선희, 팜파스, 2019)

초등학교 4학년인 보라는 늘 비슷한 일상과 학교생활에 지루함을 느끼고 있었는데, 어느 날 유명한 크리에이터 '강이'가 전학을 오면서 보라의 일상은 바뀌기 시작합니다. 같이 크리에이터 활동을 하면서 멋지게만 보였던 크리에이터 생활이 생각보다 쉽지 않다는 것을 알게 되고 친구들과 함께 여러 가지 일들을 겪으며 조금씩 성장해 나가지요.

"네가 진짜 원하는 꿈은 무엇이니?"

이 책은 아이들이 겉으로 보이는 화려한 겉모습을 쫓기보다는 한 가지 직업에 대해 보이지 않는 이면, 혹은 어려운 점이나 힘든 점 등에 대해서도 생각해 볼 수 있게 합니다. 자신이 진정으로 하고 싶은 것이 유명세나 돈인지 혹은 자신의 인생에서 의미를 찾을 수 있는 것인지 깨달을 기회를 제공해 줄 것입니다.

알록달록 4학년 교실 이야기

초등학교 4학년이 되면 아이들은 좋아하는 운동, 즐겨 하는 취미, 내가 잘하는 것 등 나의 특성에 대해 서서히 파악하기 시작합니다. 나에 대한 자각이 이루어지면서 내가 좋아하는 일, 내가 하고 싶은 일에 대해 생각하고 서서히 '진로'라는 것에 관심이 생기게 되지요. 국내의 여러 연구(유복희, 2003; 이정근, 1984)에서도 초등 3~4학년이 되면 자신의 진로 및 일에 대해 지대한 관심을 나타내게 되고 학년이 올라갈수록 계속되다가 6학년이 되면 반 이상이 잠정적으로 자신의 진로를 선택하게 된다고 얘기하고 있습니다.

물론 모두에게 해당하는 것은 아닐 수 있습니다. 최근 다양한 매체나 스마트폰 등의 발달로 아이들은 어린 나이부터 진로나 직업과 관련된 다양한 정보들을 접하게 되니 자연스럽게 자신의 진로에 대해 생각을 해 볼 수 있습니다. 하지만 다양한 경로로 알게 된 지식 가운데에는 제대로 된 진로 교육이기보다는 오락성이나 재미, 즐거움 등에 치중하여 나오는 것들이 많다 보니 아이들에게 잘못된 정보를 제공하고 자칫 사실적이고 현실적인 지식과 거리가 멀어 잘못된 선택을 할 가능성 등도 있습니다. 아이들의 진로 교육을 위해 2011년부터 초 · 중등학교에 진로 상담교사를 배치하여 운영하고 그들이 진로 상담이나 진로 교육을 담당하게 하고는 있으나 대부분이 중등에 치중되어 있고, 초등학교에는 진로 교육을 담당할 교사가 적은 것이 현실입니다. 따라서 교육부는 학교에서의 진로 교육 방안을 마련하고 초 · 중 · 고가 연계될 수 있는 제도나 체계 마련이 필요해 보입니다.

#1. "4학년, 장래 희망 꼭 있어야 하나요?"

새 학년이 되고 3월 1주나 2주에는 선생님과 학생, 혹은 학생과 학생 사이의 관계 형성을 위한 활동을 하게 된다. 자신의 이름으로 삼각대를 만들어 내 소개판을 만들기도 하고 자신의 장점이나 단점 등을 손바닥 그림을 이용해 써 보기도 한다. 또한 자기소개 하는 시간에 한 명씩 일어나 자기소개를 하기도 하는데, 4학년의 경우는 아직 말주변이 좋지 않아 그냥 얘기하라고 하면 말을 잘 하지 못해 몇 개의 질문을 주고 그 질문 형식에 맞게 대답하도록 한다. 예를 들어, 이름, 좋아하는 음식, 잘하는 것, 내 장래 희망 등이다. 아이들은 서툴지만 한 명씩 차례대로 자신의 소개를 해 나가는데, 그중 준호(가명)는 일어나더니 아무 말이 없다. 질문에 맞추어 소개해 보라고 하자 간신히 이름 정도는 얘기했으나 장래 희망 앞에서 묵묵부답! 어떤 답이라도 괜찮으니 말해 보라고 하니 자신은 되고 싶은 것이 없다고 말했다. 그리고 꿈에 대해서 생각해 본 적도 없다고……. 신규교사나 저경력이었을 때는 "꿈이 없는 아이가 어디 있어요? 그래도 생각해서 말해 보세요."라고 반응하거나 '저 아이가 나에게 반항을 하는 건가?'라고 생각했겠지만, 20년이 넘은 지금은 매년 학급을 맡을 때마다 이렇게 응답하는 아이들을 만난 지라 나는 그 아이를 혼낼 수가 없었다.

오랜 기간 담임교사를 하면서 각양각색의 아이들을 만나게 됩니다. 수학을 잘하는 아이, 영어를 잘하는 아이, 체육을 잘하는 아이, 피아노를 잘 치는 아이, 태권도를 잘하는 아이, 컴퓨터를 잘하는 아이, 미술을 잘하는 아이 등 모두 자신이 좋아하거나 잘하는 활동을 하며 자신의 꿈을 조금씩 키워 나가는 모습을 보게 됩니다. 하지만 그중에 몇 명은 특별히 잘하는 것이 없거나 특출난 재능이 보이지 않는 아이들이 있지요. 그런 아이들을 보며 부모나 교사들은 "쟤는 잘하는 게 하나도 없어."라는 식으로 아이를 단정 짓습니다. 사람은 평생을 거쳐 성장한다고 했듯이 지금의 한 단면을 보며 그 아이의 전체를 섣불리 단정 지을 순 없습니다.

"모든 아이는, 모든 인간은 어떤 형태든 어떤 방식으로든 자기가 제일 잘하는 것이 있다."

제가 교사로서 몸소 느낀 것이기도 하지만 교사라면, 그리고 부모라면 반드시 이런 자세로 아이들을 대해야 한다고 생각합니다. 모든 아이는 어떤 형태이건 재능을 가지고 있으며 단지 그것이 어느 시간에 어떤 방식으로 발현될지는 아무도 모르는 것입니다. 칼 로저스(Carl Rogers)에 의해 발전한 인간중심 상담은 긍정적인 인간관에 기초한 이론으로, 인간은 자신의 잠재력을 발현하여 가치 있고 의미 있는 존재가 되고자 하는 실현 경향성을 가지고 있다고 합니다. 인간중심 상담이론이 인간의 성장 잠재력을 높이 평가하고 있듯이 인간은 누구나 자신의 의지와 노력에 따라 잠재력을 최대로 발휘할 수 있습니다. 하지만 그 잠재력을 발휘하려는데 "쟤는 잘하는 게 하나도 없어."라고 싹을 잘라 버린다면 그 아이는 싹을 틔우기도 전에 자신의 잠재력을 숨겨 버릴지도 모릅니다. 그리곤 평생 그 싹을 못 틔울 수도 있겠지요.

#2. "누구나 성장 잠재력을 가지고 있어요."

어른들은, 그리고 부모는 아이가 자신의 성장 잠재력을 찾을 수 있도록 안내하는 역할을 해야 합니다. 그럼 이 시기에 부모는 무엇을 해 주어야 할까요? 송재근(2021)이 그의 연구에서 제시한 초등학교 3, 4학년의 진로 발달 특징을 보면 그 답을 알 수 있습니다.

초등학교 3, 4학년의 진로 발달 특징

학자	긴즈버그(Ginzberg)	슈퍼(Super)	터크만(Tuckman)
단계	환상적 단계	성장기(1단계)	조건적 의존성, 독립성의 단계
시기	아동기(11세 이전)	14세 이전	초등 2~4학년
특징	• 놀이활동을 통한 표출 • 현실적 장애를 고려하지 않는 특징 • 직업과 자신의 욕구 동일시	• 자아 개념을 주변 인물과의 동일시를 통해서 발달시킴 • 초기에는 환상과 욕구, 시간이 지나면서 흥미와 능력을 중요시	• 자아를 인식하면서 독립적인 존재가 됨 • 이론적으로 일의 세계를 탐색함 • 진로 결정에 관심을 가짐

4학년 시기의 아이들은 이론적으로 일이나 진로를 탐색하고 현실적 장애 등을 고려하지 않기 때문에 구체적이고 현실적인 감각을 길러 주는 것이 중요합니다. 간접경험도 좋지만, 직접적인 체험활동이나 놀이 등을 통해 자신이 좋아하고 하고 싶은 일에 대해 탐색이 이루어질 수 있는 환경을 만들어 주어야 합니다. 부모님의 직장을 방문해 보거나 아이가 좋아하는 것과 관련된 직업이 있는 곳을 견학하는 것도 좋고 진로교육원이나 키자니아 같은 진로 체험행사에 참여하는 것도 도움이 됩니다.

또한 이 시기의 아이들은 자아 개념을 자신의 주변 인물과의 동일시를 통해 발달시키므로 아이가 관심 있어 하는 분야의 사람을 만나게 하거나, 부모의 직업에 관심이 있는 경우 같이 부모의 직장에 방문하여 자세히 직업을 알아보는 것도 매우 좋겠지요. 학습에 있어서 모방이 중요하다고 했듯이 주변에서 어떤 일을 하는지 보고 배우고 느끼는 것은 매우 소중한 경험입니다. 초등학교에 입학하여 교사와 더불어 생활하며 학습하는 아이들은 초등학교 시절 '교사'를 자신의 꿈이라고 하는 아이들이 많은 것도 이런 이유가 작용하는 것이겠지요.

트리나 폴러스(Trina Paulus)가 쓴『꽃들에게 희망을』(1996)이라는 책을 보면 꼭대기에 무엇이 있는지도 모르고 열심히 달려 가는 애벌레들이 있습니다. 남들이 가니까 그것이 무엇인지 그 끝에 어떤 것이 기다리는지도 모른 채 그저 앞으로만 나아가는 애벌레들! 그 애벌레들을 보며 저는 현재의 아이들 모습이 겹쳐지며 안쓰럽고 서글픈 마음이 들었습니다. 아이들이 다양한 것을 보고, 듣고, 느끼고 좋아할 수 있는 그런 환경을 만들어 주는 것이 우리의 어른들의 역할이 아닌가 생각해 봅니다.

행복한 아이로 키우는 팁!

- 아이들이 마음껏 놀게 해 주세요!
- 아이들이 마음껏 꿈꿀 수 있게 해 주세요!
- 그것이 아이에게 줄 수 있는 최상의 선물입니다.

꿈은 단번에 정해지고 찾아지는 것이 아닙니다. 어떤 부모님들은 아이가 허무맹랑한 혹은 현실적이지 않은 진로에 관해 관심을 가지면 "그런 것 해서 뭐해. ○○ 직업이 제일 좋고 돈도 많이 벌어."라며 아이가 다른 꿈을 꾸지 못 하게 하기도 합니다. 하지만 정해진 것은 없으며 아이는 다양한 꿈을 꾸고 시도해 볼 수 있습니다. 아이의 꿈찾기를 늘 응원해 주시고, 작은 재능에도 아낌없는 칭찬과 격려를 해 주신다면 아이들은 언젠가 스스로 자신이 있어야 할 자리를 잘 찾을 수 있을 것입니다.

#3. "앞으로 진로 교육 어떻게 바뀌나요?"

현재 학교의 교육과정은 2015 교육과정이 적용되고 있으나 2024년부터는 2022 개정 교육과정이 적용됩니다. 2022 개정 교육과정 중 눈에 띄는 것은 진로 교육 분야인데요. 핵심적인 두 가지 내용을 살펴보면, 첫째는 중학교의 자유학년제 축소와 초등학교의 선택과목이 신설된다는 것, 둘째는 진로 연계 학기가 생긴다는 것입니다. 교육부에서 제시한 학교급별 진로 교육 체계를 살펴보면 초등학교에서는 진로 인식, 중학교에서는 진로 탐색, 고등학교에서는 진로 설계가 이루어지게 되며 초등학교에서는 교과 연계형 진로 교육, 중학교에서는 진로 탐색 중심 창의적 체험활동 운영, 고등학교에서는 진로, 진학교육, 직업교육 등을 지원하게 됩니다.

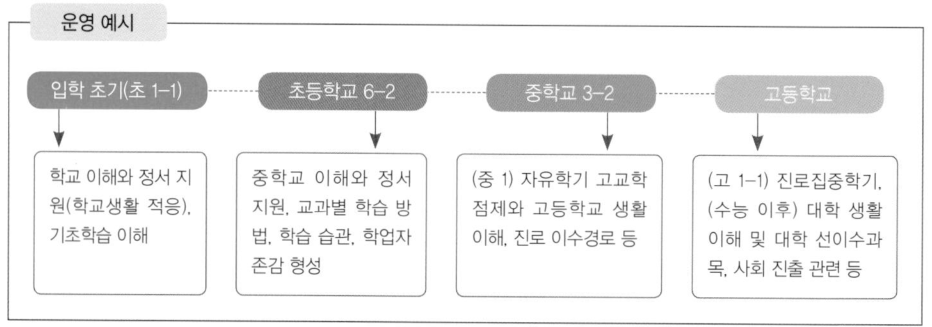

진로 연계 교육 운영 예시

출처: 교육부(2022. 12. 22.).

상급 학교로 진학하기 전(초 6, 중 3, 고 3), 2학기 중 일부 기간을 활용하여 학교급별 연계 및 진로 교육을 강화하는 **진로 연계 학기 운영**

학생 성장의 연속선상에서 **학교급 간 교과 내용 연계와 진로 설계, 학습 방법 및 생활 적응** 등을 위한 학습과 진로 연계 교육과정 운영

특히 2022 개정 교육과정에서는 학교급 전환 시기의 진로 연계 교육을 강화하도록 하고 있는데, 이는 상급 학교로 진학하기 전인 초 6, 중 3, 고 3의 2학기 중 일부 기간을 활용하여 학교급별 연계 및 진로 교육을 강화하는 것입니다. 특히 초등학교에서는 입학 초기 안정적 적응 및 중학교 생활 준비 등을 위해 교과 및 창의적 체험활동, 학교 자율시간 등을 활용하여 진로 연계 학기 운영을 하도록 하고 있으며 이러한 시스템 도입으로 초, 중, 고를 통해 진로 교육의 체계화를 시도하는 노력이라 할 수 있습니다.

진로 교육에 있어 분절적 교육이 아닌 체계적이고 종합적인 방안 마련은 학생들의 진로 교육에 있어 매우 반가운 소식이 아닐 수 없습니다. 빠르게 변화하는 사회 속에서 미래는 다양한 역량을 가진 인간이 필요합니다. 우리는 사회라는 공동체 속에서

살고 있고 그 안에서 각자의 역할과 책임을 다할 때 행복과 삶의 의미를 느낄 수 있습니다. 각 개인이 혹은 학생들이 자신의 진로에 대해 열린 마음과 자세로 자신이 진정으로 원하는 길을 탐색하길 바라며 이러한 시도가 끝이 아닌 진로 교육의 시작이 되기를 바랍니다.

#4. "4학년 부모 노릇 힘드네요."

요즘 부모님들 아이 키우기 힘드시죠? "예전에 우리 부모님들은 그렇게 힘들지 않았던 거 같은데 요즘은 왜 이렇게 부모 노릇이 힘든 건지……."라며 한숨 쉬듯 푸념하는 부모님들이 많이 있습니다. 물론 예전의 부모님들의 역할을 과소평가하는 것은 아니지만, 시대가 바뀜에 따라 걱정의 종류나 깊이가 달라지는 것도 분명 있겠지요. 아이와의 갈등, 훈육, 교육, 애정 등 공통적인 부분도 있겠지만 고민하는 종류나 방식의 차이도 있을 테고요. 가족의 형태도 매우 많은 영향을 주었다고 생각합니다. 그중 가장 큰 변화가 대가족에서 핵가족으로의 변화입니다. 모든 것은 장단점이 있겠지만, 대가족이 있음으로써 아이의 돌봄부터 양육, 교육을 집안의 어른들이 분담해서 했기 때문에 아이들은 부모가 부재일 경우에도 다른 방식으로 배울 수 있었습니다. 하지만 지금은 경제활동이 활성화되면서 아버지뿐만 아니라 어머니들도 경제활동에 참여하게 되었고, 주 양육자인 부모들은 소위 '바쁜 부모'가 되었습니다. 바쁜 경제활동으로 인해 경제적 수입이 늘어나고 아이들에게 물질적 풍요나 좋은 학습 환경을 만들어 줄 수는 있겠으나 왠지 아이들과 소통도 잘 안 되고 갈등은 늘어만 가지요.

초등학교 학부모의 양육 스트레스

1. 초등학교 학부모는 '일차적인 자녀 양육과 관련된 문제 외에도 일상생활의 사소한 일거리'로, 상황적 원인이 되는 스트레스를 경험
   - 일상적 스트레스: 가사일, 집안 청소, 자신과 가족 구성원의 질병이나 약의 복용, 사소한 경제적 어려움, 해야 할 일은 많은데 시간의 부족, 자녀 숙제 점검, 자녀 학원 알아보기, 스케줄 관리, 사교육비 걱정 등
   - 다양한 역할로 인한 역할 과중 스트레스: 부모 역할+학부모 역할
2. '자녀의 기질적 특성 및 행동 특성에 대한 이해 부족'으로 인한 학부모의 양육 스트레스
3. 학부모의 부정적 정서가 자녀의 초등학교 취학에 대한 여러 문제와 복합적으로 연결되면서 '자녀와 부정적 상호작용'을 하게 되며 자녀와의 불안정한 관계를 야기
4. 자녀의 공식적 교육 체계로의 진입으로 '부모의 기대와 자녀의 학업 성취 간의 차이'로 생겨나며, 이는 부모와 자녀 사이에 갈등을 조장하게 하는 원인

출처: 금지영(2017).

또한 입시 위주의 교육에 따라 어느 학원을 가고, 부모가 무엇을 지원해 주느냐에 따라 아이의 미래가 바뀐다는 사회 풍조로 인해 부모들은 소위 '만능 부모'가 되어야 한다는 압박감도 가지고 있습니다. 아이가 공부를 못하거나 좋은 대학에 가지 못하면 마치 부모가 관리를 잘 못하여 그렇게 된 것 같고, 괜한 죄책감과 불안함에 서울이나 외국의 명문대에 보낸 부모들의 양육 방식을 따라 하거나 입시정보를 얻기 위해 각종 설명회나 워크숍 등에 참여하기 바쁘지요.

그렇다면 부모는 아이들에게 무엇을 지원해 주고 어떤 역할을 해야 할까요? 경제적으로 풍족하게 해 주고, 아이들이 원하는 학원을 모두 끊어 주거나 외국으로 유학 보내 주어야만 '좋은 부모'일까요? 당연히 아닙니다. 물론 미래 사회는 다양한 역량이 있어야 하는 사회이기 때문에 여러 가지를 배우는 것이 당연할 수 있겠으나 그 모든 것을 부모가 지원해 줄 수는 없겠지요. 부모가 물질이나 돈으로 아이를 양육하면 아이 또한 그런 시선으로 세상을 바라볼 수밖에 없습니다. 부모가 사랑으로 아이를 양육하면 아이는 사랑으로 세상을 배우게 됩니다. 눈에 보이는 것을 자꾸 주려 하기보다는 아이의 마음을 키울 수 있는 양식인 사랑과 관심을 많이 지원해 주세요. 특히 초등학교의 아이들, 그중에서도 사춘기가 막 시작되는 4학년 아이에게는 더욱더 사랑

과 관심이 필요하답니다.

아이들은 4학년이 되면서 다양한 문제 상황에 부딪히게 됩니다. 자아가 성장하면서 자존감으로 인해 힘들 수도 있고, 타인과의 관계나 의사소통, 부모와의 관계, 또래 문제, 학습 곤란 등을 경험할 수 있으며 이런 과정에서 아이들은 자기조절이나 통제력을 기르고 책임감을 가질 수 있도록 해야 합니다. 이때 부모가 해 줄 수 있는 것은 아이에 관한 관심과 위로, 격려, 용기 부여입니다. 실패는 당연한 결과라는 것과 실패나 실수는 배움을 얻을 좋은 기회라는 것도 알려 주어야 하며 무엇보다 그 과정에서 나를 사랑하고 소중히 여겨 건강하고 건전한 자아의식을 형성할 수 있도록 도와주어야 합니다. 부모나 보호자, 교사로서 무엇을 해야 할지 잘 모를 경우는 법륜스님의 『엄마수업』(2023)이나 노경선의 『아이를 잘 키운다는 것』(2007) 같은 도서를 활용하시는 것도 좋습니다. 인간의 심리사회적 발달단계를 제시한 독일 출신의 미국 심리학자이자 정신분석학자인 에릭슨(1963)도 학령기의 부모 역할의 중요성을 강조하면서, 부모와 주변 성인의 적당한 인정과 격려가 있을 때는 아동이 성취 과업에 대해 건전한 근면성을 기를 수 있고 그렇지 못하면 심한 좌절감과 열등감을 느끼게 된다고 하였습니다. 한창 성장통을 겪으며 자라나는 우리 아이들, 아이들에게 진정으로 필요한 것은 비난과 잔소리, 질책이 아닌 부모나 교사 등 어른들의 '긍정적인 말 한마디'라는 것을 잊지 말아 주세요.

#5. "곧 5학년이 된대요."

학년말, 그러니까 5학년이 되기 전에 4학년 아이들은 어떤 생각들을 할까요? 이 시기 4학년들은 5학년이 된다는 것에 대해 막연한 불안감이나 걱정을 하는 아이들도 있고 또 새로운 학년에 대한 설렘, 즐거움, 행복감으로 기대에 부풀어 있는 아이들도 있습니다. 4학년 아이들의 생각을 알기 위해 저자가 근무하는 C도 N 초등학교의 4학년 아이들 25명을 대상으로 질문지를 받아 보았는데요. 5학년이 된다면 나에게 어떤 변화들이 생길지에 대해 아이들은 과연 어떤 대답을 했을까요?

우선 가장 눈에 띄는 것은 '공부에 대한 걱정'이었습니다. 25명 중 18명이 공부에 대해 언급을 하였는데, 대부분이 "공부할 것이 많아질 것 같다. 내용이 어려워질 것 같다."라는 반응이었습니다. 아무래도 배워야 할 학습 내용도 많아지고 주당 수업 시

학원이 많아진다, 책(교과서)가 더욱 어려워 질것같습니다.

1 애들이랑 축구를 할것 같습니다.
2 학원을 더 많이 다닐 것 같습니다

일단 문제가 어려워지고 시험을 자주 봐 스트레스 + 시험을 망치게 될것 이다 선생님은 더 무서워 질것이다

공부가 어려워서 집중을 더하고 새로운 친구도 더 생긴다 공부가 어려워 진다

공부 할 일들이 엄청 많아 있을 것 같다

공부가 더욱 어려워 질것같고 책이 바뀌고 해야 하는 일이 더욱 많아진다.

공부가 어려워 질것이다. 대회를 2학년 부 [illegible] 될것이다. 학용품을 사야 될것이다

공부를 한다, 반이 변하고 친구들도 변한다, 책도 많아질것 같다.

더 집중하고 친구사이도 유지하고 공부가 더 어려워 질거 같다

과목이 더 많아질것 같고, 수학 국어 등등 더 어려워 질 것 같습니다

간이 3시간이나 늘어나며 하루 빼고 거의 매일 6교시 수업을 해야 한다는 부담이 학습에 대한 걱정과 스트레스를 주지 않았을까 싶습니다. 이는 아이들의 시선이기도 하지만, 학년이 올라감에 따라 아이들에게 가하는 부모의 압박이나 시선이 아이들에게 투영된 결과일 수도 있습니다. 학부모들이 의식적으로든 무의식적으로든 학년이 올라가면 공부나 성적을 강조하다 보니 아이들도 자신도 모르게 공부 걱정을 하는 것이 아닌가 합니다.

두 번째 눈에 띄는 사항은 아이들이 고학년이 됨에 따라 자신의 꿈이나 취미, 좋아하는 일을 구체적으로 언급하고 있다는 점입니다. 아이들은 4학년을 거치면서 자신이 좋아하는 것, 잘하는 것 등에 관심을 두고 그 활동에 대해 상을 받거나 자격증을 따거나 혹은 자신의 능력을 더 발전시키기 위한 꿈을 가지고 있습니다. 어쩌면 아이들은 스스로 길을 잘 찾아가고 있는데 우리 어른들이 그것을 막고는 있지 않은지 한 번은 생각해 보아야 할 문제인 것 같습니다.

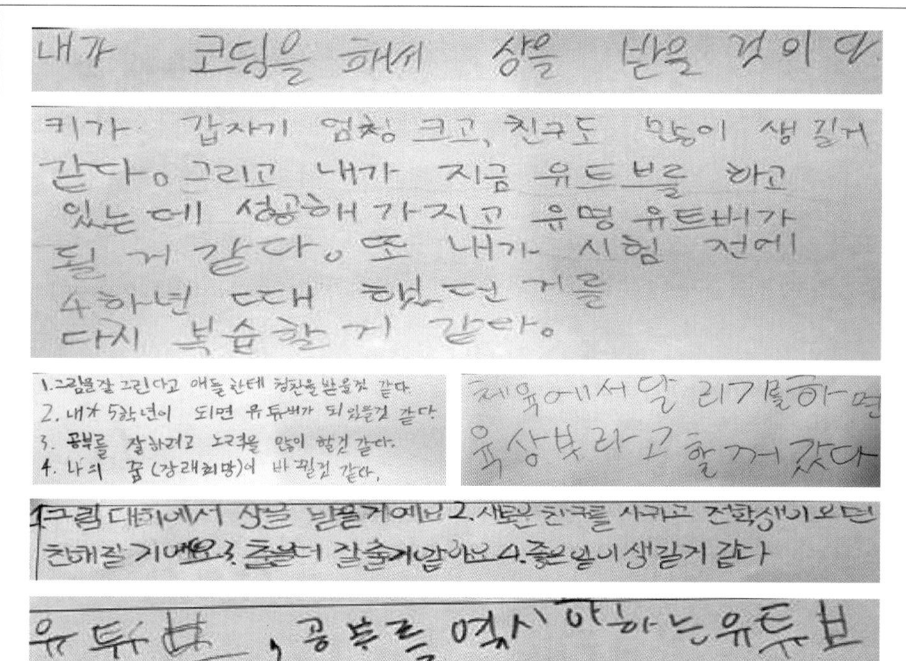
내가 코딩을 해서 상을 받을 것이다.

키가 갑자기 엄청 크고, 친구도 많이 생길거 같다. 그리고 내가 지금 유트브를 하고 있는데 성공해 가지고 유명 유트버가 될 거 같다. 또 내가 시험 전에 4학년 때 했던 거를 다시 복습할 거 같다.

1. 그림을 잘 그린다고 애들한테 칭찬을 받을것 같다
2. 내가 5학년이 되면 유튜버가 되있을것 같다
3. 공부를 잘하려고 노력을 많이 할것 같다.
4. 나의 꿈(장래희망)이 바뀔것 같다.

체육에서 달리기를하면 육상부라고 할꺼 같다

1. 그림 대회에서 상을 받을거예요 2. 새로운 친구를 사귀고 전학생이 오면 친해질거예요 3. 춤을 더 잘출거같아요 4. 좋은일이 생길거 같다

유튜브, 공부를 역시 아하는 유튜브

세 번째는 새 학년이 되어서 '변화하는 것'을 생각하고 있습니다. 아이들이 아무 생각 없이 그저 하루하루 놀고 즐기고 하는 것 같지만, 아이들은 자신이 스스로 자라고

새로운 선생님이 생긴다. 공부가 더 어려워진다. 다른 친구들과 만난다

키가 엄청 많이 크거같다, 친구들이랑 더 많이 친하게 지낸다, 그리고 공부를 더 잘할 것 같다

1, 공부가 어려워진다, 2, 선생님이 바뀌수도 있다, 3, 4학년 친구들이랑 헤어진다 4, 우리 형은 중학교를 가서 형을 못 본다, 5, 우리의 학년은 5학년으로 바뀐다, 6. 공부 때문에 좋았던 과목이 싫어진다 7. 새로운 과목이 생긴다.

공부가 어려워 힘들것같다, 새로운 반이생겨 좋을것 같다

성장하고 있음을 느끼고 있습니다. '키가 커진다.'나 '새로운 선생님' '새로운 친구들' '새로운 변화'들, 아직 오지도 않은 중학교, 고등학교 생활을 떠올려 보기도 하고 자신이 어른이 되면 무엇을 할지 막연한 상상을 하기도 하지요.

'꿈'을 꾸고 '꿈'을 향해 걸어가는 것만큼 행복한 일이 있을까요? 발레리나 강수진이 『나는 내일을 기다리지 않는다』(2013)에서 얘기한 것처럼 깃털 하나만 있어도, 작은 희망의 조각 하나만 있어도, 우리 아이들은 하늘을 향해 날 수 있습니다.

익숙한 것에서 '익숙하지 않은 것'으로의 변화는 동전의 양면처럼 한 편으로는 걱정과 불안이 생기게도 하지만, 또 한 편으로는 설렘과 기대를 하기도 합니다. 우리 4학년 아이들도 현재 그렇지 않을까요? 상담교사로 오랫동안 재직해 온 신규진 선생님은 그의 저서 『바라지 않아야 바라는 대로 큰다』(2013)에서 아이들에게 너무 많은 요구와 기대를 하면 오히려 아이의 성장에 방해가 된다고 했습니다. 사회적인 법이나 도덕, 규범 등에 크게 어긋난 것이 아니라면 아이에게 무언가를 바라기보다는 그저 '바라보는' 관점으로 아이가 건강하게 성장하도록 지켜보는 태도가 필요합니다.

알록달록 4학년 탐구생활(Q&A)

Q1. 진로 교육 꼭 해야 하는가요?

진로 교육은 초등학교에서 반드시 필요합니다. 어린 시절부터 자신이 좋아하는 것이나 잘하는 것을 찾아가는 과정은 매우 중요합니다. 꼭 직업이나 진로와 관련된 것이 아니라도 아이가 좋아하는 활동을 부모님이 같이 하거나 지켜보는 것 자체만으로도 아이의 성장과 발달에 매우 긍정적인 영향을 주지요.

Q2. 우리 아이는 공부에 재능이 없는 것 같아요.

부모의 욕심엔 우리 아이가 공부에 재능이 있길 바라지만, 모든 아이가 공부를 잘할 수는 없습니다. 그리고 아이마다 가지고 있는 성향이나 재능, 소질이 모두 다르지요. 아이가 가지고 있지 않은 것을 자꾸 노력하라고 다그친다면 아이도 괴롭고, 부모도 아이를 망칠 수 있습니다. 아이가 가진 것이 무엇인지 잘 관찰하시고, 아이가 할 수 있을 것을 하도록 끊임없이 격려해 주세요.

Q3. 저는 부모 자질이 부족한 거 같아요. 너무 힘드네요.

태어날 때부터 부모인 사람은 없다는 말처럼 처음부터 잘하는 부모는 없습니다. 아이들이 나이가 들면서 점점 성장해 나가듯이 부모도 아이를 키우면서 조금씩 부모가, 그리고 어른이 되어 갑니다. 단, 자녀를 교육하거나 양육할 때 주의할 점은 지켜 주셔야 합니다.

첫째, 아이에게 화내거나 소리치지 않기 → 감정은 배제하고 단호한 말투로 말하기

둘째, 릴레이 잔소리하지 않기 → 했던 말 또 하고 또 하고, 어제 잘못, 작년 잘못 다 꺼내지 말고 핵심만 간결하게 한 번 말하기

셋째, 바로 결과가 나오지 않는다고 조급해하지 않기 → 부모가 원하는 대로 아이가 바로 행동하도록 하기보다는 아이도 사고와 감정이 있으므로 준비될 때까지 기다려 주고 '혼자 생각할 시간 주기'

Q4. 제가 하는 양육 방식이 맞는지 확신이 서지 않아요.

자녀 양육에 정답은 없습니다. 그리고 어떤 부모도 아이에게 해가 되는 행동은 하지 않을 것입니다. 자신을 믿고 끊임없이 노력해 보세요. 지금 당장은 아이와 갈등이 생길 수도 있고, 내 마음을 몰라 줄 수도 있지만, 내가 하는 모든 노력을 언젠가 아이도 느낄 날이 올 거예요. 단, 너무 부모의 생각대로만 아이를 끌어가려 하지 마시고, 아이와 눈높이를 맞추고 대화를 통해 해결하려는 자세가 필요합니다. '대화'는 가장 좋은 문제 해결법입니다.

Q5. 아이의 이성 교제 허락해야 할까요?

4학년이 되면 아이들이 조금씩 이성에 관심을 가지기 시작하고 어떤 아이는 이성 친구가 생기기도 합니다. 심지어 빠른 아이들은 3학년에서 이성 친구가 생기기도 하지요. 이성 친구에 대해 너무 나쁜 시각으로만 바라보지 않으셔도 됩니다. 동성 친구들 간의 친구 관계도 중요하지만, 이성들과의 또래 관계도 그 시기에 자연히 배울 수 있는 과정으로 받아들여야 합니다. 이 시기 아이들의 이성 교제는 어른들이 생각하는 '연인'의 느낌보다는 그저 나와 다른 성을 가진 친구 정도로 생각하며 어느 정도의 호기심과 이성 친구에 대한 동경일 수 있습니다. 성은 다르지만 '좋은 친구'로서 관계를 형성할 수 있도록 해 주시고 아이의 변화를 조용히 지켜보는 것도 필요합니다. 혹시 걱정스러운 일이 있다면 자녀와 마음을 터놓고 얘기할 수 있는 시간을 마련해 보시고, 바람직한 이성 교제를 할 수 있도록 안내해 주세요.

이성 교제를 언제 처음 경험했나요?

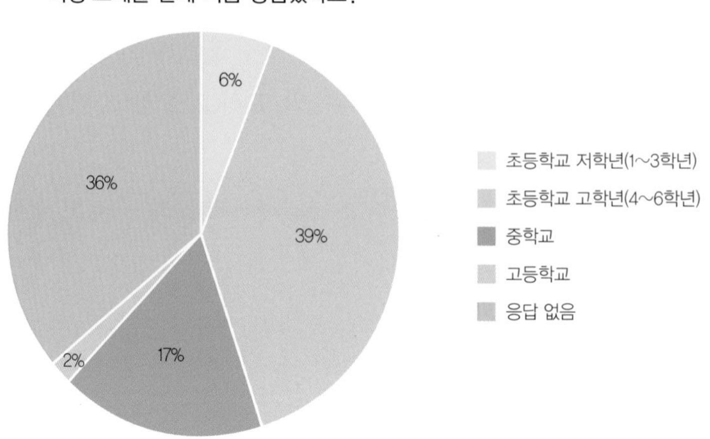

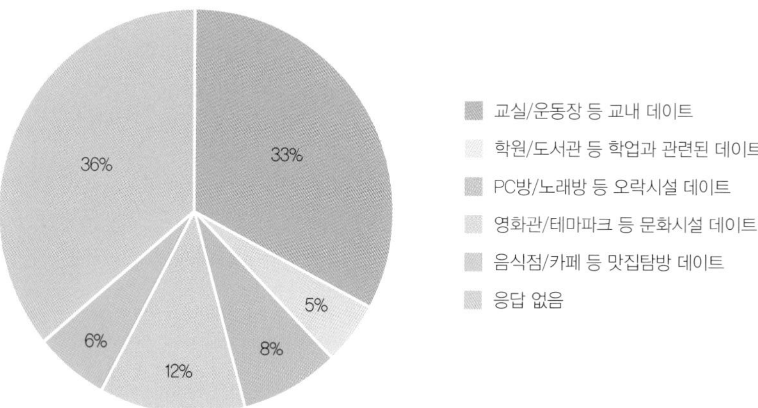

출처: 스마트 학생복(2017).

알록달록 4학년 성장노트

'진심과 다르게 행동해도 놀라지 말아요.'

초등학교 4학년 아이들은 이 시기에 자아 개념의 발달, 사회적 상호작용의 변화, 그리고 타인의 시선에 대한 인식의 증가 등 중요한 심리적 변화를 다양하게 겪습니다. 자아 개념의 발달은 아이의 성장 과정에서 매우 중요한 부분으로 주의 깊게 살펴볼 필요가 있습니다.

자아 개념(self-concept)은 자신에 대한 생각이나 이미지로, 자신이 독립된 존재임을 인식하는 과정에서 형성됩니다(곽금주, 2016). 초등학교 저학년 시기에 아이들은 점차 자신을 외부적 특성을 통해 이해하고 개념화하기 시작합니다. 이 시기까지는 아직 타인과의 상호작용이 충분히 발달하지 않아 객관적인 자기 평가가 어렵기도 합니다. 그래서 가까운 부모와의 상호작용 및 양육 스타일이 자아 개념 형성에 중요한 영향을 미칠 수밖에 없습니다.

초등학교 4학년 시기를 거치면서 아이들은 사회적 상호작용과 지지 그룹의 형성을 경험하게 됩니다. 이 시기 아이들은 점차 더 추상적인 특성을 통해 자신을 이해하며, 소속감을 느낄 수 있는 사회적 지지 그룹을 형성하기 시작합니다. 사춘기에 접어들면서 타인의 의견에 의식적으로 반응하고, 타인과의 비교에 민감해지게 됩니다. 이는 사회적 상호작용의 방식과 자신을 타인과 비교하는 과정에서의 자아 인식에 변화를 가져옵니다.

이때 보이는 특성 중에 '거짓 자기 행동' 또는 '가면 자아 행동'을 보이기도 합니다. 가면 자아 행동(false self-behavior)은 타인에게 좋은 인상을 주기 위해, 또는 타인의 승인을 얻기 위해 나타나는 행동으로 정의됩니다(Harter, Marold, Whitesell, & Cobbs, 1996). 이는 아동이 자신의 진정한 모습과 다르게 행동함으로써 자신을 보호하려는 시도일 수 있으며, 사회적으로 용인되는 행동 양식을 학습하는 과정에서 자연스럽게 나타날 수 있습니다. 아이들이 진심과 다르게 행동한다고 해도 어른들이 너무 놀라지 말고 이 시기의 특성으로 이해해 주는 것이 좋습니다.

이러한 발달 특성을 이해하는 것은 아동의 정서적 및 사회적 발달을 지원하기 위한 교육 방식에 도움을 줍니다. 아이들이 자신의 감정과 생각을 건강하게 표현할 수 있도록 돕고, 자신과 타인을 긍정적으로 이해할 수 있는 환경을 조성해 나가면 좋겠지요. 이를 통해서 아이들은 자신의 정체성을 긍정적으로 발전시키고, 타인과의 관계 속에서도 자신감을 가질 수 있을 것입니다.

#4학년 겨울 #자아 개념 #거짓 자기 # 가면 자아 #사회적 지지

V. 다시 봄

"부모로, 교사로 산다는 것의 의미"

열한 살, 알록달록이들의 이야기를 읽으며 부모님과 선생님들은 어떤 생각을 하셨나요? 아이의 예쁜 모습에 나도 모르게 웃음이 '풋' 하고 나오다가도 말도 안 듣고 말썽부리는 모습을 보며 또 속상하기도 하지요.

저는 초등학교 4학년 아이들을 담임하면서, 또 우리 아이가 4학년을 거치는 과정을 경험하면서 '관계'라는 단어에 대해 많은 생각을 하게 되었습니다. 부모와 자녀의 관계, 교사와 학생의 관계, 학생들 간의 관계 등 관계에 대한 끊임없는 질문을 던져 보았지요. 왜냐하면 결국 우리 삶은 여러 관계로 이루어지고 그 관계 안에서 인간은 성장하고 발전하기 때문입니다. 관계로 인해 삶이 우울해지고, 슬프고, 불행하다가도 또 관계로 인해 삶이 기쁘고, 즐겁고, 행복해지기도 하지요.

관계: '관'두고 싶지만 '계'속할 수밖에 없는 것

그렇다면 관계란 무엇일까요? 저는 살아오면서 여러 관계들을 지켜보고 또 고민하면서 결국 관계란 '관두고 싶지만 계속할 수밖에 없는 것'이라고 정의하였습니다. 특히 부모-자녀의 관계는 더욱 그러하겠지요. 소아정신건강의학과 노경선 교수가 그의 저서 『아이를 잘 키운다는 것』(2007)에서 아이의 문제는

100% 부모와의 관계에서 온다고 한 것이나 부모-자녀 관계가 아이의 평생 성격을 결정한다고 단언한 것도 부모-자녀 관계가 그만큼 매우 중요하다는 뜻이겠지요.

우리는 모두 서로의 선택과 상관없이 부모와 자녀라는 매우 친밀한 관계로 태어나 그 관계 속에서 삶을 배우고 세상을 배우고, 인생을 배우게 됩니다. 그 배움의 여정 속에 부모는 아이에게 다른 어느 것으로도 대체할 수 없는 존재입니다. 교사도 마찬가지입니다. 원하든 원치 않든 1년이라는 기간 속에서 아이들과 다양한 관계를 맺고 그 안에서 아이들의 배움과 성장을 끌어내야 하지요.

처음부터 '완벽한 부모'가 없듯이, 처음부터 '완벽한 교사'가 없듯이, 우리는 모두 실수와 시행착오의 과정을 거쳐 부모 혹은 교사가 되어 갑니다. 아이에게 내 모든 것을 다 주어도 아깝지 않은 부모지만 때로는 '아이가 원치 않는 사랑'은 아이에게 '독'이 되기도 하지요. 선생님이 아이들을 올바르게 이끌기 위해 한 행동들이 자신의 의도와 달리 왜곡되어 돌아오기도 합니다. 하지만 무언가 잘못되었다는 것은 반대로 '바로잡을 수 있다'라는 것이기도 합니다. 실수나 실패는 기회와 공존하지요. 이 방향이 잘못되었다 느끼면 다른 방향으로 방향을 틀면 됩니다. 좌절하거나 죄책감을 느끼거나 두려워하지 마세요. 아이에 대한 고민과 관심, 사랑이 있다면 결국엔 바른 길을 찾아갈 테니까요.

끝으로, 이 책이 아이들 교육으로 고민하고 방황하는 부모나 교사들에게 방향을 찾도록 도와줄 수 있는 인생의 '나침반'이 되길 바랍니다.

아이의 삶을 지지해 주세요.
아이의 삶을 격려해 주세요.
그리고 아이의 삶을 축복해 주세요.
그러면 아이는 어느새 훌쩍 자라 누구보다도 푸르고
어떤 시련이나 바람에도 넘어지지 않는
단단하고 초연한 나무로 성장해 있을 테니까요.

추신: '자녀 교육'이라는 망망대해에서 오늘도 열심히 항해해 나가시는 세상의 모든 부모님/선생님들을 응원합니다. 당신은 충분히 좋은 부모/교사입니다. 힘내세요!

알쏭달쏭 5학년

"내 마음은 이게 아닌데
어떻게 해야 좋을지 모르겠어요."

제2의 성장기로 접어든 5학년 아이들은 신체적 · 인지적 · 심리적으로 극적인 변화를 경험합니다. 2차 성징이 나타나면서 내 몸의 변화를 느끼고 논리적 추론 능력이 발달하여 머리로는 이해하는데 감정은 주체할 수가 없을 때가 많죠. 아이도 어른도 아닌 청소년기에 성큼 들어서고 있다는 징조입니다. 우리 아이들은 앞으로 어떻게 변화하며 성장해 나갈까요?

"내 마음은 이게 아닌데 어떻게 해야 좋을지 모르겠어요."

자신의 정체성을 찾아 나가기 위해 하루하루 고민하고 있는 우리 5학년 아이들의 교실을 본격적으로 한번 들여다볼까요?

1. 알쏭달쏭 5학년의 '봄'

"사춘기라는 서툰 몸짓으로 시작해요."

『내 마음은 롤러코스터』(이애경 · 박부금, 풀빛미디어, 2014)

감정 기복이 심해 하루에도 수십 번 짜증과 우울이 연속인 주인공에게 싹이 나면 소원을 들어주는 마법 화분이 생깁니다. 주인공은 부리나케 소원을 빌면서 문제를 해결하려고 하지만 정작 중요한 것은 마법이 아니라 자신의 마음을 다스리는 것임을 깨닫게 되는데요.

"사춘기에는 내 마음이지만 내 마음대로 되지 않을 때가 있거든. 하지만 그렇다고 사춘기를 핑계로 주변 사람들한테 함부로 화를 내거나 짜증을 내는 건 안 되겠지?"

주인공은 자신과의 대화를 통해 마음을 읽고, 정확히 표현하면서 자신의 감정을 다스리는 법을 배우게 됩니다. 이로 인해 성숙한 인간관계를 맺어 나가며 꿈을 발견하게 되죠. 자신의 감정을 잘 조절할 줄 안다면 사춘기에 일어나는 크고 작은 일에 현명하게 대처할 수 있습니다. 서툴지만 잘 해내고 싶은 우리 아이들의 마음을 읽을 준비가 되셨나요?

알쏭달쏭 5학년 교실 이야기

꽃이 피면서 알록달록 천연 색색의 빛깔 속에 설렘이 가득한 3월입니다. 하지만 5학년 새 학기 교실은 모두 약속이나 한 듯 검정 옷을 입은 아이들로 가득합니다. 다소 어두운 분위기에 "얘들아, 안녕?" 하고 먼저 인사를 건네 보지만 돌아오는 반응은 몇몇 아이들의 대답뿐입니다. 그것도 모기만한 목소리로 말이죠. 교실에서 노래를 틀면 큰 소리로 따라 부르면서 서로 앞으로 나와 춤을 추던 아이들, 수업 시간에 발표로 한 시간을 채울 만큼 서로 이야기하겠다고 손을 들던 아이들, 쉬는 시간마다 선생님 앞으로 와서 재잘재잘 얘기하던 그 귀여운 4학년 때 모습들이 어느 순간 사라져 버렸습니다. 최소한의 나조차도 드러내지 않기 위해 조심조심합니다. 물론 개개인 아이들 성향 따라 다르긴 하겠지만 5학년 특성의 교실 분위기는 대부분 비슷하게 느껴집니다. 이렇게 1년 사이에 확 변해 버린 알쏭달쏭한 5학년 아이들의 학교생활은 제각기 다르게 오는 사춘기가 관건입니다.

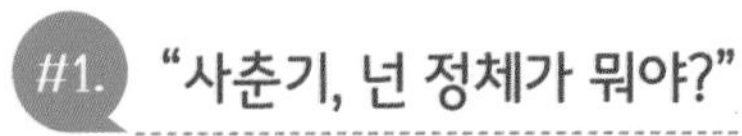

처음 우리 반에 들어섰을 때 유난히 잘 웃고 친구들과 밝게 어울리는 모습이 인상적인 아이가 있었다. 항상 반짝반짝한 눈으로 나를 바라봤고 친구들에게도 다정한 모습으로 다가가 아이들 사이에서 인기가 많았다. 반에서 모범생인 그런 아이들이 꼭 있기에 그 아이에 대한 걱정은 크게 하지 않고 지냈던 찰나였다. 하지만 불과 한 달 후 4월쯤, 갑자기 항상 웃고 지내던 얼굴에 그늘이 드리워지며 수업 시간에도 멍하니 창문을 바라보는 일이 잦았고 친구들과 모둠 활동을 할 때도 특히 예민하게 구는 것이었다. 키도 훌쩍 크고 외모에 신경이 쓰이는지 긴 머리로 얼굴을 가리고 다니며 점점 우울하게 지내기 시작했다. 아이에게 가정환경도, 학교생활도, 방과후 생활도 변화된 건 아무것도 없었는데 말이다. 상담을 한 지 일주일째 되던 날, 아이가 힘겹게 말을 꺼냈다. "선생님 저 아무 일도 없어요. 그냥 요새 하루에도 수시로 감정이 요동쳐서 답답해요. 사소한 일에도 쉽게 넘어가지 못하고 짜증이 나는데 제가 아닌 것 같아요. 저 괜찮겠죠?" 용기 내어 말한 그 아이를 보니 '혼자 얼마나 고민이 많았을까?'라는 생각이 들며 말없이 꼭 안아 주었다.

꿈틀꿈틀하고 귀여웠던 애벌레 시절을 지나 신체적 · 정신적으로 훌쩍 커 버린 5학년입니다. 번데기라는 허물을 벗고 사춘기라는 서툰 몸짓 속에 나비로 날아갈 준비를 하고 있어요. 사춘기의 '춘'자가 봄 춘(春)이라는 사실을 아셨나요? 사춘기는 생각할 사(思), 봄 춘(春)으로 봄을 생각하는 시기라고 합니다. 이제 어린아이의 단계를 넘어 청춘이라는 봄에 이르며 아직 겪어 보지 못한 봄에 대한 기대로 한껏 마음이 부푸는 시기인 것이죠.

하지만 사춘기는 생각하는 대로만 흘러가진 않습니다. 아이들마다 그 시작점도 다릅니다. 아동의 끝 지점에서 자립적인 인간으로 변화되는 기간이자 자아가 약화되는 대신, 본능 충동이 강해지는 시기인데요. 그래서 몸은 어른과 비슷하지만, 정신과 마음은 어린이에 머물러 있는 것입니다.

이 시기에 가장 중요한 과업은 자아정체감 형성인데요. 다른 사람들로부터의 인정과 지적 호기심으로 이룬 성취감이 아이의 정체감 형성에 중요한 영향을 미칩니다. 자신에 대해 끊임없이 탐색하고 새로운 경험을 시작하는 것, 심리학자 에릭슨은 이를 '심리적 혁명기'라고 했습니다. 그래서 우리 아이들은 각자의 봄을 맞이하기 위해 많은 생각과 고민에 빠져 있는 것이랍니다.

#2. "내 몸, 내 마음 같지 않아요."

대부분의 아이들은 성호르몬 분비로 2차 성징의 특징이 나타나요. 하지만 개인차가 있어 팔과 다리, 몸체의 성장 속도는 제각기 다르죠. 생리를 시작한 여자아이들이 생기고 남자아이들은 변성기가 시작되면서 남녀의 신체 발달도 확연히 차이가 납니다. 그러면서 자신의 외모와 신체에 대해 고민이 생기고 그러다 신체의 한 일부에 대해 콤플렉스를 느끼는 친구도 있습니다.

가장 큰 변화는 이성에 대한 관심과 성적 호기심이 급속도로 생기면서 연애에도 진지하게 응한다는 사실입니다. 좋아하는 이성 친구와의 기념일을 챙기며 사랑을 표현하기도 하고, 반면 헤어질 때는 '배신한다.' '찬다.' '바람둥이' 등과 같은 언어를 쓰며 어른의 연애 못지않게 감정에 몰입하기도 합니다. 또한 여자아이들은 그 시대에 유행하는 걸그룹 아이돌의 옷차림을 따라 하면서 아이돌처럼 되고 싶어 하는 경향이 있습니다. 따라서 이 시기에는 자신을 가꾸는 것 못지않게 나이와 상황에 맞는 옷차림으로 자신을 책임질 줄 아는 것에 대한 중요성을 꼭 알려 줄 필요가 있습니다.

이 시기의 아이들은 또 어른 대접을 받고 싶어 합니다. 동요를 유치하다고 생각하거나 젊은 선생님과 대화가 통한다고 생각하면 반말과 농담을 섞어 가며 친구처럼 얘기하는 것을 좋아하죠. 그래서 어른에 대한 예의를 지키는 선에서 담임선생님과 친밀한 관계를 유지하는 것이 가장 중요합니다. 하루의 반을 학교에서 생활하다 보니 아이가 힘들 때, 가장 의지할 수 있는 사람이 바로 담임선생님이기 때문이죠. 학교생활에서 담임선생님과의 관계가 좋다면 사춘기의 반은 걱정 안 하셔도 됩니다.

아이들은 차별과 편애에도 민감합니다. 친구가 교사로부터 인정받으면 무조건 편애라고 생각하고 사소한 것도 그에 대한 반항 심리를 거침없이 쏟아 내죠. 자신의 감정 기복에 따라 화풀이 대상이 선생님, 친구가 되는 것은 다반사입니다. 그래서 고학년 선생님들은 논리적인 아이들에 맞서 자신만의 교육철학으로 일관성 있는 학급 운영을 하려고 무척이나 노력한답니다.

#3. "우리들의 뇌는 공사 중"

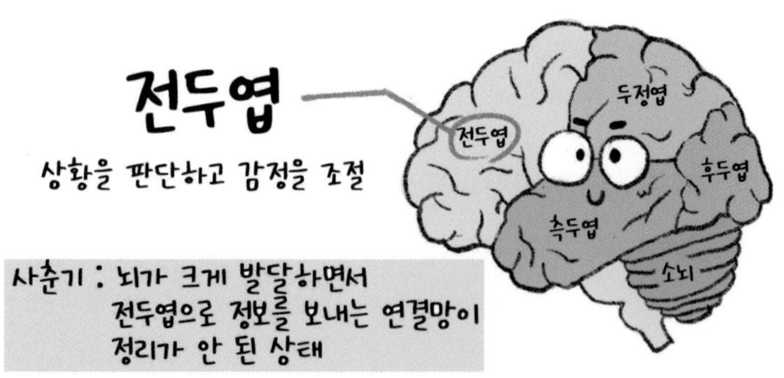

뇌의 전두엽은 4학년 시기에 반쯤 완성된다고 합니다. 그때는 부모님, 선생님 말씀이면 뭐든지 듣고 심부름이며 숙제며 해야 할 일과 하지 않아야 할 일을 구분하며 잘 합니다. 그런데 5~6학년쯤 이 전두엽은 뇌를 확장하는 공사를 시작하며 리모델링에 들어간다고 하는데요. 이제까지 부모님에게 의존해 오던 삶을 스스로 설 수 있게 만드는 공사입니다. 이때 신경연결망의 정보가 정리가 안 되면서 아이들의 뇌는 단순해집니다. 말귀도 못 알아듣고 깜빡깜빡하기도 하고 두 가지 일을 한꺼번에 하지 못하게 되죠. 게다가 감정 조절을 하는 세로토닌 분비가 줄어들어 감정 기복이 심해지면서 친구들과 한창 즐겁다가도 갑자기 우울해지고 별거 아닌 일에 짜증을 내면서 아예 입을 닫아 버리기도 합니다. 내 감정이 가장 중요하여 부모님의 핀잔에 문을 쾅 닫기도 하고 부모님의 잔소리가 심해지면 우리를 이해하지 못한다고 생각하여 대화를 거부해 버리기도 하죠. 오로지 친구와의 관계, 그리고 믿음을 가장 중요하게 여깁니다. 그만큼 친구 관계에서 상처를 많이 받기도 하는데요. 친구 관계에 대해서는 5학년의 '여름'에서 더 자세히 이야기해 볼게요.

우리 아이들의 뇌가 공사 중이라니…… 조금은 이해할 수 있겠죠?

#4. "리모델링 잘 해 보자고요."

리모델링의 첫 번째, 일단 인간의 본능적인 욕구인 식욕, 수면욕을 채워 주세요. 사춘기 아이들에게 필요한 평균 수면시간이 9시간 15분이라고 합니다. 요즘 아이들은 학원에, 숙제에 끼니도 제대로 먹지 못한 채 취침시간도 들쑥날쑥입니다. 새벽에 늦게 자고 주말 오후에 일어나는 아이를 보면 속이 터질 때가 많죠? 하지만 충분히 먹고 충분한 수면이 필요한 나이임을 이해해 주세요.

두 번째, 동등한 인격체로 대해 주세요. 아이의 욕구를 인정하며 공감하고 알겠다는 수용 속에 눈만 마주치면 칭찬해 주세요. 부모랑 소통할 수 있는 동기가 생깁니다. 그렇다고 모든 것을 허용하는 것이 아닌, 하지 말아야 할 행동에 대해서는 반드시 경계를 정하고 정확하게 짚어 주어야 합니다. 강압이 아닌 부드러운 접근 속에 때와 상황에 따른 행동의 중요성을 인식시켜 주며 남한테 피해를 주는 행동은 절대로 안 된다는 사실을요.

세 번째, 아이들은 실수할 수 있어요. 나이가 몇 살인데 실수하냐는 핀잔 대신 더 큰 성장을 위한 소중한 경험이라는 것을 알려 주세요. 어른들은 완성된 전두엽 속에서 생각하지만 아이들은 아직 완성되지 않은 전두엽 속에서 생각합니다. 전체적인 상황이 그려지지 않는 거죠. 충분히 실수할 수 있는 상황이라고 생각하는 너그러운 포용력이 필요합니다. 이때 중요한 것은 다양한 경험을 하는 것입니다. 아직 이렇게 완성되지 않은 단순한 뇌에 다양한 정보와 경험을 심어 주면 아이들의 인지 능력은 놀라울 정도로 발달할 수 있어요. 시냅스의 연결로 논리적인 추론 능력이 생기면서 하나의 문제에 대해서도 여러 가지 해결책을 제시할 수 있는 종합적 사고가 가능해지기 때문이죠. 그래서 학교에서 토의, 토론, 프로젝트 학습과 같은 다양한 교육 방법들이 가능한 것입니다. 이렇게 다양한 경험을 하다 보면 분명 자신이 좋아하고 잘할 수 있는 분야를 찾게 되고, 그것이 긍정적인 자존감을 형성하여 사춘기를 슬기롭게 이겨 낼 수 있습니다.

네 번째, 스트레스는 꼭 자신만의 방식으로 해소할 수 있어야 해요. ○○초등학교 5학년 아이들을 대상으로 요즘 주로 받는 스트레스에 대해 설문조사를 한 결과, 예상대로 학업에 관한 내용이 주를 이루었고 그 밖에 운동, 연애, 동생, 잔소리 등 다양한 양상으로 나타났습니다. 사춘기와 맞물려 우리 아이들은 스트레스에 더욱 예민해집니다. 그러므로 스트레스가 긍정적인 에너지로 바뀔 수 있게 수다, 쇼핑, 운동, 음악 등 자신만의 취미 생활로 발산하게 해 주어야 합니다. 그래야 다시 일상생활의 꾸준함으로 돌아와 견딜 힘이 생깁니다.

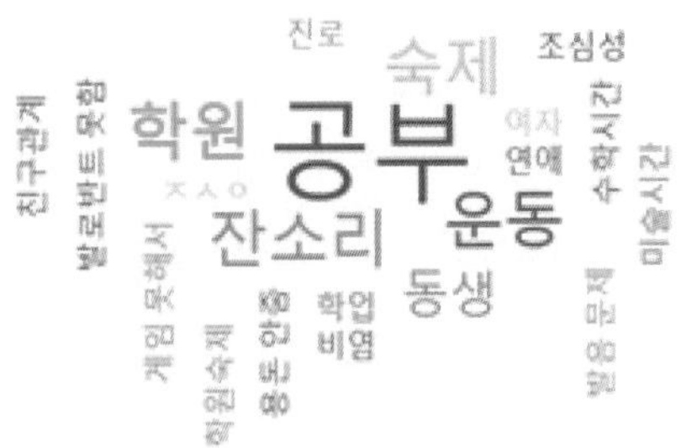

다섯 번째, 사춘기를 자신의 의지로 이겨 낼 수 있으려면 어떤 상황에서 참을 수 있는 힘, 즉 인내심을 기르는 것이 중요합니다. 사회를 살아가면서 내가 좋아하고 편한 것만 할 수 없기 때문에 싫은 상황에서도 참고 이겨 낼 수 있는 힘이 필요한 거죠. 실제로 인내심이 있는 아이들이 친구 관계뿐만 아니라 학업 성취력이 훨씬 좋답니다.

여섯 번째, 부모는 관리자가 아니라 도우미 역할을 해야 해요. 이 시기에 아이가 스스로 판단하고 선택할 수 있도록 항상 지켜봐 주세요. 그러다 아이가 도움을 요청할 때 부모로서 적절할 방향과 제안을 해 주어야 합니다. 아이가 도움을 요청했다는 것은 부모를 믿고 있다는 신호예요. 또한 잘못을 저질렀을 때 벌을 주기보다 감정을 달래 주고 이해해 주는 부모 밑에 있는 아이들은 반드시 제자리로 돌아옵니다. 부모와의 애착 경험, 초등학교 때까지의 자기조절이나 성공 경험, 정서적인 교류의 관계 경험이 사춘기를 슬기롭게 극복하는 데 가장 중요한 요인임을 잊지 마세요.

#5. "나의 사춘기에게……"

교실에서 아이들은 감정을 표현하는 방법이 제각기 다릅니다. 스스로 삭히는 아이들, 소리를 지르는 아이들, 시비를 거는 아이들, 폭력을 행사하는 아이들이 있는데요.

나의 사춘기에게

춘기야, 아마 너는 이런 상황에서 화가 날거야.

동생이 나에게 다짜고짜 놀릴 때.
친구가 나의 소중한 것을 마음대로 써 버릴때.
속상할때

기억해 두렴. 화가 날 때 넌 이렇게 반응하고 행동하는 습관이 있어.

1. 혼자 방에 들어가서 침대에 누워.
2. 방에서 인형을 안고 가만히 내 화를 눌러.
3. 내 마음의 안정을 찾아줄 책을 읽어.

그러나 네가 이런 행동을 한다면, 네 마음이 힘들다는 걸 알아차려 주렴.

화나는 마음을 다스리고 싶다면 다음 방법을 시도해봐.

1. 내 마음을 알아줄 책을 읽어.
2. 방에서 혼자라도 화를 눌러봐.
3. 자연을 보며 안정을 취해.

쉽지는 않겠지만, 너는 할 수 있어. 화이팅!!!

그럴 때마다 어떻게 대처해야 하는지 난감할 수밖에 없죠? 일단 가장 중요한 것은 아이들의 감정을 가라앉히는 거예요. 차분하게 호흡을 통한 마음의 안정 후, 내 감정이 무엇인지를 찬찬히 들여다보며 나의 사춘기에게 편지를 써 보라고 하는 것입니다. 생각보다 아이들이 몰랐던 자신의 마음을 알게 되는 계기가 됩니다.

나의 사춘기에게

춘기야, 아마 너는 이런 상황에서 화가 날거야.

동생이 시비걸때.
엄마가 잔소리할때.
동생이 날 따라 할때,
친구들이 날 무시할때.

기억해 두렴. 화가 날 때 넌 이렇게 반응하고 행동하는 습관이 있어.

손톱을 뜯고,
마음속으로 욕하고
내탓으로 묻고 죄책감을 느끼며.
눈물이 나.

그러니 네가 이런 행동을 한다면, 네 마음이 힘들다는 걸 알아차려 주렴.

화나는 마음을 다스리고 싶다면 다음 방법을 시도해봐.

이불 속에 들어가서 자.
내가 잘못한 것과 다른 사람이 잘못한 것을 생각하며
다른것에 집중해.

쉽지는 않겠지만, 이것을 하면 화를 줄일 수 있어.

#6. "부족한 저를 조금만 이해해 주세요."

사춘기가 본격적으로 접어드는 5학년 시기의 학교생활 적응은 무척이나 중요합니다. 본격적으로 자신만의 생각을 가지게 되는 시기이기 때문에 예전과는 다르게 왜 해야 되는지에 대한 나름의 논리를 내세웁니다. 이런 아이의 특별한 성장 과정을 특별한 방식으로 슬기롭게 보내기 위해서는 교사와 학부모의 지속적인 소통이 꼭 필요합니다. 학교는 작은 사회이므로 아이가 집과 학교에서 하는 행동이 다를 수 있습니다. 그러니 아이의 감정 변화를 세세히 관찰하여 무슨 일이 있는 것 같으면 담임선생님을 믿고 상담을 할 필요가 있는 것입니다.

아이에게 "우리 몸과 마음의 변화는 자연스러운 것이고 나만 겪는 아픔이 아닌 모든 친구들이 겪으며 지나간다. 그러기에 이 또한 지나가니, 피할 수 없으면 즐겨라."라고 무던하게 말해 주세요. "힘들 때 관심 있는 한 분야에 몰두해 보는 것도 정말 좋은 방법이야."라는 해결책도 좋습니다. 교직 경력상 수많은 아이들을 보면 아이와 부모는 꼭 닮아 있습니다. 가정환경 속 부모의 행동이 아이에게 고스란히 전해지기 때문이죠. 항상 부모가 행동에 모범을 보이며 아이 옆에 있다는 안정감을 심어 주세요.

유아동기에는 사랑을 해 주는 것이 사랑이고,
청소년기에는 지켜보아 주는 것이 사랑이고,
어른이 되거든 놓아주는 것이 사랑이다.

–법륜스님의 말씀 중에서

청소년기에 아직 부족한 우리 아이들을 조금만 내려놓고 지켜봐 주는 것은 어떨까요? 아무 생각 없이 행동하는 것처럼 보일 수 있지만 아이들은 우리가 생각하는 것보다 훨씬 자신의 논리대로 사고하고 움직이고 있습니다. 자아가 한층 더 성장하기 위한 준비 과정이 다소 서툴더라도 아이의 생각을 인정하고 존중해 준다면 분명 더 성숙한 모습으로 변해 있을 것입니다. 사랑하는 우리 아이니까요.

알쏭달쏭 5학년 탐구생활(Q&A)

Q1. 외모에 지나치게 집착하면서 콤플렉스가 심해요. 어떻게 해야 될까요?

5학년 아이들이 자신을 더 멋지게 가꾸려는 것은 정상입니다. 정도가 지나치지 않다면 약간의 호응을 해 주며 같이 쇼핑도 하면서 선물을 사 주는 것도 아이와의 관계 형성에 좋은 방법입니다. 하지만 자신의 외모를 지나치게 비하하면서 자신을 바꾸려고 꾸미는 데 집착하는 아이들은 그 마음을 한번 들여다봐 줄 필요가 있습니다. 비교를 많이 당했거나 심리적 상처가 있는 아이들 대부분은 자존감이 낮기 때문에 자신감을 키워 주는 것이 꼭 필요하죠. 또한 방송 매체의 영향으로 멋진 연예인들을 많이 접하다 보니 '예쁜 것이 좋은 것이다.'라는 외적 가치에 최우선을 두는 아이들도 있어요. 내적 아름다움이 중요하다는 것을 부모의 바른 가치관으로 확실히 알려 주어야 합니다.

Q2. 이성에 관심이 많은 시기가 되면서 이성 교제를 어디까지 허용해야 할까요?

5학년 아이들의 대부분은 대화 주제가 이성 친구예요. 누구랑 사귀다가 헤어지기를 계속 반복하기도 하죠. 이성에 대한 단순한 호기심이 대부분이고 정작 만나서 무엇을 하냐고 물어보면 둘이 만나면 재미없다고 여러 명이서 같이 놀다가 헤어지는 경우가 많아요. 같이 공부를 하거나 모르는 부분을 알려 주기도 해요. 물론 이렇게 건전한 이성 교제를 하는 아이들은 서로에게 주는 긍정적인 부분이 많습니다. 부모님들은 아이의 이런 행동에 의연하게 대처하시면 돼요. 모르는 척하되 주의 깊게 아이를 관찰하면서 우리 아이가 만나는 친구가 어떤 아이인지는 한 번쯤 물어봐 주시고 상황이 된다면 한번 같이 보면서 개방적으로 많은 대화를 나눠 보세요. 아이에게 건강한 이성 교제 가치관을 확실하게 심어 주시는 것 또한 중요합니다.

Q3. 요새 우리 가족들 모두 사춘기 아이의 눈치를 보며 기분을 맞춰 주고 있어요.

자연스러운 현상입니다. 상담을 하다 보면 10명 중 9명은 이런 말씀을 하셔요. "자식이 왕인 것 같아요. 속으론 열불이 나지만 기분 맞춰 주느라 전전긍긍하고 있어요." 하지만 이 시기를 지난 부모님들은 잘했다고 생각하셔요. "화가 났을 때 나의 기분대로 했다면 아이와의 관계가 엉망이 되었을 텐데 한번 참고 아이의 마음을 들어 준 것이 잘한 것 같다."라고 말이죠. 맞습니다. 서로를 배려하고 사랑을 주는 화목한 가정환경 속에서 자란 아이는 성숙된 인격을 가지고 있습니다. 그 인격을 존중해 주는 만큼 다시 돌아옵니다. 내가 힘들었을 때 부모님이 나를 이해해 줘서 고맙다는 말과 함께요.

Q4. 사춘기 아이의 성교육 어떻게 하면 될까요? 학교에서 성교육은 어느 정도 진행되나요?

사춘기 시절 성교육을 받고 자라 온 부모세대와 달리 요즘 자녀세대의 아이들은 빠르게 성문화를 접하고 있습니다. 디지털 온라인 매체 안에서의 그루밍 성범죄가 이슈가 되는 것처럼 언제 어디서나 피할 수 없는 걱정으로 자리 잡고 있는데요. 무조건 회피하는 것이 아닌, 성에 대한 올바른 가치관을 갖도록 알려 주는 것이 중요합니다. 학교에서는 보건 수업으로 연 17시간 외에 성폭력 예방교육을 교과와 연계하여 수시로 실시하고 있습니다. 학교에서 배우는 보건 교과서는 성에 대한 구체적인 내용뿐만 아니라 나아가 성평등 가치관, 디지털 성범죄, 성폭력 예방법에 대해서도 자세히 다루고 있기 때문에 아이들이 받는 성교육은 크게 걱정하지 않으셔도 됩니다. 다만 아이들이 잘못된 성 인식으로 인한 부적절한 행동의 위험성과 책임감은 꼭 설명해 주세요. 부모님의 연애 경험을 들려주면서 같이 건전한 연애 방법을 이야기해 보는 것도 좋습니다.

3 성폭력 예방법을 알아봅시다.

◆ 나와 상대방은 모두 존중받아야 할 인격체임을 잊지 않습니다.

◆ 상대방이 거절 의사를 표현하면, 거절 의사를 존중합니다.

◆ 나의 안전이 우선이므로 위험한 느낌이 들면 즉시 그 자리를 피합니다.

4 만약에 성폭력 피해를 입었다면 어떻게 해야 할까요?

내 잘못이 아니라는 것을 명심하고 꼭 도움을 요청합니다. 부모님께 말하면 실망할 것이라고 생각하고 혼자서 해결하려고 하면 안 됩니다. 부모님이나 믿을 수 있는 어른에게 알리고 전문 기관에 도움을 요청합니다.

• 즉시 부모님이나 선생님 등 믿을 만한 어른에게 알립니다.
• 병원 진찰을 받도록 합니다.

• 피해 당시 입었던 겉옷과 속옷을 그대로 입고 씻지도 말고 산부인과에 가도록 합니다.
• 전문 상담 기관에서 상담을 받습니다.

③ 양성평등이란 무엇일까요?

양성평등이란 여성과 남성 중 어느 한쪽에 부정적인 감정이나 고정관념, 차별적인 태도 없이 동등한 기회와 조건을 주는 것을 말합니다. 우리 사회도 전통적으로 구분해 왔던 성 역할의 고정관념에서 벗어나 각자의 개성을 살리며, 개방적으로 생각하는 사고방식이 널리 퍼지고 있습니다.

다음 그림은 우리 생활 속의 모습입니다. 우리 집의 모습, 우리 교실의 모습과 비교하여 다른 점이 있다면 무엇인지 생각해 봅시다.

스스로 해 보아요 우리 집 집안일은 누가 하지?

우리 집의 집안일은 누가 하나요? 아래 표를 채우면서 집안일을 어떻게 나누면 좋을지 생각을 나누어 봅시다.

디지털 성범죄 예방 수칙

- 낯선 사람에게 나의 개인 정보(이름, 사는 곳, 학교, 전화번호, SNS 아이디)나 사진을 절대 보내지 않아요.
- 이유 없이 문화 상품권, 게임 아이템 등을 주며 접근하는 사람은 반드시 거절하고 대화하지 않아요.
- 낯선 사람이 신체 사진 전송을 요구하거나 오프라인에서 만나자고 하면 대화를 중단하고 캡처한 후 신고해요.
- 검증되지 않은 파일이나 인터넷 주소는 절대로 접속하지 않아요.
- 성별이나 나이를 알 수 있는 아이디는 사용하지 않아요.
- 경찰이나 변호사라고 하며 개인 정보를 요구하는 경우 알려 주지 않아요. 경찰이나 변호사는 개인 정보를 요구하지 않아요.
- 성적인 사진이나 영상을 보았다면 즉시 불쾌감을 표현하고 대화방을 나와요.

출처: 교학사(2021).

Q5. 선생님과의 학기 초 상담 시 우리 아이의 문제점에 대해 얘기하면 선입견을 갖지 않을까요?

아니에요. 학교에서는 1년에 여러 차례 상담주간을 계획하거나 수시 상담이 이루어집니다. 3월에는 담임선생님들이 아이에 대해 파악이 안 되었기 때문에 우리 아이에 대해 말해 주는 것이 좋아요. 우리 아이의 문제점을 이야기하는 데 초점을 두기보다는 어떻게 하면 1년 동안 교사와 소통하여 우리 아이가 성장할 수 있을까에 대해 상담하시면 됩니다. 문제점을 이야기한다고 우리 아이에 대해 어떻게 생각할까는 고민하지 않으셔도 됩니다. 대부분의 선생님들이 어떻게든 아이에게 도움을 줄 수 있을까를 고민하기 때문이죠. 그러면 2학기 상담 시에는 아이가 변화한 모습, 성장에 대해 더 많은 이야기를 나눌 수 있을 것입니다.

Q6. 재잘재잘 말을 잘하던 아이, 어느 순간 입을 꾹 닫아 버렸는데 어떻게 해야 할까요?

어느 순간 그렇게 말을 잘하던 아이가 입을 꾹 닫는 순간이 있습니다. '내 아이는 그러지 않을 것이다.'라는 믿음은 한순간에 물거품이 되고 왜 그런지 도무지 이해가 되지 않는 순간이죠. 아이에게 물어봐도 침묵이고 답답하기만 합니다. 아이의 상황을 잘 살펴봐 주세요. 아이가 말하지 않아도 표정, 행동을 세심히 관찰하다 보면 고민이 있는 것인지 아니면 그냥 대화가 하기 싫은 것인지 조금이나마 파악할 수 있습니다. 고민이 있다고 판단되면 공감과 수용의 자세로 항상 네 편이라는 인식을 심어 주세요. 긍정적인 지지와 힘이 되는 말을 수시로 해 주세요. 혼자서는 정말 힘이 들 때 분명 도움을 요청해 올 것입니다. 유독 부모와의 대화를 거부한다면 부모님의 영향도 있습니다. 부정적인 말들, 자녀를 비난하거나 바른 행동을 강요하는 말들이 나도 모르게 아이의 내면에 깊이 상처를 줬는지 다시 한번 생각해 볼 필요는 있습니다. 자녀의 잘못보다는 진심 어린 공감과 따스한 눈빛으로 부모의 감정을 먼저 표현해 보는 것이 어떨까요?

알쏭달쏭 5학년 성장노트

'저마다의 속도로 자신을 발견하기'

초등학교 5학년은 아이들이 자신의 정체성에 대해 진지하게 고민하기 시작하는 시기입니다. 정체성(identity)은 '나는 누구인가?'라는 질문에 대한 답을 찾는 과정이라고 할 수 있습니다. 아이들이 초등학교를 거치면서, 그들을 둘러싼 사회 속 다양한 형태의 '자아'를 점차 통합하기 시작합니다. 따라서 이 기간 동안 아이들은 자신의 정체성에 대해 깊이 관심을 갖게 되며, 자아 개념을 발전시키고, 자신만의 독특한 특성과 가치에 대해 더 명확한 이해를 얻기 위해 노력합니다.

에릭슨은 인간 생애주기 동안 경험하는 8단계의 개인 및 사회 발달을 소개하고, 우리가 흔히 사춘기라고 부르는 기간을 정체성 대 역할 혼란의 단계라고 언급했습니다. 이 단계는 보통 13세에서 21세 사이로 여겨지지만, 최근 아동 발달의 변화를 고려할 때, 이 단계의 특성은 5학년에서도 분명하게 나타납니다.

이 시기에 부모와 교사는 아이들에게 안전한 환경과 지지의 구조를 제공하면서도 동시에 아이들의 독립성을 키워 주어야 합니다. 또래와 다양한 활동을 공유하고 경험함으로써, 아이들은 긍정적인 정체성 탐색 과정을 거치고 긍정적인 자아정체성을 형성할 수 있습니다. 이 시기에 부모나 교사가 아이들을 돕고자 한다면 몇 가지 주의를 기울일 필요가 있습니다.

우선 아이들이 자신의 정체성을 탐색하는 과정에서, 부모와 교사는 과도한 기대나 압력을 주지 않아야 합니다. 아이들이 자신만의 속도로 자신을 발견하고 탐색할 수 있도록 격려하는 것이 중요합니다. 또한 아이들이 독립성을 발전시키고 자신의 정체성을 탐색해 나갈 때, 아이들의 개인적 영역(프라이버시)을 존중해 주어야 합니다. 인생에서 가장 중요한 고민을 하고 있는 아이들에게 보호자라는 이유로 함부로 영역을 침범해서 혼란을 주는 것은 적절하지 않습니다. 부모와 교사는 지지적인 태도를 갖고, 지나치게 아이들의 영역을 침범하지 않는 방식으로 도움을 주어야 합니다. 부모와 교사는 아이들이 정체감 형성이 시작되는 5학년 시기에 아이들이 자신의 독특한 특성과 가치를 탐색하고 이해할 수 있도록 격려하고 지원해야 합니다.

#5학년 봄 #사회인지 발달 #정체성 발달 #나는 누구인가? #진짜 알쏭달쏭

II. 알쏭달쏭 5학년의 '여름'

"진짜 친구를 찾고 싶어요."

『진짜 친구 찾기』(이규희, 그린애플, 2021)

불우한 가정환경 속에서 나 자신보다는 늘 친구라는 이름에 목말라 있는 아이 유리…… 외로운 게 싫은 유리는 친구들의 부탁은 뭐든 들어주다 보니 친구들 주변에 둘러싸여 있어요. 얼핏 보면 친구에게 인기가 많은 아이인 것 같지만 속으로는 다들 유리를 시기, 질투하는 가짜 친구들인데요. 어느 날 어떤 상황에 처하게 된 유리를 보고 친구들이 하나씩 등을 돌리기 시작합니다. 과연 유리는 진짜 친구를 만날 수 있을까요? 마음을 나누며 인간관계에서 얻을 수 있는 행복감, 안정감이 무엇인지, 진정한 친구란 무엇인지에 대해 우리 아이들이 한 번쯤은 깊이 생각해 볼 수 있는 책이랍니다.

알쏭달쏭 5학년 교실 이야기

어느덧 푸르른 녹음이 짙어지는 6월, 5학년의 교실은 이제 다소 어수선합니다. 한 책상에 삼삼오오 모여 재잘재잘 떠드는 아이들, 혼자 조용히 책을 읽는 아이들, 여기저기 참견하고 다니는 아이들, 바닥에 앉아 보드 게임을 하는 아이들, 다양한 아이들의 성향이 친구들 관계 속에서 서서히 드러나게 되는 것이죠. 5학년 아이들의 학급을 살펴보면 일단 남자, 여자 두 그룹이 생겨납니다. 그리고 남자들, 여자들 사이에 또 몇 개의 작은 그룹들이 생기죠. 큰 무리, 작은 무리, 심지어 혼자인 아이들도 있습니다. 이렇게 특정적인 집단 문화가 형성됩니다.

서열이 생기고 선배 개념이 생기면서 내가 학교폭력을 당할까 봐 불안해하기도 합니다. 반면 스스로 왕따를 자처하기도 하는데 '나는 나다.'라는 개인주의적인 성향이 짙어지면서 혼자 지내는 것을 좋아하는 아이도 있습니다. 그래서 이 시기 아이들에게 학교에 오고 싶은 이유 혹은 오고 싶지 않은 이유를 물으면 단연코 친구라고 말합니다. 3~4학년 시기에 부모님이나 선생님에게 받는 칭찬과 인정이 중요했다면, 5~6학년 고학년 시기에 이르러서는 친구의 인정을 훨씬 중요하게 생각하기 때문이죠. 예전에는 친구의 잘못을 일러 주기에 급급했지만 5학년 시기에는 눈치를 보면서 친구의 잘못을 숨겨 줍니다. 친구의 잘못을 이르는 것은 친구들 사이에 배신이며 학급 아이들에게 적이 되는 것이라고 생각합니다. 그만큼 친구라는 이름은 아이들에게 무척이나 중요한 존재인데요. 5학년 아이들한테 '친구'라는 주제를 주고 떠오르는 단어를 적어 보라고 했을 때 결과는 이렇습니다. 기쁨을 함께하는 사람, 때로는 갈등 속에 고

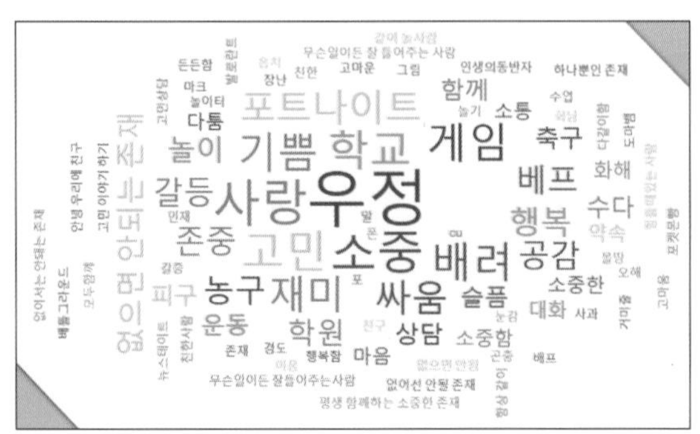

○○초등학교 5학년 아이들 설문조사

민을 안겨 주는 사람, 그럼에도 우정을 지키고 싶은 소중한 사람, 없으면 안 되는 존재…….

이 시기에 친구에 대해 긍정적인 마음을 가지고 올바른 친구 관계를 형성하기 위해 가장 중요한 것은 복잡한 친구 관계 속에서도 흔들리지 않고 건강한 자아를 형성하는 것, 즉 나를 지키는 것입니다.

#1. "화성에서 온 남자아이들"

지훈(가명)이는 반에서 가장 키가 크고 힘이 세며 모든 운동을 잘합니다. 명훈(가명)이는 지훈이 못지않게 체격이 좋고 운동신경이 있으며 공부도 잘합니다. 지훈이를 따르는 친구들, 명훈이를 따르는 친구들 몇 명이 친해지면서 교실에서는 두 그룹이 생겼습니다. 반면 형민(가명)이는 체구는 작지만 친구들과 잘 어울리고 장난치기를 좋아합니다. "친구가 기분이 나쁘다면 그건 장난이 아니라 폭력인 거야."라는 말을 선생님께 자주 듣습니다. 민승(가명)이는 그런 아이들에 의해 크게 동요하지 않고 자기가 하고 싶은 일을 혼자서 앉아 묵묵히 즐깁니다. 다른 친구들에게 피해를 끼치는 일도 거의 없습니다. 준서(가명)는 체구가 작고 마음이 여린 친구입니다. 반에서 눈에 띄진 않지만 자세히 살펴보면 친구들의 눈치를 보며 기가 센 아이들의 말을 들어주는 경우가 많고 괴롭힘의 대상이 되기도 합니다.

남자아이들의 세계는 정글입니다. 친구들 간의 서열이 분명해지고 교실에서 주도권을 잡는 아이들이 생겨납니다. 요즘은 서열의 기준을 단순히 힘뿐만이 아니라 운동, 공부, 말솜씨 등의 기준으로 세우며 서열 안에 들지 못하는 아이들은 친구들 관계 속에서 나름대로 자신의 위치를 찾기 위해 노력합니다.

이서윤의 『초등생활처방전 365』(2021)에 따른 교실에서 남자아이들을 관계에 따라 권력추구형, 장난꾸러기형, 자발적 아웃사이더형, 만만이형, 이 4개의 유형으로 분류할 수 있다고 하는데요.

여기서 지훈이와 명훈이는 권력추구형, 형민이는 장난꾸러기형, 민승이는 자발적 아웃사이더형, 준서는 만만이형으로 볼 수 있습니다. 이렇게 다양한 유형의 아이들의 갈등은 여러 상황에서 여러 방면으로 일어납니다.

방과 후, 교실에서 업무를 하고 있는데 반 아이가 교실로 숨을 헐떡이며 올라왔다. "선생님, 큰일났어요! 운동장에서 지훈이랑 명훈이랑 큰 싸움이 났어요." 깜짝 놀라 운동장을 나갔더니 우리 반 2개의 무리 중 서열 1순위들(소위 말하면 '짱'이라고 불리는 두 아이들)의 싸움이 붙은 것이었다. 도저히 혼자 힘으로 아이들을 말릴 수 없어서 옆 반 남자 선생님의 도움을 받아 2명의 아이들을 떼어 놓았다. 감정이 다소 가라앉았을 때 다시 이야기를 나누어 보니 아이들은 반에서 서열 1순위가 되기 위해 정리를 하고 있었다는 것이었다.

점심시간, 지훈이를 비롯한 아이들과 준서가 놀고 있었다. 그런데 지훈이와 친구들의 표정은 웃으며 즐거워 보였으나 유독 준서의 표정만은 밝지 않았다. 아이들에게 물어보아도 그냥 같이 노는 것이라며 대수롭지 않게 말할 뿐이었다. 나중에 힘겹게 들은 준서의 대답은 "선생님, 아이들이 저를 둘러싸서 스트레스를 풀 수 있는 쓰레기통이라면서 한 명씩 욕을 해요. 왜 그런지 이유를 모르겠고 참으려고 하지만 자꾸 눈물이 나고 속상해요. 선생님이 없을 때는 더 심하게 괴롭히기도 해요." 지속적인 집단 괴롭힘이 있었던 것이다.

앞서 본 지훈이와 명훈이의 싸움은 권력추구형 아이들의 대표적인 갈등 사례입니다. 권력을 추구하는 성향을 가진 남자아이들이 가장 센 권력을 얻어 반에서 주도권을 잡고 싶어 하는 경우입니다.

두 번째는 권력추구형 아이들과 만만이형 아이들의 갈등 사례입니다. 반에서 주도권을 잡고 있는 아이들이 반에서 눈에 띄지 않는 약한 아이들을 대상으로 권력을 행사하고 싶어 하는 경우입니다.

두 가지 갈등 모두 학교폭력의 가장 대표적인 사례이기 때문에 우리 아이가 어떠한 갈등을 겪고 있는지 주의 깊게 살펴보아야 합니다. 특히 후자의 갈등은 직접 드러나지 않고 표가 나지 않기에 마음이 여린 아이들은 말도 하지 못하고 속으로 끙끙대며 힘들어 합니다.

'학교생활을 알아서 잘하고 있겠지.'라는 굳건한 믿음보다 더 중요한 것은 우리 아이가 보내는 작은 신호를 놓치지 않고 알아차리는 것입니다. 아이가 학교생활에서 갈등을 겪고 있다면 어떻게든 신호를 내보내고 있으므로 꼭 한번은 살펴봐 주세요.

아이가 보내는 신호 살피기

- 우리 아이 표정과 행동 살피기(눈을 보면 피하기, 어두운 표정, 불안 증상)
- 급격한 성적, 학업 변화 살피기
- 학교에 대한 거부 반응, 친구 관계 살피기
- 우리 아이의 방 살피기(혼자 적어 놓은 메모, 일기장 등)

#2. "금성에서 온 여자아이들"

혜지(가명)와 지혜(가명)는 둘도 없는 소문난 단짝 친구이다. 항상 둘이 팔짱을 끼고 다니며 화장실이든 어디든 같이 다니곤 했다. 어느 날, 반에 한 친구 선미(가명)는 전학을 왔는데 그 친구랑도 마음이 맞았는지 셋이 친해져 삼총사가 되었다. 그런데 셋이 되니 문제가 생겼다. 하루는 혜지가 책상에 엎드려 울고 있길래 이유를 물어 보니, "선생님, 지혜가 제가 다른 친구들한테 욕을 했다고 절교하자고 해요. 전 한 적이 없는데 저와 눈도 마주치지 않고 선미랑 같이 저를 흘겨 보기만 해요. 괴로워요. 너무 힘들어요."
며칠 뒤, 두 친구는 언제 그랬냐는 듯 다시 단짝이 되었고 이번에는 오해를 일으켰다는 전학생이 혼자 다니는 것이었다. 오늘의 동지가 내일의 적이 되면서 서로를 한 번씩 다 따돌리는 알다가도 모를 여자아이들의 세계이다.

여자아이들의 세계는 여러 소그룹이 생기며 무리를 지어 몰려다니는 특징이 있어요. 그러다가 때로는 무리 중 한 사람을 괴롭히는 경우도 있습니다. 어제는 둘도 없는 우정을 약속했다가 내일이면 한순간 마음이 바뀌는 게 여자아이들의 심리인데요. 친구에게 느끼는 질투심이나 좌절감을 직접적으로 표현하지 않고 서로를 이간질하고 무리에서 제외시키면서 은근히 따돌리는 교묘한 방법으로 드러내는 경우가 많습니다. 그래서 여자아이들의 문제는 사이버 공간에서 특히 많이 일어납니다. 익명이기 때문에 자신을 유일하게 숨길 수 있는 곳이기 때문에 거침없이 표현하고 말 한마디로 상처를 주고받게 되죠. 따라서 여자 친구들의 사이버 공간 속 관계는 더욱 유심히 살펴봐 주셔야 합니다.

아이의 사이버 공간 살피기

- 상대방의 허락 없이 다른 사람의 사진과 내용, 정확하지 않은 정보를 가지고 소문을 다른 채팅방에 전파하는가? (개인 신상 정보 유포, 초상권 침해, 명예훼손 등 법적 책임 알려 주기)
- 특정 친구를 비하하며 문자 험담을 하거나 다른 사람의 말에 동조하는 태도를 보이는가?
- 단톡방에 계속 초대하고 접근을 지속적으로 하는 행동, 폭탄 문자를 보내거나 받는가?
- 성적 수치심을 주는 대화나 성 관련 글, 이미지 영상을 유포하는가?

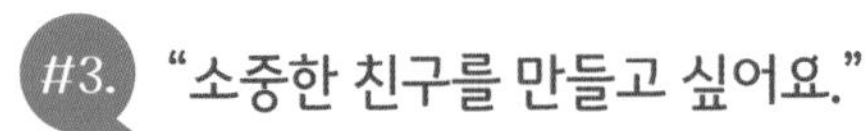

#3. "소중한 친구를 만들고 싶어요."

학급에서 아이들을 가만히 보고 있으면 참 재미있어요. 뭐가 그렇게 재미있는지 사소한 것에도 까르르 웃기도 하고 다 들리는 귓속말을 하면서 자기들끼리만의 비밀이라며 끄덕끄덕 공유하기도 합니다. 어제 같이 한 게임을 이야기하며 레벨업이 된 것을 거침없이 축하하기도 하죠. 장난으로 놀렸다가 말다툼을 하는 아이들도 있고 그 시끄러운 와중에 조용히 자기 일에만 몰두하는 아이들도 있어요. 이렇게나 다양한 아이들이 모여 있는 교실에서 친구 사이의 갈등이 생겨나는 것은 어쩌면 당연한 일일지도 모릅니다. 그래서 아이들이 끊임없이 고민을 하는 거겠죠?

"이 친구에게 다가가고 싶고 친해지고 싶은데 어떻게 해야 할까요?" "친해지고 싶은데 친구들이 나를 싫어하면 어떡하죠?" "친구랑 싸웠는데 어떻게 화해를 해야 할까요?" 이 시기에 친구는 나의 전부이기 때문에 이 질문들은 자연스러운 고민이자 과정입니다. 우리 어른들이 친구를 사귀는 방법, 친구 사이에 의연하게 대처하는 방법, 나를 지키는 방법을 조금만 더 알려 주면 어떨까요? 이 시기 우리 아이들은 친구에 스며들어 갑니다. 평생 함께할 수 있는 좋은 단짝을 만난다면 우리 아이에게 더없이 행운이겠죠? 반면 나쁜 행동을 물들게 하는 친구를 만난다면 그것 또한 돌이킬 수 없는 일이 될 거예요.

아이들은 인기가 있는 친구에게 다가가고 싶어 합니다. 교실에서 아이들에게 인기와 좋은 친구의 기준에 대해 물어보면 한결같이 "착하고 친구를 배려할 줄 알며 자신의 주장도 분명하게 말하는 아이요."라고 대답합니다. 그런 친구는 학급에서 인정을 받고 반에서 대표가 되기도 하죠. 하지만 그것과는 별도로 아이들은 무리 안에서 주도권을 잡고 있는 기 센 아이들 속에 들어가고 싶어 합니다. 혼자가 아닌 집단이라는 이름이 주는 사회적 영향력을 얻고 싶은 것이죠. 같이 행동했을 때 나쁜 행동에 대한 책임감을 더 피할 수 있다는 사실을 알고 있는 것입니다. 그래서 다른 친구들을 더 무시하거나 따돌리는 행동들을 과감하게 하며 나 또한 따돌림을 받지 않기 위해 그 집단에 오래 붙어 있으려고 합니다. 하지만 결국 그런 아이들은 오래가지 못해요. 교실에서 학교폭력의 가해자가 피해자가 되고, 피해자가 가해자가 되는 현실 속에 아이들은 결국 똑똑한 센스를 발휘합니다. 못된 행동을 하면서 상처 주는 아이와 함께 있을 필요가 없다고 말이죠. 인기의 실체가 그것이 아니라는 것을 깨닫게 되는 것입니다.

상처를 주는 친구보다 같이 있을 때 편안한 친구를 찾도록 도와주세요. 나랑 이야기가 잘 통하고 나랑 성향이 맞는 친구를 사귀었을 때 오래 갈 수 있는 우정임을 알려주세요. 우정의 질이 높은 관계를 경험하게 해 주는 것이 중요합니다.

또한 자신의 감정을 희생하면서까지 다른 사람의 감정을 맞추고 배려하는 것이 좋은 것만은 아니라는 것을 알려 주세요. 친구의 부탁을 거절할 때도 있으며 친구랑 더 이상 맞지 않는다고 생각할 때는 과감히 끊어 버릴 줄 아는 마인드도 필요합니다. 이것은 이성 관계에서도 자신을 보호하는 방법의 하나로 매우 중요한 것이죠. 나에게 소중한 친구는 단 한 명만 있어도 괜찮습니다.

#4. "괜찮아, 난 당당하니까."

우리 반 아이들의 이름은 네 글자이다. 바로 ○○유리이다. 학기가 무르익어 가며 서로가 서로에 대해 잘 알 때쯤 네 글자 이름 만들기를 한다. "그 친구를 보면 가장 어울리는 말, 그 친구가 가장 잘하는 것 등을 떠올리며 이야기해 주세요. 여러분이 이야기한 것 중에서 가장 마음에 드는 것을 친구가 고르면 별명이 되는 거예요." 축구지원, 미소지영, 배려주미, 명랑지민, 그림후신, 발표민지 등 우리 반 아이들의 새로운 별명이 지어졌다. 한 달마다 이름을 바꾸면서 그 이름으로 부르게 되는데 처음에는 쑥스럽고 어색해하지만 그 효과는 굉장하다. 기죽어 있던 아이들도, 무기력한 아이들도 내 이름이 불릴 때만큼은 자신감 있는 행동을 보인다. 당당한 나를 보여 주기 위해 더욱 노력하는 모습에 친구들도 함부로 대하지 못하는 것이다.

복잡한 친구 관계를 이겨 내기 위해서는 마음이 단단해져야 합니다. 아이의 마음을 단단하게 만들기 위해서 가장 중요한 것은 '아이의 자존감'인데요. 센 아이들에게 괴롭힘을 당하고 아무 말도 못하는 아이들은 자존감이 낮은 편입니다. 친구들의 말 한마디에 상처를 받고 자신을 무시한다는 느낌이 들면 혼자서 더욱 괴로워하죠. 특히 남자아이들 세계에서는 더욱 적응하기 힘들어해요. 자신의 아이가 이런 성향이라면 부모님은 말이나 행동을 더 신중하게 해야 합니다. "다른 애들은 다 이런데, 왜 너만 그러니?"와 같이 아이의 자존감을 낮추는 말, 다른 친구와 비교하는 말, 또는 "네가 잘못한 것이다."라는 책임을 지우는 말은 하지 말아 주세요. 아이가 마음의 힘을 기를 수 있는 말을 해 주세요. 친구의 괴롭힘에 싫음을 분명하고 단호하게 말하는 연습을 하고, 외적인 힘이 세지 않아도 내적인 강단을 보여 줄 수 있는 아이가 될 수 있도록 지지하고 격려해 주어야 합니다.

가정에서 믿음과 사랑을 주신다면, 여리지만 단단한 마음을 가지고 자존감이 높은 아이가 되어 누구도 함부로 대하지 못하게 될 것입니다. 친구가 나의 약점을 가지고 놀려도 "괜찮아, 나는 대신 ○○을 잘하니까."라고 의연하고 당당하게 대처할 수 있는 아이, 멋지지 않나요?

#5. "괜찮아, 내 옆에는 항상 날 지켜 줄 사람이 있으니까."

아이들이 친구를 좋아할 수밖에 없는 이유는 나와의 공감대가 잘 형성되기 때문이에요. 같은 시대, 같은 생활을 하는 친구이기에 내 마음을 부모님이나 선생님보다 훨씬 잘 알고 이해해 줍니다. 부모나 선생님 입장에서 아무리 친구 같이 다가간다고 해도 아이의 마음을 100% 공감하기는 힘들어요. 이 아이가 친구에게 공감받지 못한 부분에 대해 도움을 받고자 찾아오길 기다려 주세요. 아이가 힘들 때 어른에게 분명히 도움을 요청합니다. 그러기 위해서는 평소에 "항상 너의 편이다. 네가 얼마나 힘든지 충분히 이해한다."라는 믿음을 꼭 심어 주어야만 해요. 복잡한 친구 관계를 극복해 나가는 것이 쉽지 않다는 것을 부모가 인정해 주는 것만으로도 큰 힘이 되니까요.

아이가 친구 관계의 문제를 견디다 못해 부모님이나 선생님께 도움을 요청했어요. 아이가 말을 했다는 것은 아주 큰 용기를 낸 것입니다. 아이들 대부분은 부모님한테 아무리 힘든 일이 있어도 말을 잘하지 못하는데 그 주된 이유가 부모님을 실망시켜 드리고 싶지 않아서예요. 그런 아이에게 도움 요청이 왔을 때 부모님은 적극적 해결에 관심을 가져야 합니다. 아이에게 어떤 도움을 주면 좋을지를 구체적으로 이야기하면서 방법을 찾아야 하는 것이죠. 일단 담임선생님과 제일 먼저 상담을 하고 심각한 문제일 경우 학교에 도움을 요청할 수 있습니다.

그리고 항상 말해 주세요. "우리가 평생 학교를 다니는 것이 아니며 인간관계가 평생 지속이 되는 것이 아니다."라고 말이죠. 결국 교실 내 친구 관계가 전부는 아닙니다. 학원, 교회, 부모 친구 등 다양한 친구의 통로 속에서 내 아이의 기질과 성향에 맞는 친구를 찾아보게 하는 것도 좋은 방법입니다.

#6. "건강한 친구 관계를 만들어 볼래요."

사람은 누구나 좋은 점, 나쁜 점을 가지고 있어요. 친구 또한 원래부터 다른 모습을 하고 있기 때문에 나와 맞지도 않을뿐더러 나를 맞추려고도 하지 말아야 해요. 친구의 그대로를 인정해 주면서 좋은 점은 배우고 나쁜 점은 버리면 됩니다. 상대방의 약점으로 놀리고 괴롭히는 사람은 사람의 다름을 인정하지 않는, 생각이 없는 사람이며 그런 사람들을 보면서 저렇게 하면 안 되는구나를 배워야 하는 것입니다. 그래야 건강한 인간관계를 만들고 유지할 수가 있어요. 물론 어른들은 수많은 경험을 바탕으로 상처를 받지 않는 방법을 인지할 수 있지만 아직 아이들 눈에는 내 옆에 있는 친구가 가장 소중합니다. 결국 아이들 스스로가 다양한 인간관계 속에서 시행착오를 겪으며 이겨 나가야 할 문제인 것입니다. 시행착오를 겪을 때도 나를 사랑하는 것이 우선이 된다면 타인을 존중할 수 있고 상처받지 않을 수 있어요.

아이가 건강한 친구 관계를 유지할 수 있게 지지하고 응원해 주세요. 모진 바람에 수많은 잎이 떨어져 나가도 끄떡없이 지탱하고 있는 뿌리만큼은 흔들리지 않게 잡아주어야 합니다. 새로운 잎은 또다시 나니까요.

알쏭달쏭 5학년 탐구생활(Q&A)

Q1. 친구들끼리 파자마 파티나 여행을 간다고 하면 어떻게 해야 될까요?

"엄마, 나 이번 주 토요일에 친구 집에서 파자마 파티를 하기로 했어요. 가도 되지요?" 해맑게 웃으며 설레는 표정으로 들어오는 아이를 보면 안 보내 줄 수도, 그렇다고 막상 보내 주기도 난감한 고민을 하신 적이 있으실 텐데요. 요즘은 시기가 빨라져 3학년 아이들도 하나의 문화로 파자마 파티를 종종 하곤 합니다. 친구들끼리 우정과 추억을 쌓는다는 의미에서는 좋지만 보호자가 없을 경우가 문제입니다. 한 사례로 파자마 파티라는 이름으로 아이들이 모였는데 드레스 코드 색깔을 한 아이만 다르게 얘기해 주고 모이게 한 후 그 아이만 집중적으로 괴롭힌 일이 있었어요. 이럴 때 아이들은 그 상황을 이성적으로 판단하고 제대로 해결할 수 있는 나이가 아니기 때문에 어른들이 도와주어야 합니다. 즉, 보호자 없는 파티나 여행은 예측 불가능한 상황이 발생할 수 있기 때문에 삼가는 것이 좋습니다. 혹시라도 보내 줘야 하는 상황이라면 친구들, 부모님 연락처와 주소를 꼭 받아 놓으세요. 아이들한테도 너를 구속하고 못 미더워 그러는 것이 아니라 혹시라도 무슨 일이 생겼을 때 엄마가 제일 먼저 달려 갈 수 있게 이해를 부탁한다는 당부의 말도 함께요.

Q2. 친구랑 이야기하는 것을 우연히 들었는데 말의 대부분이 욕이에요.

아이들 성향마다 다르지만, 공격적인 아이들은 공격본능을 해소하기 위해 또는 또래 사이에서 멋, 자신의 우월성을 확인하기 위해 습관적으로 하는 경우가 많아요. 집단 속에서 자신만 순진해 보일까 봐 마음과 다르게 따라 하기도 하고요. 문제는 지나치게 습관적이거나 어른에게까지 욕을 하는 경우에요. 어른에게 욕을 하는 경우는 전문가의 도움을 받아야 합니다. 쓰레기와 욕의 비유를 들자면, 생활 속에서 쓰레기가 나오는 것은 자연스러운 것이지만 남들이 보는 곳에 쓰레기를 버리면 안 되죠. 욕도 마찬가지라는 사실을 알려 주고 스트레스 해소를 할 수 있는 자신만의 방법을 찾아보는 것이 필요합니다.

Q3. 말끝마다 '짜증 나.' '화가 나.' 등 부정적인 표현만 해요. 마음을 어떻게 알아주면 될까요?

자연스러운 현상입니다. 일단 화가 나는 상황을 들어 보고 화가 날 상황을 공감해 주세요. 그리고 화를 처리하는 현명한 방법을 알려 주면 됩니다. 예를 들어, 1단계 엄마가 무작정 공부하라고 하니(내가 관찰한 것), 2단계 난 너무 짜증이 났어요(지금 내 느낌), 3단계 난 지금 만들던 것을 다 만들고 싶었기 때문이에요(내가 진정 바라는 것), 4단계 내 상황을 보고 말씀해 주시면 안 될까요?(부탁하기)입니다. 단계적으로 천천히 한번 실천해 보세요. '부모가 아이의 마음을 어느 정도 알아주고 있구나.' 하고 느끼실 거예요.

Q4. 친구와의 SNS 활동 온라인, 오프라인의 우리 아이가 두 얼굴 같아요.

우연히 딸의 SNS 대화 내용을 보고, 확연히 다른 우리 아이의 모습에 깜짝 놀랐던 경험이 있으시죠? 평소에 우리 아이가 전혀 쓰지 않던 언어, 우리 아이의 모습들이 익명의 사이버 공간에서 무수히 펼쳐져 있었기 때문입니다. 자신들만의 언어이자 문화라고는 하지만 자칫 드러나지 않는 범죄로 이어질 수 있는 공간이기 때문에 더욱 주의 깊게 살펴보아야 합니다. 학교에서도 사이버 공간상의 윤리 교육을 수시로 하고 있으며, 특히 선생님이 없는 단톡방은 엄격히 제재하고 있습니다. 사이버 공간 속 SNS 대화 에티켓과 대응법을 꼭 알려 주세요! 첫째, 친구를 비난하는 말에 반응하지 않기, 관련 없는 일에 끼지 않기, 둘째, 말 한마디 글 한마디 신중하게 하기, 친구에게 보복하지 않기, 셋째, 괴롭히는 사람 차단하기, 증거 저장하기입니다. 언제든 우리 아이가 피해자도 가해자도 될 수 있다는 사실 꼭 기억하세요!

Q5. 친구는 용돈을 많이 받는다며 자꾸 올려 달라고 하는데 어느 정도가 적정한 용돈일까요?

정말 어려운 고민이지요. 경제 관념은 각 가정마다 또한 부모님의 가치관마다 다르기 때문에 아이에게 주는 용돈의 시기, 횟수, 액수도 모두 다를 것이라 생각합니다. 요즘 초등학생 용돈을 살펴보면, 다음 자료와 같이 초등 저학년은 16,300원, 고학년은 23,300원이 평균이라고 합니다. 물론 학년이 올라갈수록 용돈이 늘긴 하겠지만 얼마를 주느냐가 중요한 것이 아닙니다. 용돈을 주는 것은 첫 번째 경제교육이며, 아이가 돈을 합리적으로 소비하고 현명하게 관리할 수 있는 능력을 기를 수 있도록 해 주는 것입니다. 요즘은 용돈을 현금이 아닌 토*, 카카오*, 퍼* 등 카드 충전을 통해 자녀가 편리하게 쓸 수 있도록 해 주기도 합니다. 결국 용돈의 액수를 부모가 정하지 말고 아이가 일주일에 필요한 용돈 계획을 세워 본 후 같이 이야기해 보세요. 용돈의 용도를 세 부분(소비, 저축, 기부)으로 나눠 보는 것도 좋은 방법입니다. 그렇게 해서 정한 용돈으로 일주일 동안 용돈 기입장을 쓰며 생활해 보고 또다시 이야기해 보세요. 아이가 직접 경험한 경제활동은 푼돈의 가치를 알게 하며 협상의 개념도 느끼게 할 것입니다. 우리 사회에서 '부자가 꿈'이라고 말해도 과언이 아닐 정도로 돈은 이제 생활교육입니다.

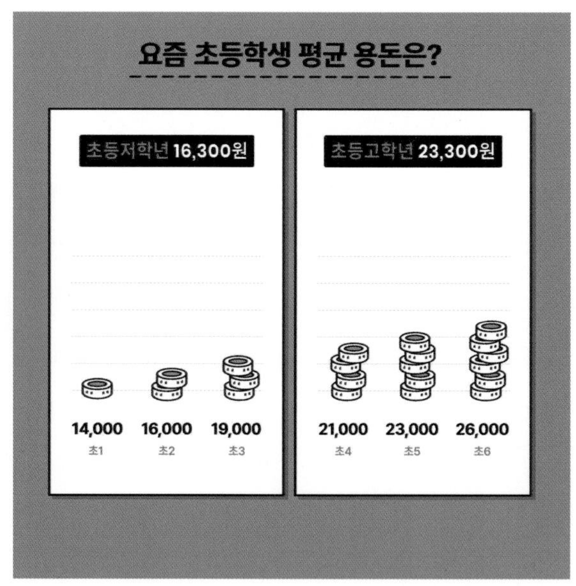

주: 총 1만 명 대상.
출처: 퍼핀.

알쏭달쏭 5학년 성장노트

'친구, 너무나 소중해서 때로는 아프기도 한'

초등학교 5학년 아이들에게 '또래'는 단순한 친구 관계를 넘어서, 그 시기에 매우 중요한 존재로서 의미를 갖게 됩니다. 초등학생의 또래 관계 상실에 관한 현상학적 연구(이재용, 2017)에 따르며, 초등학생이 또래 관계에서 상실을 경험한다는 것은 자신의 존재를 잊은 채 슬픔 속에 살아가는 일일 수 있다고 하였습니다. 단순히 친구와 헤어진 것을 넘어서 또래 관계를 상실했다는 것만으로 자신의 존재가 잊힐 정도로 깊은 슬픔을 경험할 수 있다는 것이지요.

이처럼 초등학교 5학년 아이들은 또래 간의 상호작용에 더 많은 관심을 기울이며, 우정을 구축하고 유지하고자 노력합니다. 이와 같은 특성은 아이들의 사회적 발달에 중요한 역할을 합니다. 아이들은 또래와 더 깊이 감정적으로 연결되고, 또래에 대한 충성도가 매우 높아지는 관계적 특성을 보입니다. 이러한 특성은 아이들에게 소속감과 동료애를 경험하게 할 수 있으며, 긍정적인 사회적 경험으로 작용하게 됩니다. 반면에 이 시기 또래 관계에 문제가 생길 경우, 아이들이 사회적으로 고립될 수 있습니다. 이로 인해 친구가 점점 적어지고, 집단 활동에서 배제되며, 결국 자신감과 자아존중감에 부정적인 영향을 미칩니다. 또래로부터의 사회적 거절이나 갈등은 아이들에게 정서적 스트레스, 우울, 불안 등 심리적 위기를 유발할 수 있기 때문에 더욱 주목할 필요가 있습니다.

어쩌면 초등학교 아이들이 경험하는 또래 관계의 갈등과 위기는 사람이 살아가면서 누구나 겪을 수 있는 발달적 과정이기도 합니다. 다만 누구나 겪어야 하지만 누구도 완전히 극복할 수 있다고 단언할 수 없기에 또래 관계로 인한 갈등에 대해 부모, 교사는 보다 민감하게 대처할 수 있어야 합니다. 초등학생의 또래 관계로 인한 상처를 극복하기 위해 하나의 방안으로 '애도(mourning)'에 주목해 볼 수 있습니다. 초등학생의 또래 관계 상처에 대한 애도의 과정은 '상처 이해하기' '같이 슬퍼하기' '기념하기' '보내 주기' 등의 과정을 거칠 수 있습니다. 또래 관계에 대한 애도 과정에서 특히 주목할 부분은 아이들이 슬퍼할 수 있음을 있는 그대로 받아들이는 것과 충분히 슬퍼할 수 있도록 도와주어야 한다는 점입니다. 어른의 관점에서 별 거 아닌 일이라 판단하기 전에, 아이들의 관점에서 또래 관계로 인한 상처와 슬픔을 충분히 공감해 주는 것이 필요합니다. 아이들은 건강한 애도를 통해 또래 관계의 상처를 딛고 새롭게 성장할 수 있는 힘을 키울 수 있습니다.

#5학년 여름 #친구 #또래 관계 #상처와 슬픔 #건강한 애도로 성장 돕기

"일등이 아니어도 괜찮아요."

『달려도 될까?』(오하나, 노란상상, 2023)

동물원이라는 울타리 안에서 편하게 안주하며 만족스러운 생활을 하던 코끼리, 어느 날 동물원에 큰 불이 났는데요. 다른 동물들은 불길을 피해 달아나지만, 코끼리는 늘 그랬듯 누군가가 해결해 줄 거라는 생각에 가만히 기다립니다. 하지만 불길은 점점 번져 가고 더 이상 버틸 수 없게 된 코끼리는 결국 울타리를 넘게 되는데요. 달려간 정문은 굳게 닫혀 있었고 불길은 계속 타오르는 상황에서 과연 코끼리는 어떻게 세상 밖으로 나갈 수 있었을까요?

학습된 무기력이라고 들어 보셨나요? 피할 수 없는 환경에 반복적으로 노출된 경험으로 충분히 극복할 수 있음에도 불구하고 무기력해진 심리 상태를 말합니다. 코끼리도 역시 동물원의 울타리 안에서 학습된 무기력을 경험한 채 그 삶에 순응하며 살아가다 불이라는 예상치 못한 상황에서 자신의 능력을 발견한 것입니다.

무궁무진한 잠재력을 가지고 있는 우리 아이들이 자신의 울타리를 뛰어넘고 도전할 수 있는 용기가 생기도록 "달려도 돼."라고 말해 주세요.

알쏭달쏭 5학년 교실 이야기

어느덧 나뭇잎들은 빨간색, 노란색으로 옷을 갈아입었어요. 우리 아이들의 역량도 더없이 무르익고 있는데요. 열매를 맺는 결실의 계절인 가을에 교실에서는 아이들의 학습 역량 또한 큰 관심사로 떠오르고 있습니다.

"야! 넌 몇 점 받았어?" "아, 난 70점인데 넌 다 맞아서 좋겠다." 5학년 교실에서 단원평가를 보는 날에 흔히 들을 수 있는 대화입니다. 예전처럼 중간고사, 기말고사라는 정기적 시험은 없어졌지만 아이들의 수행 정도를 확인할 수 있는 간단한 시험에서조차 아이들은 부담을 느끼며 가지각색의 반응을 보입니다. 점수라는 결과에 학력 차이가 뚜렷해지며 나는 공부를 잘하는 아이 또는 못하는 아이라는 인식이 싹트게 되는 것이죠.

5학년은 교육과정이 어려워지는데 특히 수학 교과에 대한 부담이 커집니다. 단순 개념 원리, 계산에서 복잡한 원리, 응용 단계로 넘어가기 때문에 기본 수학적 개념이 잡혀 있지 않았던 아이들은 부진이 누적되며 흔히 말하는 '수포자'가 나오기도 해요. 또한 부모들도 5학년이 되면 직접 가르치는 것에 한계를 느끼기 때문에 학원을 보내거나 과외를 하는 경우가 많습니다.

이처럼 이 시기에는 자기주도적 사고방식으로 주체적인 공부의 동력이 생기기 때문에 부모의 실질적인 관심이 중요한 때입니다. 사춘기의 반항이 아닌 성장에 따른 사고의 전환 시기로 보아 주세요. 이 시기에 누군가가 옆에서 인생의 중요한 가치관들을 잡아 주고 방법을 제시해 주어야지 아이가 중심을 잡고 성장해 나갈 수 있습니다. 아이들은 누구나 공부를 잘하고 싶어 합니다. "4학년 때까지는 잘했는데 5학년이 되어서는 잘 못하는 것 같아요. 이해가 안 되고 어려워요." 학습에 관심이 많은 대부분의 아이들 목소리입니다. 5학년 교육과정과 교과목이 어떻게 구성되는지 먼저 한번 살펴보고 들어갈게요.

#1. "4학년 때까지는 잘했는데요."

초등학교 고학년으로 접어드는 5학년은 자기주도적 학습을 할 수 있는 가장 중요한 시기입니다. 따라서 학습 습관이 잡혀 있지 않은 아이들은 학교에서 앉아 있는 시간이 괴롭습니다. 교육과정 시수 자체가 3~4학년군이 연간 986시간으로 주당 26~27시간으로 구성되었다면, 5~6학년에는 연간 교육과정 시수가 1,088시간으로 늘어나 주당 29~30시간으로 구성됩니다. 따라서 평일에 6시간 학습을 해야 하는 것이죠. 교과목 시간도 영어가 주당 3시간으로 늘어나고 4학년 때 없었던 실과라는 생소한 과목이 생겨납니다. 늘어난 시수와 교과를 접하는 아이들은 일단 마음의 준비를 단단히 해야 합니다.

#2. "내겐 너무 어려운 국어"

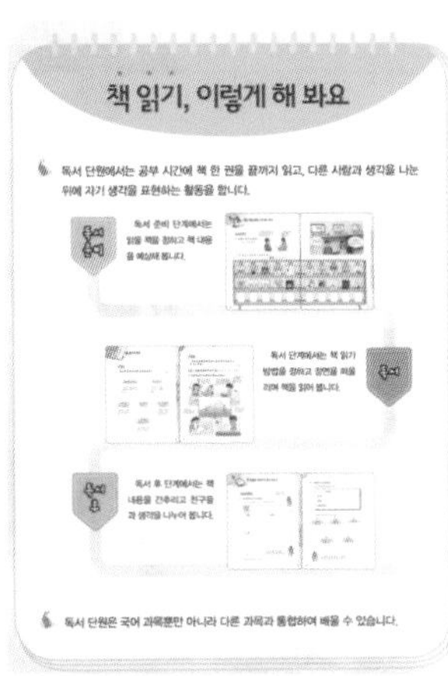

출처: 교육부(2019).

5학년 주요 교과목에 대해서 하나씩 간단히 살펴볼게요. 먼저 국어 교과는 듣기·말하기, 읽기, 쓰기, 문법, 문학의 다섯 가지 영역을 바탕으로 글밥이 긴 지문을 이해하고 요구하는 문제의 답을 해결해야 합니다. 즉, 이해력과 표현력이 어느 정도 뒷받침되어야 국어 교과를 따라갈 수 있는 것이죠. 책을 많이 읽은 친구들은 글의 내용을 쉽게 받아들이는 것은 물론 요구하는 핵심을 정확히 찾아내며 나의 생각까지 덧붙여 논리정연하게 글을 쓸 수 있습니다. 그렇지 않은 아이들은 갑자기 길어진 지문과 나의 생각을 쓰는 부분이 많아짐에 당황하면서 대부분 국어 시간에 멍하니 있다가 다른 아이들의 생각이나 선생님이 알려 준 답을 그대로 받아 적습니다. 이처럼 5학년 아이들의 국어 능력 격차는 반에서 꽤 차이가 납니다. 국어를 잘하는 친구들은 모든 과목을 대부분 잘하는 경우가 많기 때문에 국어 능력을 키우는 것은 매우 중요합니다.

그렇다고 지금 국어 능력을 향상시킨다고 무작정 아무 책이나 많이 읽는 것은 좋은 방법이 아닙니다. 고학년이 된 지금, 한 권의 책을 하루에 단 몇 페이지라도 꼼꼼히 읽으면서 문맥을 파악하는 연습을 해야 합니다. 즉, 슬로우 리딩(slow reading)이란 개념으로 한 권의 책을 읽기까지 많은 시간을 들여서 천천히 꼼꼼하게 읽는 연습을 하는 것입니다. 책 글자 하나하나를 곱씹으며 이해하는 그 시간과 노력에서 독서의 즐거움을 발견하게 되는 책 읽기 방법인데 EBS 〈다큐프라임〉을 통해 교육적 효과가 알려지면서 많은 관심을 받게 되었습니다.

학교 현장에서도 슬로우 리딩(온책 읽기)으로 책 속의 다양한 어휘, 주제, 인물을 파헤치며 실생활에 빗대어 생각해 보고 토론도 해 보는 과정 속에서 아이들이 독서에 대한 흥미를 갖도록 지도하고 있는데요. 5학년 온책 읽기 단원에서 『푸른 사자 와니니』를 온책 읽기 도서로 선정하여 읽기 전 활동, 읽는 중 활동, 읽은 후 활동으로 나누어 한 권을 깊이 있게 파헤치는 활동을 해 보았습니다. 읽기 전에는 '사자' 하면 떠오르는 단어로 브레인스토밍을 하거나 책 앞뒤 표지를 살피면서 눈에 띄는 단어를 적어 빙고 게임을 하는 등 책 표지와 제목으로 흥미를 유발하도록 하였고, 읽기 중에는 여러 꼭지로 나누어 다양한 사고를 펼칠 수 있도록 주제별 토론, 상상, 낭독극을 전개하였습니다. 읽은 후에는 와니니와 나의 인생 그래프, 인물 관계도를 그리며 나의 생각을 정리를 하면서 마지막으로 〈라이온 킹〉 영화를 보면 마무리를 지었는데요. 아이들은 책 한 권을 통해 다양한 사고를 경험하였고 그만큼 시간과 노력을 들인 온책 읽기 선정 도서가 결코 잊을 수 없는 나만의 책이 되었다며 다른 책도 읽고 싶다고 관심을 보였어요. 결국 책에 대한 관심이 정확하고 깊이 있는 독서를 가능하게 하였고 나아가 이해력을 향상시키면서 또다시 독서의 즐거움을 느끼게 하는 계기가 된 것입니다.

#3. "수포(抛)자가 아닌 수호(好)자가 될래요."

수학은 포기하지 않게 지속적으로 자신감을 길러 주는 연습이 필요합니다. 5학년에 올라가면 약수, 배수, 최대공약수, 최소공배수 등의 개념을 배우는데 이를 제대로 이해해야 분수의 계산까지 풀 수 있는 계통성이 생깁니다. 개념을 반드시 정확하게

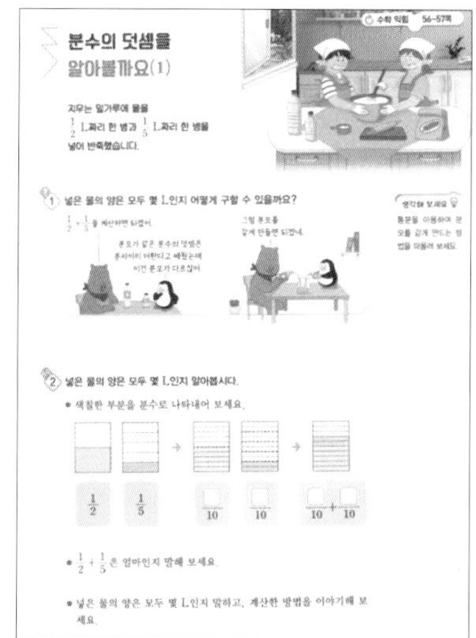

출처: 비상교육(2023).

짚고 넘어가야 6학년, 중학생이 되어서도 어려움 없이 따라갈 수 있는 것이죠. 그래서 학교 교육과정이 무척이나 중요합니다. 학교 선생님들은 교과서를 바탕으로 기본 개념에 대한 원리를 확실히 잡아 주기 때문에 수업 시간에 집중만 잘한다면 큰 어려움이 없습니다. 문제를 푸는 요령만 배우고 문제집만 많이 풀게 되면 틀린 문제를 또 틀리는 현상만 반복할 뿐입니다.

우리 아이가 기본 개념은 잡혀 있는데 성취가 좋지 않다면, 영역별로 취약한 부분이 무엇인지를 파악하여야 합니다. 수와 연산, 도형, 측정, 규칙성, 자료와 가능성의 5개의 영역 중 우리 아이가 어느 영역이 취약한지 파악하여 그 부분을 반복적으로 보충할 필요가 있는 것이죠. 일단 쉬운 문제부터 반복적인 연습을 통해 계산 실수를 줄이고 정확도에 신경을 쓰면서 성취감을 느끼게 해 주세요. 그런 후 응용 단계, 심화 단계로 점점 높이면서 똑같은 문제를 숫자만 바꿔서 여러 번 풀어 보게 하는 것이 좋습니다. 수학이란 과목은 문제를 해결하면서 성취감을 느낄 때 가장 효과가 좋기 때문에 계통성 있는 개념 이해는 물론 반복적인 문제 풀이 연습은 필수라고 생각하시면 됩니다. 아이가 수학에 대한 자신감이 생길 때 수포(抛)자가 아닌 수호(好)자가 되어 있을 것입니다.

#4. "I can write English!"

3~4학년은 듣기 · 말하기 영역이 주이기 때문에 게임을 통한 반복적인 표현 연습으로 영어에 대한 호기심을 불러일으키는 시기입니다. 하지만 5학년은 본격적으로 읽기, 쓰기 영역을 통해 영어를 학습적으로 익히는 시기입니다. 이 시기에는 문장에 기초 문법이 제대로 적용되었는지 확인하면서 문장을 구성하는 연습을 해 보는 것입니다. 학교 교육과정에서 가장 아이들의 격차가 큰 과목이 영어입니다. 교육과정상 3학년부터 영어를 시작하게 되어 있어 어렸을 때부터 부모님들이 다른 과정을 통해 영어를 꾸준히 노출시켜 온 아이들이 있기 때문입니다. 물론 학습에는 적정 시기가 있으므로 크게 걱정하실 필요는 없습니다. 5학년 아이들은 사고가 많이 발달해 있기 때문에 기초 문법이나 단어를 익히는 데 훨씬 빠릅니다. 3학년 때 6개월에 걸쳐서 하던 것을 5학년이 되면 3개월에 할 수 있다는 말이죠. 제가 방과후에 5학년과 6학년 아이들 영어 보충지도를 하는데 모두 영어를 학교 외에서는 배워 본 적이 없는 아이들이었습니다. 보충 학습을 하기 전, 5, 6학년 아이들 영어 진단 평가에서는 오히려 6학년 아이들의 평균이 더 낮았었죠. 하지만 6학년 아이들이 파닉스를 받아들이는 학습 속도가 현저히 빨라 결국 마지막 평가에서는 6학년 아이들의 영어 성적이 더 높게 나타났습니다. 가장 중요한 것은 영어를 언제 시작했느냐보다는 흥미를 잃지 않고 꾸준히 나의 속도에 맞게 해 나가는 성실성입니다. 흥미를 가지는 순간부터 무궁무진한 잠재력을 발휘할 테니까요.

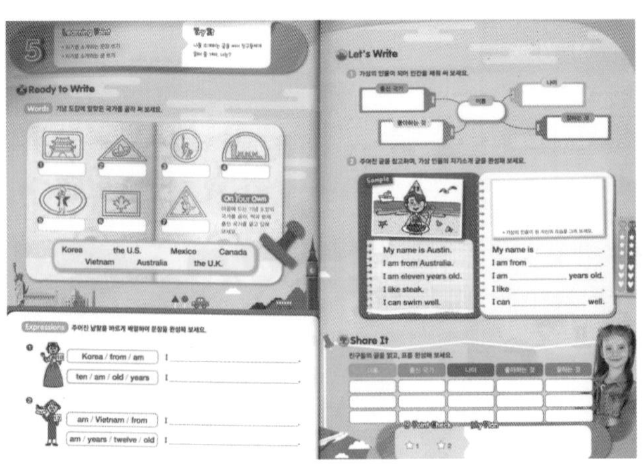

출처: 천재교육(2019).

#5. "통합적으로 사고하는 능력을 길러 봐요."

사회는 내용이 많고 어려워집니다. 우리 고장에서 우리나라로 범위가 넓어지면서 역사를 본격적으로 접하기 시작하는 시기입니다. 어렸을 때부터 역사에 관심을 가지고 그 분야의 책을 많이 읽은 친구들이라면 역사 부분을 스토리로 흐름을 익히고 있기 때문에 크게 어려움을 느끼지 않습니다. 오히려 가장 흥미 있는 교과로 손꼽히기도 하죠. 5학년 사회는 단어가 생소하고 개념을 이해하기 어려울뿐더러 우리 사회 현상에서 일어나는 일들을 통합적으로 이해하는 능력이 요구되기 때문에 사회 현상을 눈으로 직접 보고 경험하는 직간접 체험이 중요합니다. 그냥 무심코 보는 것이 아니라 통합적으로 사고하는 연습을 해야 하는 것이죠. 예를 들어, 화폐에 대한 개념을 이해했다면 과거와 오늘의 화폐를 비교해 보고 화폐를 사용하게 된 이유, 화폐를 만든 인물에 대한 이해, 화폐의 모양 변화, 나아가 화폐의 가치를 통한 우리 경제활동까지 통합적으로 생각을 해야 한다는 것입니다. 백문이 불여일견이라는 말처럼 학교 교육과정에서 배우는 사회에 좀 더 관심을 가지고 싶다면 주말이나 휴일에 박물관이나 교과서 속 장소를 직접 체험하고 경험해 보는 것이 가장 효과적입니다.

과학도 마찬가지입니다. 과학은 대부분 전담수업으로 이루어져 정보 전달보다는 실험을 통한 과학 원리와 결과를 공부하기 때문에 아이들이 흥미를 느끼는 경우가 많습니다. 하지만 실험을 하고 그치는 것이 아닌 실험을 통해 얻은 경험을 과학적 원리로 설명하고 결과를 정리하는 능력이 더욱 중요합니다. 내가 알고 있는 개념을 글로

출처: 천재교육(2023).

설명하고 말로 표현할 수 있으려면 과학에 관심을 가지고 호기심 있게 관찰하는 태도와 관련된 도서를 많이 읽어 배경 지식을 쌓는 것이 도움이 됩니다. 또한 과학에 특히 관심이 있어 하는 학생이라면 지역별로 과학교육원, 영재교육기관에서 운영하는 프로그램이 아주 많으므로 체험하고 경험해 보는 것을 꼭 추천드립니다.

이처럼 교과 내용이 4학년 때 비해 훨씬 많아지다 보니 아이들이 지루함을 느끼고 공부 양에 대해 벅차할 때도 있습니다. 앞으로 6학년, 중학교 과정에서 많은 양의 학습량을 감당하려면 더 이상 듣는 공부가 아닌 자기주도적 공부가 되어야 합니다. 결국 장기적인 공부를 하는 아이들에게 가장 중요한 것은 선행학습, 학습 시간이 아닌 긍정적인 학습 정서(자존감)를 가지는 것입니다. 나는 할 수 있다는 믿음, 그 바탕 위에 마음의 힘(인내심), 행동의 힘(성실함), 놀이터의 힘(체력)을 길러야 합니다.

#6. "저는 잘할 수 있어요."

유난히 어려웠던 수학 단원평가 결과가 나온 날, 우리 반에서 제일 잘한 3명의 아이들이 똑같이 1개씩을 틀려서 반 아이들 앞에서 칭찬을 해 주었다.

"아…… 이번에 100점을 받았어야 되는데 내가 왜 틀렸지? 창피해, 짜증 나."

"내가 아는 부분을 실수로 틀리긴 했지만, 다음번에 더 노력하면 되지. 그래도 저번보다 잘했어, 내 자신."

"이 정도쯤이야. 나야 뭐 항상 1등인데 이번엔 운이 안 좋아서 1개 틀렸네."

똑같은 결과임에도 3명의 아이들의 반응은 모두 달랐다. 아이가 가지고 있는 학습 정서에 따라 결과를 받아들이는 생각도 다른 것이다. 다음 달 단원평가 결과는 놀랍게도 두 번째 반응을 보인 아이가 100점을 받게 되었다.

저도 고학년 딸이 있는 지금, 사춘기와 맞물려 최대한 이해하고 지켜봐 주자고 다짐하지만 멍하니 있는 아이를 보면 나도 모르게 공부하라는 잔소리부터 시작하게 됩니다. 아이의 친구와 비교를 하면서 우리 아이를 순위 안에 올려놓기도 합니다. 우리 아이가 더 잘할 것이라는 기대 속에 아이가 잘했음에도 불구하고 친구의 점수와 비교하며 냉정한 반응을 보이게 되는 것이죠. 당연히 아이는 그런 부모의 반응에 비교당하는 친구를 의식하게 되고 그러면서 자신과의 싸움이 아닌 타인의 시선을 더욱 의식하게 되는데요. 결국 학습 결과에도 영향을 미치게 됩니다.

이 시기의 슬기로운 학교생활과 가정생활을 하려면 아이가 긍정적인 학습 정서를 가질 수 있어야 합니다. 내가 마음만 먹으면 할 수 있다는 자신감, 나는 스스로 목표를 이루어 낼 수 있는 유능한 사람이라고 믿는 것입니다. 즉, 자신에 대한 긍정적인 평가로 자존감이라고도 하는데요. 이것을 길러 주는 것이 자기주도적으로 목표를 세워 성취해 나가는 원동력이 됩니다. 여기서 자존심과 자존감은 다른 개념입니다. 자존심은 타인에게 존중받고 싶어 하는 마음이고, 자존감은 있는 그대로의 나를 존중하는 마음입니다. 즉, 자존심은 타인의 시선에 의해 흔들릴 수 있지만 자존감은 자신의 마음에 초점을 맞추기 때문에 어떠한 상황에도 크게 흔들리지 않게 됩니다. 앞의 사례에서 두 번째 아이가 가지고 있던 가장 큰 강점이 바로 긍정적인 자존감이었는데요. 이러한 자존감을 높여 주는 데는 부모의 양육 방식, 선생님의 긍정적인 학습 동기 부여가 무척 중요하게 작용합니다.

#7. "우리 아이의 긍정적인 학습 정서(자존감)를 높여 주세요."

이렇게 학습에 대한 긍정적인 정서를 갖게 해 주려면 아이가 노력하는 과정의 가치를 최우선으로 삼고 항상 공감하며 격려를 해 주어야 합니다. 또한 부모나 교사의 확실한 가치관으로 아이의 작은 결과에 조급해하지 않는 태도를 보여야 합니다. 그런 부모의 생각이 아이의 자존감을 형성하여 창의성과 감성에 큰 영향을 미치기 때문입니다.

아이의 단점을 장점으로 바꿔 주는 관점의 전환도 중요합니다. 저의 아이가 영어 단어 시험을 보면서 종종 짜증을 냅니다. 몇 번이고 외워도 안 외워진다면서 자신은 암기력이 아무래도 부족한 것 같다고 말이죠. 처음에는 저도 "네가 제대로 외워야지 대충 외우니까 그렇지."라고 아무렇지도 않게 딸의 잘못으로 돌렸습니다. 하지만 순간 아차 하는 마음이 들면서 아이에게 다시 말하게 되었습니다. "네가 몇 번이고 다시 외우는 그 끈기는 너의 큰 장점인 것 같다. 그 끈기면 무엇이든 할 수 있을 테니까 너한테 맞는 암기법을 같이 찾아보자."라고 말이죠. 이렇게 격려와 도움을 준 덕분에 아이는 자신감 있게 단어를 외울 수 있게 되었고 거의 틀리지 않아 선생님, 친구들한테도 인정받게 되었답니다.

자신이 해냈다는 성취감과 남들에게 인정받는 욕구를 맛본 아이들은 시키지 않아도 스스로 하게 됩니다. 이 과정 속에서 어렵고 힘든 것을 이겨 내는 인내심도 길러집니다. 1등을 해야만 성취감이 얻어지는 것이 아니므로 자신의 목표를 조금씩 달성해 가는 연습이 필요한데요. "저번에 5개를 해결했는데 오늘은 7개를 해결했네."라는 피드백을 해 주는 것이 중요합니다. 문제를 더 맞힌 것이 아니라 자신과의 인내심 싸움에서 승리한 것을 칭찬해 주어야 하는 것이죠. 남과의 비교가 아닌 아이의 과거와 현재의 모습을 비교하는 것입니다. 자신에 대한 긍정적인 피드백이 쌓이면 아이의 학습 동기는 엄청나게 올라간다고 합니다. 아이가 잘하는 것부터 시작해서 쌓은 학습 성공 경험은 놀라운 변화를 일으키게 되는 사례들이 많은데요. 아이를 좀 더 믿고 지켜보세요. 부모의 긍정적인 지지와 믿음은 아이가 앞으로 많은 학습을 해 나가는 데 큰 힘이 됩니다.

부모와 선생님과의 관계에 긍정적인 정서를 가지고 있다면 공부를 하는 과정에서 부딪히는 것들을 슬기롭게 이겨 낼 수 있습니다. 저는 '피할 수 없다면 즐겨라.'라는 말을 참 좋아하는데요. 학교에서 아이들에게 자주 해 주곤 합니다. "수업 시간, 공부 시간이 너무 지겨워서 뛰쳐나가고 싶은데 그럴 용기가 있으면 나가도 좋다. 하지만 그럴 용기가 없고 뒷감당이 걱정된다면, 그냥 이 시간을 즐겨 보자. 선생님의 한마디 한마디에 귀 기울이며 무엇인가를 하나라도 알아 가려고 집중해 보자."라고 말이죠.

이렇게 긍정적인 정서를 가진 아이들의 대처 능력은 친구가 자신에게 문제를 못 푼다고 무시할 때 대수롭지 않게 반응합니다. "난 그래도 축구를 잘해."라고 말하면서 울거나 기분 나빠하지 않게 대처하는 것이죠. 이것이 바로 자신을 믿는 자존감이 높은 아이들의 특징입니다.

#8. "공부가 어렵고 힘들어도 이겨 내는 마음의 힘(인내심)을 길러 주세요."

> 우리가 해야 할 일은 바로 자기가 잘하고 있는 일을 찾아내는 거야. 우리는 날마다 무슨 일인가를 훌륭하게 해내고 있으면서도 그런 작은 성공을 스스로 알아채지 못하고 있어.
>
> —스펜서 존슨의 『멘토』 중에서

교실에서 수업을 하다 보면 선생님이 학습 목표를 달성하기 위해 보여 주는 재미있는 영상이나 자료, 게임에는 눈이 반짝이는데 조금만 글을 쓰거나 문제를 풀어야 하는 상황이 되면 바로 학습에 지루함을 느끼는 아이들이 많습니다. 영상매체에 많이 노출되는 요즘, 짧고 시각적인 것에 익숙하다 보니 생각하고 문제를 해결해 나가야 하는 상황에는 인내심이 부족한 것이죠.

인내심을 기르기 위해서는 사소한 성공 경험에서 학습 성취감을 느끼게 하는 것이 무척이나 중요하다고 합니다. 아이가 어렸을 때는 아이가 조금만 무엇인가를 해내도 칭찬을 하고 박수를 치면서 좋아하잖아요? 아이가 첫 걸음마를 할 때 느꼈던 그 감정처럼 그렇게 하시면 됩니다. 퍼즐을 생각하면 쉬울 거예요. 퍼즐을 할 때 아주 쉬운 4피스부터 시작해서 점점 16피스, 64피스, 100피스 늘려 가죠. 작은 퍼즐을 완성했을 때처럼 아이가 수학 문제를 하나 풀더라도 쉬운 것부터 시작해 보는 것입니다. 숫자만 바꿔서 다시 반복하고, 이 과정이 익숙해졌을 때는 조금 더 변형된 문제로 아이 스스로 답을 찾게 해 보는 것이죠. 아이가 스스로 풀었을 때 느끼는 성취감은 엄청나게 큰 학습 동력이 됩니다. 저희 아이도 어려워하던 문제 하나를 며칠 동안 머리를 싸매고 풀더니 결국 답을 찾아내고 그때 느낀 성취감으로 수학에 대한 재미를 붙여 지금은 수학 공부를 아주 열심히 하고 있답니다. 제가 아이들한테 "문제랑 싸워서 이겨라." "내가 너를 꼭 풀고야 만다."라는 마음으로 문제를 대하라고 해요. 쉬운 문제보다 내가 모르는 문제가 나왔을 때 기뻐해야 한다고 말이죠. 문제를 풀고 답을 얻었을 때 지금까지 느껴 보지 못한 희열을 맛보게 될 것입니다. 작은 것에서부터 오는 학습 성취감이 무엇보다 중요하다는 것을 꼭 기억하세요!

두 번째로 인내심을 기르기 위해 아이가 잘하는 것에 초점을 맞추고 그 행동의 동기를 강화시켜야 합니다. 다이어트 실험에서 '안 먹기' 집단이 아닌 '건강한 음식 먹기' 집단이 성공했다고 하는데요. 잘하는 것에 초점을 맞춰 집중적으로 칭찬을 하다 보면 그 행동을 하는 힘, 즉 인내심이 길러지게 됩니다. 다른 친구들 앞에서 발표를 하지 않는 아이가 책에는 누구보다 꼼꼼히 자신의 생각을 글로 적어 놓았을 때 발표가 아닌 글에 초점을 두고 칭찬해 주세요. "발표를 안 해도 책에는 꼼꼼히 적어 놓았네. 누구보다 생각이 깊구나."라고 말이죠. 아이는 자신을 발표 못하는 아이가 아닌 생각이 깊은 아이로 생각나게 될 것입니다.

세 번째로 아이들의 인내심을 기르기 위해 주변의 기대와 믿음을 심어 주는 것이 중요하다고 합니다. 로젠탈 효과라고 하죠? 하버드대학교 심리학과 로젠탈 교수가 학습 성과 예측 실험을 했는데요. 어느 한 초등학교 전교생이 지능 검사를 실시하고 무작위로 20%의 학생을 뽑은 후 교사들에게 이 아이들이 지능지수가 높은 아이들이라고 전달합니다. 교사는 이 아이들에게 칭찬과 격려를 통한 긍정적인 영향을 끼치게 하는데요. 결국 8개월 후 아이들의 지능검사를 다시 하니 그 20%의 아이들의 지능지수가 더 높게 나왔다는 실험입니다.

결국 이 실험은 학생들의 지능지수가 아닌 잠재력이 있다는 믿음, 해낼 수 있다는 격려, 그리고 그에 맞춰진 자신감 모두가 맞물려서 시너지 효과를 낸 것이에요. 이처럼 아이들은 주변 사람들의 믿음과 격려 속에 마음의 힘이 더 단단하게 길러집니다.

#9. "누구보다 꾸준히 할 수 있는 행동의 힘(성실함)을 길러 주세요."

학급에서 머리는 좋아 학습 결과는 잘 나오는데 수업 시간이 조금만 길어지면 자세가 흐트러지고 참을성이 없는 아이들이 있어요. 반면 수업 시간에 태도도 바르고 꾸준히 무엇인가를 하는데 결과가 좋지 않는 아이들도 있죠. 둘 다 안타까운 아이들입니다. 그나마 교사의 입장에서는 꾸준히 앉아서 하나라도 얻어 가려고 노력하는 아이들이 더 기특하고 알려 주고 싶은 마음이 듭니다. 그만큼 성실함은 우리 사회에서 매우 강조되고 있는 덕목인 것이죠.

성실함을 기르기 위해서는 첫 번째, 일단 아이가 왜 공부해야 하는지, 아이가 무엇이 되고 싶은지, 꿈을 가지고 있어야 해요. 우리 아이와 학습에 관해 긍정적으로 이야기를 시도해 보려고 해도 결국 현실적인 상황에 잔소리로 이어지고 관계가 악화되기 십상입니다. 학습에 대한 생각이 서로 다르고 눈에 보이는 즉각적인 점수에만 연연해하기 때문이죠. 공부는 장기전입니다. 앞으로 긴 시간 동안 무궁한 잠재력을 가진 아이와 공부를 왜 해야 되는지에 대해 먼저 진지하게 이야기해 보세요. 내가 가진 세상의 호기심, 그 호기심을 풀었을 때 앎의 기쁨, 그 모든 과정이 다 공부라고 말이죠. 그래서 공부는 인간만이 누릴 수 있는 최고의 특권이라고도 말합니다. "한 번뿐인 인생, 이 세상에 나의 발자국을 남기고 가자."라는 메시지와 함께 자신이 존경하는 인물의 가치관을 가지고 구체적인 꿈을 이야기해 보는 것도 좋은 방법입니다.

두 번째, 성실함을 기르기 위해서는 자신의 수준에 맞는 공부법으로 학습하고 있는지 한번 들여다볼 필요가 있습니다. 글을 읽고 이해하는 언어 능력이 바로 학습 능력으로 이어지는데요. 초등학교 때 잘하던 아이들도 중학교에 가서 성적이 떨어지는 이유는 대부분 주도적인 학습보다 앉아서 듣는 공부를 했기 때문이에요. 초등학교 때는 공부의 양이 많지 않아서 선생님의 수업만으로도 충분히 소화할 수 있습니다. 하지만 중학교, 고등학교 때는 점점 공부의 양이 늘어나면서 책을 빠르게 읽고 이해하여 자기 것으로 만드는 효율적이고 주도적인 공부를 해야 합니다. 그래서 어렸을 때부터 책을 많이 읽은 친구들의 이해력이 이 시점에 빛을 발하는 것이죠. 아이들은 그렇게 잘하는 친구들의 학습 방법을 보면서 무작정 따라 하려고 하는 경향이 있습니다. 하지만 개개인마다 성향이며 이해 수준도 다르기 때문에 무조건 잘하는 아이의 방법을 좇아가는 것은 옳지 않습니다. 자신의 이해 능력을 객관적으로 파악하고 자신의 수준에 맞는 학습을 할 필요가 있는 것이죠. 각 시 · 도교육청 사이트에 학습진단 및 학습유형 검사 등 도움 받을 수 있는 자료들이 많으니 꼭 참고하시기 바랍니다.

세 번째, 성실함을 기르기 위해서는 아이들 기질에 맞는 공부법을 제시해 주세요. 활동적인 아이들에게는 미션 수행, 토의 · 토론, 실험, 체험 중심 위주의 공부를 하고 내성적이거나 행동이 느린 아이들에게는 자신만의 쉬운 언어로 설명하는 공부를 하게 해 보는 것입니다. 제가 학창 시절에 공부를 할 때 혼자서 꼭 칠판에 선생님처럼 설명을 했어요. 내가 알고 있는 내용을 누군가에게 알려 준다면 얼마나 기쁠까 하는 마음으로요. 또한 암기과목에서는 노래를 개사하거나 나만의 연상기법으로 외우면서 학습을 했는데요. 그 내용이 지금까지 기억이 납니다. 그 덕분에 제가 맡은 아이들에게도 쉽고 재미있게 외우는 나만의 특별한 방법을 알려 주곤 한답니다. 이렇게 저도 혼자서

나만의 방법으로 충북 특산물 외우기 노래 개사 예시

나만의 공부법을 찾았듯이 우리 아이들도 학습을 하다 보면 자신에게 맞는 공부법을 스스로 찾게 될 것이에요. 하지만 그래도 한 번씩은 다 해 본 선배들, 어른들의 공부법에 대한 팁을 좀 알려 준다면 공부의 방향을 잡아 나가는 데 더욱 의미가 있지 않을까요? 어차피 인내심을 가지고 해야 할 공부, 자신만의 학습법을 찾아낸다면 더욱 꾸준히 하게 될 것입니다. 하루에 조금이라도 스스로 하는 습관이 성실한 나를 만듭니다.

#10. "나는 놀이터의 힘(체력)이라면 자신 있어요."

아이들이 아무리 공부를 잘해도, 학습 습관이 잘 잡혀 있다 해도, 기본 체력이 뒷받침되지 않는다면 열심히 노력했던 과정들이 헛수고가 됩니다. 어렸을 때 그렇게 놀이터에서 놀던 아이들이 나중에 공부를 해야 될 때 무섭게 체력의 힘을 발휘할 때가 있죠? 그만큼 장기전을 치러야 하는 아이들에게 체력은 무엇보다 중요합니다. 여기서 체력은 기본적인 신체 힘뿐만 아니라 스트레스를 이겨 낼 수 있는 힘, 긍정적인 마음을 말합니다. 공부를 하다가도 아이들이 스트레스를 풀 공간과 마음껏 자신에게 쏟을 시간은 꼭 필요한 것이죠. 특히 사춘기 아이들에게는 더더욱 말입니다. 주말만큼은 충분한 수면 시간뿐만 아니라 친구, 놀이, 운동과도 친하게 해 주세요.

하루 30분 이상은 땀에 흠뻑 젖을 정도로 운동을 해도 좋고, 자신이 좋아하는 취미생활을 누리는 것도 좋아요. 아니면 친구랑 맛있는 것을 먹으며 마음껏 수다를 떠는 것도 괜찮습니다. 자신만의 스트레스 해소법을 만들게 해 주세요. 그래야 공부할 원동력이 생깁니다. 장기적인 학습을 하려면 긍정적인 학습 정서의 바탕 아래 인내심,

성실함, 체력까지 완벽히 갖추고 있어야 합니다. 이 같은 기초 체력은 아이들이 뒤늦게 공부를 시작하더라도 무엇보다 탄탄하게 받쳐 줄 디딤돌 같은 것이죠. 무언가에 몰두할 수 있는 취미 생활이 있거나 신체 활동을 적극적으로 한다면 우리 아이의 무서운 집중력을 믿어 보세요. '튼튼하게만 자라다오.'라고 빌었던 예전 초심을 생각하면서 말입니다.

#11. "누구도 나를 대신해 줄 수는 없잖아요."

학교생활의 대부분 시간은 학습입니다. 하루에 6차시를 학습 에너지에 쏟으며 선생님과 친구들과 상호작용하며 생활하는 만큼 학습 능력은 학교생활에서 중요한 것이죠. 학습 능력이 높은 아이들은 배움을 받아들이는 속도도 빠르고 성취감을 통해 자존감 역시 높아집니다. 그러나 학업 성취가 높다고 학교생활을 잘하진 않습니다. 학교라는 작은 사회에서의 공부는 다양한 양상으로 나타나니까요. 친구들에게 인기 있는 아이들의 공통점은 긍정적인 학습 정서를 가지고 있는 것입니다. 공부를 잘한다고 혼자 잘난 척하지도 않고, 못한다고 의기소침해 있지도 않습니다. 긍정적인 태도로 무엇이든 도전해 보고 노력하려고 하죠. 스스로에게 믿음이 있고 '안 되면 또 해 보지.'라는 긍정적인 마음이 형성되어 있기 때문입니다. 이 마음은 아이가 긴 세월 동안 학습해 나가는 데 큰 원동력이 됩니다.

아이에게 작은 학습 성공 경험을 통해 자신감을 길러서 내가 주도하는 삶을 살 수 있게 도와주세요. 누구도 자신을 대신해서 살아 줄 수는 없으니까요.

알쏭달쏭 5학년 탐구생활(Q&A)

Q1. 시험을 보면 하나만 틀려도 속상해하고 불안해해요. 어떻게 해야 될까요?

이런 아이들의 심리적 요인을 시험 불안이라고 할 수 있습니다. 시험 불안이란 개인의 능력을 평가하는 시험이라는 특수한 상황에서 나타나는 여러 가지 종류의 정서적 · 신체적 · 행동적 반응(Spielberger, 1972)을 말하는데요.

이 시험 불안은 개인의 내적인 특성과 외적인 환경 두 가지 요인으로 나타날 수 있습니다. 본래부터 완벽주의적이거나 예민한 성향을 가진 아이는 옆에서 아무리 괜찮다고 해도 본인 스스로의 기준에 용납되지 않기 때문에 주변 사람들의 격려가 귀에 들리지 않아요. 적당한 긴장감을 가지고 하는 학습은 도움이 되지만 아이의 스트레스가 지나치지 않게 옆에서 항상 관심을 가지고 지켜보아야 합니다. 반면 가정이나 학교의 외적 환경에서 영향을 받았다면 부모가 자녀의 학습에 대한 관심, 요구, 기대의 압력 속에 지나치게 타인을 의식하고 있는 건 아닌지, 틀린 문제 개수에만 초점을 두어 100점에 대한 강박관념을 가지고 있지 않은지도 한번 들여다볼 필요가 있습니다. 결국 아이가 받는 내적 · 외적 요인을 잘 살피면서 스트레스 상황에 어떤 마음을 가지고 있는지를 아는 것이 제일 중요합니다.

Q2. 공부하는 것을 너무 싫어하는 공부 사춘기, 자신이 하고 싶은 것만 하려고 해요. 나아질까요?

교육과정이 어려워지고 학습 격차가 벌어지면서 공부에 점점 흥미가 떨어지는 아이들이 있어요. 학교, 학원 생활의 일상적인 패턴을 벗어나 공부보다는 자신이 하고 싶은 일에 깊이 빠져드는 경우가 있는데요. 칙센트미하이(Csikszentmihalyi, 2021)는 이것을 무언가에 흠뻑 빠져 있는 심리적 상태, 즉 몰입이라고 정의하였습니다. 칙센트미하이의 『몰입의 즐거움』이라는 책에서 몰입 경험은 배움으로 이끄는 힘, 새로운 수준의 과제와 실력으로 올라가게 만드는 힘이며 몰입에 의해 오는 행복은 스스로의 힘으로 만든 것이므로 더 값진 것이라고 이야기합니다. 결국 자신이 하고 싶은 일이 나쁜 행동이거나 주변에 피해가 가는 일이 아니라면 잠시 내버려 두어도 좋을 것 같습니다. 한 가지에 빠져든다는 것은 그만큼 몰입도가 강하다는 뜻이며 몰입의 행복을 느꼈을 때 언젠가 자신이 하고 싶은 일을 위한 공부도 필요하다는 것을 인지할 테니까요. 그때 다시 몰입도를 무섭게 발휘할 것입니다.

Q3. 수업 시간에 척척 대답도 잘하는 아이, 시험만 보면 결과가 좋지 않아요. 왜 그럴까요?

수업 태도와 수업 집중도는 무척 좋은데 시험만 보면 점수가 기대 이하로 나오는 아이들이 종종 있는 편입니다. 수업 시간에 배워서 잘 안다고 생각하는 것을 문제에 적용시켜 아이들에게 물어보면 모르는 경우가 허다해요. 그래서 자기주도적 학습이 더욱 중요한 것입니다. 수업 시간에 들은 것을 복습하고 확실히 자기 것으로 만들어야 해요. 자기 것으로 만드는 학습 방법을 스스로 터득했을 때 좋은 결과로 이어질 수 있습니다.

Q4. 우리 아이 학습 자존감이 너무 낮아요. 자신은 잘하는 과목이 없다며 다 포기하려고 들어요.

이 시기의 아이들이 좋아하는 과목 1위는 대부분 체육이고, 나머지는 각자 좋아하는 과목이 조금씩 다 달라요. 예체능을 특별히 잘하는 아이들을 제외하고는 국어, 영어, 수학, 사회, 과학에서 자신이 그나마 잘하고 좋아하는 과목을 찾는데요. 모든 과목에 자신이 없다는 것은 먼저 학습된 무기력이 형성되어 있는지 살펴볼 필요가 있습니다. 앞서 살펴본『달려도 될까?』의 주인공 코끼리처럼 학습에 있어 반복된 실패를 경험한 아이들은 아무리 노력해도 성공할 수 없다고 느끼게 되는 것이 바로 학습된 무기력인데요. 실패의 경험이 많아 자신이 할 수 있는 일조차에도 자신감이 떨어져 있다면 조금씩 학습 성공 경험을 높여 주면 됩니다. 조금이라도 관심이 가는 과목 하나를 선택해 꾸준히 학습하면서 그 과정의 가치를 높여 주면 언젠가는 결과도 빛을 발하게 될 것입니다.

알쏭달쏭 5학년 성장노트

'학습자 주도성, 자기 삶을 질문하는 방식'

2018년 OECD가 'Education 2030'에서 'student agency'를 미래 교육의 핵심 방향으로 제시하면서 세계적인 주목을 받게 되었습니다. 'student agency'라는 개념은 현재 학생 주체성, 학생 행위주체성, 학습자 주도성 등과 같은 용어로 사용되고 있습니다. 기존 자율성이나 주체성보다는 수행적인 의미를 강조하기 위해 주도성이라는 용어를 사용하는 경우도 많습니다. 최근 '주도성'이 왜 중요하게 부각되고 있을까요?

> 학습자 주도성은 '나는 무엇이 될 수 있고, 내가 원하는 것은 바람직한가?'라는 질문을 삶의 질문으로 삼는 가운데 성숙한 방식으로 세계 속에 존재하고자 하는 것이기 때문이다. 그리고 그러한 학습자 주도성은 학습자가 공교육 안에서 마음껏 질문하고 상상하며 실험하는 가운데 발현될 수 있기 때문이다(남미자 외, 2021).

교육에서의 학습자 주도성은 아이들이 스스로 학습 과정과 방향을 결정하고 이끌어 가는 능력으로 볼 수 있습니다. 학습자 주도성은 아이들이 스스로 삶과 세상을 바꿀 수 있는 힘을 가지며, 책임감 있는 사회 구성원으로 행동하는 데 필요한 기초를 마련해 줍니다. 학습자 주도성은 아이들의 개인적인 욕구와 흥미에서 시작되며, 아이들이 스스로 질문을 하면서 자신의 생각과 욕구를 반영하며, 필요에 따라 이를 사회적으로 유용한 방향으로 전환하는 과정이기도 합니다.

학습자 주도성은 단순히 아이들이 원하는 것을 학습하는 것 이상의 의미를 갖습니다. 주도성은 아이가 자신의 삶의 방향을 설정하고, 이에 따라 독립적으로 행동할 수 있는 능력을 갖추는 것을 포함합니다. 이는 아이가 자신의 흥미와 관심을 바탕으로 학습 목표를 설정하고, 이를 달성하기 위해 필요한 결정을 내리고 행동할 수 있도록 격려하는 것에서 시작됩니다.

부모와 교사는 아이가 새로운 도전을 시도하고, 자신의 의견을 표현하며, 자신의 학습 경로를 스스로 설계할 수 있도록 지원할 수 있어야 합니다. 이러한 지원을 통해 아이들은 사회에서 책임감 있는 구성원으로 성장하고, 자신의 능력을 발휘하여 긍정적인 변화를 만들어 낼 수 있습니다. 학습자 주도성은 미래 사회에서 아이들이 성공적으로 적응하면서 살아갈 수 있도록 중요한 토대를 제공합니다.

#5학년 가을 #학습자 주도성 #미래 핵심역량 #나는 무엇이 될 수 있는가? #질문하고 상상하기

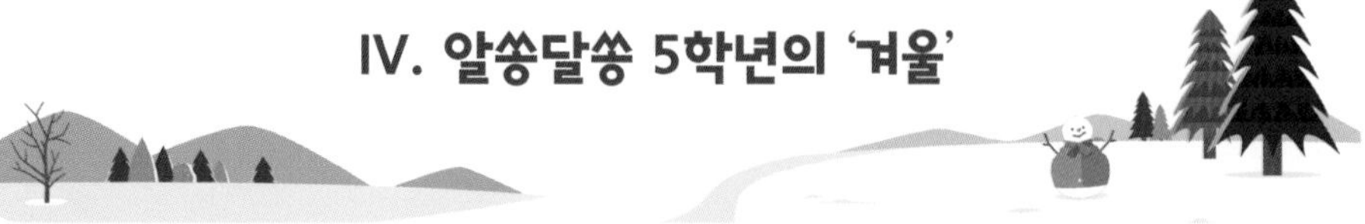

IV. 알쏭달쏭 5학년의 '겨울'

"뭐든 그려 봐, 무슨 꿈이든 괜찮아."

『무슨 꿈이든 괜찮아』(프르체미스타프 베히터로이츠 · 마르타 이그네르스카, 마루벌, 2014)

2008 폴란드 '올해의 아름다운 그림책 상'을 수상한 이 책은 모든 이에게 세상의 모든 꿈을 가질 수 있게 하는 특별한 그림책이에요. 여기에 등장하는 모든 동물은 꿈이 있습니다. 황새 가족, 뱀장어 가족, 하루살이, 상어 등 동물들이 원하는 꿈은 거창한 것이 아닌 한없이 소박하고 사소한 것이지요.

"네 꿈은 뭐니? 뭐든 그려 봐. 무슨 꿈이든 괜찮아."

세상 친구들이 들려주는 꿈 이야기를 들으면서 꿈이 곧 직업으로 연결되는 현실과 달리, 자유롭게 상상할 수 있는 나만의 꿈이 모두 소중하게 느껴질 것 같은데요. 마지막 장에 우리 아이의 꿈이 어떻게 그려질지 기대되시나요?

알쏭달쏭 5학년 교실 이야기

입김이 솔솔 나오는 하얀 세상이 되었어요. 학년 말 교실의 풍경은 제법 서로에게 익숙해지고 편해진 모습으로 이야기를 나누고 있습니다. 큰 욕심도 큰 다툼도 줄어들며 여유가 있는 모습들인데요. 6학년이라는 최고 학년이 되면 어떨지에 대한 기대감과 한편으론 나의 막연한 진로에 대한 부담감도 공존해 있는 것 같습니다. 그렇다고 나만의 꿈이 생기며 자신감이 벅차오를 것 같은 이상과는 달리, 현실에서의 아이들은 꿈에 대해 크게 생각하지 않습니다. 깊이 생각해 본 적도 없는 나에게는 먼 일이라고 생각하니까요. 하지만 지금은 진로 탐색의 중요한 시기로 내가 무엇을 좋아하는지, 이루고 싶은 행복한 삶은 무엇인지에 대해 한 번쯤은 진지하게 생각하며 이야기해 볼 필요가 있습니다. 꿈이 생긴다는 건 삶에 있어서 가장 중요한 이유이자 목표가 될 수 있기 때문이죠. 아이와 같이 진로에 대해 고민해 나가는 시기가 바로 지금입니다.

#1. "나의 꿈? 아직 잘 모르겠어요."

5학년 교실에 들어선 첫날, 아이들은 간단한 자기소개 후 선생님이 주신 꽃 모양 또는 타임캡슐 모양의 종이에 자신의 꿈을 적으라는 지령을 받는다. 아이들은 익숙한 듯 내가 미래에 되고 싶은 직업을 나의 꿈 타이틀 아래에 적는다. 그러고 나서는 예쁘게 꾸미고 전체 앞에서 발표를 한다. "저의 꿈은 의사입니다. 왜냐하면 주변의 아픈 사람들을 위해 봉사하고 싶기 때문입니다." 종이를 꾸미기는커녕 한 글자도 못 쓰고 연필을 들고 있는 친구도 있다. "전 아직 꿈이 없어요." "내가 커서 무엇이 되고 싶은지 아직 잘 모르겠어요." 두 친구 모두 당연한 과정이다. 내 자신을 진지하게 들여다볼 수 있는 기회가 없었던 것뿐이다.

고학년이 되면 한 번쯤은 자신의 꿈에 대해 진지하게 이야기하고 자신이 미래에 무엇을 하면서 살고 싶은지에 대해 뚜렷하게 말할 것이라 생각합니다. 하지만 막상 진정으로 내가 원하는 꿈이 무엇이냐고 물어보면 학교 안에서의 아이들 대부분은 모르겠다고 대답합니다. 자신의 꿈이 무엇이며 무엇을 해야 할지에 대해서 아무 생각이 없는 것이죠. 왜냐하면 자신의 능력과 부족한 점을 파악하고 어떤 사람이 되고 싶은지에 대한 명확한 개념을 형성하는 데 어려움이 있기 때문입니다.

이처럼 이 시기의 아이들은 자율성과 독립성이 생기지만, 정체성이 약하여 자신의 미래에 대한 확신이 없습니다. 또한 사회적으로 높은 기대와 경쟁, 성취에 대한 내적 스트레스가 생겨 내가 꿈을 가지고 이룰 수 있을까에 대한 막연한 두려움도 있습니다. 물론 꿈이 직업과 연결되는 것은 아닙니다. 그래서 요즘은 아이들에게 "네가 이루고 싶은 행복한 삶은 무엇이니? 어떻게 하면 행복하게 살 수 있을 것 같아?"라는 질문에 더 초점을 두고 이야기하곤 하는데요. 제자 중에 미니어처를 만들 때 가장 행복하다는 아이가 있었습니다. 그 아이는 미니어처를 만들고 즐거움을 얻는 것에 그치는 것이 아닌 자신이 전문성을 가지기 위해 어떻게 해야 하는지를 구체적으로 실천하고 있었는데요. 유튜브로 찾아보고 직접 미니어처 전시회도 다니면서 조금씩 자신만의 포트폴리오로 꿈을 위해 한 발짝씩 나아가는 모습을 보였어요. 말 그대로 누가 시키지 않아도 스스로 꿈을 위해 나아간 것이죠. 이 아이의 미래는 정말 기대되지 않나요?

#2. "나를 들여다보는 것, 어려워요."

2010년 밴쿠버 올림픽 때 피겨스케이팅 선수 김연아는 "아사다 마오를 이기려고 피겨를 하는 게 아니다. 나 자신을 이기려고 하는 것이다."라는 인터뷰와 함께 자신이 잘할 수 있는 것에 온 힘을 기울였습니다. 그 결과, 세계 최고 기록을 세우며 금메달을 목에 걸었는데요. 이처럼 김연아 선수가 아사다 마오 선수를 이긴 힘은 순전히 내적인 힘이라고 할 수 있습니다. 경쟁자에 대한 집중보다 자신에 대한 집중을 통해 정신 승리를 할 수 있었던 것이죠. 우리 아이들도 마찬가지입니다. 남들과 비교해서 좋은 직업을 얻는 것이 성공이 아니라 나 자신에 집중해서 내가 원하는 진로를 선택하는 것이 진정한 성공이라는 것이죠. 저는 어렸을 때부터 부모님과 주위 환경의 기대 속에 선생님이 되어야 한다는 말을 듣고 자라 왔습니다. 물론 교사라는 꿈이 제 적성에 다행히 맞았고, 하고 싶은 일이었기에 지금도 즐기면서 하고 있지만, 어떻게 보면 내가 원하는 것이 무엇인지 내 자신을 진지하게 들여다볼 기회는 없었던 것 같아요. 반면 제 여동생은 똑같은 그런 부모의 기대 속에 자신이 좋아하는 것과 잘하는 것에 온전히 집중한 결과, 애니메이션으로 유명한 일본으로 유학을 갔습니다. 공부를 하고 다시 돌아와 지금은 SNS 이모티콘 프리랜서로 진정 자신이 하고 싶은 일을 하면서 살고 있답니다. 모두 좋은 결과를 얻긴 했지만 중요한 것은 아이들에게 자신을 진지하게 들여다볼 기회를 주고 자신을 알아 가는 힘을 길러 주어야 한다는 것입니다. 진로를 선택할 때뿐만 아니라 사회에서 살아가는 데 있어 어느 상황에 놓여 있던 스스로를 잘 알고 스스로에 대해 믿는다는 것은 큰 자양분이 될 테니까요. 아이가 어떤 것에 관심을 보이는 순간 부모로서 굳게 믿고 꾸준히 지지해 주세요. 무엇인가를 해 보고 싶다고 했을 때 방향, 정보, 방법에 대해 옆에서 도움을 준다면 아이의 인생이 달라질 것입니다.

#3. "아이의 꿈은 부모가 보여 준 세상보다 클 수 없다."

미래학자 토머스 프레이(Thomas Frey)에 의하면 2030년까지 전 세계 일자리 40억 개 중 절반이 없어질 것이라고 합니다. 또한 옥스퍼드대학교 연구팀의 통계 결과를 보면 20년 이내에 미국의 700여 개 직업 중 절반이 인공지능으로 대체될 것이라고 하는데요. 미래의 주인공이 될 우리 아이들이 20년 뒤 살아가야 할 세상의 모습이 이렇게 변하고 있습니다. 사람들과는 물론 인공지능이나 로봇과도 경쟁을 벌여야 하는 우리 아이들의 진로에 대해 어떻게 조언해 주어야 할까요?

건강한 미래를 살아갈 역량을 키우고 자신의 꿈을 선택할 수 있도록 하기 위해 올바른 진로 교육이 무엇보다 중요합니다. 예전과는 달리 미래에 생겨나는 생소한 직업에도 관심을 가져야 하기 때문이죠. 아직 초등학교 아이들은 다양한 직업에 대해 잘 모르기 때문에 많은 정보를 제공하여 그 속에서 스스로 올바른 가치관을 확립할 수 있도록 도와주어야 합니다. 특히 인공지능이 대체할 수 없는 창조성과 감성에 관한 부분은 더 많은 정보가 필요한 것이죠.

막연히 진로 교육을 하다 보면 대부분 학습적인 부분에만 초점을 두게 됩니다. 원하는 직업을 가지려면 일단 "공부를 잘해야 한다. 무엇을 하든 학습이 기반이 되어야 한다."라고 강조하기 때문이죠. 그렇게 되면 아이들은 자신이 잘하는 분야에 자신감을 가지기도 전에 공부부터 잘해야 한다는 압박감이 생깁니다. 하지만 아이들은 자신이 꼭 이루고 싶은 꿈이 생기게 되면 눈빛부터 달라집니다. 꿈을 이루기 위해 차분히 접근하다 보면 학습이 필요한 이유에 대해 스스로 깨닫게 되고 학습 태도의 놀라운 변화도 이루어지게 되는 것이죠.

또한 아이들은 아직 미성숙한 존재로서 성인의 행동에 대해 믿음을 가지고 그대로 모방하는 경우가 많습니다. 반두라의 사회학습이론에 따르면 인간은 사회적 환경 속에서 관찰과 모방을 통해 새로운 행동을 익히게 되는데 주변의 교사, 부모, 어른들이 부적절한 행동을 한다면 아이들은 그대로 모방할 확률이 높다는 것입니다. 그 예가 바로 반두라의 보보인형실험입니다(4학년 가을 참조). 인형에 대해 공격적인 행위를 한 성인을 본 아이들과 보지 않은 아이들이 인형을 대하는 방식에 있어서 큰 차이를 보였는데요. 공격적인 행위를 한 성인을 본 아이들의 행동이 폭력적으로 나타났습니다. 결국 우리 어른들은 아이들에게 긍정적이고 바람직한 모델을 제시해 주어야 한다는 실험 결과였습니다. 아이들에게 가장 밀접한 세상은 가정이죠. 그러므로 열심히 일하는 부모의 모습을 보았을 때 부모의 직업 세계에 관심을 가지게 되고 자신의 진로에도 영향을 끼치게 됩니다. 모두가 그런 것은 아니지만 결국 진로에 고민을 가지고 있는 고학년 아이들에게 목표 분야의 성공한 인물을 보여 주고 그 노력을 관찰하여 경험을 공유하는 것이 무척이나 중요합니다. 이는 긍정적인 진로 가치관은 물론이고, 자신의 능력에 대한 믿음, 즉 자기효능감 발달에도 큰 영향을 주게 되는데요. 초등학교 진로 교육은 결국 내 자신에 대한 이해 속에 나의 강점을 찾아 나가는 과정이라고 생각하면 됩니다. 그 밑바탕에는 부모가 보여 주는 긍정적인 세상이 있다는 것을 잊지 마시고요.

#4. "그래, 찾아보자! 나의 강점을!"

2022 개정 교육과정에 따른 미래 진로 교육 방향은 중학교의 자유학년제가 축소되고 초등학교의 선택과목이 신설되면서 진로 연계 학기가 운영된다는 점입니다. 상급학교로 진학하기 전, 즉 초등학교 6학년, 중학교 3학년, 고등학교 3학년 2학기 중 일부 기간을 활용하여 학교급별 연계 및 진로 교육이 강화되는데요. 앞으로 초등학교

6학년 2학기에 자유학기 프로그램 맛보기 체험, 중학교 생활 이해, 교과별 진로 교육 등이 이루어진다고 합니다. 그래서 이 시기의 진로 교육은 거창한 것이 아닌 자신을 깊이 탐색해 보게 하는 것입니다. '의사가 되고 싶다.' '선생님이 되고 싶다.'가 아닌 '다른 사람에게 도움을 주는 일을 하며 행복을 느끼고 싶다.'라는 구체적인 말로 직업 목표가 아닌 인생 목표를 먼저 생각해 보는 것이죠. 내가 어떠한 삶을 살고 싶다는 생각이 들면 내가 가진 강점이 분명히 나타날 것입니다. 그 강점들이 모인다면 내가 진정 하고 싶은 일이 구체적으로 생깁니다.

나의 강점을 좀 더 구체적으로 알고 싶다면 자신의 성향, 적성에 대한 진로검사를 해 보는 것도 좋은 방법입니다. 흔히 알고 있는 커리어넷(https://career.go.kr)에서 무료로 진로심리검사를 받을 수 있고 초등학생들을 위한 진로 길잡이 주니어 커리어넷(https://career.go.kr/jr)에도 정보가 많습니다. 또 각 시 · 도교육청 진로 교육원 누리집에 상담 신청을 하시면 진로심리검사 실시 및 1 대 1 상담도 무료로 받을 수 있습니다.

강점의 종류에는 학습강점, 관계강점, 활동강점, 감정강점이 있는데, 이를 바탕으로 그 안의 각 하위영역도 구체적으로 나누어서 자세히 파악해 볼 수 있습니다. 예를 들어, 게임에서 승부욕이 강한 아이가 있다면 성취라는 감정의 강점이 강한 것으로 이해하고 강점에 맞는 진로를 찾아 주면 됩니다.

이처럼 우리 아이의 강점을 찾는 방법은 진로검사뿐만 아니라 아이가 좋아하고 동경하는 대상이나 물건으로도 파악할 수 있는데요. 어떤 아이가 "야구 선수는 하나도 안 부러운데 요리사가 부럽다."라고 말하면 요리에 관심이 있는 것으로 파악할 수 있고, 어떤 아이가 가장 아끼는 물건이 색연필이라고 말한다면 '그림 그리는 것을 좋아하는구나.'라고 유추해 볼 수 있어요. 결국 초등학교의 진로 교육은 나에 대한 믿음 속에 나의 강점을 찾아 나만의 포트폴리오를 만들어 나가는 시작점이라고 할 수 있습니다.

#5. "나만의 포트폴리오를 만들어 봐요."

아이의 강점을 어느 정도 파악했으면 좀 더 구체적으로 실천할 수 있는 방법을 알려 주는 것이 좋아요. 아이의 강점에 맞는 성공한 인물들, 즉 롤모델을 추천해서 성공 경험을 공유해 보기도 하고, 나의 강점을 신문이나 잡지에 표현할 수도 있으며, 내가 좋아하는 것을 작품으로 승화시키는 방법도 있습니다. 앞서 이야기한 미니어처 만드는 것을 좋아하는 아이는 평소 내성적이고 조용하여 친구들과 잘 어울리지 못했지만 혼자 미니어처 유튜브를 보며 시작하였는데요. 미니어처 작가 전시회를 꾸준히 관람하고 보다 전문적으로 공부한 결과, 자신만의 미니어처 콘텐츠를 제작하는 유투버로 활약하고 있답니다.

결국 자신이 잘하는 것과 좋아하는 것을 발견하고 자기만의 방식으로 표현하는 방법을 배운다면 단순 취미가 아닌 한 단계 높은 창작물로 변화하여 전문성을 가질 수 있습니다. 관심 있는 분야를 보는 시선 또한 달라질 것입니다.

자신이 잘하고 좋아하는 것을 발견하기 위해서는 다양한 경험을 해 보는 것이 중요한데요. 요즘 시대에 직업 체험할 곳이 정말 많죠? 직접 다양한 회사를 견학하여 관심사를 확장시키거나 잡월드, 키자니아 같이 간접적인 체험공간을 통해 흥미를 느끼는 분야를 좁혀 갈 수도 있습니다.

다양한 경험을 통해 관심이 어느 정도 생겼다면, 자신이 선택한 일에 목표를 세우고 지금 자신이 해야 할 일을 꾸준히 조금씩 실천하게 해 보세요. '티끌 모아 태산'이라는 말처럼 작은 것도 모이면 큰 것이 됩니다. 작은 노력이 쌓이면 큰 변화를 이루어 내는 것처럼 작은 행동을 완료하는 습관을 기른다면 무엇이든 할 수 있습니다. 결국 완료된 작은 행동 하나하나가 나의 포트폴리오가 되는 것입니다.

구체적으로 나의 꿈에 도움이 될 행동들을 생각하여 하나를 골라서 매일 조금씩 실천하고 인증을 해 보는 것입니다. 예를 들어, '나는 애니메이션 작가가 되고 싶다.'라는 목표를 세우고 도움이 될 만한 행동으로는 '매일 그림을 하나씩 그리고 나의 그림에 제목을 붙여 보며 그림에 담긴 나의 마음을 써 본다.' 그리고 '매일 실천한 인증 샷을 올린다.'라고 말이죠. 물론 아이들이 스스로 해 보다가 힘들어서 포기하고 싶을 때가 있을 것입니다. 그럴 때마다 꿈이 바뀌어 다른 선택을 할지라도 이것은 아이가 인생을 살아가는 데 큰 경험이 될 것입니다. 아이가 하고 싶은 일에 노력하는 모습을 보인다면 그 과정만으로도 인정해 주세요.

그런 후 유튜브를 개설하거나 나만의 포트폴리오를 꾸준히 만들어 공모전 응시를 할 수 있는 표현 기회를 제공해 준다면 아이들은 자신의 능력을 마음껏 펼칠 수 있을 것입니다. 아이를 독립된 개체로 인정하고 아이의 생각을 온전히 들어 주면서 부모의 생각을 덧붙일 때 스스로 선택할 수 있는 힘이 생깁니다. 부모들은 아이에게 필요한 정보, 구체적으로 실천할 수 있는 방법만 도와주면 됩니다.

#6. "미래에 행복하게 살래요."

학교에서 많은 아이들을 대하다 보면 항상 웃으면서 말을 예쁘게 하는 아이들이 있어요. 대부분 긍정적인 마인드를 가지고 있는 아이들이며, 화가 나거나 짜증이 날 수 있는 상황에서도 자기 마음의 중심을 잡으며 크게 동요하지 않습니다. 선생님의 입장에서는 그런 아이들이 참 예쁘더라고요. '많은 사랑을 받고 자랐구나.' 하는 느낌이 들죠. 부모님이 여유롭고 긍정적인 마인드를 가지고 있으면 아이들은 그 영향을 고스란히 받습니다.

아이들한테 항상 자신은 소중하고 잠재력이 충분한 아이라고 예쁜 말들을 많이 해 주세요. 아이들은 그런 말들을 듣고 쑥쑥 큰답니다. 조급해하지 말고 우리 아이를 믿고 기다려 주세요. 학교에서 아이들이 부모님을 생각하는 건 부모님이 느끼시는 것보다 훨씬 큽니다. 부모님이 아이들을 믿는 만큼 아이들도 부모님을 많이 믿고 의지하고 있어요. 그래서 아이들이 꿈을 이루고 싶은 이유에 부모님을 1순위로 올려놓기도 합니다. 행복하게 해 주고 싶은 마음이 가득한 것이죠. 우리 아이들이 미래에 행복하게 산다면 얼마나 좋을까요? 우리 아이들이 이야기하는 꿈에 많이 귀 기울여 주세요!

알쏭달쏭 5학년 탐구생활(Q&A)

Q1. 무엇을 할 때 가장 행복하냐고 물으면 아무 생각이 없대요. 그냥 잘 때, 먹을 때라고 하는데 어떻게 방향을 잡아 주어야 할까요?

대부분의 아이가 그렇습니다. 초등학교 5학년 아이들에게 똑같은 질문을 했을 때 모르겠다는 답이 반 이상이에요. 당연한 것입니다. 자신에 대해 진지하게 생각해 본 적도, 그렇다고 다양한 직업에 대해 탐색해 본 적도 없는 것이죠. 구체적으로 무엇을 어떻게 생각해야 하는지 몰라서 그렇습니다. 어른인 저도 잘 때나 먹을 때가 가장 행복한 것은 어쩌면 당연한 일일 테니까요. 그럴 때는 아이에게 자꾸 묻기보다는 아이를 잘 관찰해 보세요. 아이가 학습이 아닌 여유 시간에 무엇을 하며 보내는지, 어떤 얘기를 할 때 표정이 가장 밝은지를 보면서 그 주제에 대해 부모가 먼저 화두를 던져 보는 것입니다. 그러면서 점점 깊이 관심을 가지게 될 때 아이는 분명 부모에게 무언가를 요청할 것입니다. "엄마, 이 분야의 책 하나 사 주시면 안 돼요?"라고요.

Q2. 아이가 좋아하는 것, 이루고 싶은 꿈은 확실한데 부모가 보기에는 허황된 것처럼 보여요. 어떻게 조언을 해야 할까요?

아이가 아이돌을 보면서 꿈을 키우고 있어요. 댄스에도 꽤 자신 있고 춤을 출 때가 가장 행복하다며 춤을 출 때만큼은 그 누구보다 진지한 모습을 보입니다. 하지만 부모는 현실을 알죠. 아이돌이 되기 위해 하루에 수십 명, 아니 수백 명이 도전을 하지만 정작 성공한 아이돌은 몇 명 안 된다는 것을요. 아무리 부모가 설득하려고 해도 아이들은 부모가 자신을 이해하지 못한다는 생각뿐입니다. 하지만 걱정하지 않으셔도 됩니다. 사실상 부모가 생각하는 것보다 아이들은 그 세계를 너무나도 잘 알고 자신이 그 아이들에 비하면 턱없이 부족하다는 사실 또한 본인이 제일 잘 알고 있어요. 다만 부모가 자신을 믿어 주는지, 자신이 하고 싶은 일에 지지해 주는지를 알고 싶은 것입니다. 그냥 지켜보면서 자신이 하고 싶은 일에 노력하는 과정 자체에 큰 박수를 쳐 주세요. 꿈이 수시로 바뀌어도 아이의 인생에 있어 값진 경험이 됩니다.

Q3. 요새는 부모의 정보력이 아이의 진로를 결정한다고 하는데, 일을 하는 부모로서 아이의 정보력에만 매달릴 수도 없고 고민이에요.

부모도 공부를 해야 합니다. 하루에도 수십 개의 직업이 없어지거나 생겨나는 요즘, 인공지능의 세상에서 우리 아이들이 살아남으려면 부모의 정보가 무척이나 중요한데요. 그렇다고 무작정 많은 정보를 들이밀면서 아이를 혼란스럽게 하는 것은 역효과가 납니다. 가장 중요한 것은 우리 아이에 대한 객관적인 파악이며 그 후 우리 아이에게 맞는 진로 컨설팅을 해 주어야 합니다. 그래야 아이가 좋아하는 것은 물론 강점을 잘 살린 꿈을 이룰 수 있게 도와줄 수 있는 것이죠. 물론 부모의 컨설팅대로 움직일 수만은 없겠지만, 적어도 우리 아이가 좋아하고 잘하는 것이 있다면 그것을 살려 주려고 노력하는 것이 부모의 역할이 아닐까요?

알쏭달쏭 5학년 성장노트

'진로, 빚고 다듬는 삶의 과정'

5학년 겨울이 지나가면 아이들은 이제 드디어 초등학교 6학년 최고 학년이 됩니다. 초등학교 5학년에서 6학년 시기에는 자신의 진로에 대한 다양한 탐색의 기회가 주어집니다. "넌 꿈이 뭐니?" 무심코 던지는 질문이지만, 생각보다 쉽게 답하기 어려운 질문입니다. 아이들은 다양한 진로 교육 및 프로그램에 참여하면서 본격적으로 자신의 꿈과 미래를 고민하기 시작합니다. 최근 다양한 진로 교육 프로그램에서 자신만의 진로를 멋지게 '디자인'해 보자는 말을 종종 보게 됩니다. 아이들에게 진로를 디자인한다는 것은 어떤 의미일까요?

디자인(design)이라는 단어의 어원을 살펴보면, 1580년대 프랑스어에서 '마음속의 계획이나 목적'이라는 용어로 사용되기도 했고, 어떤 특정한 방식으로 행동하려는 의도라는 뜻으로 사용되었다고 합니다. 이에 따르면 디자인은 디자이너의 계획을 토대로 특정한 방식으로 행동하는 과정일 수 있습니다. 그런데 진로를 디자인한다는 것이 과연 한 사람의 인생을 계획대로 행동하게 할 수 있는 일일까 고민이 들기도 합니다. 진로를 디자인한다는 것, 아마도 쉽지 않은 일임을 많이 느끼고 있을 것입니다. 특히 훌륭한 디자이너가 되어서 한 번에 작품을 디자인한다는 것은 너무나 어려운 일일 것입니다. 그렇다면 진로는 결국 한번에 완성된 작품을 만드는 것이 아니라, 수없이 많은 도전과 실패를 반복하면서 자신의 작품을 끊임없이 빚어 가는 것이 아닐까요? 마치 찰흙으로 그릇을 빚는 과정으로 보아도 좋겠습니다.

'빚다(craft)'라는 단어의 어원을 살펴보면, '힘과 체력을 갖고 솜씨 있게 만들다'는 뜻을 발견할 수 있습니다. '진로'라는 영역이 '빚다'라는 행위와 합쳐진 '커리어 크래프팅(career crafting)'은 꾸준히 지치지 않는 힘과 체력을 가지고 자신의 꿈과 미래를 솜씨 있게 만들어 가는 과정으로 볼 수 있습니다. 완벽하지 않아도 괜찮으니 우리 아이들이 자신의 꿈과 미래를 솜씨 있게 빚어 가는 '커리어 크래프팅'을 해 나갈 수 있기를 기대해 봅니다. 거칠고 다듬어지지 않은 찰흙일지라도 이미 멋진 우리 아이들이 서서히 빚어 나갈 미래를 다함께 응원해 봅니다.

#5학년 겨울 #진로 #커리어 크래프팅 #찰흙으로도 이미 멋짐

V. 다시 봄

얼었던 개울가의 물이 녹아 햇살을 다시 담을 수 있는 봄이 오고 있습니다. 사춘기라는 서툰 몸짓으로 시작한 우리 아이들도 사계절을 보내고 부쩍 자라 제법 어른스러운 말과 행동을 보입니다.

1년 동안 '사춘기'라는 이름으로 아이와 많이 울고 웃고 하셨죠? 4학년과는 사뭇 다른 5학년 아이들의 모습에 당황스러워하며 수시로 변하는 아이의 감정을 맞춰 주느라 복화술(?)도 많이 하셨을 텐데요. 그렇게 수십 번 아이를 이해하기 위해 고민하고 참았던 과정들이 아이의 성장에 밑거름이 되었습니다. 아이는 독립된 개체라는 것을 잘 인정해 주고 있는 것입니다.

앞으로도 자기주도적인 동력을 가지고 자신의 의사 표현을 분명히 할 우리 아이들의 선택과 마음을 존중해 주세요. 친구를 분간하는 안목과 그 속에서 친구와의 갈등을 스스로 해결할 수 있는 힘이 생깁니다. 꿈을 위해 주체적으로 공부를 하며 학습 자존감을 높이려고 스스로 노력할 것입니다. 내가 품은 아이를 통제가 아니라 스스로 설 수 있도록 동력을 올바르게 쓰는 것을 도와주세요. 우리 아이들은 자신의 정체성을 찾기 위해 훨씬 더 깊고, 가치 있게 자신의 인생을 생각하고 있습니다. 이제 곧 6학년이라는 최고 학년이 되면 더 성숙한 모습으로 자신의 행동에 책임지는 멋진 모습을 보일 것입니다. 부모로서 한발 물러서서 지켜보되 아이가 힘들어하는 것 같으면 얼른 달려가 아이의 마음을 안아 주면 됩니다.

하늘은 너무 높아서 잡아 보려는 욕심마저 사라지게 한다고 해요. 5학년 시기에 우리 아이들을 하늘처럼 쳐다만 봐 주세요. 그 하늘에 햇살이 비출 때 밝게 웃어 주고 먹구름이 드리워 비가 올 때 우산으로 막아 주면서요. 그러면 비 온 후 하늘에 무지개가 생기듯 알쏭달쏭한 우리 아이들의 마음도 알록달록한 예쁜 빛깔로 물들어 있을 것입니다.

자신보다 우리 아이들의 행복을 먼저 생각하는 이 세상의 모든 부모님, 선생님들을 응원합니다.

"저를 아이 취급하지 말아 주세요.
그렇지만 아직 마음은 약해요……."

"우리 아이가 낯설어요. 조그맣고, 명랑하고 밝기만 하던 녀석이 키가 저보다 커지고 말수도 줄어들었어요. 집에서 얼마나 짜증을 내는지, 사 달라는 것은 왜 이렇게 많아지는 건지 아이와 하루하루가 전쟁이에요."

3월 들어 학부모 상담이 시작되면 아이의 낯선 모습에 대해 봇물 터지듯 이야기하시는 학부모들이 정말 많습니다. 6학년은 아이의 신체와 정서가 하루가 다르게 변화하는 시기입니다. 학부모님들은 급격한 변화를 겪는 아이의 모습이 낯설 때도 있습니다. 그 낯섦 때문인지 6학년 학부모가 처음이신 분들은 어쩔 줄 모르면서 당황스러움을 표현하시기도 합니다. 흔들리며 피어나는 우리 6학년 어린이들이 느끼는 지금의 고민과 솔직한 마음을 살펴볼 수 있다면 우리 부모님들에게 많은 도움을 드릴 수 있겠다는 생각이 듭니다. 봄을 시작으로 '6학년 자세히 살피기 4계절 여행'을 함께 떠나볼까요?

I. 성큼성큼 6학년의 '봄'

"흔들리는 6학년이 되었어요."

『너도 하늘말나리야』(이금이, 밤티, 2021)

주인공은 6학년 미르, 소희, 바우입니다. 이 3명의 아이는 저마다의 상실과 슬픔을 경험하며 살아갑니다. 미르는 할머니의 남아 선호 사상으로 인해 부모님의 이혼을 경험했고 이후 어머니를 따라 시골에 살게 됩니다. 밝은 성격의 여자아이지만 다소 철이 없는 게 특징입니다. 소희는 아버지가 돌아가시고 재혼한 어머니와 살고 있으며 철부지인 미르와는 반대로 매우 조숙한 여자아이입니다. 모범생이지만 또래보다 조숙하여서 '절친'은 미르와 바우 이외에는 없습니다. 바우는 어머니를 잃은 슬픔에 빠진 어린 시절과 아버지의 잘못된 양육으로 마음에 큰 상처를 입어 말문이 막힌(선택적 함구증) 아이입니다. 이 3명의 단짝 '13살 어린이들'이 여러 가지 사건을 함께 겪으며 아픔도, 기쁨도 서로 나누며 성장하는 모습들이 이 책에 아름답게 담겨 있습니다.

"엄마, 하늘말나리는 소희 누나 같아요. 주변이 아무리 어수선해도 자신을 흐트러뜨리지 않고 알차게 자기 자신을 꾸려 나가는 소희 누나 같은 꽃이에요."

성큼성큼 6학년 교실 이야기

최고 학년이라고도 하는 6학년들은 아동과 청소년의 어느 사이에서 살아갑니다. 이러한 청소년 전환기(에릭슨 발달단계) 속에서 아이들은 자신에 대한 재발견을 늘 의식합니다. 물론 개인 차이가 있지만 보편적으로 자아정체감 형성을 위해 노력하는 모습을 보이며 그 과정에서 절대자와 같던 부모님, 교사 등 '어른'들에게 의문과 반항을 표현합니다. 심리적 혁명기라고도 할 수 있는 열세 살 아이들을 우리는 어떤 말과 행동으로 바라봐 주어야 할까요?

6학년은 사실 학교 현장에서 선생님들이 가장 어려워하는 학년이기도 합니다. 어른들과 키가 비슷한 아이들도 몇몇 있고 덩치도 많이 크기 때문에 때로 생활지도에 어려움을 겪는 일도 있어요. 다른 학년과는 달리 유독 6학년 아이들이 가지각색의 태도를 보이기 때문에 학습과 생활지도 측면에서 굉장히 신경이 쓰인다고도 표현합니다. 어떤 아이는 매우 심드렁한 반응으로 1년을 보내기도 하고 또 어떤 아이는 엄청난 적극성을 보이기도 하는데 이러한 마음과 태도의 편차가 다른 학년에 비해 무척 크기 때문에 6학년은 아이 하나하나의 상황을 자세히 살필 필요가 있습니다. 그래서 저는 때로 '애어른'이라는 표현을 쓰기도 하는데요. 어른 대접은 받고 싶어 하고 아이의 감성은 간직하고 있는 우리 6학년 아이들의 세계를 함께 살펴볼까요?

#1. "저만 단짝이 없어서 너무 속상해요."

초등학교 선생님으로서, 벌써 15년째 맞이하는 3월의 첫날이지만 여전히 떨리고 설레고 또 걱정된다. 아무렇지 않은 척 6학년 교실문을 열고 들어와 아이들을 바라본다. 수업 시작 전 잠깐의 아침 시간이지만 벌써 아이들은 작년, 재작년 같은 반 친구, 같은 아파트, 학원 친구들로 나누어 앉아 상기된 목소리로 이야기를 나눈다. 다만 유독 어색한 표정으로 어디에도, 누구와도 이야기하지 않는 혜영(가명), 진규(가명) 같은 아이들도 발견된다.

3월이 되면 아이들 사이에서는 묘한 긴장감이 관찰됩니다. 학기의 첫 번째 한 주 동안에도 아이들은 자기 무리를 형성하기 위해, 혹은 그 무리에 소속되기 위해 갖은 노력을 다합니다. 같이 화장실에 가기도 하고, 쉬는 시간에 운동하기도 하고 하교 후에 간식을 먹기도 하는 등 서로 공통점을 찾기에 매우 집중합니다. 이미 여섯 번째 새 학년을 맞이하는 아이들은 앞으로 1년을 함께할 그룹(벌써 기존 학교생활을 통해 형성된 그룹이 있을 수 있음)을 만들기 위한 말과 행동들을 능숙하게 시도합니다. 다만 이러한 '친교' 행위에 익숙지 않은 아이들도 있습니다. 단짝이 없다 보니 여러 그룹을 떠돌거나 소외되는 경우도 종종 생깁니다. 이때 6학년 아이들은 소속감이라는 중요한 감정을 충족하지 못하고 상실을 경험하기도 합니다. 3월 학생 상담에서 꼭 2~3건 정도는 나만 단짝이 없는 것 같다는 이야기가 나옵니다.

이때 선생님은 아이들이 전체적으로 좋은 관계를 형성하고 학년 초 적응을 돕기 위해 새 학기 프로젝트(놀이), 소개 활동에 집중합니다. 다만 모든 일이 그렇듯 혜영이나 진규와 같은 아이들을 위해 억지로 단짝을 만들어 주는 것은 득보다 실이 훨씬 큽니다. 보통 저렇게 어떤 무리에 소속되지 못한 아이들을 묶어 주면 되겠다고 생각하는 선생님들도 계실 수 있습니다. 그러나 그러한 행동은 그 아이들의 개성을 전혀 고려해 주지 못하고 또 아이의 자존감에 악영향을 끼칠 수 있습니다.

또 특정 그룹 아이들에게 부탁해서 혜영이를 받아 주라고 할 수도 있지만 이 방법 역시 잠깐은 혜영이에게 안정감을 줄 수 있을지 몰라도 결과적으로는 더 큰 소외감을 줄 수 있고 부탁받은 아이들에게도 부담감 또는 우월감이라는 건강하지 못한 감정을 갖게 할 수도 있습니다. 뾰족한 수가 안 보이시지요? 결국 아이의 성격과 마음을 자세히 살피고 아이가 희망하는 방향으로 나아갈 수 있도록 천천히 돕는 것이 슬기로운 교사와 부모의 역할이 아닐까요? 가정에서 혜영이와 진규에게 해 줄 수 있는 몇 가지 체크리스트를 다음에서 더 이야기해 봅시다. 아울러 뒤에 나오는 여름에서 또래 관계에 관해서 더 자세히 살펴보겠습니다.

#2. "나를 좀 바라봐 주세요."

혜영이를 위해 가정에서는 어떤 노력이 필요할까요? 대체로 집에서 이야기를 별로 하지 않는 성향이 큰 6학년 아이들, 특히 단짝이나 소속 그룹이 없어 힘들어하는 아이들은 무엇보다 '관찰'이 필요합니다. 권혜진(2014)은 「아동의 정서문제, 자기조절학습능력이 학교적응에 미치는 영향: 초등학교 6학년 아동을 대상으로」라는 논문에서 학교 적응에 아동의 현재 정서 상태가 굉장한 영향을 미치며 그러한 정서 상태는 가정에서의 여러 문제(무관심, 대화 부족 등)에서 발발한다고 이야기합니다. 그래서 가정에서 매일매일 할 수 있는 네 가지 살피기 행동을 제안합니다.

☑ 우리 아이 등하교 차이점 살피기: 등교 때에 밝던 아이가 하교 때는 어둡지 않은지?
☑ 우리 아이 일상 표정 살피기: 평상시 표정이 늘 어둡고 불안해하지는 않는지?
☑ 우리 아이 옷차림 살피기: 계절에 맞는지, 찢어지거나 오염되어 있지는 않은지?
☑ 우리 아이 관심사 살피기: 우리 아이가 좋아하는 것 10가지를 나는 알고 있는지?

이러한 네 가지 살피기 행동이 잘 이루어지면 아이가 등교와 하교 때 모습에서 어떤 변화가 있는지, 아이의 일상 표정이 어두운지 밝은지, 아이가 옷차림(보통 6학년은 스스로 옷을 고르고 코디합니다.)에 어떤 포인트를 주고 있는지, 우리 아이의 요즘 관심사(아이돌, 음악, 동아리 등)는 어떤지, 아울러 아이가 어떤 친구 이름을 가장 많이 부르고 통화는 누구랑 많이 하는지 등을 알아차리실 수 있습니다. 이러한 관찰은 우리 아이의 현 상황을 잘 살필 수 있습니다. 부모님이 할 수 있는 아이의 적응 돕기는 바로 이러한 '알아차림'에서 출발합니다.

#3. "모든 것이 유치해요."

"얘들아, 선생님이 재밌는 이야기 해 줄까?" "네!" 그러나 선명하게 들리는 "아니요, 재미없어요." '나 아직 말도 안 꺼냈는데…….' 이렇게 가끔 나를 의기소침하게 만드는 효영(가명)이다. 샘의 개그는 다 아재(아저씨) 같고 재미없다며 나에게 마상(마음의 상처)을 팍팍 주는 효영이는 정말 시니컬 그 자체이다. 늘 심드렁한 효영이와 그 무리(?)들에게 인기만점 선생님이 되고 싶은데…….

보통 한 학급에 20명 내외의 아이들이 있다면 그중 2~3명은 굉장히 시니컬한 친구들이 있습니다. 교사가 제시하는 어떠한 활동에도 시큰둥하고 무언가에 열심히 참여하는 일 자체가 유치하다며 거부하기도 합니다. 시큰둥, 심드렁한 아이들은 대체로 집에서도 말수가 적고 부모님과의 관계도 다소 단절된 모습들이 발견됩니다. 학교에서는 이러한 아이들에게 적절한 학습 자극과 관심사 발견을 위한 시간을 제공하여 긍정 반응을 끌어내려 노력합니다. 요즘 유행하는 유튜브 댄스 챌린지를 같이 연습하기도 하고, 일부러 개그맨 성대모사를 따라 해 보기도 합니다. 남자아이들에게는 축구게임 이야기, 손흥민 선수 이야기를 공부(?)해서 들려주고 여자아이들에게는 인기 아이돌의 콘서트 소식을 알리기도 합니다. 참 애처로운(?) 교사생활 같지만 그렇게 공부하는 사이에 아이들의 세계에 대해 좀 더 알게 되어 즐거울 때도 많습니다.

그렇다면 가정에서는 어떤 노력이 필요할까요? 바로 아이의 관심사에 집중하는 것입니다. BTS 팬인 딸을 위해 어머니도 BTS 팬클럽인 아미에 가입하고 콘서트를 같이 간다는 이야기는 이미 유명한 일화입니다. 실제로 저희 반 효영(가명)이는 세븐틴이라는 아이돌에 푹 빠져 '엄마 아빠보다 세븐틴'이라는 말을 자주 합니다. 굉장히 서운하시겠지만 이때 아이에게 실망하기보다는 아이의 관심사를 찾았다는 환호를 지르시면 더 좋겠습니다. 효영이처럼 가정에서 아이가 '지금' 관심을 보이는 '무언가'를 찾아(의외로 부모님보다 교사가 빠르게 포착하는 경우가 많으니 학교상담을 해 보시는 것도 좋습니다. 그 무언가를 함께하는 것을 제안합니다). 물론 힘들고 시간도 들고 돈도 드는 귀찮은 일이 될 수 있지만 그 귀찮음이 극복되면 평생의 취미 파트너가 내 아이가 되는 행복 경험을 얻으실 수 있지 않을까요?

#4. "친구가 우니까 저도 눈물이 나요."

> 우리 6학년은 4학급이다. 봄맞이 학년 대항 체육대회 소식에 교실은 난리가 났다. 여자아이들은 피구, 남자아이들은 축구를 한다. "민서(가명)가 에이스니까 앞에서 잡아 주고 은진(가명)이가 공을 잘 던지니까 공격수야!" 자발적으로 몇 주 동안 열심히 연습을 하고 대회 날이 되었다. 밖에서 남자팀 축구 심판을 하던 나에게 여자아이들이 엉엉 울면서 달려온다. "왜 울어? 져서 우는 거야?" "아니요, 이겼어요! 쌤! 근데 눈물이 나요. 민서가 우니까 저도 눈물이 나요……."

피구 감독님(학급 체육부장 호영이)에게 혼나면서 연습한 시간, 승리의 기쁨이 뒤섞여 자기도 모르게 눈물이 났다는 민서, 그 민서를 보고 눈물샘이 터져 버린 우리 반 여자아이들, 그 여자아이들을 보고 어리둥절해하다가 코끝이 찡해졌다는 우리 반 남자아이들을 보며 6학년에 대해 많은 생각을 해 보았습니다.

흔히 6학년은 질풍노도의 청소년이라는 이미지가 강합니다. 반은 맞고 반은 틀린 것 같습니다. 제가 관찰한 요즘의 6학년들은 굉장히 사회적이면서도 복잡한 행동양식을 가지고 있습니다. 때로는 배려심이 넘치고 이타적이지만 가끔은 냉정하게 관계를 끊어 내는 모습도 보입니다. 앞의 체육대회 일화처럼 어떤 이벤트에 모두 공감하며 엉엉 울기도 하고 다른 반의 침공(?) 때는 다 같이 똘똘 뭉쳐 화를 내기도 합니다. 선생님이 아이들의 이러한 공감 성향과 사회성 발달에 주목한다면 아이들의 에너지를 온전히 건강한 방향으로 사용할 길이 열립니다. 가정에서도 마찬가지입니다. 어떠한 사안이 발생했을 때 내 아이만의 문제, 혹은 내 아이만의 개별적 행동으로 살펴보기보다는 교실 속 사회적 관계를 차근차근 살피는 편이 우리 아이를 위한 문제 해결의 출발점이 될 수 있습니다.

"제가 우리 엄마보다 키가 커요."

건강기록부 입력을 위해 키와 몸무게를 재는 4월 초, 교실에는 긴장감이 감돈다. 6학년 성찬(가명)이는 181cm이 넘었지만 심드렁하다. 친구 혜주(가명)는 139cm라며 한숨을 쉰다. 예전처럼 교실에 줄을 서서 선생님이 크게 키와 몸무게를 불러 주면 아이들은 씩씩거리며 선생님과 '절교'할지도 모른다. 비밀 이야기하듯 한 명 한 명에게 조심스레 키와 몸무게를 알려 준다. 우리 모두 예민한 날이 잘 넘어갔으면 좋겠다.

6학년 아이들의 평균적 신체 발달은 키 152.2cm, 몸무게 46~49kg입니다(교육부, 2022a). 평균적으로 여자아이의 성장기가 빨리 오기 때문에 평균 신장은 비슷합니다. 물론 개인차가 있어 어떤 아이는 170cm가 훌쩍 넘어가고 어떤 아이는 아직 3학년처럼 귀여운 모습을 보입니다. 성장이 빠른 아이들은 이미 부모님의 신체 스펙을 넘는 경우도 자주 보입니다. 지금 우리 6학년 아이들은 부모님 세대와 비교했을 때 신장과 체중, 즉 체격은 굉장히 커졌습니다. 하지만 안타깝게도 비만 아동의 비율이 높아졌고, 특히 시력에 문제가 있는 아이들이 크게 증가했습니다. 예전에 안경을 쓴 것이 놀림거리였다면 지금은 안경을 안 쓴 아이가 신기한 케이스가 될 정도입니다. 급성장기를 맞이한 아이들은 자기 몸을 다루는 것이 아직까지 서투릅니다. 신체 비율이 아

직 조화롭지 못하고 적응이 필요하기 때문에 때로는 어색한 움직임을 보일 때도 많습니다.

또 다른 신체적 변화는 여자아이들의 월경이 보편화된다는 것입니다(물론 더 저학년 때 시작하는 경우도 있지만 보통 6학년이 되면 학급 여자아이들의 상당수가 월경을 시작합니다). 남자아이들의 경우 변성기가 온다는 것입니다. 그래서 음악 시간에 노래하는 것을 아주 싫어하는 아이도 생깁니다.

학교에서는 아이들의 이러한 급성장기에 '기록' '알림' '관리'라는 세 가지 차원을 사용합니다. 아이들의 변화를 주기적으로 기록하고 이를 아이와 가정에 알립니다. 다만 이때 급성장하는 것 자체가 성장과 건강에 좋은 것만은 아니기 때문에 평균적인 성장치를 웃돌 경우 혹은 시력과 비만에 이슈가 생길 경우에는 여러 프로그램을 통해 관리하기도 합니다. 가정에서는 매일매일 아이의 변화와 성장을 체감하기는 어렵습니다. 내 아이가 아주 익숙하기 때문입니다. 이때 다음의 여섯 가지 포인트가 아이의 신체적 성장 살피기에 도움이 될 것입니다.

☑ 우리 아이 비만 관리(BMI)

☑ 우리 아이 성장 관리

☑ 우리 아이 시력 관리

☑ 우리 아이 자세 관리

☑ 우리 아이 성교육

☑ 몸은 어른, 마음은 어린이

비만이 나쁘다는 것, 신체 성장은 호르몬과 관련한 관리가 필요하다는 것, 그 나이 때의 시력은 생각보다 쉽게 손상된다는 것, 아이가 주로 취하는 자세의 특징은 척추 변형 상태의 지표라는 것, 뒤에서 다루겠지만 성교육 또한 우리들의 커다란 고민 중의 하나입니다.

다만 우리 아이들이 몸은 어른과 같지만, 마음은 아직 어린이라는 것을 꼭 알아차리셔야 합니다. 6학년 아이를 덩치가 크다고 어른과 같이 대하는 것은 아이의 마음 건강에 나쁜 영향을 줍니다. 우리 아이들의 신체 성장 속에서 우리가 반드시 신경 써야 할 것은 아이들의 신체와 마음이 더불어 어떻게 성장하고 있는지에 대한 진지한 고민입니다. 부모님의 살핌과 대화를 통해 가정에서도 아이의 몸과 마음 성장을 균형 있게 관리하는 것이 슬기로운 솔루션임을 말씀드려 봅니다.

세심한 관찰과 빠르고 전문적인 의학적 대응이 우리 아이의 스트레스를 줄일 수 있습니다. '키가 중요하니 꼭 키를 키우세요.' '비만은 나빠요.'라고 단순한 내용을 제안드리는 것은 아닙니다. 아이가 외모에서 받는 스트레스에 대한 기초적인 대응이 중요하기 때문에 우리는 부모로서 할 수 있고 해야 하는 부분에 대해 고민해야 하지 않을까요?

성큼성큼 6학년 탐구생활(Q&A)

Q1. 아이가 집에서 이야기를 거의 안 해요. 우리 아이 학교생활 잘하고 있는 거 맞죠?

거의 대부분의 부모님들이 지니신 고민입니다. 특히 남자아이의 경우 집에만 오면 입을 꾹 다물어 버린다고 어려움을 호소하시는 경우가 많습니다. 흥미로운 점은 상당수의 아이들이 학교에서의 성향과 집에서의 성향이 다르다는 측면입니다. 학교에서는 엄청난 수다쟁이고 인기를 독차지하는 아이도 집에만 오면 문을 탁 닫고 자체 고립을 택하는 경우가 많습니다. 이는 앞에서 말씀드린 아이의 심리 발달과 관련이 깊습니다.

아이는 '나'라는 존재의 정체감을 형성하는 초기 단계에 이르렀습니다. 조금 슬픈 이야기지만 탐색과 관심의 대상이 부모에서 부모 외의 존재로 전환되는 시기이기도 합니다. 이때 아이는 종종 부모에게 의문과 반항을 내비치며 이에 대한 초기 피드백이 부정적일 경우 대화를 단절하는 경우가 아주 많습니다. 가정에서는 아이가 집에서 이야기하지 않는 것을 문제라고 생각하기보다는 자연스러운 성장으로 생각해 보시면 좋겠습니다. 다만 앞의 관찰가이드에서 아이가 학교폭력이나 생활문제를 겪고 있다면 대화의 단절이 문제가 될 수 있지만 그 밖의 대부분의 경우는 자연스러운 성장의 과정이라 생각하셨으면 좋겠습니다. 아이와 공통관심사를 만들어서 하루라도 아이에 맞는 흥미로운 대화를 해 보시는 것을 추천드립니다.

Q2. 하루에도 몇 번씩 화를 내고 신경질을 부리는 우리 아이 괜찮을까요?

요즘 흔히 쓰는 말로 중2병이라는 표현이 있습니다. 아이가 중2 정도 되면 심하게 반항하고 혼자만의 세계에 빠져 부모님과의 관계를 단절한다는 뜻인데요. 그러한 맥락에서 6학년 아이들의 신경도 매우 예민한 시기이기도 하지요. 특히 초등학교에서 가장 나이가 많은 학생이 되어서인지 학교에서의 나(큰형, 학교의 대세)와 집에서의 나(아직도 아기 취급, 천덕꾸러기)의 차이를 느낄 때 이러한 예민함은 폭발하는 경우가 많습니다. 말 그대로 '예민보스'가 되어 버린 아이를 보며 많이 속상하실 수 있습니다.

돌이켜 보면 우리도 그런 과정을 거쳤습니다. 엄마 말은 다 무시하고 친구가 최고인 줄 알며 방문을 잠가 버리고 음악을 크게 틀어 놓던 그때의 우리를 생각하는 것이

이 문제를 풀어 갈 첫 번째 열쇠입니다. '그래 그럴 수 있어.'라는 마음가짐으로 아이의 비위(?)를 좀 맞춰 주는 건 어떨까요? 맛있는 배달음식, 갖고 싶은 아이돌 포토카드를 펼쳐 놓고 요즘의 고민을 하나, 둘 물어보면 문제 해결의 작은 힌트를 얻을 수 있을 것 같습니다.

Q3. 우리 아이가 야한 동영상을 봐요.

열세 살 아이가 성에 관심을 두는 것은 아주 자연스러운 현상입니다. 여성가족부의 2022년 청소년 매체이용 유해환경 실태조사에서 초등학생의 성인용 영상물 이용률은 40%로 나타납니다. 2018년 19.6%에서 급격하게 증가하고 있는 추세입니다. 이처럼 미디어가 개방되어 있고 정보가 범람하는 시대에 우리 아이가 야한 영상을 접하는 것은 너무도 쉬운 일이 되어 버렸기에 우리 아이만의 특별한 일이 아니라고 생각하시면 좋겠습니다. 예전 세대에서의 성에 대한 이미지는 무언가 부끄럽고 감추어야 한다는 인식이 강했고 되도록 늦게 알았으면 하는 사회적 인식도 존재했습니다. 아이가 말하지도 않고 궁금해하지도 않았는데 성에 대한 지식을 마구 쏟아 내는 것도 문제지만, 아이가 궁금해하거나 호기심을 보이는데도 이를 알 필요 없다는 태도로 무시하는 것은 바람직하지 않은 태도입니다. 무엇보다 그러한 상황을 감추거나 화를 내서는 안 됩니다. 물론 당황스러우시겠지만 혼내고 추궁하기보다는 '우리는 네가 음란물을 본다는 것을 알고 있다.'는 신호를 보내는 것과 더불어 아이와 침착하게 대화를 시도해야 합니다. 그다음에 "우리 아들(딸)이 많이 컸구나. 성에 관심을 가지는 것은 당연한 거란다."로 소통을 시작해 보는 것을 추천해 드립니다. 다음으로 음란물이 성을 오락으로 소비한다는 점과 이성에 대한 존중 없는 태도를 기르는 가짜 이야기라는 점을 차근차근 설명하는 태도가 필요합니다. 그리고 음란물을 보고 나서 어떤 느낌이 드는지, 혼란스러운 것은 없는지 음란물을 본 소감을 들어 주는 기회도 중요합니다. 아울러 아이와 충분히 대화하고 나서 음란물 차단 프로그램(그린 I-net 등)을 휴대폰과 컴퓨터에 설치하는 것도 중요합니다. 물론 너무 심각한 음란물 중독이 느껴진다면 전문기관 상담(아하! 청소년성문화센터 등)이 필요하겠지요. 무엇보다 부모님이 아이를 믿고 있다는 것을 표현하고 아이의 지금 고민 그리고 그러한 고민을 이미 겪은 '선배'라는 사실을 기억하신다면 좋을 것 같습니다.

Q4. 외모에 관심이 커지는 우리 아이, 키가 작아서 스트레스가 커요.

초등학교 6학년 아이들은 자기 외모에 대해 매우 관심이 많아집니다. 사실 관심보다 정확한 표현은 나의 외모에 대한 부정적 생각의 증가입니다. 어릴 때는 그렇게 예쁘다고 칭찬받던 복귀를 보며 '내 귓불은 왜 이렇게 큰 거야?'라며 머리카락으로 감추고 다니기도 합니다. 특히 아이의 키는 아이들이 굉장히 중요하게 생각하는 외모적 특성입니다. 성장의 개인차가 매우 커지는 시기기 때문에 키가 작은 아이들 중 일부는 스트레스를 받기도 합니다. 앞서 부모님의 성장 살핌과 기록이 중요하다고 말씀드린 것을 더 자세히 이야기하자면 키와 몸무게의 경우는 매달 측정해 주시는 것이 중요합니다. 월별 성장기록을 작성하여 아이의 성장 폭이 어느 정도 유지되고 있는지를 파악해 주세요. 더불어 정형외과나 성장클리닉에서 뼈 나이 측정, 호르몬 수치 측정 등을 통해 아이의 현재 성장 상태를 정밀하게 파악하는 것이 도움이 됩니다. 가끔 6학년 몇 달 사이에 급격하게 키가 크는 아이들도 있는데 이 또한 마냥 좋은 징조는 아닙니다. 급성장 이후에는 성장이 둔화되는 아이들도 교실에서 자주 만날 수 있습니다. 특히 최근 남자아이, 여자아이 모두 성조숙증이 상당한 이슈입니다. 성조숙증이 오면 짧은 시간에 급격히 성장하고 그 이후로 성장이 멈추기 때문에 이를 관리해 줄 수 있는 부모님, 선생님의 세심한 관찰이 필요합니다.

Q5. 부모로서 6학년 아이의 적응을 도와주고 싶은데 무엇을 알아야 할까요?

이 책을 쓰기 위해 약 70명의 6학년 학부모님들과 면담 및 설문을 통해 그들의 고민을 들어 보았습니다. 자식에 대한 부모님들의 따뜻한 마음이야 너무도 존경스러운 부분이지만 가장 안타까운 부분은 바로 이 다섯 번째 질문들인 것 같습니다. 그래서 '무엇을 알아야 할까요?'라는 부모님들의 질문에 저는 발달 4영역(적응, 관계, 학습, 진로)과 해당 영역에서 길러 주어야 할 성격 덕목(성격 강점)[1]에 대한 이야기를 나누고자 합니다.

1) 훌륭한 삶을 영위하는 긍정적인 인간의 질적 측면(Peterson & Seligman, 2004)으로서 개인의 노력에 의해 변화와 성장이 가능한 영역입니다.

우선 6학년의 시작 그리고 적응을 위해서 우리 아이에게 사회지능을 길러 주시면 좋겠습니다. 사회지능(social intelligence; 정서지능, 개인지능)이 발달된 어린이는 자신은 물론이고 다른 사람의 동기와 감정 또한 잘 파악할 수 있습니다. 더불어 다양한 사회적 상황에서 어떻게 행동하는 것이 적절한지 알고 행동할 수 있습니다. 아이의 사회지능 발달을 돕기 위해서 우선 아이의 감정 표현을 있는 그대로 수용하고 부모님도 아이에게 솔직하게 감정을 표현하는 건강한 의사소통이 선행되어야 합니다. 다음으로는 작은 계획과 작은 실천입니다. 스몰-윈(small win)이라고도 부르는 이 계획과 실천의 작은 성공 경험이 타인의 동기와 감정에 대한 이해를 돕습니다. 끝으로, 스트레스의 발산입니다. 특히 초등학교 아이들의 경우 몸으로 신나게 노는 경험이 축적될수록 자신의 스트레스를 관리하는 방법을 이해하고 타인의 감정을 마주할 수 있는 용기를 얻습니다. 사회지능이 멋지게 발달한 우리 아이 정말 기대되지 않나요?

성큼성큼 6학년 성장노트

'왜 아무것도 아닌 일에 화를 내는 걸까요?'

6학년 봄, 아이들이 때때로 분노를 경험하는 것은 다양한 요인에 의해 영향을 받을 수 있습니다. 표면적으로는 아무 이유 없이 화를 내는 것처럼 보일 수 있지만, 그러한 감정 반응의 배경에는 나름의 이유가 있습니다. 초등학교 고학년 시기는 사춘기에 진입하면서 또래와의 활동, 미디어 매체 등 다양한 환경적 자극에 관심이 많아지는 시기인 반면, 아직 자기통제력의 발달은 이에 미치지 못하기 때문에 주의집중의 문제나 자신의 시간과 행동을 통제하고 관리하는 부분에 있어서는 취약하다고 할 수 있다. 하고 싶은 일과 해야 할 일 사이에서 적절한 균형을 잡기가 어려울 수밖에 없습니다. 이때 아이들이 자신의 감정이나 행동을 적절히 조절하지 못하고 화 또는 짜증으로 표현하기도 합니다. 단순히 사춘기 증상만으로 단정 짓기보다는 좀 더 세밀하게 아이들의 마음을 들여다볼 필요가 있습니다.

우선 6학년 아이들은 청소년기에 접어들면서 신체 호르몬의 변화를 더욱 급격하게 겪게 되는데, 이러한 변화는 분노를 포함한 감정 조절에 영향을 줄 수 있습니다. 이때 기분 변화에 따른 감정적 민감성이 높아지고, 사소한 자극에도 과민하게 반응하는 것처럼 보일 수 있습니다. 그리고 6학년은 학업에 대한 기대와 사회적 요구가 높아지는 시기입니다. 학업, 방과후 활동, 또래 관계, 그리고 중학교로의 진학 등의 복합적인 사회적 요구에 압도당하는 느낌을 받기도 합니다. 이와 같은 느낌은 아이들에게 때때로 분노 혹은 좌절감을 경험하게 만들 수 있습니다. 특히 6학년 시기에는 또래와의 상호작용이 더욱 복잡해지는데, 6학년 아이들은 친구와의 신뢰감 형성, 이성에 대한 관심, 또래 집단 내 소속과 수용에 관한 문제 등에 대해 더욱 민감하고 예민해지게 됩니다. 심각해질 경우 자신의 존재에 대한 부정이나 사회적 관계에 대한 불신으로 악화될 수도 있겠지요. 자신의 노력이나 태도에 대해 외부로부터 거부, 배제, 또는 불공정을 느끼게 된다면 그때 아이들은 분노로 폭발할 수 있습니다. 아동들이 자기의 정서적 필요와 욕구를 원만하게 해결하지 못하고 이에 만족하지 못할 때 심리적 긴장과 불안, 분노 감정이 나타나고, 마음의 안정과 균형이 상실되며 여러 가지 문제행동이 발생될 수 있습니다(김광수, 조윤주, 2013).

아이들이 감정 조절에 어려움을 겪거나 분노를 표출하였을 때, 부모나 교사가 도움을 주기 위해서는 우선 경험하는 것이 중요합니다. 아이들이 자신의 감정과 생각을 표현할 수 있도록 경청하는 태도를 유지하는 것입니다. 아이들에게 자신의 감정을 솔직하게 말할 수 있는 안전한 환경을 일정 시간 제공해 주면 아이들은 자신의 흥분된 감정을 살피게 되면서 점차 조절하게 될 수 있습니다. 특히 현재 아이가 겪고 있는 감정적 변화에 대해 아이들의 입장에서 바라보려고 노력하는 포용적인 태도가 무엇보다 중요할 것입니다.

#6학년 봄 #화 #분노 #자기통제 #정서 조절 #이유를 모르겠어요

II. 성큼성큼 6학년의 '여름'

"열세 살의 여름을 함께 살펴봐요."

『열세 살 우리는』(문경민, 우리학교, 2023)

이야기의 주인공은 6학년 보리와 루미입니다. 두 친구는 유치원부터 같이 다닌 소꿉친구이며 서로의 집안 사정을 속속들이 알고 있는 친한 사이입니다. 하지만 언제부턴가 보리는 루미의 응원과 따스한 태도가 불편하게 느껴져서 고민입니다. 그때 예쁘지만 차갑고 거짓말도 능숙하게 하는 세희라는 아이가 전학 옵니다. 루미의 따스함보다 세희의 쿨함에 끌린 보리는 세희와 친해지기 위해 노력하고 루미를 멀리합니다. 루미는 이런 보리의 변화에 상처받습니다. 과연 보리와 루미의 관계는 어떻게 나아갈까요?

교실의 인싸가 되고 싶은 아이들의 욕망, 친구를 서로 지배하고 또 독점하고 싶어 하는 아이들의 마음이 복잡하지만 솔직하게 지금을 살아가는 6학년들을 반영한다는 측면에서 이 책은 흥미롭습니다. 그렇게 친했던 아이들 사이에 갈등이 생기는 사소한 틈과 그 갈등을 메워 가며 화해와 용서를 통해 스스로 성장해 가는 그들의 드라마를 과장되지 않게 담았다는 측면에서 우리 부모님들과 함께 이야기하고 싶은 책이에요. 때로는 소설 속 이야기보다 복잡하고 아리송한 우리 아이들의 여름을 살펴볼 준비되셨나요?

성큼성큼 6학년 교실 이야기

6학년 담임으로서 6학년 아이들을 일곱 번 경험한 저에게도 여전히 아이들의 또래 관계를 헤아리는 일은 복잡합니다. 특히 여자아이들의 관계는 그야말로 핫이슈입니다. 그 섬세한 관계와 갈등을 하나하나 살펴보고 문제를 해결해 나가는 과정은 교사에게도 굉장한 노력을 요합니다. 매일매일 아침드라마 한 편을 보듯이 흥미롭고 복잡하고 또 마음 아픈 일들이 일어납니다. 벌써 다 큰 것처럼 행동하고 또 다 큰 아이로 바라봐 주길 바라는 '복잡한 6학년'들의 세계를 우린 어떻게 살펴볼 수 있을까요?

6학년 아이들은 때로 어른들의 그것과 같이 또래 관계를 주도하려 하고 더 나아가 관계를 지배하려고도 합니다. 때로는 친구를 소유하거나 독점하려고 하고 이를 위해 다른 친구들을 배제하거나 관계적으로 공격하기도 합니다. 6학년 아이들이 지닌 공통적인 관계 특징(또래, 부모, 선생님을 중심으로)을 몇 가지 사례를 통해 알아보고 이를 슬기롭게 극복하는 방법들을 함께 살펴보겠습니다.

#1. "왜 이러는지 알 수 없어요. 마음은 어째서인지 늘 자기 멋대로예요."

서은(가명)이와 효진(가명)이는 절친을 넘어 찐친이다. 등교도, 화장실에 가는 것도, 하교도 함께한다. "너희들 혹시 쌍둥이 아니야?"라고 장난치는 선생님에게 "네, 맞아요."라며 깔깔거리며 웃는 그 두 친구가 오늘은 좀 다른 것 같다. 쉬는 시간에 멀리 떨어져서 다른 친구들과 소곤거리고 의미심장한 눈빛을 어색하게 교환한다. 화장실도 같이 안 가고 계속 한숨을 쉰다. 결국 먼저 터진 건 서은이다. 책상에 고개를 푹 숙이고 3교시부터 울기 시작한다. 효진이의 얼굴이 굳어 간다. 무슨 일일까 고민이 되어 또래 상담가 민주(가명)를 연구실로 불러본다. "어제 새벽에 단톡방에서 효진이가 서은이에게 숙제를 물어봤는데 서은이가 '왜 맨날 물어봐ㅋㅋ'라고 답장했대요. 한 번도 그런 적 없는데 갑자기 그렇게 답해서 효진이가 엄청 서운했는데 서은이가 사과를 안 한다고 효진이가 열 받았어요. 근데 있잖아요, 선생님. 서은이는 요즘 효진이랑 옆 반 수인(가명)이가 갑자기 아이돌 덕질 팬카페 활동으로 친해져서 먼저 삐진 것 같기는 해요."

놀랍게도 앞의 일화와 같은 상황은 자주 일어나는 편입니다. 이렇듯 6학년의 또래 관계는 다른 학년에 비해 굉장히 복잡합니다. 복잡하다는 말을 좀 더 설명해 보자면 놀라울 만큼 서로 얽혀 있고 아주 조심스러우며 깨지기가 쉬운 유리 같은 느낌입니다. 때로는 그 작은 사회 안에서 어른들보다 더 정치적이고 복잡한 스토리들이 관찰되어 교사로서 놀랄 때가 많습니다. 어른들의 몸집과 말투로 학교생활을 하는 아이들의 모습에서 '6학년은 과연 다르구나.'라고 느끼다가도 친구와의 사소한 관계와 오해 때문에 울고 화내는 그 이면을 보면서 '그래도 아직 어린이야.'라는 생각을 잊어서는 안 되겠다는 마음이 들었습니다. 이러한 관계의 틀어짐에 교사는 과잉대응과 과소대응 모두를 경계해야 합니다. 아무 일도 아닌 것처럼 넘어가면 아이들은 실망합니다. 또 심각하게 상황을 끌고 가면 하루 종일 수업도 할 수 없지요. 점심시간에 효진이, 서은이를 따로 면담해 보면 둘의 목적이 조금 분명해 집니다. 서은이의 서운함. 효진이의 섭섭함이 발견되면 서로에게 짧은 편지를 쓰도록 도와줍니다. 그리고 서로의 편지를 전달해 주면 오후에는 또 언제 그랬나 싶을 정도로 재잘거리며 친하게 지낼 때가 많습니다. 단순하면서도 복잡한, 복잡하면서도 단순한 6학년. 가정에서도 사안의 심각성에 집중하기보다는 아이들끼리의 관계에 보이지 않는 맥락과 행동의 목적 파악에 힘쓰시면 좋겠습니다. 이때 학급 또래 상담가도 큰 역할을 할 수 있습니다.

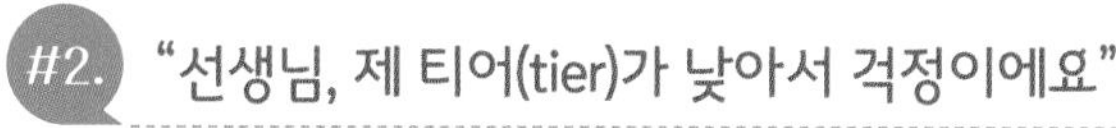

#2. "선생님, 제 티어(tier)가 낮아서 걱정이에요"

6학년 아이들을 바라보면 아이들 저마다에게 보이지 않는 '선'들이 수없이 관찰된다. 아이들은 이걸 티어(tier)라고 부르던데 우리 때도 이런 게 있었나 싶을 정도로 엄청 복잡하다. 게임에서도, 친구 사이에서도, 공부에도, 가방에도, 옷에도 티어를 매기는 아이들을 보면 마음이 복잡해진다.

6학년의 여름에는 보이지 않는 '선'들이 존재합니다. 정도의 차이는 있지만 남자아이들과 여자아이들 모두 서열(tier, 티어)이라는 선이 발견됩니다. 학급 밖에서는 학년이라는 서열이 크게 작동해서 5학년 아이들과도 여러 가지 갈등이 생깁니다. '감히 5학년이 까불어?'라며 후배들을 말 그대로 잡기 시작합니다. 학급 안에서 남자아이들은 덩치, 키, 운동 실력, 싸움 실력, 중학교 형들과의 인맥 등으로 서열을 나누고 마치 계급과도 같이 상하를 구분하기 시작합니다. 여자아이들은 남자아이들처럼 힘으로 서열을 나누는 경우는 극히 드물지만 '인기'라는 요소가 눈에 띄게 중요해집니다. 유행하는 패션, 아이돌에 대한 관심, 유튜브나 틱톡과 같은 영상 플랫폼에 대한 지식 등도 그 인기 요소에 포함되어 여자아이들은 트렌드에 아주 민감하게 행동합니다. 이러한 서열들이 각각의 그룹을 형성하고 그룹 밖의 아이에게는 큰 관심을 두지 않으려 합니다.

학급에서는 이러한 서열문화를 학급의 응집성과 정체성을 높이는 공동체 활동을 통해 희석하고자 노력합니다. 교실에서 발생하는 인기, 지위, 갈등, 협력과도 같은 사회적 이슈들을 민주적인 학급운영과 교사의 리더십을 발휘하여 적극적으로 해소하고자 합니다. 학급의 소속감을 높여 주는 것이 구체적인 방법 중 하나인데 1인 1역할

우리 반 1인 1역할

역할 이름	활동 방법	맡은 사람
SNS 매니저	• 우리 반 카톡방, 하이클래스 관리 • 숙제 SNS에 올려 주기	
엔지니어	• 연필깎이, 가위, 딱풀, 색연필 • 테이프 물레방아 관리, 보드게임 관리	
벤틸레이션	• 환기, 앞문, 뒷문	
에너지솔루션	• 전등, 냉난방, 불필요한 전기 낭비 방지	
페이퍼 마스터	• 제출물 모아서 번호대로 정리하기	
포토그래퍼	• 학급 사진	
우유 당번	• 우유 당번, 식단표 알리미	
카운셀러	• 속상한 일, 다툰 일 얘기 듣고 마음 토닥토닥해 주기, 상담 신청서 도와주기	
유튜브 마스터	• 학급 유튜브(비디오플러스) 관리, 악플 삭제, 구독자 체크	
클린 마스터	• 청소 상태 확인	
수학자	• 친구들 수학 학습지 관리, 수학 도우미	
언어학자	• 친구들 받아쓰기 관리, 국어 도우미	
사회학자	• 친구들 사회 학습지 관리	
실록기록자	• 우리 반 활동 기록(매일매일)	
정원사	• 학급 식물 관리	
태블릿 마스터	• 태블릿 충전 관리	
학급 게시판	• 칠판 시간표 및 요일, 게시판 업데이트	
드로잉 마스터	• 친구들 미술활동 도와주기	

의 창의적 활용이 집단에 대한 애정을 높여 학생 개개인에게 소속감과 심리 안정을 이끌어 줄 수 있는 좋은 솔루션이 됩니다. 우리 반의 경우 다음과 같이 1인 1역할을 정해 운영하고 있습니다.

가정에서도 이러한 학급 내 서열 현상에 대해 많은 걱정을 하실 것입니다. 다만 '우리 아이의 학급 서열 혹은 지위가 다른 아이보다 높았으면 좋겠다.'라는 접근은 결코 좋은 생각은 아닙니다. 중요한 것은 우리 아이 스스로 학급의 구성원으로서 소속감과 다른 구성원들에 대한 친밀감을 느낄 수 있도록 부모님이 도와주어야 한다는 점입니다. 우리 아이가 "내가 제일 잘 나가."라고 말한다면 그 힘을 공동체를 위한 에너지로 돌려주셔야 하며 "나는 정말 모자란 것 같아."라고 말한다면 아이가 집단에서 어떤 상황에 처해 있는지 담임선생님과 상담하고 아이의 자신감, 소속감, 친밀감을 높여 줄 수 있는 다양한 방법들을 함께 고민해야 합니다. 구체적으로 남자아이라면 운동 능력 길러 주기, 또박또박 의사표현 연습하기를 추천드리며, 여자아이라면 요즘 아이들의 트렌드를 함께 살피기를 추천합니다. 아이를 위해 아이돌 팬이 되었다는 일화를 앞서 보셨지요? 힘들지만 내 아이와 함께하는 모든 일들이 가정 저마다의 흥미와 기쁨이 되시길 희망해 봅니다.

#3. "친구가 자기 마음대로만 하려고 하지만 따라갈 수밖에 없어요."

"혜민아, 화장실 가자." "그래. (나 방금 갔다 왔는데……)" "혜민아, 주말에 뭐해? 나랑 마라탕 먹으러 갈래?" "우와 좋아. (나 매운 거 못 먹는데…… 어쩔 수 없지 뭐, 친구니까.)"
교사로서 아이들의 대화를 가만히 들어 보면 가끔 어떤 아이는 우정이 무기인 줄 아는 것 같다. 친구니까 같이해야 한다는 어쩌면 강요에 가까운 말투를 듣다 보면 6학년의 친구 관계에 대해 여러 가지 생각이 든다.

6학년 아이들은 부모와 교사의 조언과 지시보다 또래 친구들의 생각과 판단을 더 존중하는 경우가 많은 것 같아요. 단적으로 부모와 교사의 충고에 대해서는 옳고 그름을 세세히 따지고 들지만 친한 친구들의 생각과 의견에 관해서는 객관적으로 판단하기보다 그저 따라가는 경우가 흔합니다. 이는 어쩌면 당연합니다. 사람은 누구나 소속에 대한 욕구가 있으며 아이들이 제일 많은 관계를 맺는 대상은 자신들의 또래이

고 그 또래들의 생각하는 틀과 방법이 자신과 유사하기 때문입니다.

6학년 아이들이 관계를 형성하는 모습을 살펴보면 평범해 보이는 그 관계 속에서도 주목할 만한 몇 가지 현상들이 발견됩니다. 우선 제가 관찰한 학급 아이들의 위치를 분석해 본다면, 민주적인 리더 유형, 강압적인 폭군 유형, 자발적인 아웃사이더 유형, 의견 없는 추종자 유형으로 구분할 수 있습니다.

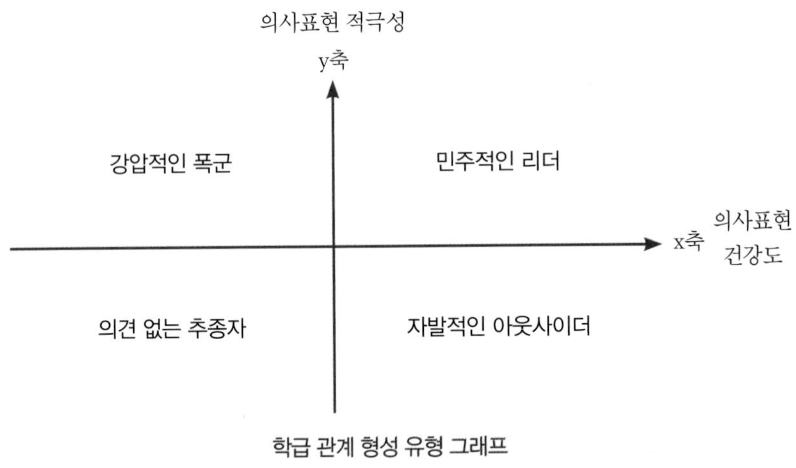

학급 관계 형성 유형 그래프

도표 그림과 같이 강압적인 폭군 유형 아이들은 큰 덩치 혹은 센 말투 등으로 아이들을 제압합니다. 적극적인 의사표현은 하지만 민주적인 태도가 부족하지요. 마치 『우리들의 일그러진 영웅』에 나오는 엄석대와 같다는 생각이 들곤 합니다. 의견 없는 추종자 아이들은 학급에서 이래도 좋고 저래도 좋은 태도를 보입니다. 강압적인 폭군에게 가장 휘둘리기 쉬운 유형으로서 때로 학교폭력의 피해자가 되기도 합니다. 민주적인 리더 유형의 아이들은 친구들과 건강한 관계를 형성하며 학급의 여론을 이끌어 갑니다. 매년 반장을 도맡아 하는 아이들에게서 이러한 유형이 자주 보입니다.

한편 자발적 아웃사이더 아이들은 평소 많은 의사표현을 하지는 않지만 교실 한쪽에서 자기가 하고 싶은 말은 하는 아이들로서 보통 혼자 또는 단짝 한 명과 조용히 지내는 아이들을 말합니다.

그럼 이 도표를 보고 우리 아이의 관계 성향을 떠올려 보실까요? 생각해 보면 민주적인 리더 유형을 제외하고 나머지 유형들은 모두 어느 정도 문제를 내포하고 있습니다. 우리 아이가 아이들의 위에 군림하고 있다는 것이 중요한 것이 아니라 민주적인 태도로 학교생활을 하는지, 혹은 별 탈 없이 잘 지내는 것 같아도 자신의 의견 없이 남의 취향에 이끌려 다니는 것은 아닌지, 지나친 개인주의로 자신을 포장하고 공동체에 속하는 것을 두려워하는 아이는 아닌지를 고민해 보아야 합니다. 학급에서 선생님은 아이들을 수시로 관찰하고 기초적인 상담을 통해 아이들의 또래 관계를 살핍니다. 또래 관계가 학교생활의 절반도 더 차지한다는 점을 잘 알고 있기 때문입니다. 살펴본 또래 관계 유형을 바탕으로 아이들에게 개별적인 처방을 주기도 하고 스스로 그 관계를 건강하게 변화시킬 수 있도록 조언을 나누기도 합니다.

가정에서도 우리 아이가 어떤 유형의 또래 관계를 맺고 있는지 잘 살펴봐 주셔야 합니다. 6학년 아이들은 학교나 교우관계에 관한 이야기를 꺼리는 경향이 크지만, 우리 아이가 누구랑 통화를 많이 하는지 방과후 또는 주말에 어떤 아이와 주로 노는지 등, 관찰 가능한 부분들을 세심히 살펴주신다면 현재 우리 아이가 겪고 있는 관계의 이슈들을 파악하실 수 있을 것입니다. 그 후에 담임선생님과 특정한 부분들에 대해 세부적으로 상담하시고 적절한 도움을 받는다면 우리 아이의 또래 관계가 더 건강하게 성장하는 데 큰 힘이 될 것이라고 말씀드리고 싶습니다.

#4. "다른 친구들은 다 사귀는데 저만 없어요. 이성 친구를 사귀고 싶어요."

"번달 번줌?" 5월의 점심시간, 복도에서 이상한 외계어가 들린다. 서준(가명)이는 활발하고 운동을 좋아하지만 또래보다 좀 작은 편이다. 번달 번줌? 도대체 무슨 말인지…… 다른 아이에게 물어보니 낄낄거리며 "저거 여친 꼬시는 말이에요. '번호 달라고 하면 번호 줌?'이에요." 대박…… 너무나 충격적인 줄임말이었다. "서준이 지금 친한 친구 중에 자기만 여친 없다고 난리 났어요." 서준이는 정말 여자친구를 사귀고 싶은 건지 아니면 다른 친구들 때문에 눈치가 보이는 건지, 오늘도 선생님은 머리가 아프다.

6학년 1학기 국어에는 황순원의 소설 『소나기』가 등장합니다. 저 오래된 소설이 요즘 아이들에게 어떤 감흥을 주는지 그 감상을 들어 보면 아이들의 이성 친구 그리고 사랑에 대한 진지한 태도가 느껴져 깜짝 놀라곤 합니다. 우리는 "애들이 무슨 사랑이야. 더 커서 여자친구, 남자친구 사귀도록 해."라고 쉽게 이야기하지만 아이들에게 연애는 굉장히 중요한 성취 목표이자 하나의 통과 의례처럼 막중한 과제로 보입니다. 생각해 보면 부모님들과 마찬가지로 밤새워 첫사랑을 생각하던 긴 밤들이 있었던 것이 사실이지요.

아이들의 연애하는 모습도 흥미롭습니다. 어른과 별다른 차이도 없습니다. 서로 다투기도 하고, 감정 표현이 부족하다며 고민하기도 합니다. 물론 다른 학년 아이들도(심지어 저학년 어린이들도) 서로 사귀지만 6학년의 이성 교제는 좀 특별합니다. 이성 친구를 사귀는 것이 다른 친구들에게 굉장한 부러움의 대상이 된다는 점과 연애의 깊이가 생각보다 깊고 애틋하다는 점입니다.

학교에서는 건강한 이성 교제를 위해 성교육, 양성평등교육, 성인지 감수성(데이트 폭력 등) 교육 등을 수시로 실시합니다. 사실 교사로서 학급 아이들이 서로 사귀다 헤어져서 학급 분위기가 갑자기 싸해지는 현상이 불편할 때도 있습니다. 그러나 이를 통해 아이들이 건강한 이성관을 학습하고 마음이 더 단단해질 수 있는 기회가 된다면 그러한 불편함을 감수할 만큼 훌륭한 생활교육이 될 수 있다는 생각을 지니고 있습니다. 가정에서도 우리 아이가 자주 연락하고 이야기하는 이성 친구가 누구인지, 혹시 있다면 넌지시 어떻게 만나고 어디서 만나며 만나서 무얼 하는지에 대한 전반적인 상황을 파악하는 일에 조심스레 힘쓰셔야 합니다. 우리 아이와 상대 아이를 동등한 인격으로 존중함과 동시에 부모님의 일화를 통해 아이들의 건강한 이성 교제의 모델링을 잘 제시해야 합니다. 이를 통해 아이들이 자신들의 관계를 꽁꽁 숨기지 않도록 항상 우리는 믿음으로 대화해야 합니다. 우리 귀한 아이들이 성인이 되어서도 이성에 대해 더욱 성숙한 마음을 갖게 될 것이라 믿습니다.

#5. "저는요, 아빠랑 한마디도 안 해요."

실과 시간, 가족의 역할에 대해 배우는 단원이었다. 엄마에 대한 이야기를 할 때면 그렇게 할 이야기가 많고 시끄럽던 지수(가명)가 아빠와의 사이에 대한 이야기가 나오자 침묵을 지킨다. 다른 아이들은 "우리 아빠는 면도를 잘 안 해요." "아빠가 술을 너무 좋아해서 걱정이에요." "아빠가 맨날 쇼파에서 자요."라며 웃음 가득하고 엉뚱한 이야기를 하곤 하는데 지수는 여전히 아무 말이 없다. 그러다 지수가 말했다. "저는요, 우리 아빠가 어색해요. 그래서 한마디도 안 해요." 특별히 무슨 일이 있던 건 아닌 것 같은데…….

6학년 여자아이들 중에는 아빠와의 관계가 어색하고 불편하다는 경우가 종종 있습니다. 아빠의 무관심이 아이 교육에 도움이 된다는 우스갯소리가 나온 지도 오랜 걸 보면 이런 현상이 한두 명의 사례는 아닌 것 같습니다. 저 또한 아빠로서, 교사로서 딸아이가 커 가며 저와의 의사소통 방식과 대화의 양의 변화에 대해 돌이켜 생각해 보았습니다. 초등학교 저학년 때만 해도 꼭 껴안고 장난도 치고 동물 흉내도 내고 하며 몸으로 놀아 주는 일이 많았는데 언제부터 조심하게 되고 또 아이도 그런 놀이 형태를 내켜하지 않는 눈치가 보입니다. 아빠들도 가족을 위해 돈을 벌고(물론 엄마들도 열심히 경제활동을 하시지만요.) 바깥의 스트레스를 안고 집에 와 예민해하기도 하고 아이가 대화를 피한다는 생각에 서운해서 먼저 아이에게 살갑게 다가가는 것이 힘들 수도 있습니다.

자녀와 대화가 필요한 우리 아빠들! 어떻게 해야 할까요? 우선 다음의 내용을 살펴봅시다.

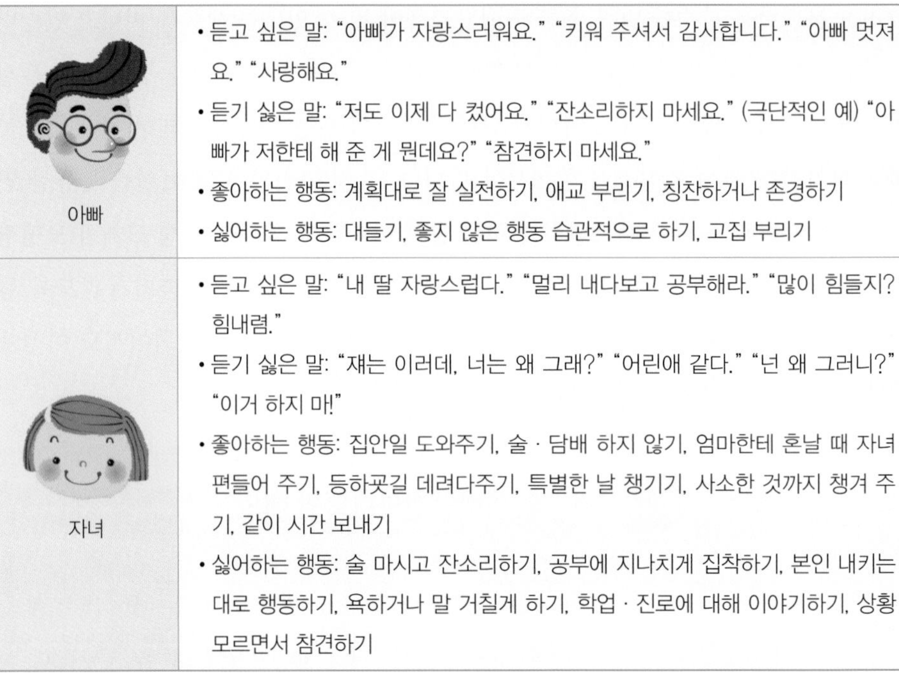

아빠	• 듣고 싶은 말: "아빠가 자랑스러워요." "키워 주셔서 감사합니다." "아빠 멋져요." "사랑해요." • 듣기 싫은 말: "저도 이제 다 컸어요." "잔소리하지 마세요." (극단적인 예) "아빠가 저한테 해 준 게 뭔데요?" "참견하지 마세요." • 좋아하는 행동: 계획대로 잘 실천하기, 애교 부리기, 칭찬하거나 존경하기 • 싫어하는 행동: 대들기, 좋지 않은 행동 습관적으로 하기, 고집 부리기
자녀	• 듣고 싶은 말: "내 딸 자랑스럽다." "멀리 내다보고 공부해라." "많이 힘들지? 힘내렴." • 듣기 싫은 말: "걔는 이러데, 너는 왜 그래?" "어린애 같다." "넌 왜 그러니?" "이거 하지 마!" • 좋아하는 행동: 집안일 도와주기, 술 · 담배 하지 않기, 엄마한테 혼날 때 자녀 편들어 주기, 등하굣길 데려다주기, 특별한 날 챙기기, 사소한 것까지 챙겨 주기, 같이 시간 보내기 • 싫어하는 행동: 술 마시고 잔소리하기, 공부에 지나치게 집착하기, 본인 내키는 대로 행동하기, 욕하거나 말 거칠게 하기, 학업 · 진로에 대해 이야기하기, 상황 모르면서 참견하기

출처: 한겨레(2012. 1. 2.).

아빠와 자녀가 듣고 싶은 말, 듣기 싫은 말만 잘 알아도 대화가 조금 더 이어질 것 같은 느낌이 들지 않으신가요? 아이와 시간을 쿨하게 보내는 것을 제안해 봅니다. 저녁 산책을 제안하거나, 아이가 좋아하는 음악을 함께 듣고, 먹고 싶은 음식을 파는 맛집을 예전 아내분과 데이트하듯 정성스레 고르고 골라 딸과 함께 가면 어떨까요? 아이와 함께할 수 있고 대화할 수 있다면 그것 자체로 대성공입니다. 저는 딸아이가 낚시를 좋아하는 별난 취미가 있어서 가끔 같이 실내낚시터를 가는데요. 낚시대를 걸어 놓고 이런저런 이야기를 하는 시간이 참 소중하더라고요. 공부나 학교생활을 물어봐도 쓸 만한 대답은 별로 없는 걸 알기에 딸이 좋아하는 음식 이야기, 여행 이야기, 조선왕조실록 이야기를 하다 보면 아이가 생각지도 못하게 질문을 하기도 하고 저와 아내의 옛날 연애 이야기를 묻기도 합니다.

우리 아빠들! 혹시 늦었다고 생각하시나요? 다행스럽게도 아직은 우리 아이가 초등학생이기 때문에 대화가 완전히 단절된 경우는 드물 것 같아요. 중학교에 가면 더 바빠지는 우리 아이, 6학년이라는 이 마지막 기회를 살려 보면 좋겠습니다.

성큼성큼 6학년 탐구생활(Q&A)

Q1. 친구 사이에서 아이가 너무 속상해해요. 묘하게 따돌려지는 것 같은데 어떡하죠?

6학년은 그야말로 관계, 또 관계의 세계 같습니다. 이 질문을 하시는 부모님들은 여학생을 두신 어머니인 경우가 많을 것으로 예상되는데요. 허설아와 공윤정(2021)은 관계적 공격성이라는 표현을 통해 아이들끼리의 직접적이고 신체적인 폭력보다는 관계 맺기 방식을 이용하는 차별적 행동을 이야기했습니다. 결국은 묘하게 따돌려지는 아이의 아픈 마음에 대한 가정에서의 대응이 궁금하실 것 같은데요. 학교에서의 관계 적응 프로그램 운영 혹은 담임교사의 지도와 노력도 매우 중요하지만 관계의 영역에서는 보다 중요한 부분이 있어요. 그것은 바로 가족이 제공하는 든든하고 단단한 지지입니다. 학교에서 느끼는 친구 사이의 관계 스트레스를 개선하기 위해서는 아이의 긍정적 자기 인식 또는 긍정적 자동적 사고가 중요합니다. 이러한 긍정적 사고가 관계적 공격성과 부적상관[2]을 보이기 때문이기도 하지만 또래 관계로 인한 상실과 슬픔은 가족에 대한 믿음과 지지로서 극복되는 경우가 가장 건강한 방식이기 때문입니다. '너도 문제가 있다.'라는 태도를 벗어나 아이의 감정을 있는 그대로 수용해 주시고 강한 믿음을 보여 주신다면 관계의 늪에서 괴로워하는 우리 아이에게 큰 힘이 될 수 있습니다.

Q2. 우리 아이가 못된 친구와 사귀는 것 같아요.

원래 안 그러던 우리 아이가 못된 아이들과 어울려 다니는 것 같아 걱정이라는 부모님의 전화를 자주 접하게 됩니다. 부모님 입장에서는 불량해 보이거나 공부를 못하거나 톡톡 튀는 아이가 이상한 아이로 보일 수 있습니다. 다만 우리 아이의 입장에서는 그 친구들이 나쁜 아이가 아니고 흥미롭고 재미있게 느껴질 수 있다는 점을 기억해야 합니다.

그 아이와는 어울리지 않았으면 한다는 단호함은 아이에게 쓸데없는 반항심을 길러

2) 하나의 변인이 늘어나면 다른 변인의 값이 감소하는 상관 관계로, 긍정이 증가하면 관계적 공격성이 감소하는 것이다.

주고 부모를 불합리한 대상으로 여겨 서로의 대화가 단절될 수 있는 하나의 트리거가 됩니다. 여기서의 솔루션은 역발상입니다. 아이가 소위 나쁜 아이와 어울려 어디서 무얼 하는지 모르는 게 불안하신 거라면 그 아이들을 우리 집으로 초대하고 관찰 가능한 공간에서 자세히 살펴보시길 권해 봅니다. 그 아이가 어떤 아이인지 관찰해 보고 관찰한 내용을 우리 아이와 충분히 대화하는 것이 중요합니다. 그 아이의 어떤 부분들이 불편하고 네가 배우지 말아야 하는 부분인지 차분히 이야기해 보기를 권합니다. 아울러 그 아이를 덮어 놓고 비난하는 것은 우리 아이에게도 건강한 인간관계에 대한 선입견을 심어 줄 가능성이 크기 때문에 경계해야 합니다.

Q3. 우정을 무기처럼 사용하는 딸의 친구들 때문에 속상합니다.

학교폭력이 심각한 사회적 이슈가 되면서 학교에서도 학교폭력에 대해 많은 예방교육을 합니다. 그 덕분인지 서로에게 신체적 폭력 또는 욕설을 동반한 언어폭력을 행하는 일은 많이 줄어들었습니다. 다만 이보다 더 심각하게 증가하는 현상은 관계를 이용한 은근한 폭력입니다. 특히 6학년 여자아이들 사이에서 자주 목격되는 이 현상은 서로의 관계를 이용하여 누군가를 소외시키거나 지배하려 합니다. 단짝이 다른 사람과 이야기하는 것을 싫어하고 자기들의 그룹에 다른 친구가 들어오려 하는 것을 거부하고 배제하는 등 우정을 무기처럼 사용하는 이러한 태도는 물리적 폭력에 비해 눈에 덜 띄지만 오히려 아이가 받는 상처는 더 깊을 수 있습니다.

"너를 그렇게 대하는 친구는 친구가 아니야."라고 시원하게 이야기해 주고 싶지만 "엄마, 아빠가 뭘 알아?"라고 눈물 흘리는 아이를 보면 마음이 아플 수밖에 없습니다. 왜 이렇게 끌려 다닐까 답답하지만 지금 우리가 해 줄 수 있는 조언은 많지 않습니다.

이때는 아이의 입장에서 생각하기가 필요합니다. 우리 아이 또한 우정을 무기로 휘두르는 상황에 끌려가면서도 그것을 선택한 목적과 이유가 분명히 있다는 것을 인정해야 합니다. 아이에게 화를 내고 그렇게 하지 말라며 소리치는 것보다 현재 상태를 인정하되 한계를 정해 주는 것이 필요합니다. 어느 정도 친구를 위해 너를 희생하고 배려하는 것은 큰 문제가 아니지만 늘 그러한 관계가 고정되어 마치 그 친구에게 예속된 채 살아가는 것은 너답지 않다는 점을 친절하지만 단호하게 이야기해야 합니다. 물론 어렵고 시간이 오래 걸리는 일이지만 아이의 또래 관계에는 결국 왕도와 묘수는 없습니다. 부모님, 선생님이 자신의 단단한 지지자라는 것을 늘 느끼게 해 주고 아이의 선택과 그 결과를 기다려 주며 필요할 때 상담해 주는 것이 가장 슬기로운 우리의 역할임을 말씀드리고 싶습니다.

Q4. 아이가 담임선생님을 너무 싫어해서 고민입니다. 어떻게 해야 할까요?

"엄마, 나 우리 선생님이 너무 싫어." 아이의 이런 말을 듣게 된다면 부모님의 기분은 어떠실까요? 아마 당황스럽고 가슴이 덜컥 내려앉으실 수도 있을 것 같습니다. 요즘처럼 교권에 대한 이슈가 예민한 시기에 이 일을 어떻게 대응해야 하나 고민도 되실 것 같습니다. 아이가 선생님을 싫어하는 내색을 할 때 가정에서 가장 먼저 하실 일은 객관적인 사실 확인입니다. 아이가 선생님을 싫어하는 이유가 어떤 사건으로 인해 갑자기 발생한 것인지, 아니면 꾸준히 선생님을 싫어했던 것인데 그동안 말을 하지 않다가 감정이 터진 것인지를 먼저 구분하고 이유와 목적을 살필 것을 제안드립니다. 아이가 선생님이 싫다고 하는 이유가 어떤 사건에 대한 선생님의 대응이라면 아이의 말을 자세히 들어 보시고 사안의 맥락을 살펴보셔야 합니다. 친구 간의 다툼에 대한 선생님의 대응, 학업 태도나 학교생활 측면에서의 선생님의 대응 혹은 꾸중에 기인한다면 아이의 말이 객관적이고 타당한지(물론 내 아이의 말을 객관적으로 살펴본다는 것은 쉬운 일이 아닙니다.) 꼭 확인하는 필터링 과정이 필요합니다. 필터링 후 의문이 남는 부분에 대해 선생님께 상담을 요청드리는 것이 좋습니다. 자초지종 확인 없이 아이의 감정을 일방적으로 교사에게 전달하고 대책을 요구하는 태도는 부모님과 선생님의 갈등을 골을 깊게 만드는 가장 큰 장애물입니다.

Q5. 부모로서 6학년 아이의 또래 관계 형성을 도와주고 싶은데 무엇을 알아야 할까요?

아이의 또래 관계 형성을 위해 우리 아이에게 어떤 덕목을 길러 주어야 할지 궁금해하시는 부모님이 굉장히 많으셨습니다. 교사로서, 부모로서 저 또한 고민이 많았는데요. 왜냐하면 또래 관계에 관여하는 덕목들이 정말 많기 때문입니다. 사실 이타성, 사랑, 책임감, 리더십 등등 대부분의 강점 영역이 관계성 향상에 영향을 미치지만 제가 제안드리고 싶은 강점은 감사(gratitude)입니다. 감사는 초월성(trascendence) 덕목에 속하는 강점으로서 타인과의 관계 속에서 좋은 일을 알아차리고 감사하는 마음을 표현하는 것, 시간을 들여 감사를 표현하는 행동을 뜻합니다.

그렇다면 감사 성향은 어떻게 기를 수 있을까요? 여러 논문에서 검증된 방법으로

감사 일기가 있습니다. 매일 자기에게 일어난 일 중 감사할 일을 적어 보는 행동인데요. 처음에는 3감사, 5감사로 점차 감사한 일들의 기록을 늘려 나간다면 아이의 감사하는 성향이 꾸준히 길러진다는 연구 결과가 있습니다(정종진, 2019).

Q6. 우리 아이가 학교폭력의 피해(가해) 관련 아동이 되었어요. 어떻게 해야 하나요?

우리 아이가 학교폭력의 피해 관련 아동 혹은 가해 관련 아동이 되었다는 전화를 받게 되면 굉장히 당황스럽고 속상하실 거예요. 저는 약 4년간 충청북도의 ○○교육지원청에서 학교폭력 심의위원으로 활동하면서 정말 다양한 학교폭력 사안들을 심의했는데요. 저의 6학년 담임 경험으로 살펴보건데, 최근의 학교폭력은 이전의 학교폭력과 구분되는 세 가지 특징을 가지고 있는 것 같습니다. 우선 최초 학교폭력 피해와 가해 아동의 연령이 매우 낮아지고 있습니다. 요즘 1~2학년 사이에서의 학교폭력 사안도 드문 경우는 아닙니다. 다음으로 가해 관련 학생과 피해 관련 학생의 구분이 불분명해지고 이로 인해 고발전 양상으로 번지는 등, 학교폭력의 악순환이 반복된다는 점입니다. 끝으로, 학교폭력 유형이 점점 교묘해진다는 점을 들 수 있어요. 예전에는 노골적인 폭력의 양상을 띠었다면 지금은 보이는 폭력이 아닌 안 보이는 폭력, 교실에서가 아닌 방과후, 사이버 세계에서의 폭력 등이 많아졌습니다. 다시 말해, 학교폭력이 부모나 교사로서 정말 관찰하기 어려운 세계에서 일어난다는 것을 강조하고 싶습니다.

한편 2024년도 기준 교육부에서 고시한 학교폭력 사안처리 흐름도는 다음 그림과 같습니다. 예전과 달라진 점은 전담기구 심의 전에 학교폭력제로센터에서 조사관을 학교에 파견하고 사안조사를 담당교사와 함께 진행한다는 점입니다. 사안이 조사되면 자체 해결이 가능한 사안은 학교에서 해결하고 자체 해결이 어려운 사안(폭력의 정도, 빈도 등의 공식 기준에 의함)은 교육지원청의 심의위원회로 이관하여 심의하게 되어 있습니다.

우리 아이가 학교폭력의 가해 혹은 피해 아동이 되었다는 연락을 받으셨다면, 우선 지금 솟아오르는 분노의 감정 혹은 당혹의 감정보다는 아이의 마음을 헤아려 주셔야 합니다. 선생님과 아이가 이야기하는 상황을 객관적인 시각으로 살펴보고 상대편의 마음과 요청에 귀 기울여야 합니다. 피해 아동일 경우 가해 아동의 사과 의지와 재발 방지가 핵심이겠지요? 학교에서 어떤 대책을 제시하는지, 가해 아동 측에서 어떠한 사과의 방법을 택하는지에 대해 귀 기울이시고 대화의 창을 열어 두셔야 합니다. 꼴도 보기 싫다며 완전히 소통을 차단하시게 되면 아이의 피해 또한 쉽사리 회복되기

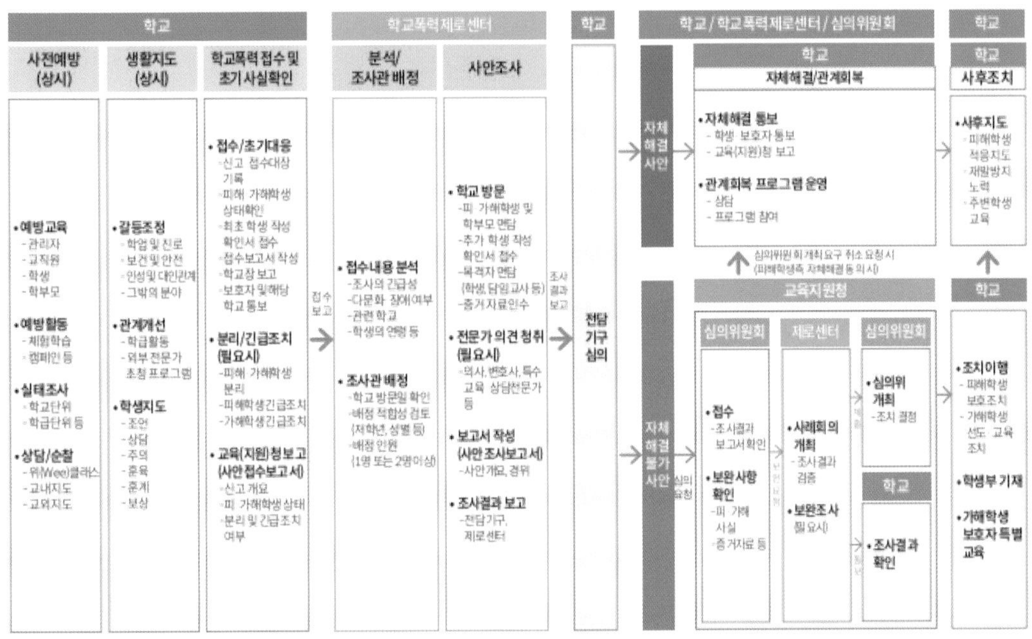

2024년 학교폭력 사안처리 가이드북

출처: 교육부(2024).

는 어렵습니다. 가해 아동일 경우 우리 아이의 가해 행동을 객관적으로 살펴보고 아이가 인정하고 또 사과하고 싶어 하는 지점들을 우선 서면 혹은 교사를 통해 혹은 직접적으로 사과하는 것이 바람직합니다. 할 수 있는 사과와 반성의 방법을 보여 줌으로써 피해 관련 아동과 해당 부모님의 마음을 조금이나마 살필 수 있기 때문입니다.

물론 학교폭력에 정답은 없습니다. 내 아이도 갑자기 가해 혹은 피해 관련 아동이 될 수 있습니다. 중요한 지점은 아이들의 다툼이 어른들의 감정싸움으로 번져 법리 다툼으로 확대되는 장면들이 아이의 교육에 어떤 도움이 될 수 있는지에 대한 우리 모두의 고민이 아닐까 싶습니다.

성큼성큼 6학년 성장노트

'아이들의 슬픔을 위로하고 공감하기'

6학년 여름, 아이들의 생각과 감정이 매우 복잡해지는 시기입니다. 이런 아이들의 감정을 잘 보여 주는 영화가 있습니다. 바로 〈인사이드 아웃(Inside Out)〉(2015)입니다. 영화에는 주인공 라일리의 다양한 감정을 보여 주는 캐릭터[3)]가 등장합니다. 각각의 감정 캐릭터는 고유한 색깔을 갖고 있는데, 자세히 살펴보면 기쁨이의 고유한 색은 노랑인데, 유독 머리와 눈동자의 색은 파란색입니다. 기쁨이의 머리색은 왜 파란색일까요?

영화 〈인사이드 아웃〉 스틸 이미지

이 영화는 라일리라는 사춘기 소녀가 이사를 가면서 새롭게 적응해 가는 과정을 담고 있습니다. 그런데 겉으로 보이는 씩씩한 라일리의 모습과는 달리 라일리의 감정들은 다소 복잡합니다. 기쁨이는 언제나 라일리가 즐겁게 지낼 수 있도록 노력합니다. 종종 라일리는 기분을 망치려는 슬픔이를 최대한 통제하려고 애쓰기도 합니다. 영화를 지켜보는 사람들은 무의식적으로 열심히 노력하는 기쁨이를 응원하고, 엉뚱한 행동을 하는 슬픔이를 불편하게 바라보게 됩니다. 그런데 정말 슬픔이는 라일리에게 아무런 도움이 되지 않는 걸까요?

3) 기쁨이(노랑), 슬픔이(파랑), 까칠이(초록), 소심이(보라), 버럭이(빨강)

영화가 진행되는 동안 기쁨이는 라일리를 위해서 다른 감정을 잘 통제할 수 있을 거라고 믿었지만 점차 그 생각이 흔들리기 시작합니다. 결국 라일리의 인사이드에 있던 다양한 감정이 터져 나오게 됩니다. 영화 제목인 〈인사이드 아웃〉처럼 감정은 통제하거나 억누를 수 있는 것이 아니라는 의미를 담고 있는 것 같습니다. 즉, 감정은 고정된 것인 아니라 변화하는 것임을 강조하고 있지요. 특히 감정은 내면에만 존재하는 것이 아니라, 외부 세계와 끊임없는 상호작용을 통해 존재하는 것이기도 합니다. 그런데도 우리는 너무도 익숙하게 아이들의 기쁨은 긍정적인 것이고, 슬픔은 부정적인 것이라고 단정 짓고 있는지도 모릅니다. 6학년 아이들의 감정은 너무나 다양하게 변화하는데, 특히 슬픔의 감정은 매우 복잡합니다.

영화 후반부에는 기쁨이와 슬픔이가 로켓을 잃어버린 빙봉이를 만나게 됩니다. 빙봉이가 아끼는 로켓을 잃어버려 슬퍼할 때에도 기쁨이는 계속 빙봉이를 기쁘게 해 주기 위해 긍정적인 것만 생각하자고 합니다. 하지만 빙봉이에게 로켓을 잃어버린 현실은 달라지지 않습니다. 이때 슬픔이는 오히려 울고 있는 빙봉이 옆에서 빙봉이가 마음껏 슬퍼하도록 위로해 줍니다. 슬픔이는 빙봉이가 로켓을 잃어버린 상실에 대해 인정하고, 상실로 인해 마음껏 슬퍼할 수 있도록 가만히 기다려 줍니다. 기쁨이는 어떤 평가나 판단도 하지 않고 곁에 그대로 있어 주는 슬픔이 모습을 통해 깨닫게 됩니다. 자신의 힘만으로 라일리를 도울 수 없다는 것을 알게 된 기쁨이는 슬픔이와 함께 라일리를 진심으로 위로합니다. 기쁨이의 머리색이 파란색인 것은 아마도 기쁨이를 통해 슬픔이의 소중함을 나타낸 것일 수 있습니다. 우리가 만나는 아이들에게도 슬픔은 늘 존재합니다. 때로는 아이들에게 마음껏 슬퍼할 수 있도록 충분히 기다려 줄 필요가 있습니다. 아이들의 슬픔을 함께 충분히 위로하고 공감해 주면 아이들은 새롭게 성장해 나갈 수 있습니다.

#6학년 여름 #인사이드 아웃 #기쁨, 슬픔, 까칠, 소심, 버럭 #기쁨이의 머리는 왜 파란색?

III. 성큼성큼 6학년의 '가을'

"경주에서 토끼를 이긴 거북이는 정말 행복했을까?
나답게 산다는 것은 무엇일까?"

"알알이 익어 가는 6학년의 가을을 준비해요."

『슈퍼 거북』(유설화, 책읽는 곰, 2014)

이야기의 주인공은 거북이 '꾸물이'입니다. 작가는 전래동화 〈토끼와 거북이〉의 뒷이야기가 궁금했나 봅니다. 엄청나게 빠른 토끼를 이긴 거북이로 살아가는 꾸물이에게는 무슨 일이 있었을까요? 온 동네가 슈퍼 거북이를 찬양하고 꾸물이를 주인공으로 한 영화도 개봉되고 심지어 동상도 세워집니다. 꾸물이는 이웃들이 자신의 본모습을 알아차릴까 두려워 그날 이후 빨라지기 위한 훈련을 하루도 빠짐없이 밤낮으로 실시합니다. 그 결과, 꾸물이는 세상에서 제일 빠른 거북이가 됩니다. 슈퍼 거북이 꾸물이는 토끼보다 빨라서 과연 행복해할까요? 사실 꾸물이는 예전처럼 느긋하게 자고 느긋하게 먹고 싶었고 무엇보다 천천히 햇볕을 받으며 걸어가고 싶었습니다.

부모님이 보시기엔 아직 많이 부족해 보이는 우리 아이의 학습 발달. 어떤 선이 적당한 건지, 우리 아이의 어떤 역량을 키워 주어야 하는 건지 정말 궁금하실 것 같습니다. 마치 꾸물이처럼 세상에서 제일 빠른 거북이로 만들려는 건 아닌지 고민도 되실 것 같습니다. 이번 시간에는 6학년의 학습과 인지 역량을 알아보며 마음이 따스하게 익어 가는 우리 아이들의 가을을 함께 살펴볼까 합니다.

성큼성큼 6학년 교실 이야기

6학년 아이들의 고민을 상담하다 보면 또래 관계, 이성 친구, 부모님과의 관계 등도 주요 고민거리지만 의외로 공부, 학습, 중학교 시험 등도 심각한 고민이라고 말하는 친구가 많습니다. 아이들의 생활 세계에서 학습이 차지하는 비중이 크다는 점, 또 그에 따라 스트레스를 호소하거나 공부에 대한 두려움을 느끼고 있다는 점, 또한 앞으로 공부가 어려워져 좋은 성적을 받지 못하게 될 것 같아서 걱정한다는 점 등이 발견됩니다.

부모님들과의 상담에서도 이러한 걱정과 고민들이 주요한 상담 주제로 다루어지는데, 자녀의 현재 학습 상태에 대한 걱정, 중학교 진학 이후 성적이 떨어질 수도 있을 것 같다는 걱정 등을 많이 이야기하십니다. 이번 시간에는 우리 6학년 아이들이 지닌 공통적인 인지 발달 특징 그리고 학습에 대한 주요한 걱정과 이에 따른 상담 방안 등을 몇 가지 사례를 통해 알아보고 이를 아이와 함께 슬기롭게 극복할 수 있는 방법을 살펴보겠습니다.

#1. "국어가 너무 싫어요. 글쓰기는 더 싫어요. 안 하면 안 돼요?"

2011년, 6학년을 맡은 첫해였다. 국어 시간 짧은 글 짓기 숙제를 내고 검사를 하다가 큰 충격을 받았다. '엄마가 공부를 시험시험하라고 하셨다.' '나의 장례희망은 선생님이다.' '선생님 까닭이 무슨 뜻이에요?' 6학년의 문해력, 갈 길이 멀구나…….

6학년 아이들에게 우리들은 으레 "6학년이니까 이 정도는 해야지."라고 말하곤 합니다. 기대하는 것이 커졌기 때문일까요? 그 기대를 따르지 못하는 아이를 보면서 선생님도 학부모님도 '이걸 왜 못하지?'라는 답답함을 느끼는 분들이 많습니다. 특히 글을 읽고 쓰는 것을 어려움 없이 할 거라는 생각을 하는 경우가 많은데요. 생각보다 아이들은 글을 읽고 쓰는데 여전히 많은 어려움을 겪고 있습니다. 스마트폰이나 컴퓨터의 일상화 때문일까요? 기초적인 맞춤법, 바른 글쓰기 등이 서툰 학생들은 손으로 직접 쓰는 것을 매우 힘들어합니다. 학부모님들도 요즘 문해력에 대한 여러 가지 이슈

틀린 말	맞는 말	틀린 말	맞는 말
안 되	안 돼	나중에 뵈요	나중에 봬요
금새	금세	건들이다	건드리다
왠만하면	웬만하면	애띠다	앳되다
어의없다	어이없다	설겆이	설거지
왠 떡이야	웬 떡이야	일일히	일일이
어따 대고	얻다 대고	문안하다	무난하다
않 되나요	안 되나요	설레임	설렘
오랫만에	오랜만에	내 꺼	내 거
바램	바람	몇일, 몇 일	며칠
잠궜다	잠갔다	역활	역할
할께요	할게요	어떻해	어떡해/어떻게 해

자주 틀리는 받아쓰기 모음

들도 들어 보셨지요? 인터넷이나 유튜브로 검색하고 이를 참고하는 숙제에 익숙한 아이들은 글을 한바탕 읽고 몇 문단의 글을 쓰는 간단한 활동에도 부담을 느끼곤 합니다. 국어 시간만 되면 하품을 하고 집중을 못하는 6학년, 글쓰기에 부담감을 잔뜩 지닌 6학년에게 어떤 도움을 줄 수 있을까요? 가정에서 할 수 있는 몇 가지 방법들을 소개합니다.

우선 기초적인 받아쓰기가 필요합니다. '6학년에게 무슨 받아쓰기냐?'라는 의문이 있으실 수 있지만 6학년이라고 띄어쓰기와 맞춤법과 같은 한글 정서법에 능숙하지는 않습니다. 우리 어른들도 맞춤법과 띄어쓰기를 때로 어려워하는 것처럼 아이들에게도 받아쓰기 지도가 여전히 필요합니다.

다음으로 어휘에 대한 솔루션이 필요합니다. 우리말의 상당 부분이 한자어로 이루어졌다는 것은 잘 알고 있으실 텐데요. 특히 학년이 올라갈수록, 독서 수준이 높아질수록 한자 어휘를 자주, 많이 만나게 됩니다. 평소에 한자 어휘에 대해 익숙해질 수 있도록 대화와 독서에도 신경 써 주어야 합니다. 한자 어휘가 숙달되면 처음 보는 한자 어휘도 추론할 수 있는 인지 능력이 크게 상승합니다.

다만 국어의 경우에는 뒤의 Q&A 시간에 다시 설명드리겠지만 난독증에 대한 이슈도 반드시 고민해 보셔야 하는 부분입니다. 아이가 읽기 활동에 특히 취약하고 글을 읽는 것을 거부한다면 우선 다음의 네 가지 체크리스트를 살펴봐 주시면 좋겠습니다.

읽기 곤란 아동의 마음

☑ 글씨(문장)가 한눈에 들어오지 않는다.

☑ 책을 읽고 나면 마지막 부분만 기억이 나고 앞부분은 쉽게 까먹는다.

☑ 친구들이 더듬거리는 자기를 보면 놀릴 것 같아 두렵다.

☑ 저학년 때는 더 심했는데 아이들이 키득거리며 놀렸다.

체크리스트상에서 우리 아이가 어느 정도 난독 성향이 있다는 것이 발견되면 담임 선생님과 충분한 상의를 하셔야 합니다. 난독 성향은 가정과 학교가 긴밀하게 연계되어야 극복이 가능하기 때문인데요. 실제 난독 성향을 보이는 학생과 그 학부모님과 협력한 사례를 다음의 Q&A에서 다시 살펴보겠습니다.

다시 국어를 싫어하는 아이를 위한 방법을 알아보겠습니다. 앞의 어휘와 읽기의 솔루션에 이어 끝으로 쓰기 활동의 어려움을 극복하기 위해서는 우선 독서와 연계한 쓰기 공책을 따로 준비하여 적당한 양(아이와 상의가 필요해요.)을 꾸준히 쓰도록 해야 합니다. 재미있고 좋은 글을 자주 쓰게 하고 지루하지 않도록 적당한 보상을 주신다면 글쓰기에 대한 어려움을 점진적으로 극복할 수 있습니다.

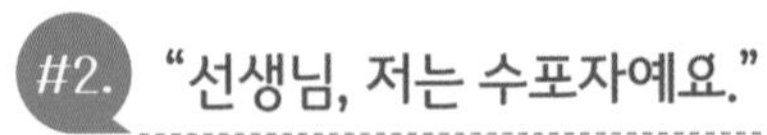

#2. "선생님, 저는 수포자예요."

수학 시간만 되면 그렇게 떠들던 윤성(가명)이는 꿀 먹은 벙어리가 된다. 분수의 나눗셈 단원을 열심히 수업하다가도 윤성이의 표정을 보면 정말 안타깝다. "선생님, 저는 분수의 덧셈도 못하는데요…… 저는 수포자예요." 풀 죽은 목소리의 윤성이를 어떻게 도와주어야 할까?

수포자는 스스로 수학 공부를 포기한 자를 의미합니다. 고등 입시에서 꽤 오래전부터 유행하는 말로써 수학 교과에 대한 어려움 때문에 수학 공부를 손에서 놓아 버린 학생들을 부르는 단어지요. 그런데 6학년에도 벌써 이러한 수포자들이 있다는 것을 들어 보셨나요? 한 교육시민단체의 조사에 따르면 초등학교 6학년 36.5%가 스스로를 수포자라고 생각한다고 합니다. 이제 수학을 본격적으로 시작하는 단계인 우리 6학년들이 왜 이렇게 수학을 어려워하는 걸까요? 다음의 초등학교 수학과 교육과정 설계 개요표를 보면서 이야기해 보겠습니다.

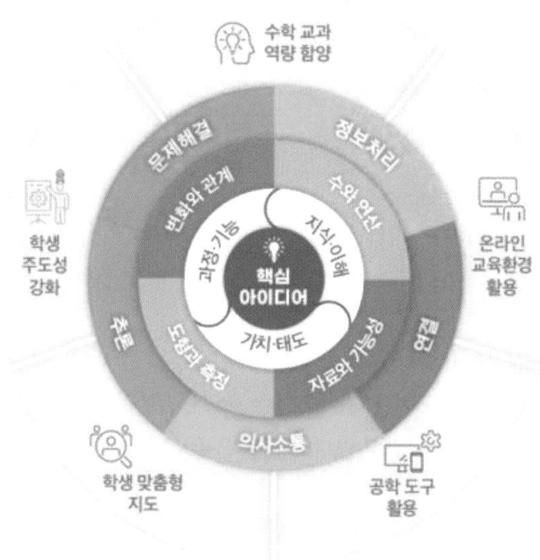

개정 수학과 교육과정 설계의 개요

출처: 교육부(2022b).

초등학교 수학은 다섯 가지 영역으로 구성되어 있습니다. 이 다섯 가지 영역 중에 수포자를 양산시키는 영역은 수 · 연산 영역입니다. 수개념이 자연수, 분수, 소수로 확장되고 복합연산이 적용되면서 수포자가 증가하는 경향을 관찰했습니다. 6학년이 되면 이미 앞서 확장된 수개념과 복합연산을 숙지해야만 새로 배울 학습 내용을 이해할 수 있는 단원들이 나타납니다. 선행하는 개념(분수의 연산 등)을 숙달하지 못하고 넘어온 아이들은 수학 시간에 무력감을 호소합니다. 마치 외국어를 모르는데 외국에서 살아야 하는 심정과 같다고 보실 수 있습니다.

가정에서 부모님들은 학원과 과외를 통해 이 현상을 해결해 보고자 합니다. 다만 사교육에서의 수학 학습은 지나치게 선행에 집착하거나 문제 풀이식 수학에 집중하고 있다는 측면을 고려해야 합니다. 생각보다 아이들은 아주 기초적인 수학개념이 튼튼히 잡혀 있지 못하기 때문에 기초 없이 진도만 나가는 방법은 결코 아이의 수학 능력을 길러 줄 수 없습니다. 기초공사 없이 높은 탑을 쌓아 올리는 느낌입니다.

그렇다면 부모님이 우리 아이에게 수학의 힘을 길러 줄 수 있는 방법은 무엇일까요? 우선 진단이 중요합니다. 담임선생님과의 상담과 수학 진단평가 결과를 통해 우리 아이의 수학적 수준을 영역별로 점검해 보아야 합니다. 좀 더 쉬운 진단 방법은 6학년 아이에게 3~4학년 수학 문제를 제시해 보는 방법도 있습니다. 연산의 기초뿐만 아니라, 그래프, 규칙성, 기초 문장제, 각과 선분과 같은 도형의 기초 등이 등장하는 저학년 수학 문제를 제시하면 의외로 모든 문제를 자신 있게 푸는 경우가 드물다는 점을 발견하실 수 있습니다.

이렇게 진단이 완료되면 부족한 단원과 영역의 개념을 체크하고 복습(오답노트나 개념노트를 준비)해야 합니다. 이때 아이에게 혼자 풀도록 하기보다는 아이 옆에서 같이 앉아 수학을 풀어 주는 모습이 아이에게 마음의 안정감을 줄 수 있습니다.

결국 수학은 계통성의 학문입니다. 기초적인 개념이 계통적·순차적으로 잡혀 나가기 위해서는 꾸준한 시간과 수학 학습의 습관화가 필요합니다. 수학이 하루아침에 되는 것이 아니기 때문에 수포자가 양산되지만 시선을 앞보다 뒤로 돌린다면 우리 아이는 수포자보다는 수강자(수학에 강한 사람)가 될 것이라 기대합니다.

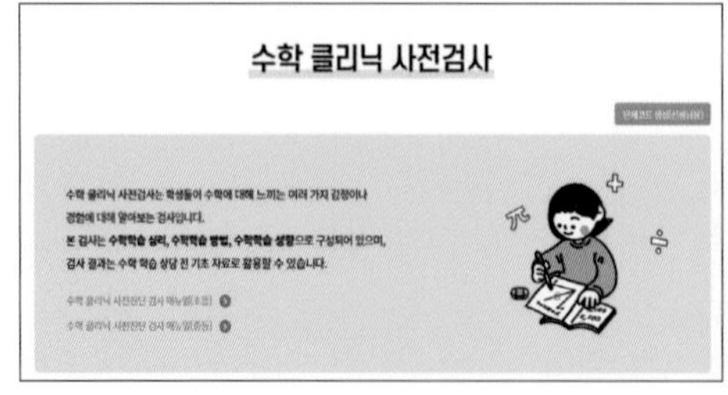

출처: 애스크매스.

출처: 한국교육학술정보원.

수학 진단 사이트

#3. "시험 보는 게 너무 두려워요. 시험지를 받으면 머리가 아파요."

6학년 학급을 운영하다 보면 학교생활을 아주 즐겁게 잘하는 아이인데도 시험 시간만 되면 안색이 어두워지고 보건실을 가고 싶다는 말을 하는 아이를 만날 때가 있습니다. 그 아이와 상담을 해 보았습니다. 아이는 시험지만 받으면 두통이 심해진다는 '신체화' 증상에 대해 울면서 호소했습니다. "진짜 머리가 아픈데 엄마는 꾀병이래요."라고 말하는 아이가 무척 안타까웠습니다.

평가에 대해 불안도가 유독 높은 아이를 살펴보면 몇 가지 공통되는 부분들이 보입니다. 우선 "야, 나 시험 망쳤어. 난 집에 가면 죽었다."와 같은 말로 시험에 대한 부모님의 과도한 기대에 대한 거부 반응을 표현합니다. 이러한 아이는 평소에도 '망했다.' '큰일났다.'와 같이 자신의 어떤 상황에 대해 무척 두려워하거나 걱정하는 표현을 습관적으로 사용합니다. 다음으로 이러한 아이는 시험에 대한 극도의 긴장으로 인해 자기 실력을 발휘하지 못합니다. 구술이나 관찰 평가에서는 우수한 아이가 문제 풀이형 평가에서는 좋은 점수를 받지 못합니다. 끝으로, 집착과 포기 현상입니다. 점수에 집착하거나 공부하는 시간에 집착하여 10시간도 넘게 공부하지만 시험에서 한 번이라도 결과가 좋지 않으면 이를 자신의 능력 부족으로 귀인하여 '나는 안 되는 사람'이라는 프레임을 스스로에게 씌웁니다. 이러한 자기부정이 반복되다 보면 결국 아이는 시험 두려움이 커져 신체적인 문제로까지 진행될 수도 있습니다.

이렇게 시험 불안을 느끼는 아이들에게 우리는 어떤 도움을 줄 수 있을까요? 우선 평가의 목적에 대해 아이와 충분히 이야기해야 합니다. 평가는 지금 너의 수준을 진단하고 도움을 주려는 것임을 함께 이야기하고 또 평가는 한 번으로 끝나는 것이 아니라 기회가 여러 번이며 이 결과가 너를 결정하는 지표가 아니라는 것을 친절히 안내해야 합니다.

6학년들이 자주 하는 말 중에 "저는 SKY 대학교에 가고 싶어요."가 있습니다. 우리 사회는 미래 사회를 향해 빠르게 나아가고 급격히 변화하는 중입니다. 그럼에도 아직은 대학의 서열이 아이들에게 무척 중요한 성공지표가 되는 것 같습니다. 저마다 지닌 재능의 영역과 폭, 방향이 다르다는 것을 아이들이 알고 이를 스스로 일찍 파악하고 이를 기르기 위해 노력하는 아이들이 진정으로 지혜로운 아이가 아닐까 생각해 봅니다.

성큼성큼 6학년 탐구생활(Q&A)

Q1. 아이가 공부에 소질이 없어요. 나중에 뭐가 될지 걱정입니다.

6학년 부모님들과 7~8년 상담하다 보면 시대의 변화를 때로 느끼게 됩니다. 처음 6학년을 맡았을 때 대부분의 부모님은 아이의 성취도 평가 점수를 제일 먼저 물어보시고 공부를 잘하는지, 앞으로도 잘할 수 있을지에 대해 커다란 호기심을 보이셨습니다. 최근의 부모님들도 물론 이러한 학습과 성적에 대해 궁금해하시는 분이 많지만 몇몇 분은 학습보다는 아이가 즐겁게 학교생활을 하는지를 먼저 물어보시기도 합니다. 조금씩의 변화는 있지만 학습과 성적은 여전히 우리 사회의 큰 이슈가 아닐까 하는 생각을 해 봅니다.

사실 6학년쯤 되면 아이들은 자연스럽게 자기가 좋아하는 분야에 집중합니다. 아이의 꿈을 물어보면 그 꿈에 대한 세세한 지식과 정보를 열심히 이야기합니다. 심지어 어떤 아이는 프로그래밍 혹은 자동차 기술에 대해 교사보다 훨씬 더 많은 지식을 가지고 있기도 합니다.

가드너(Gardner)의 다중지능이론에서 강조하듯 인간이 지닌 지능과 능력은 아주 다양합니다. 아이가 어떠한 영역에 흥미와 적성을 보이는지 관찰하고 이를 함께 키우기 위해 노력하는 부모의 행동이 빠르면 빠를수록, 우리 아이가 행복에 도달할 가능성은 크게 증가합니다.

Q2. 우리 아이가 책 읽기를 싫어하고 더듬거려요.

6학년이 책 읽기를 싫어하고 더듬거린다고 걱정하시는 부모님과 상담을 했습니다. 그때 윤서(가명)는 쉬는 시간, 점심시간마다 운동장에 나가 친구들과 아주 열심히 운동을 하고 땀을 뻘뻘 흘리다가도 다시 수업 시간만 되면 조용해지고 공상의 세계로 빠지던 아이였습니다. 수업 시간에 돌아가며 책을 소리 내어 읽는 활동을 할 때마다 얼굴이 빨개지며 더듬더듬 책을 읽다가 가끔은 울음을 터트리기도 했습니다. 물론 글씨를 모르거나 발달에 문제가 있는 아이는 아니었습니다. 본문의 네 가지 체크리스트를 통해 윤서의 상황을 진단해 보았습니다. 여기에서 지금 윤서가 처한 문제 상황이 낮은 수준의 읽기 곤란이라는 것을 발견했고 부모님과 함께 이에 대한 상담을 나누었습니다. 우선 윤서에게는 저학년 때보다 훨씬 읽기 능력이 올라갔다는 격려와 충분히 지금의 문제를 해결할 수 있다는 희망을 주었습니다. 윤서가 운동할 때 보여 주는 적극적인 모습이 읽기 곤란을 해결하는 데 중요하며, 아무도 윤서를 비웃지 못할 것이라고 약속했습니다. 다음으로 윤서 어머님께 가정에서 진행해야 할 협력 과제를 말씀드렸습니다. 협력 과제는 다음 세 가지 정도인데 아이의 수준을 고려하여 받아쓰기 활동 등을 추가할 수 있습니다.

- 학교 가기 전 아침 5분 동안 큰 소리로 그리고 일정한 속도로 동화책 읽기
- 읽을 때마다 휴대폰으로 아이의 목소리, 말의 속도, 발음을 녹음하고 같이 들어 보기
- 취약한 문장들을 찾아서 냉장고나 벽면에 붙여 놓고 자주 읽기

이렇게 상담을 진행하고 한 학기 동안 가정과 윤서의 읽기 곤란 개선을 위해 협력했습니다.

윤서는 어떻게 되었을까요? 윤서는 이전처럼 운동도 좋아하고 성격도 화통한 아이로 지냅니다. 쉬는 시간에 가끔 재미있는 책을 읽으며 키득거린다는 점만 빼고요. 우리 윤서와 같이, 6학년의 읽기 곤란 증상은 충분히 극복할 수 있습니다. 충분한 시간과 노력을 제공한다면 말입니다.

Q3. 우리 아이만 느린 것 같아요.

6학년의 가을쯤 되면, 누구는 초등학교 생활은 신나게 놀아도 된다고 하고, 누구는 빨리 중·고등학교 과정을 선행해야 한다고 하는데…… 우리 아이는 공부를 잘하는지 못하는지 알기도 힘이 듭니다. 가끔 아이의 공책을 보면 맞춤법도 엉망이고 수학 시험지는 빨간 줄이 잔뜩입니다. 학교 선생님은 아이가 잘한다고 하시는데 부모로서 괜히 걱정이 됩니다. '우리 아이만 뒤처지면 어쩌지요?'

준비도(readiness)란 학습자가 학습에 관련된 특성이 갖추어진 정도를 의미합니다. 학습자에게 일정한 학습에 알맞은 준비가 되어 있는지의 여부와 함께 적합한 시기에 학습을 시켜야 한다는 적시성이 준비도 개념의 핵심입니다.

6학년은 발달적으로 개별 격차가 크게 나타나는 학년입니다. 대학생 같은 아이도

있는가 하면 저학년 같은 아이도 한 교실에 있습니다. 이때 학교에서는 개별화 교육을 통해 준비도를 반영한 배움의 효과를 고려합니다. 가정에서도 우리 아이의 발달 준비 상태를 잘 살펴봐야 합니다. 조금만 기다리면 '머리가 열리는' 시기가 오는 아이에게 지금 당장 학습 성과를 요구하는 것은 자라지 않은 묘목을 뽑는 행동과 다를 것이 없습니다. 사랑하는 내 아이가 무리 없이 잘하기를 마음을 저 또한 공감합니다. 다만 아이의 준비 정도를 세심히 살피고 기다릴 줄 아는 부모님 아래에서 성장하는 아이가 더 큰 걸음으로 나아간다는 사실을 우리 모두 생각해 보았으면 합니다.

Q4. 부모로서 6학년 아이의 학습 습관 형성을 도와주고 싶은데 무엇을 알아야 할까요?

아이의 학습 습관 형성과 인지 발달에 도움을 주고 싶어 하는 부모님의 질문에 저는 호기심의 가치를 말씀드리고 싶습니다. 호기심 강점은 지식 획득과 사용에 관한 여섯 가지 인지적 강점 중 하나로서 현재의 모든 경험들에 대해 관심을 가지는 태도를 말합니다. 15년간 수백 명의 학생을 만나면서 느낀 점은 똑똑하고 공부 잘하는 아이가 반드시 호기심이 많은 아이는 아니라는 점입니다. 시험 성적이 높고 시험 문제를 쉽게 풀어도 학습과 배움 자체에 흥미를 잃어버린 아이들을 만나면 때론 슬픈 마음까지 느껴집니다. 호기심을 잃은 아이에게 배움의 행복은 오지 않습니다. 호기심을 바탕으로 하는 창의성을 기르는 것이 6학년의 핵심 과제 중 하나라고 생각합니다.

아직 늦지 않았습니다. 그렇다면 매사에 심드렁한 우리 6학년들에 호기심을 어떻게 길러 줄 수 있을까요? 우선 호기심을 기르기 위해서는 가정 내에 아이의 공간을 만들어 주셔야 합니다(작아도 괜찮습니다). 이때 6학년 수준에 맞는, 다소 난이도가 있는 오픈엔드(혹은 샌드박스)[4]식 놀잇감과 감각자극 도구들이 이 그 공간에 제공된다면 아이의 호기심은 더 크게 증가합니다. 가정에서 이러한 환경을 구성하기 힘들 때는 지역의 무한상상실(전국 277개의 메이커 스페이스)을 이용하는 것도 좋습니다. 아울러 아이들의 질문에 힘드시겠지만 집중하셔야 합니다. 우리가 어릴 때 부모님이 피곤하신 나머지 엉뚱한 질문하지 말라며 혼내시거나 대답을 생략하셨던 경험들이 있으실 것 같습니다. 부모님도 피곤하고 지루하시겠지만 아이의 질문에 집중하고 같이 답을

4) 공학 용어로서 증설 가능한 상태로 되어 있는 구조 또는 프로세스를 말합니다. 즉, 정해진 틀이 아닌 아이가 조작하고 가공하여 다양한 형태로 재창조할 수 있는 형태의 구조물 또는 재료를 뜻합니다.

찾아 나가는 활동이 아이의 호기심을 다시 살려 줄 수 있는 좋은 방법입니다. 6학년 아이들이 말수가 줄어드는 것은 어쩌면 누군가에게 던진 질문에 대한 대답을 듣지 못한 경험의 결과가 아닐까 하는 생각을 가져 봅니다.

성큼성큼 6학년 성장노트

'외상 후 스트레스를 넘어, 외상 후 성장으로'

누구나 살아가다 보면 크고 작은 위기를 겪을 수 있습니다. 때로는 너무나 안타까운 비극적인 사건을 직간접적으로 경험하게 될 수도 있습니다. 이와 같은 비극적인 사건은 사람들에게 '외상 후 스트레스(post-traumatic stress disorder: PTSD)'로 이어질 수 있습니다. 외상 후 스트레스 장애는 심각한 외상 사건을 경험한 후 발생하는 심리적 장애를 말합니다. 이 장애는 개인이 겪은 또는 목격한 생명을 위협하는 사건, 심각한 상해, 또는 성적 폭력과 같은 극심한 스트레스 사건 후에 나타날 수 있습니다. 이처럼 심각한 외상 사건은 사람들에게 큰 상실과 슬픔을 겪게 합니다.

그런데 외상으로 인한 상실과 슬픔을 대할 때, 아이들은 조금 다를 수도 있습니다. 아이들에게는 꼭 죽음만큼 심각한 외상 사건이 아닐지라도 우리 아이들이 경험하는 다양한 상실의 순간을 세밀하게 살필 필요가 있습니다.

> "죽음만큼 중대한 주제가 아닌 것들, 가령 이별이나 타 도시로의 이사와 같은 가벼운 상실들은 아주 '사소'하기 때문에 중요하지 않게 다뤄질 것이다. 하지만 아동, 청소년에게는 이렇듯 사소하거나 가벼운 상실들이 엄청난 고통과 괴로움의 원천이 된다."(Fiorni & Mullen, 2014: 21)

우리가 무심코 지나치는 사소한 일들로 인해서도 아이들은 큰 어려움을 겪을 수 있다는 것입니다. 비록 어른의 시선에서 아무것도 아닌 것처럼 보이는 일일지라도 아이들에게는 큰 위기일 수 있다는 점을 기억했으면 합니다.

외상 후 스트레스(혹은 역경 후 스트레스)에 대한 여러 연구 중에서 한 가지 흥미로운 결과가 있습니다. 캘훈(Calhoun)과 테데스키(Tedeschi)는 재난상담 현장에서 내담자가 삶의 위기 상황에서 부정적인 스트레스와 고통을 느끼고 힘든 상황을 겪지만, 한편으로 성장을 경험할 역설적인 기회를 갖는다는 것을 확인하였다고 합니다. 고통과 괴로움의 위기 상황이지만, 이

것이 오히려 성장할 수 있는 기회이자 에너지가 될 수 있다는 것입니다.

물론 비극적 상실은 너무나 안타까운 현실이기 때문에 결코 쉽게 다룰 수 있는 부분이 아닙니다. 그럼에도 불구하고 여러 외상 사건은 오히려 역설적이게도 지금 이 순간에 새롭게 성장할 수 있는 기회가 된다는 것이지요. 즉, 심리적 외상을 다루는 것이 중요한 것은 심리적 외상 자체를 이해하는 것이 목적이 아니라, 심리적 외상을 치유하고, 새로운 성장으로 향할 수 있는 힘을 갖게 하는 것이기 때문입니다.

그래서 우리는 '외상 후 스트레스 장애(PTSD)'를 넘어 '외상 후 성장(post-traumatic growth: PTG)'에 주목할 필요가 있습니다. 외상 후 성장이 일어나기 위해서는 내적 요인으로 의도적 반추와 회망적 사고가, 외적 요인으로 사회적 지지가 의미 있는 영향을 준다고 합니다(Calhoun & Tedeschi, 2015). 즉, 상실로 인한 슬픔에 대해 건강하게 성찰하면서 희망적 사고를 품을 수 있는 사회적 지지 체계를 마련하는 것이 무엇보다 중요한 사회적 과제가 되어야 합니다. 아이들을 돌보는 모든 어른들이 아이들이 상실의 위기를 성장의 기회로 삼을 수 있도록 든든한 지지 체계가 되어 주도록 함께 노력하길 기대합니다.

#6학년 가을 #외상 후 스트레스 #외상 후 성장 #역경 후 성장 #위기를 기회로

IV. 성큼성큼 6학년의 '겨울'

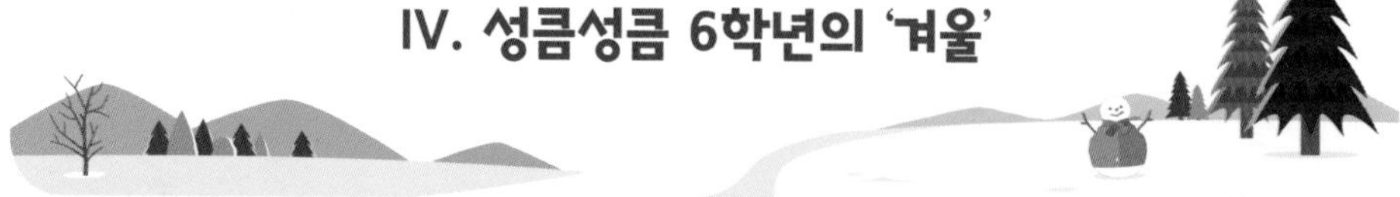

"예비 중학생, 6학년의 겨울을 준비해요."

『긴긴밤』(루리, 문학동네, 2021)

"너는 이미 훌륭한 코뿔소야. 그러니 이제 훌륭한 펭귄이 되는 일만 남았네. 이리 와. 안아 줄게. 오늘 밤은 길거든."

코끼리 고아원에서 자란 흰바위 코뿔소 노든. 코가 자라지 않는 노든을 품어 주는 할머니 코끼리는 노든에게 "생김새가 다른 것은 문제가 되지 않아. 그냥 우리 옆에 있으면 돼. 그게 순리야."라는 이야기를 해 주었고 고아원에 머무를지 망설이는 노든에게 더 넓은 세상을 향할 수 있게 용기를 주었습니다. 세상으로 나아간 노든은 가족을 이루었지만 사냥꾼들에 의해 동물원에 갇히게 됩니다. 동물원에서 펭귄 부부 치쿠와 윔보를 만났습니다. 치쿠와 윔보는 버려진 알을 소중히 돌보지만 안타깝게도 세상을 떠납니다. 노든은 치쿠의 알을 품어 아기 펭귄이 태어납니다. 노든은 생김새가 전혀 다른 아기 펭귄을 보호하고 가르치며 함께 살아갑니다. 어느덧 자라난 아기 펭귄에게 바다로 나아갈 수 있는 용기를 주었습니다. 그렇게 노든은 초원으로 아기 펭귄은 바다로 나아갑니다. 서로의 온기를 나눈 긴긴밤을 기억하며 말입니다.

부모님과 선생님들 또한 우리 아이들을 꼭 안아 주며 함께 긴긴밤을 견디고 저 넓은 초원, 푸른 바다로 아이를 인도하는 소명을 품고 살아갑니다. 이러한 소명을 담아 6학년의 겨울을 꼼꼼하게 준비해 보실까요?

성큼성큼 6학년 교실 이야기

6학년, 시작과 동시에 끝을 고민해야 할 초등학교의 최종 학년입니다. 아이들도 내색하지는 않지만 "선생님, 중학교 가기 싫어요."라는 말을 종종 하곤 합니다. 하물며 우리 부모님들은 아이들의 중학교 생활과 진로에 대해 얼마나 고민이 많으실지 공감됩니다. 우리 6학년 아이들이 교복을 입고 중학교를 당당히 걸어가는 청소년으로 거듭나는 생활에 관하여 알아보고자 합니다. 아울러 앞서 알아본 우리 아이의 맞춤 역량과 연결된 미래의 진로 발달에 대해서도 아이들의 시선에서 꼼꼼하게 다루어 보겠습니다.

초등학생들의 진로 고민 best 6

순위	진로 고민
1위	성적과 능력이 부진하여(46.3%)
2위	적성이나 흥미를 잘 몰라서(18.8%)
3위	부모님과 의견이 달라서(17.1%)
4위	진로에 대한 정보가 부족해서(8.4%)
5위	고등학교와 대학교 진학 관련(5.3%)
6위	장래희망 직업이나 꿈이 없어서(4.1%)

출처: 김정연(2017. 12. 20.).

#1. "제가 중학교에 가다니…… 선생님, 너무 걱정돼요."

6학년의 겨울, 아이들은 긴긴 초등학교 6년을 마무리하고 미지의 세계로 발을 디딜 준비를 합니다. 학교도, 교실도, 교과도, 교복도, 아이들이 지금껏 익숙하게 느낀 많은 환경이 바뀌기 때문인지 그 어느 때보다도 긴장되고 설레는 6학년의 겨울에 우리 아이와 어떤 이야기를 할지 많이 궁금하실 것 같습니다. 이번 시간에는 6학년의 꿈과 진로, 그리고 예비 중학생으로서의 다양한 팁 그리고 부모님의 고민들을 함께 살펴보고자 합니다. 다음은 이해를 돕기 위해 요즘 아이들이 학업과 진로에 대해 얼마나 진지하게 생각하고 있는지를 보여 주는 가상의 고민 상담을 구성해 보았습니다.

어느 초등 6학년 학생의 학업과 진로 고민

2024년 1월 10일 22 : 31

제목 그대로 요새 너무 고민입니다.

저는 어제 졸업한 OO초등학교 6학년인데, 중학생이 되려면 이제 두 달도 안 남았어요.

중학교 공부는 엄청 엄청 어렵다는데 저 이대로 괜찮을까요?

일단 초등학교에서는 공부 못한다는 소리는 안 들었어요.

중위권 정도는 유지하고 있고, 학원에서도 중간은 하거든요?

담임선생님도 많이 칭찬해 주시는데, 중학교에 가면 시험을 학기마다 본다고 하고…… 과목도 늘어나서 걱정이에요.

부모님도 기대가 크신 것 같고…….

솔직히 저는 나중에 외교나 국제 무대에서 일하고 싶어서 대학교는 SKY 중 하나에서 정치외교학과에 들어가고 싶거든요?

혹시 너무 늦었을까요? 엄청 어려운 꿈일까요?

인생 선배님들의 따뜻한 조언 부탁드려요…….

생각보다 우리 아이들이 중학교 진학과 미래의 진로에 대해 진지하고 심각하게 고민하는 모습이 살펴지지 않나요? 부모로서 교사로서 이런 아이의 모습이 대견하기도 하고 안쓰럽기도 합니다.

#2. "제 꿈이요? 몰라요. 좋아하는 거? 없어요. 잘하는 거요? 없는데요."

꿈 이야기만 나오면 '또 시작이야.'라는 눈빛으로 지루해하는 아이들이 듬성듬성 보인다. 초등학교 1학년부터 늘 들어오는 꿈, 장래희망, 진로라는 말에 몇몇 아이들은 더 이상 설레거나 두근거림을 느끼지 않는 것 같다. 꿈과 대학의 연결이 당연한 것 같은 요즘, 아이들을 다시 설레게 할 수 있는 방법은 무엇일까?

생각해 보면 우리가 초등학교 6학년일 때에는 꿈이 참 많았던 것 같습니다. 저는 소설가가 되고 싶었습니다. 부모님도 한번 그때의 꿈을 떠올려 보시겠어요? 요즘 학교 현장에서 6학년 담임으로서 아이들과 대화하다 보면 아이들이 자신의 꿈을 표현하는 데 많이 서툴다는 것에 놀라곤 합니다. 꿈을 묻는 선생님을 물끄러미 바라보며 꿈이 없거나, 꿈을 모르겠다고 하는 아이들 혹은 그냥 '돈 많은 백수'라고 우스갯소리를 하는 아이들에게 교사로서, 아빠로서 어떤 말을 해 줘야 하나 고민이 됩니다. "꿈은 소중한 거야. 지금부터 꿈을 가져 봐."라는 말이 아이들에게 와닿을까요?

아이들이 미래의 진로에 대해 진지하게 고민하지 못하는 이유는 사실, 자신을 탐색하고 자신을 살펴볼 기회가 부족해서입니다. '6학년의 가을 시간'에 드린 말씀과 같이 어린이들에게는 무한히 그리고 개별화된, 다양한 재능과 능력이 숨어 있습니다. 진로에 관해 관심을 보이지 않거나 다소 무기력한 아이를 위한 출발점은 신뢰도 높은 진단 도구를 통한 진단 활동에 있습니다.

우리 아이의 현재 진로 발달 특성을 다양한 플랫폼의 유·무료 검사를 통해 주기적으로 진단하게 되면 아이와 아이의 꿈과 흥미에 관해 이야기 나눌 거리가 많아집니다. 부모님과 아이가 다양한 이야기를 나누다 보면 우리 아이에 대한 이해가 높아지고 아이의 커리어를 관리해 줄 수 있습니다.

커리어넷 진로 관련 심리검사(무료)

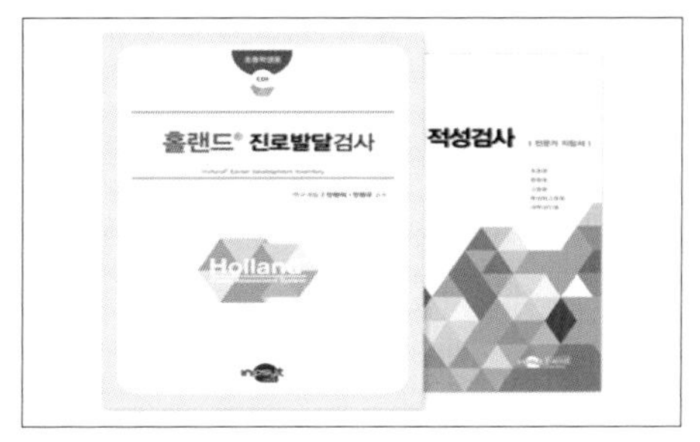

인사이트 홀랜드 진로발달검사(유료)

#3. "부모님이 제 꿈을 자꾸 반대해요."

"선생님, 저는 클라리넷리스트 조인혁처럼 훌륭한 연주자가 되고 싶어요. 그런데 엄마가 안 된대요. 음악은 취미로만 하고 공부하래요." 우리 반 똑순이 수진(가명)이가 나의 꿈 이야기 시간에 눈물이 맺힌 얼굴로 하소연한다. 벌써 저렇게 똑 부러지게 꿈을 정하다니 참 대견하다 싶다가도 부모님의 마음도 공감이 된다. 왜냐하면 수진이는 정말 영재성이 있는 다재다능한 친구이기 때문이다. 국 · 영 · 수와 같은 공부는 말할 것도 없고 음악과 미술에도 재능이 있다. 무엇보다 성실해서 한 번도 숙제를 안 해 온 적이 없는 모범생이다. "뭘 해도 할 친구예요."라고 다른 반 선생님들에게 자랑스럽게 이야기할 때 괜히 내가 뿌듯하다. 아이의 꿈과 부모님의 마음이 다를 때는 어떻게 해야 할까?

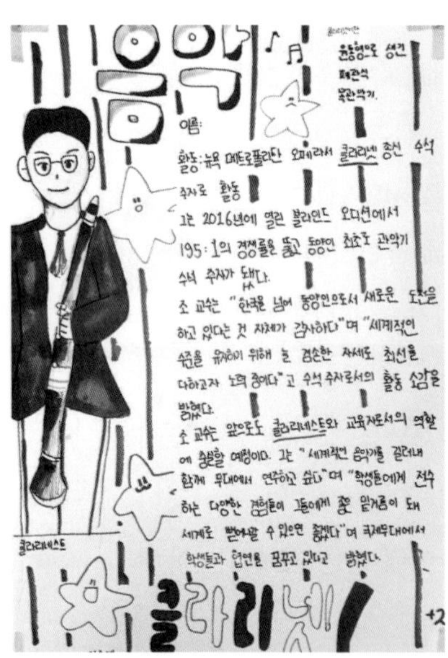

사실 수진이 같은 경우에 교사는 참 난감합니다. 6학년 학생이 꿈을 가진 것 자체로도 정말 대견한 일인데 이것을 마음껏 지지해 주지 못하는 상황이 때로 속상합니다. 꿈과 재능이 일치해야 하는 것인지, 재능이 없으면 꿈의 방향을 돌려 주어야 하는 건지, 내가 아이의 재능과 꿈을 판단하는 것이 옳은 것인지 무엇 하나 분명치는 않습니다. 다만 이럴 때는 부모님과 반드시 대화하는 편입니다. 상황을 말씀드리면 대부분 이미 알고 계십니다. 여기서 부모님과 저의 공통점이 하나 발견됩니다. 우리 모두 아이의 행복을 바란다는 점이지요. 다만 현실을 살고 있는 부모님의 입장이 공감되기 때문에 뾰족한 방법을 제시하기는 참 어렵습니다. 그럴 때면 다시 한번 아이의 행복에 관해 이야기해 봅니다. "경쟁이 심하잖아요. 선생님, 아이가 그러다 실패하면 어떡하나요?" 맞습니다. 아이가 허황된 꿈을 좇으며 시간을 허비하는 것을 바라는 부모는 단 한 명도 없을 것입니다. 저도 마찬가지고요. 다만 아이가 우리가 원하는 직업, 꿈을 선택하면 영원히 실패하지 않을까요? 과연 성공한 삶일까요? 우리가 그렇듯 아이의 삶 또한 고정되지 않습니다. 매일매일의 변화 속에서 스스로 선택하며 살아갑니다. 6학년, 어쩌면 지금은 마음껏 꿈꿀 시간이 아닐까 생각됩니다. 지금은 아이의 어떤 꿈이라도 적극적으로 지지해 주고 꿈의 여정에 필요한 정보와 방법들을 나누어 주는 대화의 시간을 조심스레 제안해 봅니다.

『미래 사회 설명서 1, 2』

출처: 한국미래전략연구소 W(2020a, b).

저는『미래 사회 설명서』라는 책을 학급 아이들과 꼭 함께 읽곤 합니다. 이 책에서 느낄 수 있는 배움은 우리가 지닌 경험이 모두 과거의 것이라는 교훈입니다. 그런 의미에서 우리가 우리 아이에게 길러 줘야 할 것은 현재나 과거의 지식이 아니라 역량과 덕목이라고 생각합니다. 그 많은 역량 중에서도 호기심(curiosity)과 인내심(endurance)을 강조하고 싶습니다. 그럼 이 두 가지 역량(덕목)을 어떻게 길러 줄 수 있을까요? 학자마다 다르겠지만 학교 현장에서 제가 사용하는 방법은 적절한 자극과 그에 대한 격려입니다. 아이가 자연스럽게 호기심을 느낄 수 있는, 수준에 맞는 놀이 혹은 퀴즈, 퍼즐(적절한 수준의 문제)을 제공하고 단계를 넘을 때마다 충분한 격려와 보상을 제공한 결과, 아이들의 호기심과 인내심이 눈에 띄게 향상되었습니다.

새로운 것에 대한 궁금함, 그 궁금함을 풀기 위해 노력하는 자세가 있는 어린이는 미래 사회에서도 반드시 꽃피울 수 있다고 생각합니다. 인류의 기회로 여기지는 화성. 그 화성을 탐사하는 탐사선들의 이름이 '큐리오시티(curiosity)'와 '인듀어런스

(endurance)'라는 사실은 어쩌면 우연이 아닐지도 모릅니다.

#4. "곧 중학교에 가야 하는데 걱정도 되고 설레기도 해요."

6학년 아이들이 중학교에 가야 하는 시기를 느끼는 이벤트는 11월쯤 시작되는 중학교 신입생 배정원서 작업입니다. 배정원서 작업을 하다 보면 그제야 실감이 나는지 아이들은 어리둥절해하거나 설레거나 걱정하는 복잡한 심경을 내비치곤 합니다. 중학생을 앞둔 우리 6학년들의 걱정을 키워드로 살펴볼까요?

학습, 시험, 성적, 선후배, 진로, 자유학기제 등이 눈에 보입니다. 아이들은 초등학교와 현저히 달라지는 중학교라는 미지의 삶에 많은 관심과 걱정을 보인다는 것을 알 수 있습니다. 아이들이 중학교에 대한 정보를 얻는 가장 쉬운 방법은 작년 졸업생 혹은 집안의 형제자매들로부터입니다. 다만 그러한 선배들은 정말 자기가 하고 싶은 말만 하거나 막연히 겁을 주는 경우도 있다는 점이 걱정되네요. 그래서 아이들이 지닌 이런 막연한 두려움을 극복하기 위해 중학교에 가면 어떤 것들이 바뀌는지, 어떤 것들을 새롭게 배울 수 있는지에 대해 알아보겠습니다.

우선 중학교에 가면 당연히 교복을 입습니다. 예전과 다르게 교복은 교육청에 따라 공동구매를 해서 구매 부담을 줄여 주기도 합니다. 또 교복 말고 생활복이 있는 학교도 있고 여학생도 치마 교복과 바지 교복을 둘 다 입을 수 있습니다. 두발 규정도 예전에 비해 많이 자유로워졌고 아예 없어진 학교도 많아졌어요.

그리고 배워야 할 교과가 늘어나고 시간표가 초등학교보다 많이 길어집니다. 중학교 1학년 때 배우는 과목을 살펴보면 국어, 사회, 도덕, 수학, 과학, 기술 · 가정, 체육, 음악, 미술, 영어, 선택교과(일본어 또는 한문 등)를 예로 들 수 있습니다. 다음은 시간표의 예시입니다.

1학년 3반
학급시간표

	월	화	수	목	금
1	국어	수학	음악	수학	영어
2	영어	미술	과학	영어	과학
3	수학	사회	미술	국어	사회
4	과학	음악	수학	사회	국어
5	사회	영어	국어	과학	수학
6	음악	과학	사회	수학	음악
	미술	국어	영어	음악	미술

미리 학교

시험을 정기적으로 보고 성적이 산출되는 것도 중학교 생활의 특징입니다. 시험은 대체로 1년에 1학기 중간/기말고사, 2학기 중간/기말고사 등 총 네 번을 실시합니다. 자유학기제의 실시로 3년 중 한 학기는 시험을 보지 않는 경우가 있습니다(예: 중학교 1학년 1학기 중간/기말고사 실시, 2학기: 자유학기로 무시험 운영). 이러한 시험 결과, 산출된 내신 성적으로 고등학교에 진학합니다. 입학 시험을 따로 치르는 것이 아니라 중학교 때 내신점수 등을 가지고 산출한 석차(백분율)를 가지고 진학합니다. 다음은 내신 성적 산출 방법 예시표입니다.

아울러 '자유학기제'란 중학교 한 학기 동안 시험 부담 없이 자신의 꿈과 끼를 찾도록 진로 탐색 기회를 갖는 학생 참여형 교육과정 제도입니다. 교육청마다 다르지만

영역	점수	내용
교과 성적	240점(80%)	• 1, 2, 3학년 성적을 개인별 · 교과별 개인 학년석차(남녀를 합산)의 종합을 입시전형 교과 성적으로 환산하여 점수를 산출
출석 성적	24점(8%)	• 1, 2, 3학년 미인정 결석 합산, 결석 2일에 1점 감점(미인정 지각, 결석, 조퇴 3회는 미인정 결석 1일, 질병 · 기타 결석 제외)
행동 발달	12점(4%)	• 1, 2, 3학년 동일 비율, 기본점수 3점(가산점 없음)
특별 활동	12점(4%)	• 1, 2, 3학년 동일 비율, 기본점수 3점(가산점 없음)
봉사 활동	12점(4%)	• 1, 2, 3학년 동일 비율 • 4점: 연간 15시간 이상 • 3점: 연간 12~14시간 • 2점: 연간 12시간 미만 • 해마다 필수 이수해야 할 봉사시간이 다름(예: 2023년 5시간 이상) • 내용: 일손 돕기, 위문활동, 지도활동, 캠페인활동, 자선 · 구호활동, 환경시설보전활동, 지역사회개발활동
계	300점(100%)	• 모든 영역의 성적을 환산총점으로 하여 전 학생을 석차순으로 놓고 개인별 석차백분율이 내신 성적으로 됨

대체로 중학교는 3년 중 한 학기(170시간)를 자유학기로 운영합니다. 다음은 자유학기 교육과정 편성 및 운영 방법 예시입니다.

교육과정	운영 방법
교과	• 주로 오전에는 국어, 영어, 수학, 사회, 과학, 도덕, 기술 · 가정, 체육, 음악, 미술, 일본어 등 수업 진행 • 모둠활동, 토론, 실습, 프로젝트 등 학생 참여형으로 진행
자유학기 활동	• 오후에는 주제선택활동, 예술 · 체육활동, 진로 탐색활동, 동아리활동의 4개 영역으로 구성된 자유학기 활동 진행

6학년의 겨울, 아이들은 중학교 생활에 대해 많은 고민을 합니다. 지금까지 교복, 시간표, 시험, 자유학기제 등 달라지는 것들에 대해 하나하나 짚어 보며 중학교 생활을 미리 살펴보았습니다. 아무리 준비해도 완벽할 수는 없겠지만 아이와 중학교 생활에 대해 엄마, 아빠의 경험도 나누어 주며 이야기하다 보면 아이의 걱정은 어느새 기대와 설렘으로 변해 있지 않을까 기대해 봅니다. 우리 6학년들의 멋진 중학교 생활을 함께 응원합니다!

성큼성큼 6학년 탐구생활(Q&A)

Q1. 우리 아이는 비교적 꿈이 확실한데, 아이가 품은 꿈을 어떻게 키워 줄 수 있을까요?

꿈이 없는 아이, 꿈을 잘 모르는 아이, 자기 꿈에 확신이 없는 아이, 꿈이 있지만 자신이 없는 아이. 진로와 꿈을 주제로 6학년 아이들과 앙케이트를 해 보면 꿈과 진로에 대한 아이들의 마음에서 막막함이 읽힙니다. "어떻게 해야 하나요, 선생님?" 아마 부모님도 비슷한 마음이실 것 같습니다. "우리 아이의 꿈을 키워 주고 응원해 주고 싶은데……." 꿈이라는 것이 지닌 넓고 아득한 성격 때문인지 미래의 청사진을 그리는 것은 여전히 어렵기만 합니다.

사회학습이론(social learning theory)를 주창한 심리학자 반두라는 자기효능감(self-efficacy)라는 개념을 창안했습니다. 개인이 특정한 작업을 수행하기 위해 자신감을 가지는 정도로서 이 개념은 아이들의 행동, 노력 및 성취(꿈)와 깊게 연결되어 있습니다. 다시 말해, 아이의 자기효능감을 높여 주는 것은 능력 그 자체가 아닌 능력을 활용해 목표를 달성하는 과정의 힘을 길러 주는 좋은 접근이 됩니다. 자기효능감이 높은 아이는 꿈을 주도적으로 탐색하고 이를 달성할 수 있다는 믿음으로 발전하며 자기 행동에 대한 내적 동기를 가지고 있습니다(Hackett & Betz, 1981).

이러한 자기효능감과 깊게 관련 있는 이론 혹은 개념이 바로 모델링(modeling)입니다. 아이가 진로에 자기효능감을 발휘하기 위해서는 좋은 모델을 학습하고 모방하고 닮기 위해 행동하는 과정이 필요합니다. 아이가 행할 바람직한 진로의 모습을 보여

롤모델 진로카드

출처: 한국콘텐츠미디어(2020).

주는 것, 이것이 우리가 아이에게 제공할 수 있는 최상의 솔루션입니다. 이에 더해 저는 부모님이 아이의 진로 덕목, 역량의 모델링, 이를테면 끈기와 호기심의 1차적 모델이 되어 주셔야 한다고 생각합니다. 가정에서 1차적 모델링이 이루어지고 나면 비로소 우리 6학년들은 2차적 모델, 즉 사회적 모델들을 만날 수 있습니다. 앞의 그림과 같이 신체지능이 뛰어난 아이들에게 손흥민은 우상이자 닮고 싶은 사람이지요? 손흥민의 성장 과정을 함께 살펴보고 아이가 의미 있게 받아들이는 부분들에 대해 생각할 시간을 주면 좋겠습니다. 소설을 좋아하는 아이에게 『해리 포터』 작가의 삶에 대해 들려주고 삶의 어려움들을 극복해 나간 훌륭한 모습들에 대해 함께 이야기하는 시간은 아이의 꿈을 위해 꼭 필요합니다.

Q2. 앞으로는 인공지능과 코딩 교육이 참 중요하던데, 어떻게 준비해야 하나요?

영화 간판, 버스 회수권, 공중전화카드…… 지금은 사라졌지만 우리 부모님들의 세대에는 엄연히 존재했던 추억들이죠? 산업이 발달함에 따라 사라진 것들이 생겨납니다. 직업을 살펴보면 영화가 디지털화됨에 따라 필름색보정기사, 필름후처리기사 등 아날로그 산업 종사자들이 사라졌고 LCD가 OLED로 대체됨에 따라 플라즈마패널 검사원 같은 직업들도 이제는 존재하지 않습니다.

사라질 직업에 대한 고민

우리가 살아갈 미래 사회에서는 어떤 일이 벌어질까요? 무엇보다 우리는 사라질 것들에 미련을 갖지 말아야 합니다. 우리 아이가 사는 세상은 우리가 겪은 변화보다 훨씬 빠르고 훨씬 강력하게 바뀔 것이라는 것은 우리 모두 의심하지 않는 사실입니다. 수백 개의 직업이 사라질 것이고 또 수백 개의 직업이 탄생할 텐데, 우리는 아이에게 무엇을 가르치고, 무엇을 강조하고 있는지 고민해 보아야 합니다.

그래서 코딩 학원은 보내야 하나요? 이 질문에 저는 '아이가 가고 싶어 하면'이라는 말씀을 드려 봅니다. 인공지능과 코딩이라는 테크닉을 배우기 위해 학원을 다니는 것에는 큰 의미가 없습니다. 테크닉만으로는 새로운 체계를 이해하는 논리력과 창의력이 발달하기 어렵기 때문입니다. 아이가 호기심을 유지하고, 좋은 책을 읽고, 많은 사람과 관계를 형성하면 테크닉은 쉽게 배울 수 있습니다. 엄청난 변화가 우리를 기다리는 미래 사회에서도 우리 아이들 모두가 IT 종사자가 될 필요는 없으며 우리 아이가 어떤 환경에서도 적응할 수 있고 자신의 삶을 살아 갈 수 있게 도와주는 것이 지금 우리의 역할이 아닐까 말씀드려 봅니다.

Q3. 아이가 원하는 진로가 제가 바라는 진로와 너무 달라요.

부모님과 제가 학생일 때 생활기록부의 진로 희망 칸을 살펴보면 아이의 희망 진로 옆에 부모님의 희망 진로 칸이 있던 기억이 나는데요. 그때는 부모님의 희망 진로를 매우 중요하게 생각하던 시대였던 것 같습니다. 지금도 물론 부모님이 아이에게 바라는 진로가 무척 중요한 것은 동의합니다. 다만 6학년인 우리 아이가 진로에 대해 진지하게 고민하고 있는 그 자체도 얼마나 소중한지, 부모님도 동의하시리라 믿습니다. 유치원, 초등학교 저학년을 넘어 고학년이 되면 매일매일 바뀌던 꿈과 진로가 이제 어느 정도 맥락이 잡혀 감을 관찰할 수 있습니다. 트럭 운전사가 되고 싶다던 유치원 아들이 이제 트럭 설계를 하고 싶어 하는 6학년이 되어 갑니다. 더 구체적이고 자세한 꿈을 꾸기 시작하는 아이들과 어느 정도 현실 세계를 고려할 수밖에 없는 부모님의 희망 사이에 차이가 생겼을 때 우리는 어떻게 해야 할까요? 사실 이 질문에 대한 답은 어느 정도 정해져 있습니다. 우리는 아이의 '지금 꿈'을 지지하고 응원해야 합니다. 아이의 인생은 아이의 것이기 때문이지요. 다만 "어, 그래. 잘해 봐."가 아니라 왜 그 꿈을 꾸고 있는지, 그 꿈을 어떻게 펼칠 것인지에 대해 이야기했으면 좋겠습니다. 그 꿈에 대해 비교적 최신의 통계와 전망에 대해 아이와 이야기하다 보면(물론 사전에 공부를 하셔야겠지만요.) 아이가 진로에 대해 느끼는 진지함을 발견할 수 있어요. 단순히 잠깐 생각한 것인지 아니면 부모님의 생각을 아득히 뛰어넘는 진지하고 단단한 결정인지 세심하게 바라봐 주어야 합니다.

Q4. 부모로서 6학년 아이의 진로에 대해 도와주고 싶은데 무엇을 알아야 할까요?

6학년의 겨울을 맞아 아이들의 꿈과 진로에 대해 제가 드리고 싶은 말씀은 희망(hope)입니다. 여기에서 말하는 희망은 단순히 좋은 기분을 느끼는 상태를 말하는 것은 아닙니다. 희망은 자신이 원하는 목표나 소망에 대한 강한 동기 부여와 자신감을 포함하는 주도적인 사고와 그 목표에 도달할 수 있는 효과적인 실행을 포함하는 아주 구체적인 강점 덕목입니다. 요컨대, 희망은 미래에 대해 긍정적인 기대를 할 수 있는 마음가짐입니다. 우리 6학년의 겨울은 불안투성이입니다. 이러한 불확실한 시간을 딛고 나아가는 아이들은 대체로 낙관적인 생각과 미래에 다가올 어떤 일에 대한 긍정적 측면 바라보기에 능숙합니다. 희망을 노래하는 아이로 성장할 수 있도록 돕는 것이 요즘 6학년을 기르는 우리가 지향해야 할 핵심 과제라고 생각합니다.

그렇다면 희망은 어떻게 길러 줄 수 있을까요? 놀랍게도 희망도 연습이 됩니다. 주목할 만한 점은 오히려 나쁜 일을 기록하고 마주하는 것이 희망을 기르는 출발점이라는 것입니다. 나에게 일어난 나쁜 일 속에서도 긍정적인 면을 최소 3개씩 찾아보기와 같은 활동이 바로 그것입니다. 역경을 딛고 멋지게 삶의 목표를 이룬 조선의 군주 정조 대왕, 미국의 성공한 진행자 오프라 윈프리 같은 인물들의 일화도 좋은 모델링이 되어 아이의 희망을 길러 줄 수 있습니다.

성큼성큼 6학년 성장노트

'감사함을 나누기'

6학년 가을, 초등학생으로 가장 무르익은 아이들을 만나게 됩니다. 초등학교에서 6년이라는 시간 동안 아이들은 크고 작은 위기와 어려움을 겪을 수 있습니다. 사람은 누구나 위기를 겪게 되고 아이들도 마찬가지이지요.

"역경에서 피는 꽃이 아름답습니다. 모든 꽃은 고난을 이기고 피어납니다."

역경에서 피는 꽃이 아름답다는 신영복 선생님의 글귀처럼 초등학교 시절 크고 작은 고난을 잘 이겨 내고 졸업을 앞둔 아이들이 참 고맙습니다. 고맙다는 말, 우리는 흔히 '고맙다'는 영어 표현으로 'thank you'를 익숙하게 사용합니다. 비슷한 표현이지만 '감사'라는 의미를 담은 표현으로 'appreciation'을 떠올려 볼 수 있습니다. 'appreciation'의 어원을 찾아보면, '정당한 가치를 설정하는 것, 현명하게 판단하고 섬세하게 지각을 사용하는 것'이라는 의미를 담고 있습니다. 즉, 감사함이라는 것은 삶의 정당한 가치를 현명하게 판단하고 섬세하게 지각하는 경험이라고 볼 수도 있습니다. 우리 아이들은 초등학교 6년이라는 시간 동안 크고 작은 위기의 순간을 잘 견디고 이겨 냈습니다. 앞으로도 아이들은 삶의 가치를 보다 현명하게 판단하고 섬세하게 지각하면서 변화하고 성장해 나갈 것입니다. 더 넓은 세상으로 나갈 우리 아이들을 곁에서 늘 돌보는 모든 어른들에게도 감사함을 전합니다.

#6학년 겨울 #고마워 #Thank you #감사합니다 #Appreciation #새로운 시작

V. 다시 봄

성큼성큼 6학년, 말 그대로 6학년 아이들은 집에서도, 학교에서도 어제와 오늘이 다를 정도로 급격하게 변화하고 또 성장합니다. 지금까지 학부모님들과 아이들의 봄, 여름, 가을, 겨울을 함께 살피고 아이들의 적응, 관계, 학습, 진로에 대해 이런저런 생각과 마음을 나누어 보았습니다. 요즘 6학년들의 삶과 고민을 솔직하고 생생하게 전달하려고 노력했는데 우리 학부모님들은 어떠셨는지 궁금합니다.

저는 담임교사로서 아이로 대우하면 화내고 어른으로 대우하면 서운해하는 이 6학년 친구들과 일곱 번의 봄을 보냈습니다. 고백건대, 저도 아빠가 되어 아이가 생기고, 또 제 아이가 커 감에 따라 아이들을 향한 렌즈에도 변화가 생겼습니다. 단호함과 분명함, 원인과 결과, 명확한 상벌을 강조하던 조금 무서운 선생님에서 아이의 행동에서 아이의 목적을 살피고, 그릇된 행동에 벌을 주기보다는 무슨 일이 있는 걸까 걱정하고 안타까워하는 마음이 먼저 들게 됩니다. 아이들의 동시와 그림, 노래 실력에 감탄하며 잘 가르치는 교사에서 함께 배우는 교사가 되고자 노력하는 중입니다.

그러한 제 마음과 영국의 시인 워즈워드(Wordsworth)의 '어린이는 어른의 아버지'라는 〈무지개〉의 시 구절이 닮아 있다는 생각을 가져 봅니다.

아이들을 바라보는 저의 마음이 성장했듯 6학년 아이를 둔 세상의 모든 부모님 또한 하루하루 아이와 살아가며 성장하고 계십니다. 아기 때 기저귀를 차고 누워서 모빌을 바라보며 까르르 웃던 이 작은 존재가 이만큼이나 커다란 청소년으로 자라나는 데 무던히도 애쓰신 자체로도 여러분은 모두 존경받을 만한 가치가 충분하다고 생각합니다. 학교와 선생님이 아이의 모든 것을 알 수도 없고 전적으로 책임질 수 없습니다. 마찬가지로 가정에서 부모님이 아이의 모든 것을 알 수도 없고 원하는 대로 만들 수도 없습니다. 이 사실을 인정하는 데 꽤 오랜 시간이 필요했고 아직도 인정하지 못하는 분들도 계실 수 있습니다.

6학년의 부모로서 우리는 나와 아이를 분리할 준비해야 합니다. 아이 저마다의 삶을 바라보고 아이가 원할 때 건강한 방식으로 도움을 주어야 합니다. 우리 아이는 '어른으로 보이고 싶어 하지만 아직은 마음 여린 어린이'지만 그 변화의 마음을 지지하고 존중해 주는 것이 우리의 역할인 것 같습니다. 영화 〈토이 스토리〉에서 시간이 흐를수록 소중했던 장난감들이 주인공 앤디와의 거리를 인정하고 성장을 지지하듯 말입니다.

끝으로, 부모로서 아이를 기르는 것(育兒)은 사실 나를 기르는 것(育我)이라는 생각을 나누어 봅니다. 우리 성큼성큼 6학년의 심술(마음의 요술)과 변화무쌍함 앞에서, 그 에너지를 온몸으로 마주하며 '우리'를 키워 가는 모든 교육공동체를 마음 다해 응원합니다.

맺음말

"몸과 마음이 건강한 어른으로 아이들과 함께 살아가기"

계절을 품은 아이들, 그 만남과 이야기를 이제 마치고자 합니다. 우리 아이들은 초등학교에 입학한 순간부터 졸업할 때까지 아름다운 계절처럼 늘 변화하며 성장하고 있습니다. 그 변화와 성장의 순간에 변함없이 함께해 준 부모, 교사, 그리고 모든 어른들에게 감사의 말을 전합니다.

'돌본다는 것'은 타인을 자신과 같은 하나의 인격체로 인식하는 것, 타인의 기쁨과 슬픔을 함께할 수 있는 상태라고 합니다(May, 1969). 아이들을 돌본다는 것은 생활 세계 곳곳에서 아이들과 인격적으로 만나면서 깊이 공감하는 것이기도 합니다. 아이들은 세상으로부터 하나의 소중한 존재로 존중받을 때 더욱 단단하게 성장할 수 있습니다.

부모, 교사, 그리고 어른이 아이들을 돌본다는 것은 참 감사한 일이면서도 동시에 참 쉽지 않은 일입니다. 애정 어린 시선으로 아이들을 바라보다가도 어느 순간 텅 빈 것 같은 자기 자신을 마주하게 될지도 모릅니다. 그래서 우리 아이들을 더욱 건강하게 돌보기 위해서는 무엇보다 자기 자신에 대한 돌봄이 반드시 필요합니다.

상담학자 스코볼트(Skovholt, 2003)는 "건강한 상담자만이 남을 도울 수 있다"고 말했습니다. 즉, 우리 아이들의 의미 있는 변화와 성장을 돕기 위해서는 부모, 교사, 그리고 어른들이 무엇보다 건강한 모습으로 함께 있어 주어야 한다는 것입니다. 우리가 진정 아이들을 돕고자 한다면 지금 이 순간 우리의 몸과 마음이 건강하도록 잘 살피고 바라보면서 스스로를 돌보아야 함을 꼭 기억했으면 합니다.

계절을 품은 아이들, 그리고 그 곁에서 살아가는 우리 어른들의 이야기는 지금부터 시작입니다. 몸과 마음이 건강한 어른으로 아이들과 함께 살아갈 모두를 늘 응원합니다. 감사합니다.

2024년 8월

저자 일동

참고문헌

가명숙(2016). 부모양육태도와 초등학교 남녀 학생의 학교생활 부적응에 대한 연구: 학업성취별 성별 집단을 중심으로. 인하대학교 교육대학원 석사학위논문.

강수진(2013). 나는 내일을 기다리지 않는다. 인플루엔셜.

곽금주(2016). 발달심리학: 아동기를 중심으로. 학지사.

교육부(2019). 5학년 국어 교과서.

교육부(2022a). 2021 학생 건강검사 표본 통계 자료.

교육부(2022b). 2022 초·중등학교 교육과정 총론 및 각론 고시.

교육부(2022. 12. 22.). 2022 개정 교육과정 질의·응답 자료.

교육부(2023. 7. 23.). 학교폭력 사안처리부터 피해학생 치료까지 단 한 번의 신청으로 맞춤형 지원받는다. https://www.moe.go.kr/boardCnts/viewRenew.do?boardID=294&boardSeq=95801&lev=0&searchType=null&statusYN=W&page=41&s=moe&m=020402&opType=N

교육부(2024). 2024년 학교폭력 사안처리 가이드북.

교학사(2021). 보건 교과서.

권도일, 남수진(2016). 공부의 신: 비법을 공개하다. 노란돼지.

권상인, 양지웅(2019). 어머니의 사춘기 자녀 양육경험에 관한 내러티브 탐구. 학습자중심교과교육연구, 19(5), 143-166.

권석만(2017). 인간 이해를 위한 성격심리학. 학지사.

권혜진(2014). 아동의 정서문제, 자기조절학습능력이 학교적응에 미치는 영향: 초등학교 6학년 아동을 대상으로. 한국아동심리치료학회지, 9(3), 1-18.

금지영(2017). 초등학교 학부모의 양육스트레스 감소를 위한 집단상담 프로그램 개발. 한국교원대학교 대학원 석사학위논문.

김광수(2019). 긍정심리학 성격강점 기반 인성교육. 학지사.

김광수, 조윤주(2013). 교과 연계 용서상담이 초등학생의 분노 표현 및 학교생활 적응에 미치는 영향. 초등상담연구, 12(2), 219-241.

김동환(2000). 어머니의 심리특성이 자녀의 심리 · 행동특성에 미치는 영향: 자기효능감을 중심으로. 인하대학교 교육대학원 석사학위논문.

김미애(2004). 초등학생의 부모자녀관계와 자기효능감 및 학업성적과의 관계. 인하대학교 교육대학원 석사학위논문.

김봉환(2019). 진로상담의 이론과 실제. 학지사.

김선호(2023). 늦기 전에 공부정서를 키워야 합니다. 길벗.

김수정, 곽금주(2012). 가정의 소득 수준에 따라 초등학교 1, 2학년 아동의 학교적응 변인 간 관련성에서 차이: 양육효능감, 자아개념 그리고 친사회성을 중심으로. 인간발달연구, 19(3), 85-105.

김정연(2017. 12. 20.). 진로고민 앙케트: 진로와 관련하여 가장 큰 고민은? Re:think교육연구소. https://blog.naver.com/naverschool/221167177499

김지나(2016). 초등5학년 공부사춘기. 북하우스.

김춘경, 이수연, 이윤주, 정종진, 최웅용(2016). 상담학 사전. 학지사.

남미자, 김경미, 김지원, 김영미, 박은주(2021). 학습자 주도성, 미래교육의 거대한 착각: 교사 없는 학습은 가능한가? 학이시습.

노경선(2007). 아이를 잘 키운다는 것. 위즈덤하우스.

노하연, 신연정, 이수지(2019). 부모의 첫 성교육. 경향BP.

라포르시안(2021. 7. 26.). 스마트폰 사용으로 인해 근시와 소아사시 발생률 높아져. https://www.rapportian.com/news/articleView.html?idxno=137070

루리(2021). 긴긴밤. 문학동네.

문경민(2023). 열세 살 우리는. 우리학교.

문용린(2001). 학교에서의 정서 지능 개발 프로그램에 관한 연구. 사대논총, 62, 27-53.

박선욱(2014). 김득신. 산하.

박선희(2019). 우리 반에서 유튜브 전쟁이 일어났다! 팜파스.

박성우(2017). 아홉 살 마음 사전. 창비.

박성희(2009). 공감. 학지사.

박성희, 이재용, 최준섭, 김기종, 김은혜, 심진규, 김경수, 남윤미(2017). 공감 정복 6단계: 동화로 열어가는 공감 매뉴얼. 학지사.

박현숙(2016). 친구 관계, 이것만은 알아 둬! 팜파스.

법륜(2023). 엄마수업. 정토출판.

비상교육(2023). 5학년 수학 교과서.

서형숙(2012). 엄마학교에 물어보세요: 초등학생편. 리더스북.

성화초등학교 3학년 교사(2022). 성화초등학교 3학년 보호자 질문 답변서.

손원평(2021). 위풍당당 여우 꼬리. 창비.

송재근(2021). 초등학교 3, 4학년용 CDP-E 기반 교과연계 진로교육 프로그램 개발. 한국교원대학교 대학원 석사학위논문.

스마트 학생복(2017). 11월 설문조사. https://blog.naver.com/smartfnd/221153174471

신규진(2013). 바라지 않아야 바라는 대로 큰다. 아름다운 사람들.

여성가족부(2022). 청소년 매체이용 유해환경 실태조사.

연합뉴스(2018. 12. 22.). "가장 예쁠 시기인데"… 10대 화장을 둘러싼 엇갈린 시선. https://www.yna.co.kr/view/AKR20181221077800797

오하나(2023). 달려도 될까? 노란상상.

유복희(2003). 초등학생의 배경 요인에 따른 진로의식성숙 분석. 영남대학교 교육대학원 석사학위논문.

유설화(2014). 슈퍼 거북. 책읽는 곰.

윤병두(1995). 아동이 지각한 부모의 양육태도가 자기효능감과 학업성취에 미치는 영향. 충남대학교 교육대학원 석사학위논문.

윤선영(2016). 초등학생이 지각한 부모의 양육태도가 학교 생활 적응에 미치는 영향. 아주대학교 교육대학원 석사학위논문.

윤여림(2021). 우리는 언제나 다시 만나. 위즈덤하우스.

윤정애(2020). 초등학생의 학교생활 적응을 위한 긍정적 정서의 역할에 관한 고찰. 대구교육대학교 교육대학원 석사학위논문.

이경화(2014). 음악 감상을 통한 신체활동이 유아의 일상적 스트레스 해소 및 정서지능 향상에 미치는 효과. 숭실대학교 교육대학원 석사학위논문.

이규희(2021). 진짜 친구 찾기. 그린애플.

이금이(2021). 너도 하늘말나리야. 밤티.

이기규(2021). 학교 잘 다니는 법. 사계절.

이서윤(2021). 초등생활처방전 365. 아울북.

이애경, 박부금(2014). 내 마음은 롤러코스터. 풀빛미디어.

이재용(2017). 초등학생의 또래관계 상실에 관한 현상학적 연구. 초등상담연구, 16(2), 167-188.

이정근(1984). 청소년의 직업 안정 대책. 한국청소년단체협의회, 10(2), 21-29.

이정화(2022). 아동의 정서지능 발달을 위한 노래중심 치료적 음악활동 적용—초등학교 3학년을 중심으로. 명지대학교 사회교육대학원 석사학위논문.

이지성(2008). 어린이를 위한 꿈꾸는 다락방. 국일아이.

장복석, 신인수(2011). 자기조절학습 프로그램이 초등학생의 발달과 학업성취에 주는 효과의 메타분석. 교육과정연구, 29(4), 187-211.

전지은(2019). 어린이를 위한 아주 작은 습관의 힘. 비즈니스북스.

정미경(2011). 초등학생의 자기조절학습 발달경향 분석. 영재와 영재교육, 10(2), 79-99.

정종진(2019). 초등학생들의 행복감 증진을 위한 감사일기 쓰기의 효과와 지도방법. 교육연구, 33(2), 19-43.

정진호(2018). 3초 다이빙. 위즈덤하우스.

정현희, 조현주(2021). 자기비난 수준에 따른 인지적 유연성의 차이. 한국심리학회지: 건강, 26(6), 1041-1060.

조벽(2016). 인성이 실력이다. 해냄.

조선미(2023). 조선미의 현실 육아 상담소. 북하우스.

조선일보(2019. 9. 26.). 청소년 58.5%, '화장한다', 절반은 중학교 때 시작!… 화장하는 이유는? https://digitalchosun.dizzo.com/site/data/html_dir/2019/09/26/2019092680077.html

질병관리청(2023). 2022년 학생 건강검사 및 청소년 건강행태조사 결과. https://www.korea.kr/briefing/pressReleaseView.do?newsId=156562754

차영경(2021). 정서행동문제를 지닌 학생을 지도한 초등교사의 경험에 대한 내러티브 탐구. 청주교육대학교 교육대학원 석사학위논문.

천재교육(2019). 5학년 영어 교과서.

천재교육(2023). 5학년 과학 교과서.

최병연, 유경훈(2010). 초등학생의 자기결정성동기, 자기조절학습, 학업성취 간의 구조분석. 교육문화연구, 16(3), 183-203.

최성애, 조벽, 존 가트맨(2020). 내 아이를 위한 감정코칭. 해냄.

최승필(2018). 공부머리 독서법. 책구루.

최정원, 문호영, 전진아, 박용천(2021). 10대 청소년의 정신건강 실태조사. 한국청소년정책연구원 연구보고서.

최한나(2011). 정서지능 향상을 위한 음악치료가 초등학교 저학년의 정서지능에 미치는 영향. 고신대학교 대학원 교회음악과 음악치료전공 석사학위논문.

통계청(2019). 중2병만큼 무서운 병이 또 있다? 대2의 대2병 알아보기. https://blog.naver.com/hi_nso/221656762625

파이낸셜 뉴스(2015. 3. 24.). 초등학생 60% "수학이 가장 어렵다"… 이유는 연산. https://www.moneys.co.kr/news/mwView.php?no=2015032409348096079&type=4&code=w0603&code2=w0100

한겨레(2012. 1. 2.). 마음만 있으면 된다? 아빠도, 자녀도 한 발짝! https://www.hani.co.kr/arti/society/schooling/512928.html

한국미래전략연구소 W(2020a). 미래 사회 설명서 1. 다른.

한국미래전략연구소 W(2020b). 미래 사회 설명서 2. 다른.

한국청소년정책연구원(2020). 청소년 미디어 이용 실태 조사.

한국콘텐츠미디어(2020). 롤모델 진로카드-10대를 위한 다중지능 역할모델 80인.

해피이선생(2020). 초3보다 중요한 학년은 없습니다. 사람in.

허설아, 공윤정(2021). 초등학교 고학년의 긍정적 자동적 사고, 관계적 공격성, 또래관계의 관계에서 교사와의 관계의 조절된 매개효과. 초등상담연구, 20(2), 223-237.

황성혜(2019). 파랗고 빨갛고 투명한 나. 달그림.

Calhoun, L. G., & Tedeschi, R. G. (2015). 외상 후 성장. 강영신, 임정란, 장안나, 노안영 역. 학지사. (원전은 1999년 출판).

Carlson, N. (2007). 친구를 모두 잃어버리는 방법. 신형건 역. 보물창고. (원전은 1994년에 출판).

Csikszentmihalyi, M. (2021). 몰입의 즐거움. 이희재 역. 해냄. (원전은 1990년 출판).

Erikson, E. H. (1963). *Childhood and Society*. Norton.

Estrela, J. (2021). 남자아이 여자아이. 민찬기 역. 그림책공작소. (원전은 2020년에 출판).

Fiorini, J. J., & Mullen, J. A. (2014). 슬픔과 상실을 겪은 초등학생 · 청소년 상담 및 사례. 하정희 역. 학지사. (원전은 2006년에 출판).

Gardner, H. (2007). 다중지능. 문용린, 유경재 역. 웅진지식하우스. (원전은 2006년에 출판).

Hackett, G., & Betz, N. E. (1981). A self-efficacy approach to the career development of women. *Journal of Vocational Behavior, 18*(3), 326-339.

Harter, S., Marold, D. B., Whitesell, N. R., & Cobbs, G. (1996). A model of the effects of perceived parent and peer support on adolescent false self behavior. *Child Development, 67*(2), 360-374.

Jacobs, M. (2014). **도널드 위니컷: 아동정신분석의 거장.** 김은정 역. 학지사. (원전은 1995년에 출판).

Kurcinka, M. S. (2012). **아이와의 기싸움.** 안진희 역. 북라이프. (원전은 2000년에 출판).

May, R. (1969). *Love and Will*. Norton.

Mayer, J. D., Salovey, P., Caruso, D. R., & Sitarenios, G. (2001). Emotional intelligence as a standard intelligence. *Emotion, 1*(3), 232-242.

Mena, P. (2023). **안녕, 루시!** 김정하 역. 북이십일 을파소. (원전은 2021년에 출판).

Mercogliano, C. (2014). **길들여지는 아이들.** 오필선 역. 민들레. (원전은 2007년에 출판).

Paulus, T. (1996). **꽃들에게 희망을.** 김영무 역. 분도출판사. (원전은 1972년에 출판).

Peterson, C., & Seligman, M. E. P. (2004). *Character Strengths and Virtues: A Handbook and Classification*. Oxford University Press.

Pressman, R. M., Donaldson-Pressman, S., & Jackson, R. (2015). **숙제의 힘.** 김준수 역. 다산라이프. (원전은 2014년에 출판).

Rice, C. (2015). **외로운 그림자.** 이상희 역. 같이 보는 책. (원전은 2009년에 출판).

Roussel, P. (2020). **나는 건 무서워요.** 박정연 역. 그레이트 북스. (원전은 2017년에 출판).

Skovholt, T. M. (2003). **건강한 상담자만이 남을 도울 수 있다.** 유성경 역. 학지사. (원전은 2001년에 출판).

Spielberger, C. D. (1972). Review of profile of mood states. *Professional Psychology, 3*(4), 387-388.

Wechterowicz, P., & Ignerska, M. (2014). **무슨 꿈이든 괜찮아.** 김서정 역. 마루벌. (원전은 2008년에 출판).

Willems, M. (2020). **비둘기야, 학교에 같이 가자!** 정회성 역. 살림어린이. (원전은 2019년에 출판).

Yamada, K., & Lirius, A. (2022). **마법의 사탕 한 알.** 이진경 역. 상상의 힘. (원전은 2021년에 출판).

애스크매스. 수학 클리닉 사전검사. https://askmath.kofac.re.kr/mathInspectionMng/mathClinicMng/index.do?menuPos=1

퍼핀. 요즘 초중고생, 용돈 얼마 받을까? https://firfin.family/blog/post/detail/pocket_money_statistics_2024

한국교육과정평가원. 학생평가지원포털 성취기준(평가도구). https://stas.moe.go.kr/cmn/main

한국교육학술정보원. 똑똑! 수학탐험대. https://www.toctocmath.kr/

저자 소개

청주교육대학교 초등상담연구회

(Cheongju National University of Education Elementary School Counseling Association: CESCA)

청주교육대학교 초등상담연구회는 2004년에 설립된 이래로, 초등상담 및 상담학의 발전을 위해 지속적인 연구와 실천을 이어 오고 있습니다. 현재까지 260여 명의 회원은 초등상담 전문가로서 인격적 만남을 통해 생활세계 곳곳에서 사람들의 바람직한 긍정적 변화를 돕기 위해 노력하고 있습니다.

이재용(LEE JAE YONG)

청주교육대학교 교육학과 교수, 청주교육대학교 학생상담센터 센터장

초등교사로 14년, 교사교육자로 5년, 그리고 두 아이의 아빠로 13년을 살아오면서 사람과 삶에 대해 끊임없이 성찰하고 있습니다. 언제나 몸과 마음이 건강한 어른으로서 아이들의 변화와 성장을 도우면서 살아가고자 합니다.

배선영(BAE SEON YEONG)

청주 중앙초등학교 교사

다양한 색을 가지고 있는 아이들과 함께하며 더욱 아름다운 색연필 교실을 만들기 위해 노력하고 있습니다. 10년 차 부모이자, 16년 차 초등교사입니다.

송영화(SONG YOUNG HWA)

청주 사직초등학교 교사

소중한 아이들이 가지고 있는 저마다의 꿈과 재능을 키워 주며, 아이들의 좋은 생각과 마음 성장을 위해 항상 사랑으로 소통하며 노력하는 선생님이 되고 싶습니다. 세 아이를 키우고 있는 23년 차 초등교사입니다.

김민지(KIM MIN JI)

보은 동광초등학교 교사

교육을 통해 낯선 세계와의 안전한 만남을 주선하려고 노력하는 중입니다. 세상 모든 아이들이 자신의 삶을 스스로 잘 꾸려 나가길 바라는(그리고 돕고 싶은) 두 아이의 엄마이자 23년 차 초등교사입니다.

장은영(JANG EUN YOUNG)

음성 남신초등학교 교사, 청주교육대학교 강사

아이들은 각양각색 다양한 색깔을 품고 있는 원석과 같습니다. 저는 두 딸을 키우는 부모이자, 또 20년 넘게 아이들을 교육하는 교사로서 이제 조금씩 '부모됨'과 '가르침'의 참뜻을 알아 가고 있는 '현재 진행형' 초등교사입니다.

문유리(MOON YU RI)

진천 학성초등학교 교사

부모된 마음으로 아이들을 대하고자 항상 노력하는 18년 차 경력의 초등교사이자 두 아이를 둔 14년 차 부모입니다. 무궁무진한 잠재력을 가지고 있는 아이들이 계절에 따라 조금씩 성장하는 모습을 볼 때 가장 큰 보람을 느낍니다.

이세중(LEE SE JOONG)

한국교원대학교부설 월곡초등학교 교사

16년 동안 아이들과 울고 웃으며, 북적이는 교실에서 함께 성장한 선생님입니다. 6학년 딸과 1학년 아들을 바라보는 따뜻한 베테랑 아빠의 시선으로 오늘도 학생을 만납니다. 아이들의 마음을 살피고 공감하기 위해 상담을 공부(충북대학교 박사과정)하고 열심히 실천하는 초등교사입니다.

부모가 묻고 교사가 답하는

초등학생 학교생활 가이드북

Guidebook for Elementary School Life

2024년 8월 20일 1판 1쇄 인쇄
2024년 8월 30일 1판 1쇄 발행

지은이 • 청주교육대학교 초등상담연구회 · 이재용 · 배선영
송영화 · 김민지 · 장은영 · 문유리 · 이세중

펴낸이 • 김진환
펴낸곳 • ㈜ 학지사
04031 서울특별시 마포구 양화로 15길 20 마인드월드빌딩
대표전화 • 02-330-5114 팩스 • 02-324-2345
등록번호 • 제313-2006-000265호

홈페이지 • http://www.hakjisa.co.kr
인스타그램 • https://www.instagram.com/hakjisabook

ISBN 978-89-997-3192-1 03370

정가 20,000원